C language understanding

C 언어이해

| 김기용 · 성동수 지음 |

개정판

다양한 예제들을 작성해보며 알기 쉽게 배우는!

IT관련 전공서

C언어의 배경 및 기본 구성 요소 | C언어의 기본 문법과 다양한 예제

배열, 포인터, 사용자 정의 자료형 | 전처리기와 동적 할당 | 파일 입출력 방법

도서출판 그린

Preface

프로그래밍 언어는 새로운 소프트웨어를 작성하기 위한 소프트웨어이며, 최근에는 소프트웨어 작성뿐만 아니라 통계 계산, 데이터 시각화, 시뮬레이션 등의 연구 분야에서도 활용되고 있다. 대표적인 프로그래밍 언어로는 C, C++, C#, Java, Python 등이 있다.

C언어는 PDP-11 컴퓨터에서 사용되는 UNIX 운영체제를 개발하기 위한 목적으로 1972년 벨(Bell) 연구소의 Dennis Ritchie에 의하여 개발되었다. 현재 C 언어는 공학 및 사무 처리에 사용되는 다양한 프로그램을 개발하기 위하여 주로 사용되며, 운영체제 및 새로운 프로그래밍 언어의 개발에도 이용된다. C언어는 편리하게 프로그래밍이 가능한 고급 언어의 특징과 하드웨어를 직접 제어할 수 있는 저급 언어의 특징을 동시에 가지고 있기 때문에 공학을 전공하는 학생에게는 반드시 필요한 언어이다. C언어는 현재 다양한 영역에서 많이 사용되고 있으며, C를 기반으로 하는 C++, Java, C# 등 최근의 프로그래밍 언어를 배우기 위한 기반을 제공한다.

본 교재는 C언어의 이해를 돕기 위하여 각 개념을 설명하고 각 개념마다 실제 예제를 두었다. 각 예제들은 실제 코드 및 실행 결과를 책에 도시하였기 때문에, 각 예제들을 실제로 작성하여 수행해보면 각 개념들을 쉽게 이해할 수 있다.

본 교재의 내용은 교육기관에서 C 언어를 처음 접하는 학생들의 한 학기 공부를 위하여 전체를 14장으로 구성하였다. 1장은 C언어의 배경 및 기본 구성 요소를 설명하였으며, 2장부터 6장까지는 C언어의 기본 문법들을 설명하고, 이 개념들을 이해하기 위한 다양한 예제들을 소개하였다. 7장부터 12장까지는 C언어의 고급과정인 배열, 포인터, 사용자 정의 자료형을 설명하고, 이 개념들의 이해를 위하여 실제 예들을 소개하였다. 마지막으로 13장에서는 전처리기와 동적 할당을 소개하고 14장에서는 파일로부터의 정보의 입력 및 파일에 프로그램 결과의 저장을 위한 파일 입출력 방법을 설명하였다. 각 장에 있는 기본 개념, 예제, 연습문제를 체계적으로 공부한다면 독자가 필요한 프로그램의 개발에 유용하게 이용될 수 있다.

2023. 7. 김기용, 성동수

Contents

제4장 반복문 / 149

제5장 함수 / 189

제6장 변수 범위 / 225

제7장 배열 / 253

제8장 포인터 / 275

제9장 포인터와 배열 / 297

제10장 포인터와 함수 / 321

제11장 문자, 문자열, 수학 함수 / 343

제12장 사용자 정의 자료형 / 379

제13장 전처리기와 동적 할당 / 421

제14장 파일 입출력 / 441

제 1 장

C언어의 배경과 기본 구성 요소

제 1 장 C언어의 배경과 기본 구성 요소

1.1 컴퓨터와 소프트웨어

컴퓨터의 사전적 정의는 "전자 회로를 이용한 고속의 자동 계산기. 숫자 계산, 자동 제어, 데이터 처리, 사무 관리, 언어나 영상 정보 처리 따위에 광범위하게 이용된다"라고 되어 있다. 그러나 이러한 사전적 정의는 그 범위가 너무 넓기 때문에 컴퓨터의 의미를 정확히 설명하지는 못한다. 컴퓨터(computer)라는 명칭은 compute(계산하다)라는 단어에서 파생되었으며, 이는 다시 Com(함께)+Putus(생각하다)의 합성어로 이루어진다. 즉 컴퓨터는 원래 기계적인 도움의 유무에 관계없이 수학 계산을 수행하는 사람을 가리키는 말로 사용되었다. 그러나 최근에는 사람 대신 기계를 지칭하기 위하여 사용하며, 주로 계산을 수행하는 기계를 일컫는다. 현재의 컴퓨터는 단순한 계산뿐만 아니라 인간의 생활에 광범위한 영향을 미치는 전자 장치를 통칭하고 있다.

이러한 전자 장치인 컴퓨터는 다음과 같이 간단히 표현할 수 있다. 컴퓨터는 소프트웨어와 하드웨어의 결합이며, "프로그램을 수행할 능력이 있는 디지털 시스템" 또는 "소프트웨어를 수행할 능력이 있는 하드웨어"로 설명할 수 있다. 여기서 하드웨어는 우리가 직접 보고 만질 수 있는 것으로 컴퓨터 본체, 모니터, 마우스, 키보드 등이 있으며, 소프트웨어는 문서 편집기, 컴퓨터 게임, 인터넷 웹브라우저 등이 있다. 소프트웨어는 모니터와 같은 하드웨어의 도움 없이는 자신의 존재를 보여줄 수 없으며, 하드웨어는 윈도우즈와 같은 소프트웨어 없이는 작동이 불가능하다. 즉 하드웨어는 인간의 육체와 비슷하며, 소프트웨어는 인간의 정신과 유사하다. 따라서 소프트웨어를 수행하기 위해서는 반드시 하드웨어가 필요하며, 소프트웨어 없이는 하드웨어 작동이 불가능하다. 따라서 하드웨어와 소프트웨어는 상대의 존재가 있어야만 의미가 있는 매우 밀접한 관계이다.

우리는 컴퓨터를 이용하여 많은 작업을 하고 있다. 특히 소프트웨어를 사용하여 작업을 수행한다. 소프트웨어를 이용하여 문서를 작성하고, 인터넷을 탐험하며, 사진을 편집하거나 동영상을 본다. 이러한 모든 작업은 컴퓨터 하드웨어를 이용하여 소프트웨어를 실행함으로써 가능하다. 이와 같이 하드웨어에서 실행 가능한 소프트웨어는 크게 두 가지로 구분할 수 있다. 하나는 시스템 소프트웨어이며, 다른 하나는 응용 소프트웨어이다. 그리고 시스템 소프트웨어는 다시 운영체제와 프로그래밍 언어로 구분이 가능하다. 그러나 프로그래밍 언어는 운영체제 위에서 동작하기 때문에 구분 관점에 따라 응용 소프트웨어로 구분할 수도 있다.

시스템 소프트웨어 중 운영체제는 컴퓨터를 동작시키기 위하여 반드시 필요한 소프트웨어로써 하드웨어와 응용 프로그램 또는 하드웨어와 사용자 사이에 있는 소프트웨어이다. 이러한 운영체제는 응용 프로그램 또는 사용자가 하드웨어를 쉽고 효율적으로 사용할 수 있도록 도와주는 역할을 한다. 대표적인 운영체제로는 마이크로소프트사의 윈도우즈, 애플사의 OS X, 그리고 공개 운영체제인 Linux 등이 있으며, 최근 스마트폰 등의 모바일 기기를 위하여 안드로이드와 iOS 등이 사용되고 있다.

프로그래밍 언어는 소프트웨어를 작성하기 위한 특수 목적의 소프트웨어이며, 최근에는 소프트웨어 작성뿐만 아니라 통계 계산, 데이터 시각화, 시뮬레이션 등의 연구 분야에서도 활용되고 있다. 대표적인 프로그래밍 언어로는 C, C++, C#, Go, Java, Javascript, Python, Perl, Ruby, Swift, PHP 등이 있다.

마지막으로 응용 소프트웨어는 운영체제 위에서 수행되는 대부분의 소프트웨어이며 프로그래밍언어를 이용하여 만들어진다. 사용자가 일반적으로 만나게 되는 수많은 소프트웨어는 일반적으로 응용 소프트웨어에 해당하며, 문서를 작성하기 위한 워드프로세서, 인터넷 사용을 위한 웹 브라우저, 게임 등 각각의 목적에 맞는 수많은 응용 소프트웨어가 있다.

1.2 프로그래밍 언어

프로그래밍 언어는 응용 소프트웨어를 만들기 위한 특별한 종류의 소프트웨어이다. 일반적인 언어의 사전적 정의는 "인간의 사상이나 감정을 표현하고, 의사를 소통하기 위한 소리나 문자 따위의 수단"이다. 한국 사람이 다른 나라 사람과 대화할 때 그 나라의 언어를 사용해야 하는 것처럼 사용자가 컴퓨터에게 작업을 지시하기 위해서는 컴퓨터가 이해하는 언어로 대화해야 한다. 이와 같이 프로그래밍 언어도 의사를 소통하기 위한 수단이며 사람과 컴퓨터 사이의 의사소통 수단이다. 컴퓨터는 스스로 자신이 수행해야 하는 작업을 결정할 수가 없다. 컴퓨터는 스스로 생각할 수 없기 때문에 사용자가 컴퓨터에게 아주 자세하게 명령을 내려야 한다. 예를 들어 컴퓨터에게 "1 더하기 1의 계산 결과를 알려 달라"는 명령도 특정한 절차에 따라 지시해야 한다. 만약 명령이 잘못되었을 경우 컴퓨터는 이해할 수 없다는 오류 메시지를 사용자에게 보여줄 것이다.

1.2.1 프로그래밍 언어의 분류

프로그래밍 언어에는 많은 종류가 있으나 크게 기계어, 저급언어, 고급언어의 세 종류로 구분이 가능하다. 기계어는 컴퓨터가 이해할 수 있는 0과 1의 2진수로 구성된 언어체계로 초기의 프로그래밍 언어는 모든 명령을 기계어로 직접 표현하는 것이었다. 그러나 이러한 기계어는 0과 1로만 구성되어 있기 때문에 사람이 익히기 힘들고, 이를 이용해서 프로그램을 만들기가 상당히 어렵다는 단점이 있다. 이러한 복잡한 기계어를 간략하게 기호화한 언어가 개발되었고 이것이 어셈블리어다.

어셈블리어를 사용하여 프로그래머들은 CPU의 명령어를 기호로 표기할 수 있었으며, 기계어 보다 더 높은 수준에서 프로그램을 작성하는 것을 가능하게 하였다. 어셈블리어는 어셈블러(Assembler)라는 프로그램이 사용자가 프로그램한 기호를 컴퓨터가 이해할 수 있는 기계어로 변환하여 프로그램을 수행할 수 있었으나, 기호 이름과 CPU의 명령어가 일대일로 대응되고 컴퓨터의 CPU가 달라지면 프로그램의 실행이 불가능하기 때문에 저급언어라고 불린다. 또한 사용자 보다는 컴퓨터에 더 치우친 언어이기 때문에 기계어 보다는 이해하기 쉬우나 여전히 사람이 이해하기 어려운 언어였다. 따라서 보다 쉬운 언어가 필요하게 되었으며, 이러한 필요성 때문에 특정 컴퓨터에 구애받지 않고 사람이 이해하기 쉬운 고급 언어가 등장하게 되었다. 그 대표적인 것들이 Cobol, Pascal, Fortran, C, Basic 등의 언어이다. 이후 고급 언어들은 조금 더 실생활에 밀접한 프로그래밍을 가능하도록 발전되었으며, 대표적인 것들이 C++, C#, Java, Python, Ruby, Swift, PHP 등이 있다.

1.2.2 프로그래밍 언어를 이용한 개발 과정

저급 언어 및 고급 언어로 작성된 프로그램을 컴퓨터에서 실행하기 위해서는 컴퓨터가 이해할 수 있는 기계어로의 변환이 필요하다. 저급 언어인 어셈블리어는 어셈블러를 이용하여 기계어로 변경이 가능하며, 고급 언어의 문장들은 해당 언어의 특징에 따라 컴파일러(compiler)를 이용하여 기계어로 변환하거나, 인터프리터(interpreter)를 이용하여 컴퓨터에서 실행할 수 있는 코드로 변환한다. 특히 C언어를 이용하여 작성된 프로그램은 컴파일러를 이용하여 컴파일(compile) 과정을 거쳐야만 컴퓨터가 이해할 수 있다. 즉 컴파일러는 고급 언어로 작성된 프로그램을 컴퓨터가 이해할 수 있는 기계어로 바꿔

주는 프로그램이다. 컴파일러에 의해 처리되기 전의 프로그램을 원시 코드 또는 소스 코드(source code)라고 하고 컴파일러에 의해 기계어로 변경된 프로그램을 목적 코드(object code)라고 한다. 그리고 이러한 원시 코드와 목적 코드가 저장된 파일을 각각 소스 파일, 목적 파일이라고 하며, 일반적으로 소스 파일은 텍스트 파일로 작성된다.

기계어로 구성된 목적 파일이 생성되면 컴퓨터는 이제 사용자가 작성한 프로그램을 이해할 수 있다. 그러나 프로그램의 개발은 여러 사람이 나누어 작업하는 경우가 많으며, 하나의 소스 코드만으로 실행하는 경우 보다는 여러 소스 코드로 구분하여 작성하는 경우가 많다. 따라서 이러한 소스 코드 들을 각각 컴파일하여 목적 코드로 만들고 이후 링커(linker)를 이용하여 하나 또는 여러 개의 목적 코드들을 하나의 프로그램으로 합치는 작업을 수행한다. 이러한 작업을 링크(link) 작업이라고 한다. 링크 작업 결과 생성되는 프로그램을 실행 프로그램 또는 실행 파일이라고 하며, 컴퓨터 프로그래밍 작업의 마지막 결과이다. 다음의 그림은 프로그램의 일반적인 제작 과정을 나타낸다.

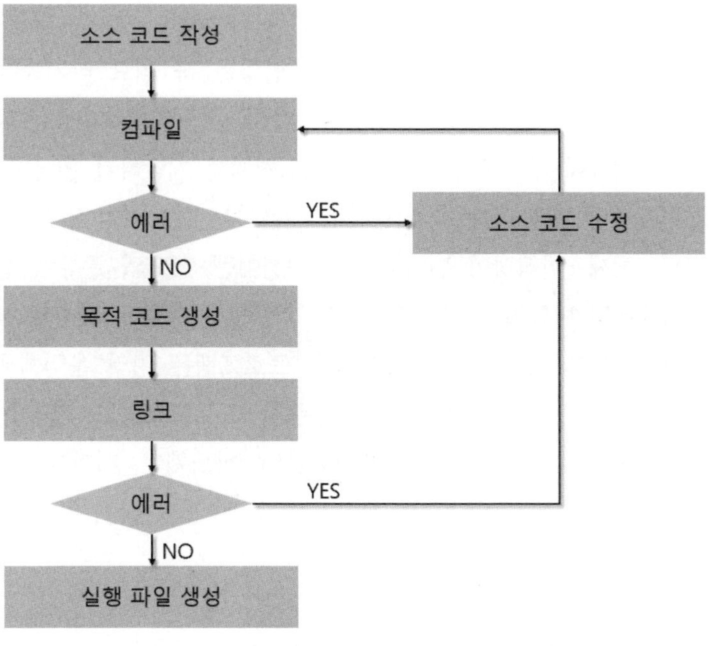

그림에서 보는 것과 같이 프로그램의 제작은 소스 코드 작성, 컴파일, 링크 작업을 거쳐서 실행 파일이 만들어 진다. 컴파일과 링크 작업 중 에러가 발생했을 경우 이미 작성했던 코드를 수정해야 하며, 이러한 수정 작업을 디버깅 작업이라고 한다.

1.3 C언어의 역사 및 특징

C언어는 PDP-11 컴퓨터에서 사용되는 UNIX 운영체제를 개발하기 위한 목적으로 1972년 벨(Bell) 연구소의 Dennis Ritchie에 의하여 개발되었다. C언어라고 이름 붙여진 이유는 벨 연구소의 Ken Tompson에 의하여 개발된 B언어를 기반으로 하여 만들어진 언어이기 때문이다. B언어의 B는 벨(Bell) 연구소의 앞 문자이며, C언어는 B언어를 기반으로 하여 만들었기 때문에 C라고 하였다. PDP-11 컴퓨터에서 사용되는 UNIX 운영체제는 어셈블리어로 작성되었으나, 1973년에 C언어로 다시 작성하였으며, 이는 어셈블리언어가 아닌 고수준 언어로 작성된 최초의 운영체제 중의 하나이다. C언어는 처음 만들어질 당시에는 벨 연구소 내에서만 사용되었으나, 외부로 공개가 된 후 많은 응용 프로그램 개발에도 사용되었다. C언어는 이후 많은 인기를 얻으며 시스템 및 응용 프로그램 개발에 사용되었으며 1999년 C99 표준안이 나온 이후 2011년 C11 표준안이 공개되어 현재까지 이용되고 있으며, 2018년에 C18, 2023년에 C23 등 C11 표준안을 기준으로 몇 가지 개선사항이 발표되고 있다.

만들어진 지 40년이 되는 현재까지 C언어가 널리 사용되는 이유는 다음과 같은 장점들 때문이다. 첫째, C언어는 간결한 언어이다. C언어는 꼭 필요한 기능만이 들어있고 모든 문법이 간결하게 되어 있으며 절차 지향적이기 때문에 익히기 쉽다. 둘째, C언어로 구현된 프로그램은 성능이 우수하다. C언어는 운영체제를 개발하기 위하여 만들어진 언어이기 때문에 메모리에 직접 접근이 가능하며 사용하는 메모리의 양이 상대적으로 적고 속도가 빠르다. 셋째, 이식성이 뛰어나다. 이식성이란 CPU의 종류에 상관없이 실행이 가능하고 운영체제의 변화에도 덜 민감한 것이다. 많은 종류의 CPU에 대해서 C언어 컴파일러가 개발되어 있기 때문에 C언어로 만든 프로그램은 여러 운영체제에서 사용할 수 있도록 이식할 수 있다. 마지막으로 저수준의 프로그래밍도 가능하고 고수준의 프로그래밍도 가능하다. C언어는 어셈블리어만큼의 하드웨어 제어가 가능하며 실제로 TV, 세탁기, 내비게이션 등의 여러 전자기기 안에 들어가는 내장 프로그램은 대부분 C언어로 개발된다. 또한 모듈 단위의 프로그램 작성을 지원하여 간결한 언어가 갖는 단점을 극복할 수 있다.

그러나 C언어는 장점만이 있는 것은 아니다. C언어는 교육을 위하여 만들어진 언어가 아니며, 저급언어의 특징을 함께 갖고 있기 때문에 일반적인 다른 고급 언어보다 배우기 어렵다. 또한 하드웨어의 직접적인 컨트롤은 시스템에 문제를 발생시킬 수 있기 때문에 사용상 주의를 필요로 한다.

1.4 C언어의 개발 환경

C언어를 이용하여 프로그램을 개발하기 위해서는 문서 편집기 등을 이용하여 소스 파일을 작성한 후 컴파일과 링크 작업을 통하여 실행 프로그램으로 변경한다. 적은 규모의 간단한 프로그램 개발 과정에서는 실제 컴파일과 링크 작업은 한 번에 이루어지기 때문에 이 두 과정을 일반적으로 컴파일 과정이라고도 한다. C언어는 다양한 환경에서 개발할 수 있으나 본 교재에서는 마이크로소프트사의 Visual Studio를 이용하여 개발한다. Visual Studio는 윈도우즈 운영체제에서 윈도우즈용 응용 소프트웨어를 개발하기 위하여 1991년 마이크로소프트사에서 처음 1.0 버전이 발표된 이후 현재 Visual Studio 2022버전까지 발표되었다. Visual Studio는 Visual Basic .Net, Visual C#, Visual C++ 등으로 구성되어 있으며 본 교재에서는 Visual C++ 컴파일러를 이용하여 C언어 프로그램을 개발한다. Visual C++는 C언어 문법과 C++언어의 문법을 모두 지원하는 컴파일러로 본 교재에서는 C언어의 개발을 위하여 사용한다.

1.4.1 Visual Studio 2022 Community 버전의 설치

C언어를 이용한 프로그램 개발을 지원하는 Visual Studio를 설치하기 위해서는 마이크로소프트에서 제공하는 https://visualstudio.microsoft.com/ko/ 사이트를 방문하면 다운로드 받을 수 있다. 아래 그림의 화면에서 화면 상단의 다운로드를 클릭하면 설치할 수 있는 다운로드 페이지로 연결된다. 이 화면에서 무료로 배포하고 있는 Visual Studio 커뮤니티(Community) 버전을 다운로드 받을 수 있다.

또는 중앙의 Visual Studio 제품군에서 가장 왼쪽의 Visual Studio다운로드를 클릭하면 나오는 항목에서 Community 2022를 선택하여 다운로드 받을 수 있다.

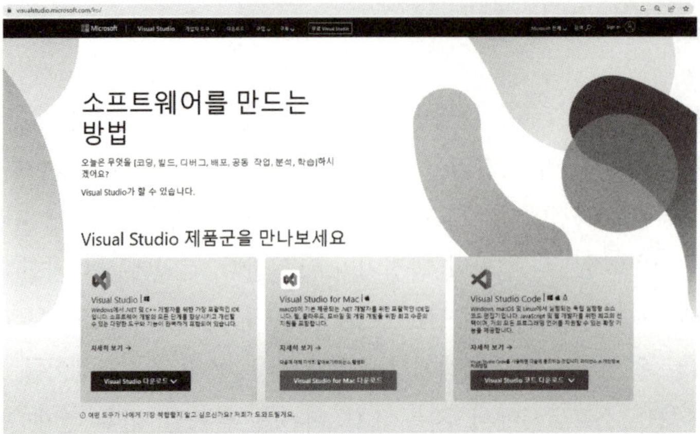

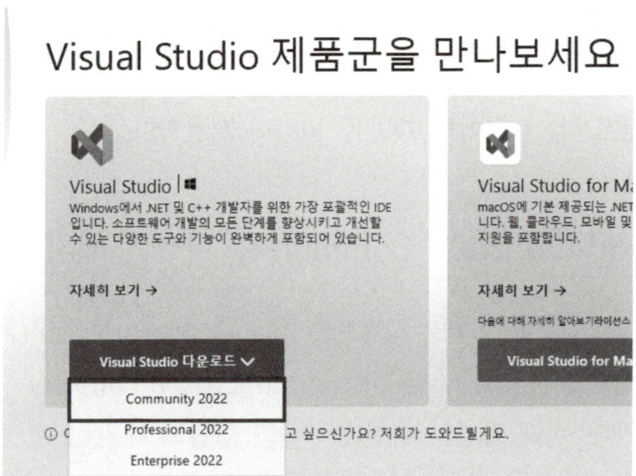

커뮤니티 버전의 무료 다운로드 버튼을 클릭하면 다음과 같이 설치 파일을 다운로드하여 설치를 진행할 수 있다.

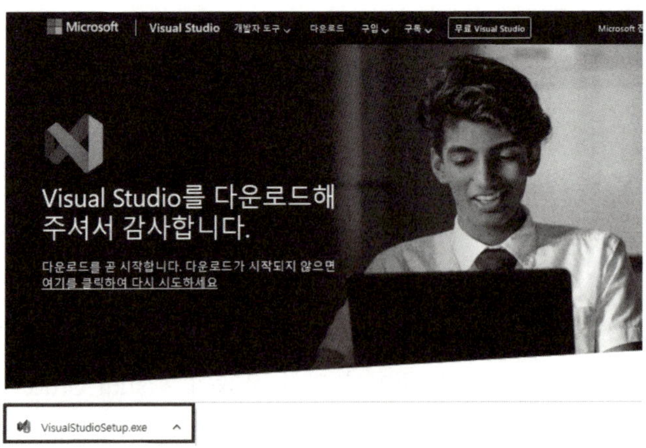

다운로드 받은 파일을 실행하면 설치에 필요한 나머지 파일을 자동으로 내려 받고 설치를 진행한다. 아래의 그림과 같은 화면이 나오면 Visual Studio를 설치할 때 설치하고자 하는 요소들을 선택할 수 있다. C언어를 이용한 프로그램을 만들 예정이니 그림과 같이 C++를 사용한 데스크톱 개발 항목은 반드시 선택하도록 한다. 나머지 설치 항목은 필요에 따라 선택할 수 있으며 선택을 해제할 수도 있다.

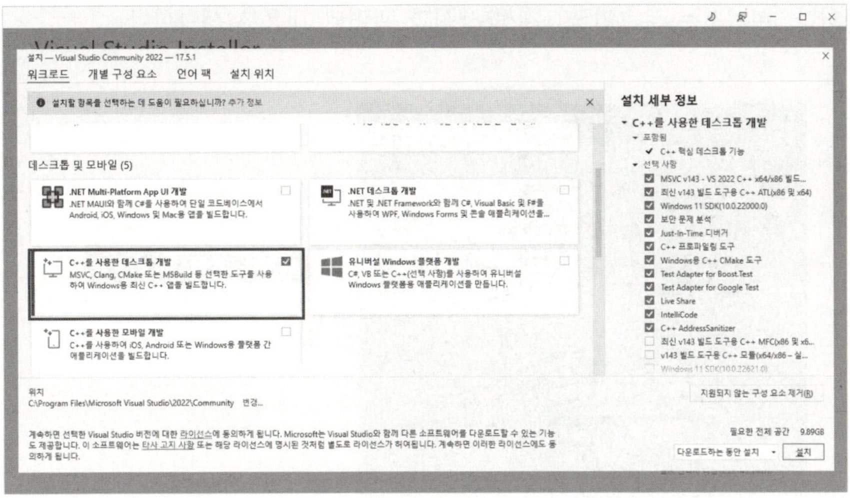

설치할 항목을 선택한 후 설치 버튼을 누르면 그림과 같이 설치가 시작된다.

설치가 완료되면 시작 메뉴의 Visual Studio 2022 아이콘을 클릭하여 프로그램을 실행할 수 있다.

Visual Studio를 처음 실행하면 계정 로그인 화면이 나온다. 이 부분은 건너뛸 수 있으나 가급적 계정을 생성하거나 이미 마이크로소프트 계정이 있을 경우 로그인하는 것을 권장한다. 여기서는 로그인 및 계정 생성과 관련된 내용은 생략한다.

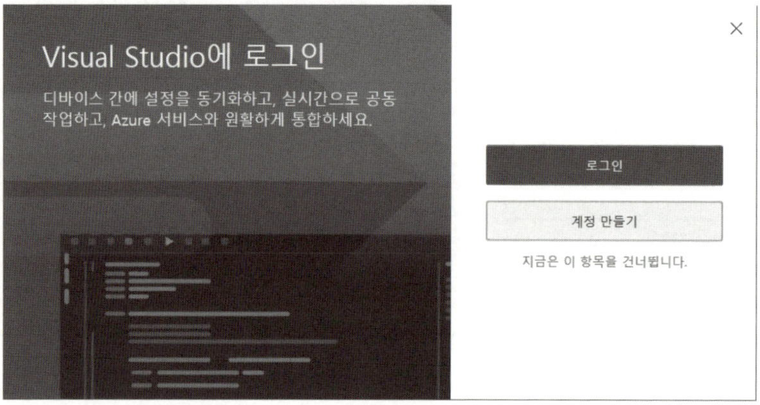

계정에 로그인(또는 로그인 건너뛰기)을 하고 나면 다음과 같이 Visual Studio의 시작 화면이 실행되고, 새 프로젝트 만들기 메뉴를 이용하여 프로그램 개발을 시작할 수 있다.

1.4.2 Visual Studio를 이용한 개발 과정

Visual Studio를 이용하여 프로그램을 만들기 위해서는 프로젝트의 생성 ➔ 소스 파일의 생성 ➔ 소스 코드 작성 ➔ 컴파일 및 링크 ➔ 프로그램의 실행 과정을 거쳐야 한다.

(1) 프로젝트의 생성

프로젝트는 Visual Studio에서 프로그램 코드들을 관리하는 하나의 단위이다. 일반적으로 프로그램은 여러 개의 소스 코드들을 각 기능마다 분류하여 관리할 필요가 있으며 Visual Studio에서는 프로젝트 단위로 관리한다. 앞에서 봤던 시작 화면에서 새 프로젝트 만들기 메뉴를 선택하면 다음의 그림과 같은 화면이 나온다. 여기에서 빈 프로젝트 항목을 선택하자. 또는 이미 프로젝트 진행 중에 새로운 프로젝트를 생성하려면 메뉴 - 새로 만들기 - 프로젝트 항목을 선택하면 새 프로젝트 만들기 창을 볼 수 있다.

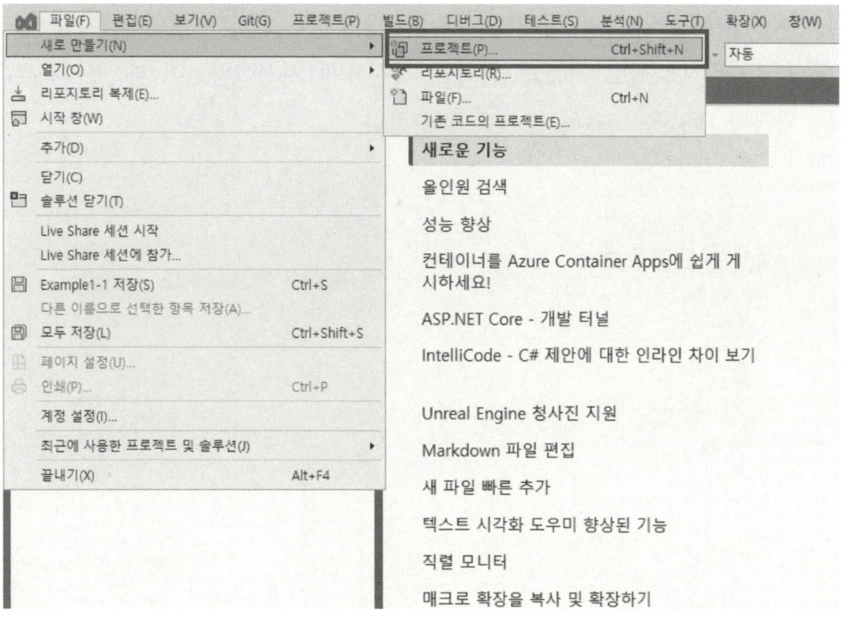

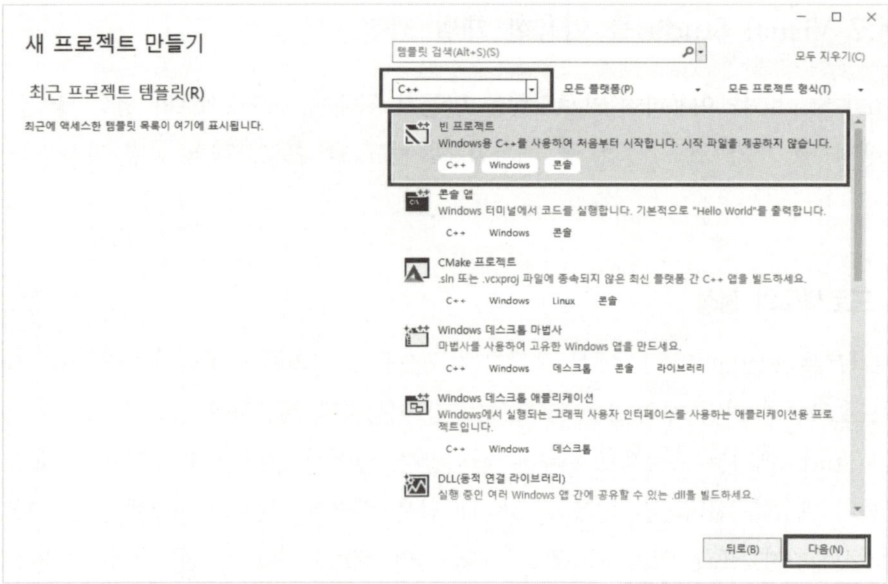

프로젝트 선택 화면의 상단에서 사용 언어를 C++로 변경한 다음 빈 프로젝트 항목을 선택한다. 다음 버튼을 누르면 아래의 그림과 같이 프로젝트 이름과 위치를 설정할 수 있는 창이 열린다. 프로젝트 이름과 위치를 적절하게 지정한다. 이 때 프로젝트의 이름 및 위치는 가급적 영문을 이용하는 것을 권장한다.

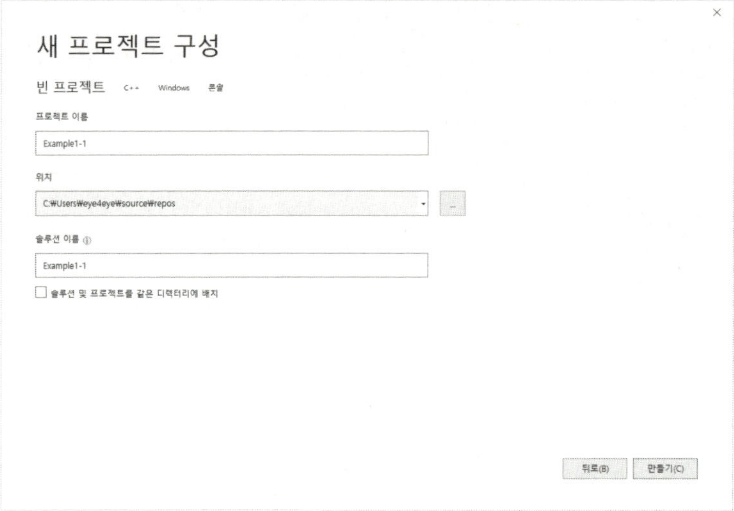

이름과 위치를 지정한 후 만들기 버튼을 누르면 다음과 같이 Visual Studio의 메인 윈도우가 실행되고 프로그램을 개발할 수 있는 작업 환경이 나온다.

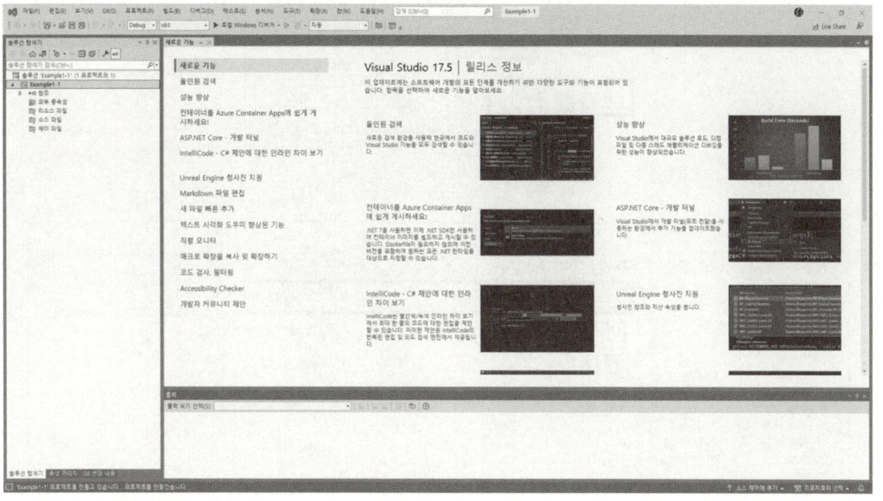

(2) 소스 파일의 생성

프로젝트를 만든 후에는 프로젝트에 소스 파일을 추가해야만 한다. 프로젝트 내에 소스 파일은 하나 또는 그 이상의 파일이 포함될 수 있으며 추가하는 방법은 다음과 같다.

우선 개발 환경의 솔루션 탐색기를 통하여 소스 파일을 추가한다. 솔루션 탐색기의 소스 파일 항목에서 마우스 오른쪽 버튼을 누르고 추가 - 새 항목을 선택하면 다음과 같이 새 항목 추가 대화상자가 실행된다. 대화상자에서 바로 파일 이름을 입력하고 추가할 수 있으며, Visual Studio가 지원하는 다른 형식의 파일을 살펴보고자 한다면 모든 템플릿 표시 버튼을 눌러서 새로운 대화상자 창을 열 수 있다.

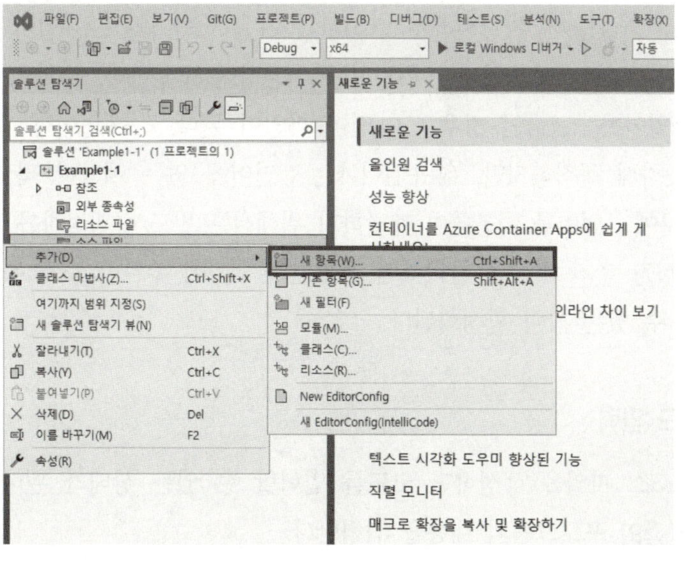

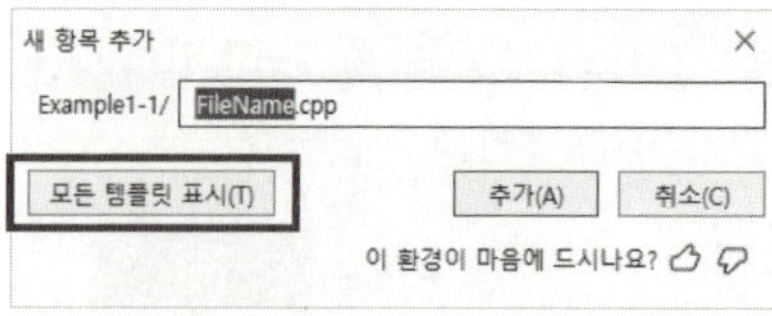

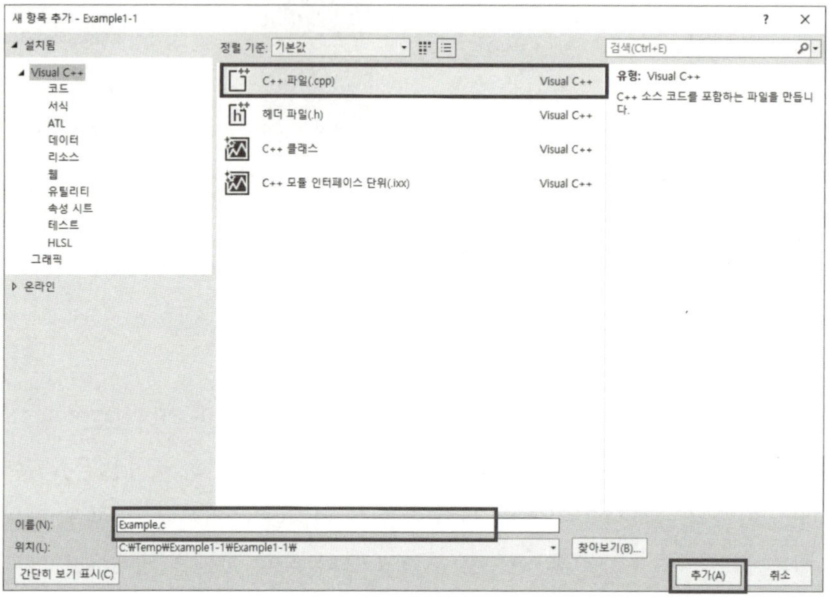

확장된 새 항목 추가 대화상자의 왼쪽 메뉴에서 Visual C++ 메뉴를 선택하고 가운데 메뉴에서 C++ 파일(.cpp) 항목을 선택한다. 그리고 생성되는 파일의 이름을 지정한다. 이 때 반드시 파일의 이름에서 Example.c와 같이 파일의 확장자를 반드시 .c로 지정해야 한다. Visual Studio에서 지원하는 Visual C++는 C언어와 C++언어의 소스 파일을 모두 컴파일할 수 있으며 두 언어는 확장자를 이용하여 구분한다. 파일의 확장자가 .c인 경우 C언어 파일이며, .cpp인 경우 C++언어 파일이 된다. C++언어와 C언어는 문법적으로 거의 비슷하게 동작하지만, C++언어에는 C언어에 없는 예약어 및 강화된 문법이 추가되었기 때문에 C언어를 이용하여 개발하기 위해서는 반드시 확장자를 .c로 지정한다.

이름을 지정하고 추가 버튼을 클릭하면 솔루션 탐색기에 추가한 소스 파일이 생성되며 코드를 편집할 수 있는 창이 활성화된다.

(3) 소스 코드 입력

프로젝트와 소스 파일을 생성하면 코드를 입력할 수 있는 상태가 된다. 생성한 소스 파일에 아래와 같이 프로그램의 내용을 입력한다.

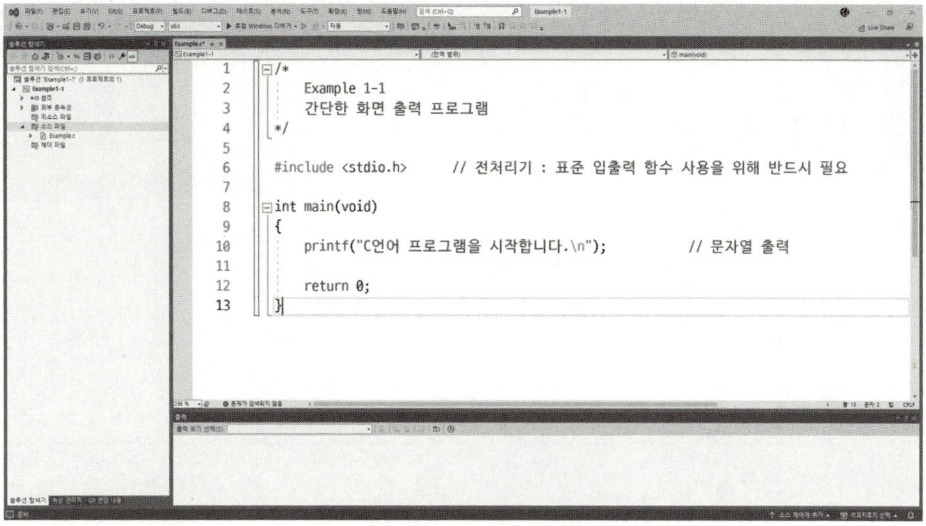

(4) 컴파일 및 링크

소스 코드 입력 완료 후 컴파일과 링크 과정을 거쳐 실행 파일을 생성한다. Visual Studio를 이용한 개발 환경은 컴파일과 링크를 한 번에 할 수 있는 메뉴를 제공하며 아래의 그림과 같이 빌드 메뉴의 솔루션 빌드 항목을 선택한다.

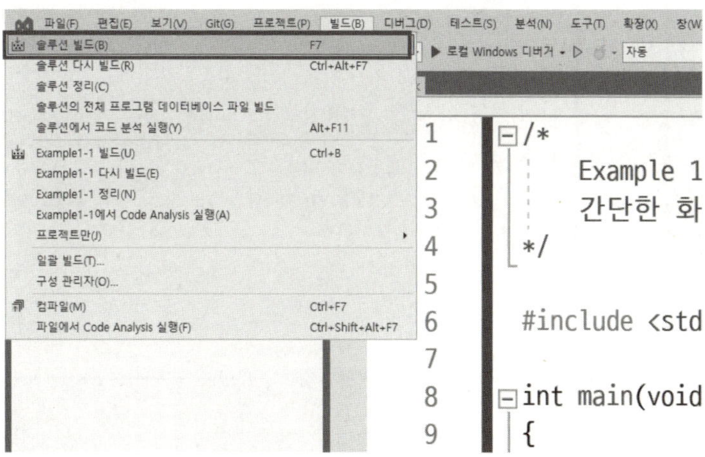

소스 코드를 빌드하는 과정에서 컴파일 오류나 링크 오류가 발생되지 않을 경우 실행 파일이 생성되고 코드 창 아래 출력 창이 나오면서 결과를 보여준다.

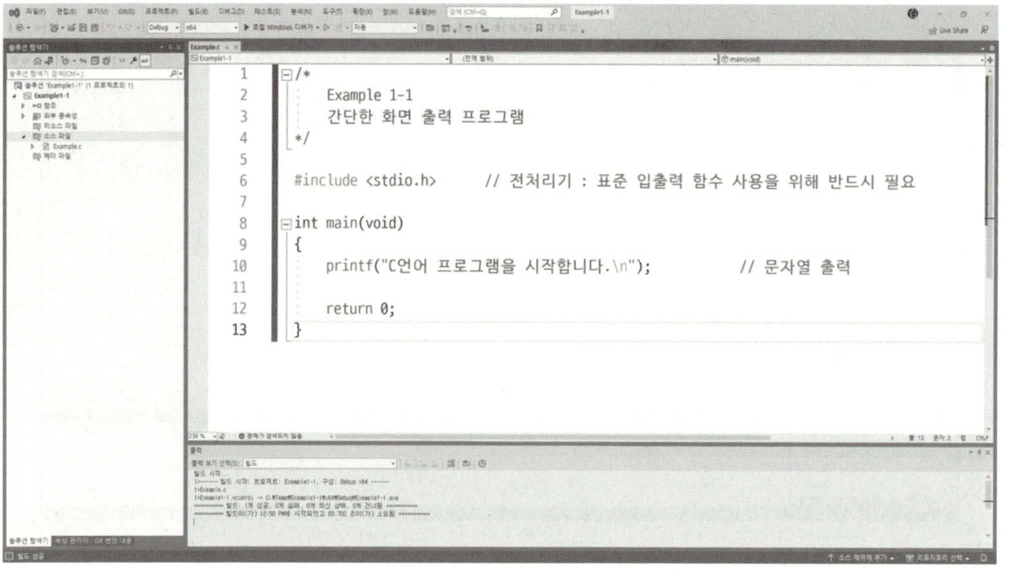

만일 컴파일 또는 링크 오류가 발생할 경우 아래의 그림과 같이 출력 창에 오류에 대한 내용이 표시된다.

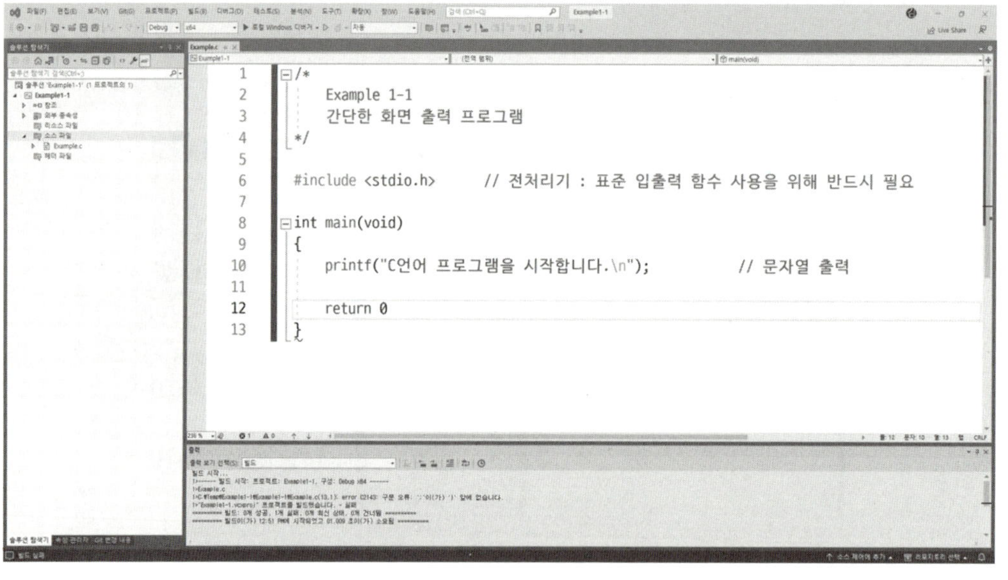

만일 오류가 발생할 경우 오류의 위치까지 함께 표시되며 마우스로 더블클릭할 경우 소스 코드의 해당 부분으로 바로 이동하여 프로그램을 작성하는 사람이 오류를 쉽게 찾을 수 있도록 도와준다.

(5) 프로그램 실행

컴파일 및 링크 작업이 완료되면 실행 파일이 생성되며, 그 파일을 실행할 수 있다. 파일을 실행하는 방법은 생성된 파일을 탐색기 등에서 직접 실행하는 방법과 Visual Studio의 메뉴에서 실행하는 방법이다. 생성된 실행 파일의 위치는 솔루션 탐색기의 솔루션 항목에서 마우스 오른쪽 버튼을 누르면 나오는 메뉴의 "파일 탐색기에서 폴더 열기 항목"을 선택하면 바로 이동할 수 있다. 해당 폴더에는 프로젝트 이름과 같고 확장자가 sln인 파일(여기서는 Example1-1.sln)과 두 개의 폴더가 존재한다(.vs 폴더는 숨겨진 폴더이며 고려하지 않는다). 확장자가 sln인 파일은 솔루션 파일로 프로젝트 전체를 관리하기 위하여 내부적으로 사용되는 파일이다. 두 개의 폴더 중 프로젝트 이름과 같은 폴더(여기서는 Example1-1 폴더)에는 앞에서 우리가 만들었던 Example.c 파일이 위치하고 있다. 그리고 x64 폴더에는 Debug 폴더가 있으며, 이 폴더 안에는 우리가 빌드 작업 후에 만들었던 Example1-1.exe 실행파일이 저장되어 있다.

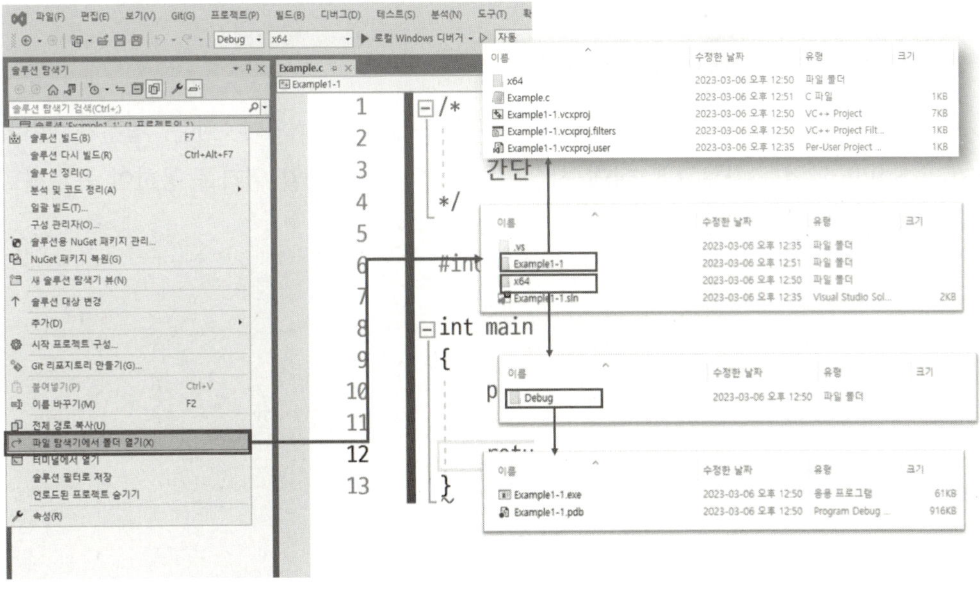

탐색기를 이용하여 폴더를 확인하고 프로그램을 실행하는 것은 개발 과정에서 번거로운 일이기 때문에 Visual Studio에서는 개발 환경에서 직접 프로그램을 실행할 수 있다. Visual Studio에서 프로그램을 바로 실행시키기 위해서는 그림과 같이 디버그 메뉴에서 디버깅 하지 않고 시작 항목을 선택한다. 또는 단축키로 Ctrl + F5 키를 눌러서 실행할 수도 있다.

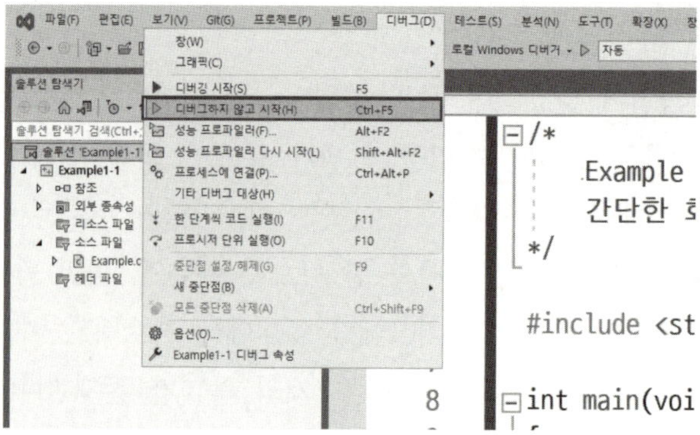

프로그램을 실행하면 다음과 같이 콘솔 윈도우가 열리면서 프로그램이 실행된다.

(6) 이전에 작성했던 프로그램 불러오기

프로그램을 개발할 때 이전에 작업했던 프로젝트를 불러와야 하는 경우가 있다. Visual Studio에서는 프로그램 실행 시 시작 화면의 최근 파일 열기를 통하여 프로젝트를 불러오는 메뉴를 지원한다.

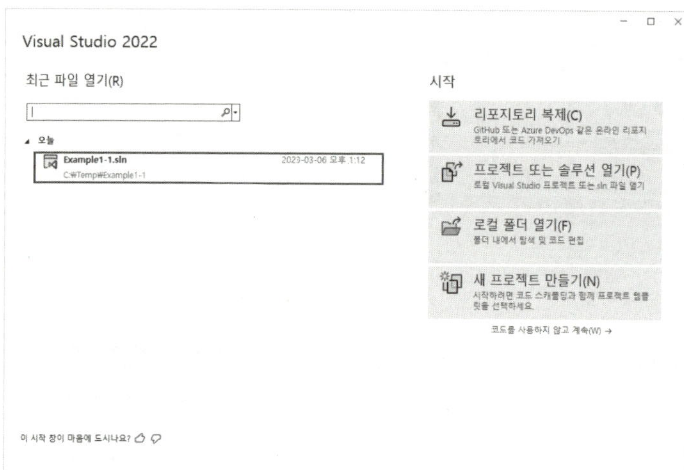

그러나 최근 항목에는 이전에 작업했던 프로젝트가 모두 포함되는 것은 아니기 때문에 나중에 프로젝트를 로드해야 하는 경우가 생기면 다음의 그림과 같이 파일 메뉴의

프로젝트 열기 항목을 선택하여 기존 프로젝트를 불러올 수 있다. 프로젝트 열기 항목을 선택하면 열기 대화상자가 실행되며, 저장해 놓은 폴더로 이동 후 그림과 같이 확장자가 .sln인 파일을 선택하면 이전에 저장했던 프로젝트 환경이 만들어진다. 이후 프로그램의 수정 및 보완이 가능하다.

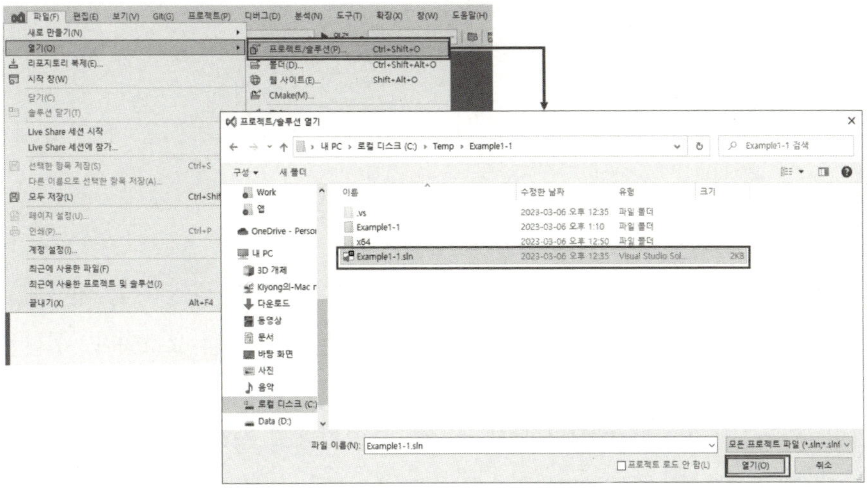

1.5 C언어 프로그램의 기본 형태

```
/*
  Example 1-1
  간단한 화면 출력 프로그램
*/

#include <stdio.h> // 전처리기 : 표준 입출력 함수 사용을 위해 반드시 필요

int main(void)
{
  printf("C언어 프로그램을 시작합니다.\n");     // 문자열 출력

  return 0;
}
```

프로그램 실행 결과

```
C:\windows\system32\cmd.exe
C언어 프로그램을 시작합니다.
계속하려면 아무 키나 누르십시오 . . .
```

위의 예제는 앞에서 소개한 C언어를 이용한 간단한 출력 프로그램이다. 프로그램을 컴파일하고 실행하면 단순히 콘솔 화면에 문장을 출력하고 프로그램이 종료된다. 지금부터 프로그램 코드를 하나하나 살펴보자.

1.5.1 프로그램을 설명하는 주석문

```
1   /*
2      Example 1-1
3      간단한 화면 출력 프로그램
4   */
```

1~4번 라인은 프로그램을 설명하기 위한 주석문이다. 주석은 프로그램 내부에 프로그램 작성자가 일종의 메모를 삽입하고자 할 때 사용하는 프로그램 요소이다. 주석은 메모 역할이기 때문에 프로그램의 실행 결과에 전혀 영향을 미치지 않으며, 컴파일러는 주석을 하나의 공백으로 인식하고 처리한다. 주석은 프로그램의 실행에 영향을 주지 않기 때문에 프로그램을 작성할 때 반드시 필요한 것은 아니다. 그러나 좋은 프로그램은 가급적 주석을 이용하여 프로그램을 설명함으로써 코드의 가독성을 높인다. 프로그래밍 언어를 이용하여 프로그램을 만들 때 여러 사람이 함께 코드를 작성하는 경우가 많으며, 코드의 내용을 주석을 통하여 설명한다면 함께 작업하는 사람에게 많은 도움을 줄 것이다. 또한 자신이 작성한 코드라고 하더라도 시간이 지나서 다시 보면 왜 그렇게 코드를 만들었는지 이해가 되지 않는 부분도 생기며 이런 경우 주석은 많은 도움이 된다. 즉 주석문은 프로그램을 분석하는 사람에게도 도움을 주고, 프로그램을 작성한 자신에게도 도움을 주는 프로그램 코드 내에서의 필수적인 요소이다. C언어에서 주석문은 블록 단위 주석과 행 단위 주석 두 가지 방법으로 만들 수 있다.

(1) 블록 단위 주석

C언어에서 주석문을 만드는 첫 번째 방법은 주석의 처음과 끝을 표기하는 블록 단위 주석이다. 블록 단위 주석은 /*로 시작하여 */로 끝난다. 앞에서 본 것과 같이 예제의 1~4번 라인은 블록단위 주석을 이용하여 프로그램을 설명한다. 블록 단위 주석은 사용할 때 주의할 사항은 주석을 중첩하여 사용할 수 없다는 것이다. 다음의 예를 살펴보자.

```
1  /*
2     /* Example 1-1 */
3     간단한 화면 출력 프로그램
4  */
```

위의 예에서 주석은 1번 라인의 /*로 시작하고 */를 만날 때 까지 유지한다. 2번 라인을 살펴보면 /* Example 1-1 */ 주석문이 있다. 이 주석문은 전체 주석문 안에서 또 다른 내부의 주석으로 사용하고자 한 것으로 보인다. 그러나 1번 라인에서 주석문이 시작했기 때문에 2번 라인의 /*는 이미 주석으로 처리된 상태이다. 따라서 새로운 주석문의 시작이 될 수 없다. 결과적으로 1번 라인의 /*에서 시작한 주석문은 2번 라인의 */에서 끝난다. 컴파일러는 1번과 2번 라인만 주석으로 간주하며, 나머지 3번과 4번 라인은 주석으로 처리하지 못하고 컴퓨터가 이해할 수 없는 문장이 되어 컴파일 시 오류를 발생시킨다.

Visual Studio를 이용한 C언어 개발 환경에서는 특별한 설정을 하지 않았을 때 프로그램 내의 주석문을 녹색 글자로 표기한다. 만일 녹색(혹은 별도의 설정된 색)이 아닐 경우 컴파일 전에 주석문을 잘못 사용했는지 의심해 보아야 한다.

(2) 행 단위 주석

C언어에서는 //(더블 슬래시)를 이용한 행 단위 주석 방식을 지원한다. 예제의 6번 라인은 행 단위 주석이 어떻게 사용되는지를 보여준다.

```
6  #include <stdio.h> // 전처리기 : 표준 입출력 함수 사용을 위해 반드시 필요
```

위의 문장에서 보듯이 같은 라인에서 // 뒤에 등장하는 모든 문장은 주석으로 처리된다. 그리고 라인을 다음으로 넘기면 주석은 자동으로 해제된다. 또한 다음과 같이 행 단위 주석을 블록 단위 주석 내부에 사용하는 것도 가능하다. 다만 이 경우는 1번 라인부터 이미 주석 처리가 된 상태기 때문에 큰 의미가 없는 표현이다.

```
1  /*
2     // Example 1-1
3     간단한 화면 출력 프로그램
4  */
```

주석문은 프로그램의 가독성을 높여 생산성을 증가시키는데 그 목적이 있다. 주석을 프로그램에 넣는 방법은 다양하며 특별한 기준은 없다. 그러나 많은 프로그래머들이 프로그램을 작성하기 전에 주석을 이용하여 프로그램의 코드에 대한 설명을 넣는다. 또한 주석은 간결하고 명료해야 한다. 만일 하나의 라인마다 주석을 넣는다면 프로그램 코드보다 주석이 더 많아질 수 있기 때문에 프로그램을 해석하는 사람에게 혼동을 줄 수 있다. 따라서 주석을 코드에 포함할 때에는 필요한 곳에만 자세한 설명으로 주석을 넣는 습관을 기르는 것이 좋다. 다음의 예는 각각의 문장에 주석을 모두 삽입한 것이다. 주석이 너무 많아 프로그램을 이해하기 힘들 수 있다.

```
1   /*
2      Example 1-1
3      간단한 화면 출력 프로그램
4   */
5
6   #include <stdio.h> // 전처리기 : 표준 입출력 함수 사용을 위해 반드시 필요
7
8   int main(void)     // main 함수의 시작, 프로그램의 시작 지점
9   {
10     /*
11           이 함수는 문자열을 출력하기 위한 함수입니다.
12           문자열은 콘솔 창에 출력됩니다.
13     */
14     printf("C언어 프로그램을 시작합니다.\n");     // 문자열 출력
15
16     return 0;  // 프로그램의 종료, 0 값을 반환
17  }
```

1.5.2 전처리기

```
6   #include <stdio.h> // 전처리기 : 표준 입출력 함수 사용을 위해 반드시 필요
```

예제의 6번 라인은 C언어에서 사용하는 전처리기이다. 전처리기는 그 이름에서 예상할 수 있듯이 어떠한 작업을 수행하기 전에 미리 처리해야 하는 것을 의미한다. C언어를 이용하여 프로그램을 만드는 과정은 이미 설명한 것과 같이 [코드 작성] - [컴파일] - [목적 파일 생성] - [링크] - [실행 파일 생성]의 과정으로 이루어진다. 전처리기는 이 중에서 [코드 작성]과 [컴파일] 과정 사이에 들어간다. 즉 소스 코드를 컴파일하기 전에 처리해야 하는 모든 것은 전처리기를 이용하여 작성한다. 이 때 모든 전처리기는 #문자

로 시작하며 대표적인 전처리기 지시자는 #include와 #define이 있다. 전처리기에 대한 것은 13장에서 자세히 설명하고 여기서는 6번 라인의 내용만 간단히 설명한다.

앞에서 설명한 것과 같이 C언어는 간결함을 추구하는 언어이며 언어 자체에는 복잡하고 많은 기능을 포함하지 않는다. 심지어 키보드 입력, 모니터 출력과 관련된 기능도 없다. 따라서 C언어 표준 기구에서는 프로그램을 작성할 때 사용하기 위한 다양한 기능을 추가하기 위하여 이미 만들어 놓은 별도의 파일을 소스 코드에 추가할 수 있는 기능을 만들었다. #include는 이미 만들어진 기능을 C언어 프로그램에 추가하기 위한 전처리기이다. include의 사전적 의미는 "포함하다"라는 뜻이다. 따라서 6번 라인의 문장은 "stdio.h 파일을 현재의 소스 코드에 포함하라"라는 명령이다. "stdio.h"와 같이 h 또는 hxx 등의 확장자를 갖는 파일을 헤더 파일이라고 하며, C언어에서 제공하지 않는 여러 가지 기능이 포함되어 있다. 헤더 파일에는 함수의 원형이 포함되어 있으며, 함수의 원형과 관련된 내용은 5장 함수에서 자세히 설명한다.

stdio.h 파일에는 표준 입출력 함수들을 포함하고 있다. 이 함수들은 프로그램 내에서 컴퓨터의 입력과 출력 장치를 사용할 수 있는 방법을 제공한다. 여기서 "stdio"는 "STanDard Input Output"의 약자로 표준 입출력을 의미한다. 즉 입력과 출력에 관련된 기능을 별도로 구현하지 않고 이미 제공되는 기능을 가져와 사용할 수 있도록 도와준다. 키보드에서 입력을 받아 값을 가져오거나, 값을 모니터로 출력할 때 등의 입출력과 관련된 작업을 수행할 때 필요한 기능들이 포함되어 있다. 예제에서는 출력과 관련된 함수가 사용되었으며, 10번 라인의 printf 함수이다. printf 함수는 콘솔 화면에 글자를 출력하기 위한 함수이며 자세한 내용은 뒤에서 설명한다. 일단 printf 함수를 사용하기 위하여 #include 〈stdio.h〉라는 전처리기 지시자를 이용하여 헤더 파일을 소스 코드에 포함시켰다고 이해한다.

1.5.3 main 함수

```
8   int main(void)
9   {
10      printf("C언어 프로그램을 시작합니다.\n");     // 문자열 출력
11
12      return 0;
13  }
```

8번 라인부터 13번 라인까지는 프로그램의 몸체가 되는 main 함수 부분이다. 우선 중요한 점은 int, main, void 등 앞으로 작성하는 코드에서 대소문자를 반드시 구분해

서 적어야 한다는 것이다. C언어는 대소문자를 엄격하게 구별하는 언어이므로 int와 Int는 서로 다른 것으로 인식한다. 우리가 다른 사람과의 대화를 위해서 사용하는 언어에 지켜야할 문법이 있듯이 컴퓨터와 대화하기 위한 프로그래밍 언어에도 문법이 있다. 문법을 반드시 지켜서 프로그램을 작성해야지만 컴파일러가 코드를 컴파일하여 실행 파일로 만들 수 있으며, 만일 이러한 약속을 지키지 않는다면 컴퓨터는 컴파일 도중 에러를 발생시키거나 엉뚱한 작업을 할 것이다. 앞에서 배웠던 전처리기의 include 등도 반드시 소문자로 적어야 컴파일 시에 오류가 발생하지 않는다.

지금부터 살펴볼 main 함수는 C언어 프로그램에서 가장 중요한 부분이며 프로그램의 시작 지점을 가리킨다. 프로그래밍 언어에서 함수란 프로그램 내에서 독립적으로 실행되는 작은 단위를 말하며 C언어 프로그램은 반드시 하나 이상의 함수로 구성되어 있다. C언어로 작성한 모든 프로그램은 항상 main 함수에서 시작하고 main 함수가 종료되면 프로그램이 종료된다. 함수의 이름은 프로그램을 만드는 사람이 자유롭게 작성할 수 있지만 main 함수의 이름은 반드시 main으로 적어야 한다. main 함수는 프로그램의 시작 지점이기 때문에 반드시 하나의 main 함수만을 Visual Studio의 프로젝트에 포함시켜야 한다. 만일 두 개 이상의 main 함수가 프로젝트에 포함되면 컴파일러는 어떤 main 함수에서 프로그램을 시작할지 모르기 때문에 컴파일 오류를 발생시킨다. main 함수를 포함하지 않는 프로젝트 역시 시작 지점이 없는 것으로 인식하여 컴파일 오류를 발생시킨다. 다음의 그림은 main 함수의 기본적인 형태이다.

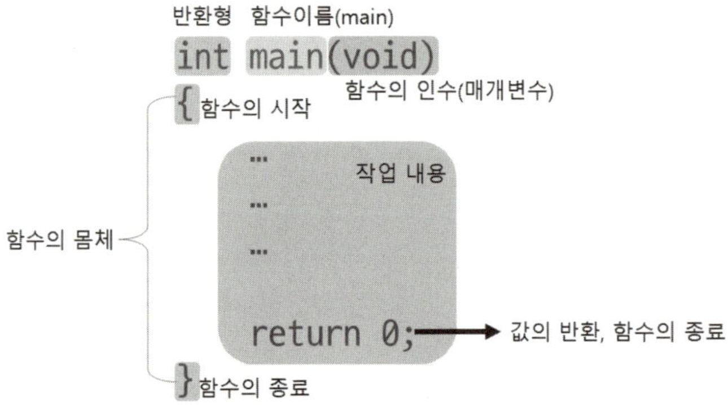

프로그램의 8번 라인 int main(void) 부분을 보자. 여기서 int는 C언어에서 사용하는 예약어로 정수형을 나타내며, main 함수가 종료될 때 사용자 또는 컴퓨터가 얻을 수 있는 값의 형태이다. main은 함수의 이름이며 여기서는 프로그램의 시작 지점을 나타낸다. 다음 (void)는 함수의 인수(매개변수)로써 main 함수를 실행할 때 필요로 하는 값을 넘겨주는 역할을 한다. 만일 어떠한 함수를 실행할 때 특정 값을 필요로 하면 괄호 안에 해당 값의 형태를 적는다. 여기서 사용한 void는 함수를 실행할 때 필요로 하는 값이 없다는 것을 의미한다. 괄호 안의 void는 생략 가능하지만, 많은 C언어 프로그래머들은 main 함수에서 void를 생략하지 않고 사용한다.

9번 라인과 13번 라인의 중괄호({ })는 main 함수의 영역을 나타낸다. 함수는 프로그램 내에서 실행 가능한 작은 단위이며 이러한 단위를 하나의 블록으로 구분하기 위하여 중괄호를 이용하여 코드를 감싼다. 이렇게 중괄호로 둘러싸인 함수의 영역을 함수의 몸체라고 한다. 함수의 몸체가 프로그램에서 실제 작업이 실행되는 부분이며, 앞선 예제의 main 함수 내에서 실행이 되는 부분은 10~12번 라인의 사이 코드이다.

main 함수 내에서 실제 실행을 담당하는 10번과 12번의 각 라인은 문 또는 문장이라고 한다. C언어는 함수 기반의 프로그램 언어이지만 함수의 내부는 하나 이상의 문장으로 구성되어 있다. 우리가 사람과 대화할 때 문장 단위로 대화를 하듯이, 프로그래밍 언어를 통하여 컴퓨터와 대화할 때 역시 문장 단위로 대화를 한다. 일반적으로 사람이 컴퓨터에게 명령을 내리고, 컴퓨터는 문장을 해석하여 어떠한 작업을 실행하기 때문에 이러한 문장을 명령문이라고 한다. 문장은 몇몇 특별한 경우를 제외하고 모두 세미콜론(;)으로 끝난다. 우리가 글을 쓸 때 하나의 문장이 끝나면 마침표(.)를 찍는 것과 같이 C언어에서는 하나의 문장이 종료될 때 세미콜론으로 끝을 맺어야 한다.

```
10        printf("C언어 프로그램을 시작합니다.\n");      // 문자열 출력
```

10번 라인의 문장은 콘솔 화면에 괄호 내의 문자열을 출력하라는 함수이다. 문자열은 하나 이상의 문자가 나열되어 있는 형태이며 C언어에서 큰 따옴표(" ")로 문자들을 둘러싸면 문자열이 된다. printf라고 이름이 지어진 이 함수는 앞에서 언급한 것과 같이 stdio.h 헤더 파일에 포함이 되어 있다. printf는 함수의 이름이고 소괄호 내부의 문자열이 콘솔 화면에 출력된다. 즉 큰 따옴표로 둘러싸인 문자열이 printf 함수의 인수가 되며, printf 함수는 이처럼 문자열을 인수로 받아 콘솔 화면에 출력한다. printf 후에 소괄호가 닫히면 하나의 C언어 명령문이 끝나게 되며 명령문의 끝에는 반드시 세미콜론을 붙인다. 실제 출력된 문자열과 printf 함수 내부에 적은 문자열을 비교해 보자. 실제 출력된 문자열은 C언어 프로그램을 시작합니다.이고 printf 함수 내에 출력하기 위하여 적은 문자열은 따옴표를 제외하고 C언어 프로그램을 시작합니다.₩n이다. 즉 실제 출력에서는 ₩n이 빠져있다. ₩n은 문서 편집기에서 Enter키를 누르면 새로운 라인으로 시작하는 것과 같이 출력 프로그램에서 출력문을 새로운 라인으로 시작하기 위한 약속들 중

에 하나이다. 여기서 ₩는 한글 환경에서 표시되는 기호이고, 영문 환경에서는 \로 표시된다. 따라서 ₩와 \는 화면 또는 문서에서의 출력 방식의 차이며 키보드의 같은 위치를 타이핑했을 때 출력되는 같은 글자이다. 따라서 앞으로는 ₩와 \를 구분하지 않고 사용할 것이다. 또한 \n은 우리 눈으로 보기에는 두 개의 글자로 보이지만 컴퓨터에서는 하나의 글자로 취급한다. 위의 예제의 10번 라인에서 \n을 제거하고 프로그램을 실행할 경우 프로그램은 다음과 같은 결과를 얻는다.

```
10    printf("C언어 프로그램을 시작합니다."); // 문자열 출력
```

프로그램 실행 결과	C:₩windows₩system32₩cmd.exe C언어 프로그램을 시작합니다.계속하려면 아무 키나 누르십시오 . . .

두 결과의 차이를 비교해 보자. \n이 있을 때는 첫 번째 문자열을 출력한 후 한 줄 내려간 상태에서 계속하려면 아무 키나 누르십시오...가 문자열 아래 줄에 출력되었고, \n이 없을 때는 문자열 옆에 출력되었다. 이와 같이 문자열을 출력할 때 출력 문자열뿐만 아니라 미리 정해놓은 약속들을 이용하여 여러 가지 형태로 출력이 가능하다. printf 함수를 이용하여 다양한 형태로 출력하는 방법은 2장에서 설명한다. 그리고 계속하려면 아무 키나 누르십시오... 문장은 윈도우즈 운영체제에서 자체적으로 출력하는 문장으로 콘솔 창을 이용한 프로그램을 실행할 경우 항상 자동으로 나오기 때문에 신경을 쓰지 않아도 된다. 또한 사용하고 있는 Visual Studio의 버전에 따라 자동으로 나오는 문장은 다음과 같이 복잡하게 변화할 수 있다.

```
Microsoft Visual Studio 디버그 콘솔
C언어 프로그램을 시작합니다.

C:₩Temp₩Example1-1₩x64₩Debug₩Example1-1.exe(프로세스 18692개)이(가) 종료되었습니다(코드: 0개).
이 창을 닫으려면 아무 키나 누르세요...
```

```
12    return 0;
```

12번 라인은 함수를 종료하기 위한 반환문이다. 함수 내에서 return이 사용된 문장을 만나면 함수는 그 즉시 종료하며 return 뒤에 있는 값을 함수를 호출한 곳에 반환한다. 따라서 return 0 문장은 main 함수를 종료하고 0의 값을 반환하라는 의미이다. main 함수가 종료되면 프로그램이 종료되기 때문에 12번 라인의 문장을 만나면 프로그램이

종료된다. 보통의 많은 프로그래머들은 main 함수를 정상적으로 종료할 때 0의 값을 반환하며, 만일 오류가 생겨서 프로그램을 강제 종료하는 등의 특별한 이유로 프로그램을 종료할 때에는 0이 아닌 값으로 여러 오류를 구분해서 반환하기도 한다.

지금까지 C언어를 이용하여 간단한 프로그램을 만들고 그 내부의 구성을 살펴보았다. 그러나 지금까지 배운 내용만으로는 우리가 원하는 프로그램을 만들기 어렵다. 우리가 프로그램을 만드는 목적은 단순한 출력에 그치는 것이 아니라 어떠한 값을 이용해서 컴퓨터에게 복잡한 계산 작업을 시킨 후 그 결과를 다양한 방법으로 확인하고자 하는 것이다. 다음 장에서부터 실제 값들을 이용할 수 있는 프로그램을 만들 것이다.

연습문제

1. 다음 괄호 부분을 채우시오.

① C언어는 편리하게 프로그램이 가능한 (　　　　)의 특징과 하드웨어를 직접 제어할 수 있는 (　　　　)의 특징을 동시에 갖고 있기 때문에 공학을 전공하는 학생들에게 반드시 필요한 언어이다.

② C언어를 이용하여 프로그램을 개발하기 위해서는 소스코드 편집기를 이용해서 (　　　　)을 작성한다. 그 다음 (　　　　)를 이용해서 원시 프로그램을 목적 프로그램으로 변경한다. 마지막으로 (　　　　)을 이용하여 여러 목적 코드들을 연결하여 실행 프로그램을 만든다.

③ C언어의 (　　　　)는 프로그램을 컴파일하기 전에 미리 처리해야 하는 것을 의미하며, (　　　　) 문자로 시작한다.

2. Visual Studio 개발 환경에서 C언어를 이용한 프로그램의 개발 순서를 나열하고 설명하시오.

① 프로젝트 및 소스 파일의 생성 ② 소스 파일에 프로그램 코드 입력 ③ 프로그램의 실행 ④ 프로그램의 컴파일 및 링크

(　　　　) - (　　　　) - (　　　　) - (　　　　)

3. 다음의 괄호 부분을 채우시오.

① C언어의 소스 코드 중에서 (　　　　)로 시작하여 (　　　　)로 끝나는 부분은 컴파일 하지 않고 주석으로 처리한다.

② (　　　　) 함수는 프로그램 실행 도중 화면에 메시지를 출력하기 위하여 사용하는 함수이다.

③ C언어의 문장은 (　　　　)으로 끝난다.

④ C언어의 프로그램은 (　　　　) 함수가 끝나면 프로그램이 종료된다.

4 다음의 문장 중에서 틀린 것들을 고르고 이유를 설명하시오.

① 프로그램에서의 주석은 프로그램의 실행에는 아무런 영향을 미치지 않으며, 코드에 대한 부연 설명으로 사용된다.

② C언어에서 콘솔 화면에 출력하기 위하여 print 함수를 사용한다.

③ C언어를 이용한 프로그램은 Main 함수의 시작 부분에서 프로그램이 시작한다.

④ C언어의 소스 코드를 컴파일하면 실행 프로그램을 만들 수 있다.

제2장

변수와 연산자

제 2 장 변수와 연산자

인터넷을 사용해서 정보를 찾거나 동영상 플레이어로 영화를 보거나 워드프로세서로 문서를 작성하는 등 컴퓨터를 사용하는 목적은 다양하다. 우리가 컴퓨터를 통하여 수행하는 일련의 작업들은 모두 컴퓨터 내의 프로그램 즉 소프트웨어를 통하여 이루어지며, 소프트웨어를 만드는 과정을 컴퓨터 프로그래밍이라고 한다. 이렇게 만들어진 소프트웨어의 내부는 컴퓨터가 작업을 수행하기 위한 명령어와 작업에 필요한 데이터로 이루어져 있다. 따라서 컴퓨터 프로그래밍은 컴퓨터가 이해할 수 있는 명령어와 명령에 필요한 데이터를 컴퓨터에게 전달하는 것에서부터 출발한다.

우리가 친구에게 어떠한 일을 부탁할 때 서로 이해할 수 있는 언어를 사용하듯이 컴퓨터에게 명령을 내릴 때도 서로 이해할 수 있는 언어를 사용해야만 한다. 그러나 컴퓨터가 이해하는 언어와 사람이 이해하는 언어는 서로 일치하지 않는다. 따라서 중간에 언어를 서로 이해할 수 있도록 바꾸는 과정이 필요하며 이를 담당하는 것이 바로 컴파일러이다. 즉 컴파일러는 사람과 컴퓨터 사이의 통역사라고 생각할 수 있다. 하지만 컴파일러 역시 사람의 언어 자체를 알지 못하기 때문에 우리는 컴파일러가 알아듣는 언어로 작업을 요청해야 한다. 우리가 사용하는 한국어에는 한국어의 규칙이 있고, 영어에는 영어만의 규칙이 있듯이 컴파일러도 종류에 따라서 각각의 규칙이 있다. 즉 C언어에는 C 언어만의 규칙이 있고 자바 언어에는 자바 언어만의 규칙이 있다. 이와 같이 각 언어의 규칙을 문법이라고 하며 명령을 내리기 위해서는 문법을 반드시 지켜야만 한다.

인간의 대화에서 가장 기본이 되는 단위는 단어이다. 그리고 이러한 단어들을 조합해서 문장을 만들고 이를 교환함으로써 대화가 이루어진다. 컴퓨터 프로그래밍 언어에서 단어의 역할을 하는 것들이 바로 예약어, 식별자, 연산자, 데이터 등이다. 그리고 이것들을 조합하여 문장을 만들고 컴퓨터에게 명령을 내린다. "가"라는 하나의 단어가 문장이 될 수도 있고 "나는 집에 간다"와 같이 여러 개의 단어가 문장이 될 수도 있다. 같은 방법으로 프로그래밍 언어의 명령어 역시 명령어를 이루는 구성 요소들을 다양하게 조합하여 문장을 구성할 수 있다.

이제 프로그래밍 언어에서 문장을 어떻게 구성하는지를 알아보자. 프로그래밍 언어에서의 문장은 주로 컴퓨터에게 작업을 지시하기 위하여 사용하기 때문에 명령문이라고 한다. 따라서 프로그래밍 언어의 문장은 컴퓨터가 작업을 수행할 수 있는 형태로 만들어져야 한다. 또한 명령문을 작성할 때는 컴파일러가 알 수 있는 규칙에 맞게 구성되어야 한다. C언어의 경우 대부분의 명령문은 세미콜론(;)을 이용하여 문장의 끝을 표시한다. 다음의 문장은 정수형 변수를 선언한 후 해당 변수에 10을 저장하는 문장의 예이다. 이 문장은 컴퓨터의 메모리에 10의 값을 저장한다.

```
int iValue = 10;                    // 정수형 변수의 선언, 그리고 변수에 10을 저장
```

위의 문장에서 int는 C언어에서 정수형을 나타내는 예약어이다. iValue는 변수의 이름을 나타내는 식별자이다. 다음의 =는 연산자이고 10은 값을 갖는 데이터이다. 마지막으로 문장의 끝은 세미콜론(;)으로 끝났다. 위와 같은 명령문을 컴퓨터에게 지시하면 컴퓨터는 자신의 메모리에 정수형을 저장할 공간을 마련한 후 해당 공간에 10을 저장한다. 자세한 내용은 나중에 다룰 것이다. 이와 같이 C언어의 문장은 예약어, 식별자, 연산자, 데이터 등으로 구성할 수 있다. 조금 더 복잡한 문장은 차차 배우게 될 것이다.

2.1 C언어에서 사용하는 데이터

2.1.1 데이터 표현 단위

컴퓨터에게 명령을 내리기 위한 문장을 구성하는 요소들 중에 우선 데이터를 살펴보자. 우리는 일상생활에서 값을 숫자로 표현하기 위하여 0부터 9까지의 숫자들을 조합한 10진수를 사용한다. 그러나 컴퓨터는 모든 숫자들을 2진수를 이용하여 관리한다. 그리고 숫자 이외의 모든 데이터 역시 2진수로 관리한다. 2진수는 0과 1로만 구성된 숫자이고 컴퓨터 내부에서는 전기가 통하면 1, 전기가 통하지 않으면 0과 같이 전기적인 신호로만 판단한다. 10진수 25는 10의 자리가 2, 1의 자리가 5인 값으로 $2 \times 10^1 + 5 \times 10^0$으로 표현할 수 있다. 2진수 역시 각각의 자릿수를 2의 거듭제곱으로 표현하여 사용한다. 예를 들어 2진수 $1100_{(2)}$은 $1 \times 2^3 + 1 \times 2^2 + 0 \times 2^1 + 0 \times 2^0$으로 10진수로 변환하면 12의 값과 같다.

10진수, 2진수와 같은 방법으로 0부터 7까지 8개의 숫자를 이용해서 값을 표현하는

방법을 8진수라고 하고, 0부터 9까지 10개의 숫자와 A부터 F까지 여섯 개의 알파벳을 이용해서 값을 표현하는 것을 16진수라고 한다. 16진수에서 A는 10진수에서의 10, B는 11, C는 12, D는 13, E는 14, F는 15와 동일하다.

컴퓨터는 모든 숫자를 2진수로 저장하기는 하지만 사람의 경우 2진수를 이용해서 숫자를 표현하면 값이 조금만 커져도 길이가 길어지고 보는 즉시 값을 판단하는 것이 어렵게 된다. 반면 10진수로 표현하면 사람이 이해하기 쉽고 16진수로 표현하면 2진수로 변환하기 편리한 장점이 있다. 실제로 2진수 네 자리의 경우 16진수 한 자리로 바로 표현이 가능하다. 따라서 프로그래밍 언어에서는 2진수 대신에 10진수 또는 16진수를 이용하여 숫자를 표현한다. 그러나 실제 컴퓨터에 저장되는 값은 2진수의 형태임을 기억하자. 다음의 표는 10진수를 다른 진수로 표현한 예이다.

10진수와 다른 진수 표현들							
10진수	2진수	8진수	16진수	10진수	2진수	8진수	16진수
0	0	0	0	16	10000	20	10
1	1	1	1	17	10001	21	11
2	10	2	2	18	10010	22	12
3	11	3	3	19	10011	23	13
4	100	4	4	20	10100	24	14
5	101	5	5	21	10101	25	15
6	110	6	6	22	10110	26	16
7	111	7	7	23	10111	27	17
8	1000	10	8	24	11000	30	18
9	1001	11	9	25	11001	31	19
10	1010	12	A	26	11010	32	1A
11	1011	13	B	27	11011	33	1B
12	1100	14	C	28	11100	34	1C
13	1101	15	D	29	11101	35	1D
14	1110	16	E	30	11110	36	1E
15	1111	17	F	31	11111	37	1F

이와 같이 컴퓨터에서의 모든 데이터는 2진수를 이용하여 저장한다. 이 때 2진수 값 하나를 저장할 수 있는 단위를 '비트(bit)'라고 하며 컴퓨터의 데이터 표현에서의 최소 단위이다. 비트는 0과 1의 값만을 갖는 작은 단위이기 때문에 값이 커지면 길이가 길어져 관리하기 어렵다. 따라서 여러 개의 비트를 묶어서 관리하며 보통은 8개의 비트를

하나로 묶어서 사용한다. 이와 같이 8비트로 묶은 정보를 '바이트(Byte)'라고 한다. 일반적으로 1b와 같이 소문자 b로 표기하면 비트, 1B와 같이 대문자 B로 표기하면 바이트로 간주한다.

1바이트는 8비트로 구성되어 있고 컴퓨터가 사용하는 기본 정보 단위로 사용된다. 즉 데이터의 최소 단위는 비트이며, 데이터의 기본 단위는 바이트이다. 1바이트의 데이터는 8개의 비트로 이루어져 있기 때문에 00000000에서 11111111까지 총 256가지의 정보를 표현할 수 있다. 그러나 1바이트의 데이터는 가장 큰 값이 11111111이기 때문에 우리가 사용하는 값 모두를 표현하기는 불가능하다. 따라서 컴퓨터는 사용하는 데이터의 용도에 따라 1바이트만을 사용하기도 하며, 2바이트, 4바이트, 8바이트 등으로 묶어서 사용하기도 한다. 예를 들어 가장 많이 사용하는 정수 자료형인 int 자료형의 경우 4바이트의 크기로 구성되어 있으며, 문자 자료형인 char 자료형의 경우 1바이트의 크기로 구성되어 있다.

2.1.2 상수

상수는 변하지 않는 수를 의미한다. 예를 들어 100이라는 값을 보자. 100은 크기를 나타내며 100이라는 값 자체는 변하지 않는다. 즉 100은 그 의미 그대로 100으로만 이용될 뿐이다 이와 같이 프로그래밍 언어에서 그 값이 변하지 않는 데이터를 상수라고 한다. 컴퓨터는 이러한 데이터를 모두 2진수로 변환하여 저장한다. 그리고 2진수로 변환하는 과정에서 데이터의 종류에 따라 저장하는 방법에 차이가 생긴다. 예를 들어 10000과 10000.000001을 생각해 보자. 두 수는 서로 다른 수이지만 사람이 일반적으로 생각하기에 10000과 10000.000001은 그 차이가 크지 않은 것으로 판단할 수도 있다. 그러나 컴퓨터를 이용한 정밀한 계산이 요구되는 문제에서는 두 수를 명확히 다른 수로 구분해야만 한다. 이 때 10000.000001을 10000과 같은 방식으로 저장하게 되면 더 많은 비트를 요구하게 될 것이다. 같은 의미로 10000이라는 값과 10000.000000이라는 값을 생각해보자. 사람이 보기에는 두 값이 모두 10000으로 같을 것이다. 그러나 컴퓨터는 10000과 10000.000000을 다른 것으로 취급한다.

이러한 이유 때문에 컴퓨터는 저장하는 데이터의 형태에 따라 여러 가지 방법으로 그 값을 2진수로 바꿔서 저장한다. 실수형을 2진수로 변환하여 저장하는 방법에 대한 자세한 내용은 본 교재에서는 다루지 않는다. 다만 정수형을 2진수로 변환하여 저장하는 방법은 앞에서 언급한 10진수를 2진수로 변환하는 방법을 기본으로 한다는 것을 기억하자.

C언어에서는 이처럼 데이터를 저장하는 방법이 다르기 때문에 용도에 따라 변하지 않는 값 즉 상수를 구분하여 사용한다. C언어에서의 상수는 종류에 따라 정수 상수, 부동

소수점 상수, 문자 상수, 그리고 문자열 상수로 구분할 수 있다. 또한 값의 관리 방법에 따라 이름이 있는 상수와 이름이 없는 상수로 구분이 가능하다. 이름이 있는 상수에 대한 설명은 2.2절에서 하고 여기서는 이름이 없는 상수를 데이터의 종류에 따라 구분하여 설명한다.

(1) 정수 상수

정수 상수는 100과 같이 소수 부분이 없는 상수이다. C언어에서 프로그래밍을 할 때 정수 상수는 사람이 사용하기 좋게 10진수를 이용하여 표현한다. 그러나 컴퓨터가 이해하기 편한 16진수 또는 8진수로 표현할 수도 있다. 16진수로 정수 상수를 표현하기 위해서는 숫자 앞에 0x를 붙인다. 같은 방법으로 8진수로 표현하려면 숫자 앞에 0을 붙이면 된다. 예를 들어 10진수 12는 16진수 $C_{(16)}$와 같고 8진수 $14_{(8)}$와 같다. 이 값을 C언어에서 표현하면 10진수 12는 그냥 12를 적으면 되고, 16진수 $C_{(16)}$는 0xC, 8진수 $14_{(8)}$는 014로 적으면 된다. 다음의 예제는 C언어를 이용하여 정수 상수를 출력하는 간단한 프로그램이다.

```c
1   /*
2      Example 2-1
3      정수 상수의 사용 예
4   */
5
6   #include <stdio.h>
7
8   int main(void)
9   {
10     printf("%d\n", 12);
11     printf("%d\n", 0xC);
12     printf("%d\n", 014);
13
14     return 0;
15  }
```

프로그램 실행 결과

```
C:\windows\system32\cmd.exe
12
12
12
계속하려면 아무 키나 누르십시오 . . .
```

프로그램의 실행 결과 12가 3줄 연속으로 출력되었다. 이미 설명한 다른 부분은 제외하고 10~12번 라인을 살펴보자. 10번 라인에서 사용한 printf 함수는 1장에서 설명한 것과 조금 다른 형태이다. 우선 \n은 1장에서 설명한 것과 같이 출력문에서 한 줄을 내리기 위해서 사용되었다. 1장에서는 원하는 문자열을 그대로 화면에 출력하였으나 여기서는 따옴표 안의 %d가 12로 변환되어 출력된 것을 확인할 수 있다. 이와 같이 printf 함수를 이용하면 문자열 이외의 데이터를 다양한 형태로 출력할 수 있다.

%d는 정수를 10진수의 값으로 출력하기 위한 약속이고 따옴표 이후 컴마(,)로 구분되는 값들을 해당 위치에 넣어서 출력한다. 즉 10번 라인에서는 %d의 위치에 12의 값이 들어가서 출력되고, 11번 라인에서는 %d의 위치에 0xC의 값이 12로 변환되어 출력되었다. 그리고 12번 라인에서는 014의 값이 12로 변환되어 출력되었다. 세 문장 모두 %d를 이용하여 10진수의 정수 형태로 출력하기 때문에 12와 0xC, 그리고 014가 모두 같은 값인 것을 확인할 수 있다. %d 이외에도 정수를 출력하는 방법은 다양하게 있으며 자세한 내용은 2.3절에서 설명한다.

(2) 부동소수점 상수

부동소수점 상수는 소수 부분을 갖는 실수형 값이다. C언어에서는 부동소수점 상수를 123.4와 같이 소수점만을 이용하여 표현하는 방법과 1.234E2와 같이 지수의 형태로 표현하는 방법 모두 사용할 수 있다. 여기서 1.234E2의 값은 1.234×10^2의 의미이며 123.4와 같은 값이다. 다음 예제는 부동소수점 상수를 출력하는 프로그램이다.

```
/*
   Example 2-2
   부동소수점 상수의 사용 예
*/

#include <stdio.h>

int main(void)
{
   printf("%f\n", 123.4);
   printf("%f\n", 1.234E2);

   return 0;
}
```

프로그램 실행 결과

```
선택 C:￦windows￦system32￦cmd.exe
123.400000
123.400000
계속하려면 아무 키나 누르십시오 . . .
```

프로그램 실행 결과를 보면 123.4와 1.234E2를 두 개의 printf 문장을 이용하여 출력하였을 때 모두 123.400000로 출력되었다. 따라서 123.4와 1.234E2가 서로 같은 값임을 알 수 있다. 10번과 11번 라인의 printf 함수 내부에 %f가 사용된 것을 볼 수 있다. 정수 상수의 경우 10진수로 출력하기 위하여 %d를 사용한 것과 같이 부동소수점 상수의 경우 소수점이 있는 실수의 형태로 출력하기 위하여 %f를 사용한다. 이 때 %f는 별다른 설정을 하지 않을 경우 항상 소수점 6자리를 출력한다. 소수점 자릿수를 조절하여 출력하는 방법에 대한 내용은 역시 2.3절에서 설명한다.

(3) 문자 상수

문자 상수는 해당 문자를 작은따옴표(' ') 안에 표현하는 데이터이다. 즉 C언어에서 A라는 문자 하나를 표현하려면 프로그램 내에서 'A'라고 표기해야 한다. 그리고 일반적인 정수와도 구분해야 한다. 예를 들어 프로그램 내에서 작은따옴표 없이 1이라고 쓰는 것과 '1'이라고 쓰는 것은 서로 다른 값으로 저장된다. 컴퓨터는 모든 값을 2진수의 형태로 저장하기 때문에 문자 상수 역시 2진수의 형태로 저장한다. 그러나 우리가 사용하는 숫자를 모두 2진수로 표현해야하기 때문에 문자를 저장하기 위한 특별한 2진수의 형태를 만들 수가 없다. 따라서 특정한 숫자를 문자에 대응시킨다. 실제 컴퓨터는 문자를 표현하기 위해 문자를 정수의 형태로 변환하여 저장한다. 예를 들어 영어 대문자 'A'는 정수 65로 변환되어 컴퓨터에 저장된다. 즉 65로 저장된 값을 사용할 때 숫자로 사용하면 정수 65가 되고, 문자로 사용하면 알파벳 'A'가 된다.

각 문자에 해당하는 정수의 값은 ASCII(American Standard Code for Information Interchange)라고 하는 약속으로 정의되어 있으며 0부터 127까지의 정수를 이용하여 하나의 문자를 표현하고 있다. 다음의 예제를 살펴보자.

```
/*
   Example 2-3
   문자 상수의 사용 예
*/

#include <stdio.h>

int main(void)
{
   printf("%d\n", 'A');
   printf("%c\n", 'A');
   printf("%d\n", 65);
```

```
13        printf("%c\n", 65);
14
15        return 0;
16    }
```

프로그램 실행 결과

```
C:\windows\system32\cmd.exe
65
A
65
A
계속하려면 아무 키나 누르십시오 . . .
```

위의 예제는 printf 함수를 사용해서 하나의 문자 상수를 출력하는 예제이다. 우선 10번 라인의 printf 함수와 11번 라인의 printf 함수 안의 내용을 살펴보자. 10번과 11번 라인 모두 문자 상수 A를 출력하기 위하여 printf 함수 내부에서 두 번째 인수로 'A'를 사용하였다. 그리고 10번 라인에서는 함수 내부에 첫 번째 인수로 %d를 사용했고 11번 라인에서는 %c를 사용했다. 출력된 결과를 살펴보면, 10번 라인에서는 65가 출력되었으며, 11번 라인에서는 A가 출력되었다. A를 %d를 이용하여 출력하면 문자가 정수의 형태로 변환하여 출력하지만 %c를 이용하여 문자의 형태로 출력할 때는 문자 A가 그대로 출력된다. 우리가 정수의 값을 출력할 때 printf 함수에서 %d를 사용한 것과 같이 문자를 출력하기 위해서는 %c를 사용한다. 따라서 문자 A와 정수 65는 같은 값임을 알 수 있다. 12번 라인과 13번 라인은 비슷한 방법으로 문자 A가 아닌 정수 65를 출력하였다. 정수 65 역시 %d를 이용하여 출력하면 정수의 형태로 결과가 나오나 %c를 이용하여 출력하면 65가 문자로 변환되어 A가 출력됨을 확인할 수 있다.

(4) 문자열 상수

문자열 상수는 문자 여러 개를 묶어놓은 단어 혹은 문장으로 생각하면 된다. 즉 하나 이상의 문자들의 집합을 의미하며 C언어에서는 문자열 상수를 큰따옴표(" ")를 이용하여 표기한다. 그러나 컴퓨터 프로그램에서는 문자 데이터 여러 개가 모인 것과 문자열을 구분하기 위하여 문자열의 끝에 널(NULL)이라는 문자를 자동으로 첨가한다. 즉 'A' 'B' 'C' 문자 세 개가 모인 것과 "ABC" 문자열을 구분하기 위하여 문자열 끝에 자동으로 널 문자를 삽입한다. 널 문자는 실제 화면에서는 보이지 않는 문자이며 '\0'으로 컴퓨터에 저장된다. 우리가 보기에는 두 개의 문자가 결합된 것이지만 컴퓨터 내부에서는 하나의 문자로 취급하여 저장된다. 따라서 "ABC"로 표기되어 있는 문자열은 컴퓨터에 실제 저장될 때는 'A' 'B' 'C' '\0'가 저장된다.

문자열 상수를 화면에 출력하기 위해서는 printf 함수에서 %s를 사용해야 한다. 이

때 출력을 위한 문자열 상수를 사용할 때는 반드시 큰따옴표를 사용해야한다. 예를 들어 "A"라는 문자열 상수는 'A'와 '\0'이 합해진 문자열이다. 즉 'A'라고 작은따옴표를 사용하면 문자열이 아닌 문자 상수를 나타내므로 프로그램에서 %s를 사용하면 오류를 발생시킬 수 있다. 또한 문자열 상수를 사용할 때 'ABC'와 같이 작은따옴표를 사용하는 것도 오류를 발생시킨다. 다음의 예제를 살펴보자.

```
1   /*
2      Example 2-4
3      문자열 상수의 사용 예
4   */
5
6   #include <stdio.h>
7
8   int main(void)
9   {
10     printf("%c\n", 'A');
11     printf("%s\n", "A");
12     printf("%s\n", "ABC");
13
14     return 0;
15  }
```

프로그램 실행 결과

```
C:\windows\system32\cmd.exe
A
A
ABC
계속하려면 아무 키나 누르십시오 . . .
```

예제의 10번 라인은 문자 상수를 출력하기 위한 printf 문장이고 11번과 12번 라인은 문자열 상수 출력을 위한 문장이다. 11번과 12번 라인에서 문자열 상수를 출력하기 위하여 printf 함수 내부에서 %s를 사용한 것에 주의한다. 그리고 문자 상수를 표현하기 위한 'A'와 문자열 상수를 표현하기 위한 "A"를 반드시 구분해야 한다. 만약 10번 라인을 printf("%c\n", "A");와 같이 사용한다면 "A"는 문자열 상수이고 %c는 문자 상수 출력 형태이기 때문에 오류가 발생하거나 정상적으로 출력이 이루어지지 않을 것이다. 또한 11번 라인에서 printf("%s\n", 'A');와 같이 사용한다면 'A'는 문자 상수이고 %s는 문자열 상수 출력 형태이기 때문에 역시 정상적으로 출력이 되지 않는다. 그리고 여러 개의 문자가 포함되어있는 문자열을 사용하고 있는 12번 라인 역시 주의가 필요하다. 문자열 "ABC"는 여러 개의 문자를 사용하기 때문에 문자 상수가 될 수 없다. 따라서 'ABC'와 같이 사용할 경우 오류가 발생한다.

2.2 자료형과 변수

지금까지 정수, 부동소수점수, 문자, 문자열 등 컴퓨터에서 사용하는 데이터를 살펴보았다. 컴퓨터 내에서 이루어지는 작업은 데이터를 이용하여 이루어지며, 이러한 데이터는 컴퓨터의 메모리에 저장된다. 즉 데이터를 메모리에서 읽고, 읽은 데이터를 이용하여 작업을 한 후, 작업한 결과를 다시 메모리에 저장한다. 이러한 일련의 작업을 수행하기 위하여 우리는 프로그래밍 언어를 이용해서 컴퓨터 프로그램을 만들고, 프로그래밍 언어에서 메모리에 데이터를 저장하기 위하여 사용하는 것이 바로 변수이다.

컴퓨터는 프로그램을 실행할 때 많은 양의 데이터를 필요로 하며 이러한 데이터는 서로 다른 데이터와 구분해야만 한다. 컴퓨터는 데이터를 저장하기 위한 공간인 메모리를 바이트 단위로 나눠서 관리하며, 데이터의 크기에 맞게 일정 바이트의 공간을 확보한다. 그리고 확보한 공간을 다른 공간과 구분하고 데이터를 쉽게 저장하기 위하여 이름을 부여한다. 이와 같이 값을 저장하는 메모리 공간에 이름을 부여한 것을 변수라고 하며, 쉽게 이해하기 위하여 데이터가 저장되는 메모리 공간 자체를 변수라고 부른다.

2.2.1 변수

(1) 변수의 선언 및 사용

프로그래밍 언어에서 데이터를 이용하기 위하여 변수를 사용하고, 프로그래밍 언어마다 변수를 사용하기 위해서 지켜야하는 규칙이 있다. C언어에서는 변수를 사용하기 위하여 사용 전에 반드시 컴파일러에게 변수의 사용을 알려야 한다. 변수의 사용을 알리는 이러한 작업을 변수의 선언이라고 한다. 즉 C언어에서 사용되는 모든 변수들은 사용하기 전에 반드시 선언되어야 한다. 변수를 선언하는 방법 역시 정해진 규칙이 있으며, 그 방법은 다음과 같다.

변수 선언 방법	자료형 변수명;

변수 선언 예	int iValue; // 정수형 변수의 선언
	char cType; // 문자형 변수의 선언
	float fValue; // 실수형 변수의 선언

위의 예에서 int iValue;라는 문장을 보자. 문장의 끝이 세미콜론(;)으로 끝맺고 있음에 유의한다. 여기서 int는 변수가 저장할 수 있는 데이터의 형태를 나타내며, 자료형이

라 부른다. 즉 저장할 값이 정수인지, 실수인지, 아니면 문자형인지 등을 지정하며 C언어에는 다양한 자료형이 존재한다. 자료형에 대한 자세한 내용은 뒤에서 자세히 설명한다. 다음 iValue는 변수의 이름이다. 변수의 이름은 변수를 다른 변수와 구별할 수 있도록 프로그램을 만드는 사람이 구별하기 쉽게 지정하는 것으로 프로그래밍 언어에서는 식별자라고 한다. 프로그램 내에서 사용하는 데이터는 하나만 있는 것이 아니기 때문에 다른 것과 반드시 구분지어서 사용해야만 한다. 하나의 변수를 다른 변수와 구분하기 위한 방법은 여러 가지가 있지만 프로그래밍 언어에서는 주로 변수의 이름 즉 식별자를 이용하여 구분한다. 식별자 역시 프로그래밍 언어마다 만드는 규칙이 있으며, C언어에서는 다음과 같은 규칙을 사용하여 자유롭게 만들 수 있다.

번호	규칙	잘못된 변수명
1	식별자는 알파벳 문자, 숫자, 밑줄(_)로만 구성되어야 한다.	coun#t
2	식별자의 첫 번째 문자는 반드시 문자 또는 밑줄(_)이어야 한다. 즉 숫자로 시작할 수 없다.	1_value
3	식별자에 공백이 포함될 수 없다.	value 1
4	예약어는 사용할 수 없다.	int
5	식별자는 대소문자를 구분하며, 길이의 제한은 없다.	
6	같은 영역에서 식별자의 이름은 중복할 수 없다.	

위의 규칙은 변수를 선언할 때 반드시 지켜야 하는 것으로 꼭 기억하도록 하자. 규칙에서 예약어는 C언어를 사용하기 위하여 컴파일러에서 미리 지정한 단어들을 의미한다. 이러한 예약어는 문장을 구성하기 위한 최소한의 단어로 구성되어 있으며 사람이 사용하는 언어들 중 몇 개를 그대로 사용하거나 또는 축약한 것으로 이루어져 있다. C언어에서 지정되어 있는 예약어는 다음과 같으므로 해당 예약어는 변수의 이름으로 사용할 수 없다. 또한 이러한 예약어는 Visual Studio에서 프로그램을 작성할 때 보통의 프로그램 코드와는 다른 색의 글자로 표현되므로 쉽게 구분할 수 있을 것이다.

예약어 목록							
asm	auto	break	case	char	const	continue	default
do	double	else	extern	float	for	goto	if
int	long	register	return	short	signed	sizeof	static
struct	switch	typedef	union	unsigned	void	volatile	while

변수를 선언하면 컴퓨터는 자료형에 맞는 데이터를 저장하기 위한 공간을 메모리에 만들고 거기에 이름을 붙인다. 변수를 선언한 다음부터는 변수 이름을 사용하여 이미 만들어진 공간에 데이터를 저장할 수 있고, 저장된 데이터를 가져올 수도 있다. 다음의 예제를 살펴보자.

```
1   /*
2      Example 2-5
3      변수의 선언 및 사용
4   */
5
6   #include <stdio.h>
7
8   int main(void)
9   {
10     int iValue;
11
12     iValue = 5;
13     printf("%d\n", iValue);
14
15     iValue = 10 + 5;
16     printf("%d\n", iValue);
17
18     return 0;
19  }
```

프로그램 실행 결과

```
C:\windows\system32\cmd.exe
5
15
계속하려면 아무 키나 누르십시오 . . .
```

예제 10번 라인의 int iValue;는 변수를 선언하는 문장이다. int는 정수를 저장하기 위한 자료형이기 때문에 컴퓨터는 메모리에 정수의 저장을 위한 공간을 만들고 iValue 라는 이름으로 그 공간을 기억한다. 12번 라인의 iValue = 5;는 변수에 값을 저장하기 위한 문장이다. 여기서 =으로 표기된 것은 연산자의 일종으로 오른쪽에 있는 값을 왼쪽의 공간에 저장하라는 의미의 대입연산자이다. 우리가 수학적으로 표현할 때 =는 '같다' 라는 의미를 갖지만 C언어에서는 "= 연산자 오른쪽의 값을 왼쪽의 변수에 저장하라"는 의미를 갖는다. 즉 iValue 변수가 가리키는 공간에 5의 값을 저장하라는 명령문이다. 따라서 12번 라인의 문장이 실행되면 iValue가 가리키는 공간에는 이제 5의 값이 저장된다. 보통은 "iValue 변수에 5를 저장한다"라고 이해하면 된다. C언어에는 =와 같은 대입 연산자 뿐 만 아니라 많은 연산자가 있으며, 연산자에 대한 자세한 내용은 뒤에서 설명한다.

13번 라인은 printf 함수를 이용한 변수의 출력문이다. printf("%d\n", 5);라는 문장과 13번 라인의 printf("%d\n", iValue); 문장을 비교해 보자. 5와 iValue가 같은 위치에 있다. 여기서 %d는 정수의 형태로 출력하기 위한 것이라고 이미 설명하였다. 13번 라인의 문장을 실행하면 iValue가 %d의 자리로 들어가서 정수의 형태로 출력된다. 이 때 iValue는 변수이다. printf 문장은 출력을 위한 함수이기 때문에 어떠한 값을 가져와서 출력해야 한다. 따라서 13번 라인에서 사용된 iValue라는 변수의 이름은 변수에 저장된 값을 가져오기 위해서 사용한 것이다. 따라서 13번 라인의 printf를 이용한 문장은 12번 라인에서 iValue에 저장한 5의 값을 가져와서 %d의 위치에 넣은 후 출력한다. 12번 라인에서의 iValue는 값이 저장될 공간의 의미이며, 13번 라인에서의 iValue는 iValue가 가리키고 있는 공간에 저장된 값의 의미이다. 따라서 12번 라인에서 사용한 iValue와 13번 라인에서 사용한 iValue는 이름이 같고 메모리 공간도 같지만 다른 의미로 사용되었다. 이처럼 변수는 값을 저장할 수도 있고, 저장되어 있는 값을 가져올 수도 있다.

다음 15번 라인 역시 변수에 값을 저장하기 위한 문장이다. 그러나 대입연산자 =의 오른쪽에 10 + 5라는 연산식이 나와 있다. 여기서 +는 우리가 이미 알고 있는 덧셈을 위한 연산자이다. 15번의 문장을 실행하면 컴퓨터는 우선 10과 5의 값을 더한다. 그리고 그 결과인 15를 iValue 변수에 저장한다. 따라서 15번 문장 역시 대입연산자(=)를 이용해서 오른쪽의 연산 결과를 왼쪽의 변수에 저장하라는 의미이다. 15번 문장에서는 대입연산자(=)와 덧셈연산자(+) 총 두 개의 연산자가 나온 문장이다. 수학에서 곱셈 연산과 덧셈 연산이 하나의 식에 나올 때 곱셈을 먼저 계산하는 것과 같이 두 개 이상의 연산자가 하나의 문장에 보일 때에는 먼저 연산을 수행해야 하는 연산자가 있다. 이를 연산자의 우선순위라고 하며, 일반적으로 대입연산자(=)는 낮은 우선순위를 갖는다. 연산자의 우선순위에 대한 것 역시 뒤에서 자세히 설명한다. 여기서는 일단 10과 5를 더한 연산 결과인 15를 iValue에 저장한다는 의미의 문장이라고 이해하자. 이제 iValue가 가리키는 공간의 값은 15가 되었으며 이전에 저장되어 있던 5의 값은 없어진다. 즉 iValue에 저장된 값이 5에서 15로 변경된 것이다. 따라서 16번 라인의 문장을 실행하면 15의 값이 출력된다. 이처럼 변수를 사용하면 메모리 공간에 프로그램 실행 시 필요한 값을 저장할 수 있으며, 값을 가져오거나 변경할 수 있다.

프로그램 내에서 여러 개의 데이터가 필요한 경우에는 각 데이터에 필요한 변수를 모두 선언해야 한다. 만일 정수형 데이터가 세 개 필요한 경우 변수의 선언은 다음의 예와 같이 두 가지 방법이 모두 가능하다.

변수를 하나씩 선언	int iValue1; // 정수형 변수 iValue1 선언
	int iValue2; // 정수형 변수 iValue2 선언
	int iValue3; // 정수형 변수 iValue3 선언

변수를 한 번에 선언	int iValue1, iValue2, iValue3; // 정수형 변수 iValue1, iValue2, iValue3 선언

위의 예에서 보는 것처럼 같은 자료형의 변수가 여러 개 필요할 때에는 콤마(,)를 이용하여 한 번에 여러 개의 변수를 선언할 수 있다. int iValue1, iValue2, iValue3; 문장은 iValue1부터 iValue3까지 세 개의 정수형 변수를 한 번에 선언한 것이다. 이와 같이 자료형이 같은 여러 개의 변수는 한 번에 선언이 가능하다.

(2) 변수의 초기화

C언어에서는 변수를 선언하면 메모리에 공간을 만들고 이름을 부여한다. 만일 변수를 선언한 후 값을 넣지 않은 상태에서 printf 문장을 이용하여 변수의 값을 출력하려면 어떻게 될까? 컴퓨터는 변수에 저장된 값이 없기 때문에 출력할 수 없다는 응답을 할 것이다. 이처럼 변수에 값을 대입하지 않는 것은 공간만 만들어 놓고 그 공간을 쓰지 않는 것과 같다. 따라서 변수의 사용을 위해서는 생성된 변수에 반드시 값을 저장해야 한다.

변수에 값을 저장하는 방법은 앞에서 배운 것처럼 대입연산자(=)를 이용하여 값을 넣는 방법과 변수를 선언할 때 값을 넣는 방법 두 가지가 있다. 변수를 선언한 후 다른 문장을 이용하여 변수에 값을 넣는 것을 변수에 값을 "대입한다"라고 하고, 변수의 선언과 동시에 값을 넣는 것을 변수값을 "초기화한다"라고 한다. 변수의 초기화와 대입 모두 앞에서 사용했던 대입연산자(=)를 이용하며, 초기화의 형식은 다음의 예와 같다.

형식	자료형 변수명 = 초깃값;
하나의 변수 초기화	int iValue = 10; // 정수형 변수 iValue를 선언한 후 10으로 초기화

여러 개의 변수 초기화	// 정수형 변수 iValue1, iValue2를 선언한 후 iValue2만 10으로 초기화
	int iValue1, iValue2 = 10;
	
	// 정수형 변수 iValue1, iValue2를 선언한 후 iValue1만 5로 초기화
	int iValue1 = 5, iValue2;
	
	// 정수형 변수 iValue1, iValue2를 선언한 후 iValue1을 5, iValue2를 10으로 초기화
	int iValue1 = 5, iValue2 = 10;

위의 예에서 보는 것처럼 변수를 초기화하는 방법은 변수를 선언할 때 변수 뒤에 초기화되는 값을 대입연산자(=)를 이용해서 저장하면 된다. int iValue = 10;이라는 문장은 "정수형 변수가 저장될 공간을 메모리에 만들고, 그 공간을 iValue라는 이름으로 접근하며, 그 공간에 10의 값을 넣어라"는 의미와 같다. 위의 예에서 보는 것과 같이 하나의 문장을 이용하여 여러 개의 변수를 한 번에 선언할 경우에는 각각의 변수마다 초깃값을 따로 저장할 수 있다. 만일 선언되는 모든 변수에 초깃값을 저장하고 싶은 경우에는 변수의 이름 뒤에 대입연산자(=)를 이용하여 개별 변수에 저장하고자 하는 값을 넣어줘야 한다.

2.2.2 기본 자료형

지금까지 배운 것과 같이 변수를 이용하면 프로그램 실행에서 필요한 자료들을 저장할 수 있다. 컴퓨터에서 사용하는 상수가 정수 상수, 부동소수점 상수, 문자 상수, 문자열 상수로 구분하듯이 데이터가 저장되는 변수 역시 저장되는 값의 형태에 따라 구분이 필요하다. 이렇게 변수에 저장되는 데이터의 형태를 자료형이라고 하며, 변수를 선언할 때 해당 변수가 어떠한 자료형인지 반드시 구분하여 사용해야 한다.

자료형은 크게 기본 자료형과 사용자 정의 자료형으로 구분이 가능하다. 기본 자료형은 프로그래밍 언어마다 자주 사용하는 데이터의 형태를 미리 제공하고 있는 것이며, C 언어에는 다양한 형태의 기본 자료형이 존재한다. 또한 필요에 따라 두 개 이상의 자료형을 조합하여 사용할 수 있으며 이것을 사용자 정의 자료형 또는 유도 자료형이라고 한다. 사용자 정의 자료형에 관한 내용은 나중에 자세히 설명한다. C언어에서 제공하는 기본 자료형은 다음의 표와 같다.

C언어에서 제공하는 기본 자료형			
분류	자료형	크기	표현 범위 (저장 가능한 값의 범위)
문자형 (정수형)	(signed) char	1Byte	-128 ~ 127
	unsigned char	1Byte	0 ~ 255
정수형	(signed) short (int)	2Byte	-32,768 ~ 32,767
	unsigned short (int)	2Byte	0 ~ 65,535
	(signed) int	4Byte	-2,147,483,648 ~ 2,147,483,647
	unsigned int	4Byte	0 ~ 4,294,967,295
	(signed) long (int)	4Byte	-2,147,483,648 ~ 2,147,483,647
	unsigned long (int)	4Byte	0 ~ 4,294,967,295

실수형	float	4Byte	±3.4E+/-38 (7개의 자릿수)
	double	8Byte	±1.7E+/-308 (15개의 자릿수)
	long double	8Byte	±1.7E+/-308 (15개의 자릿수)

표에서 보는 것과 같이 C언어에는 모두 11개의 자료형이 있다. 각 자료형의 표현에서 괄호로 둘러싸인 예약어는 생략이 가능하다. 예를 들어 (signed) char로 표시된 자료형은 char로만 표기하여 사용할 수 있다. 표에서 분류한 자료형은 문자형, 정수형, 실수형의 세 가지 종류가 있다. 그러나 이미 문자 상수를 통해서 배웠듯이 컴퓨터에서 사용하는 문자는 모두 내부적으로 정수의 값으로 변경되어 저장된다. 따라서 C언어의 기본 자료형은 크게 정수형과 실수형으로 분류가 가능하다. 아쉽게도 C언어에는 문자열을 위한 자료형은 없으며, 문자열을 저장하기 위해서는 별도의 처리를 이용하여야 한다. 문자열 저장과 관련된 내용은 나중에 설명한다.

(1) 정수형

정수형은 정수의 값을 저장하기 위한 변수를 선언할 때 사용하는 자료형이다. 그리고 문자 상수 역시 정수의 형태로 값이 저장되기 때문에 넓은 의미에서는 정수형과 문자형 모두를 정수형으로 분류한다. 정수형은 int 자료형을 기본으로, int 자료형보다 작은 자료형인 short int 자료형, int보다 큰 자료형인 long int 자료형으로 구분할 수 있다. 실제 프로그램에서는 short int와 long int 대신 뒤의 int 예약어를 생략한 short와 long으로 표현하여 사용한다.

그럼 int보다 작다, 크다의 의미는 무엇일까? 앞의 표를 이용하여 short 자료형과 int 자료형을 비교해 보자. short 자료형의 크기는 2바이트, int 자료형의 크기는 4바이트이다. 1바이트는 8개의 비트로 이루어져 있고, 하나의 비트는 2진수 한 자리를 저장한다. 따라서 2바이트의 크기를 갖는 short 자료형은 총 16비트로 이루어져 있고, 00000000 00000000부터 1111111111111111까지 총 16자리의 2진수 값을 저장할 수 있다. 즉 저장할 수 있는 데이터의 값이 2^{16}개이며 65,536가지의 숫자를 저장할 수 있다. 우리가 사용하는 숫자에는 양수와 음수가 있기 때문에 컴퓨터는 65,536가지의 숫자를 절반은 음수, 나머지 절반은 0과 양수의 값으로 구분하여 저장한다. 따라서 short 자료형은 -2^{15} ~ $2^{15}-1$까지의 수인 -32,768 ~ 32,767까지의 수를 표현할 수 있다. 반면에 int 자료형의 크기는 4바이트의 크기를 갖기 때문에 2^{32}가지의 숫자를 저장할 수 있으며, 양수와 음수를 구분해서 저장하기 때문에 -2^{31} ~ $2^{31}-1$까지의 숫자를 저장할 수 있다.

그렇다면 자료형의 크기를 나눠 놓은 이유는 무엇일까? 정답부터 이야기하면 메모리 즉 데이터가 저장되는 공간을 효율적으로 관리하기 위해서이다. 예를 들어 책의 정보를 저장하기 위한 프로그램을 만든다고 가정해 보자. 책의 정보에는 저자, 출판사, 가격, 페이지 수 등의 정보가 필요할 것이다. 페이지 수를 저장하기 위해서 int 자료형을 사용하면 4바이트의 저장 공간이 필요할 것이다. 만일 책이 천 권이 된다면 4,000 바이트의 저장 공간을 필요로 하게 된다. 그러나 페이지 수를 저장하기 위하여 short 자료형을 사용한다면 2,000바이트의 저장 공간만 있으면 된다. 그리고 가격 정보를 저장하기 위하여 short 자료형을 사용한다면 어떻게 될까? 책 가격이 10만원이 된다면(정확히는 short 자료형의 표현 범위인 32,767원을 초과하면) 저장이 불가능할 것이다. 이때는 int 자료형을 사용해야만 한다. 이처럼 변수를 선언할 때 적절한 자료형을 사용해야만 표현 가능한 범위 내에서 메모리 낭비를 줄일 수 있다.

한발 더 나아가 다음의 경우를 생각해 보자. 책 정보 중에서 책 가격, 페이지 수 등은 음수 값은 필요가 없을 것이다. 이처럼 C언어에서는 부호가 없는 정수형 값을 저장하기 위하여 unsigned라는 예약어를 제공한다. unsigned 예약어는 unsigned int, unsigned short 등과 같이 정수형의 앞에만 붙을 수 있다. unsigned short 자료형은 short 자료형과 크기가 동일한 공간을 갖는 정수형을 의미한다. unsigned short는 $0 \sim 2^{16}-1$까지 총 2^{16}개의 양수 자료를 저장할 수 있고 short는 $-2^{15} \sim 2^{15}-1$까지 총 2^{16}개의 자료를 저장할 수 있다. 즉 표현할 수 있는 가짓수는 2^{16}으로 같지만 unsigned 예약어를 사용하면 양수만 저장한다는 것에 차이가 있다. 같은 방법으로 int 자료형과 long 자료형 모두 부호 없는 정수를 사용할 수 있다. 또한 부호 없는 정수를 저장하기 위하여 unsigned 예약어를 이용하듯이 부호 있는 정수를 저장하기 위하여 int 앞에 signed를 붙여서 signed int라고 표현할 수도 있다. 그러나 보통 signed 예약어는 생략한다. 다음의 예는 정수형 변수들을 선언한 것이다.

정수형 변수의 선언 예	short sValue; int iValue; long lValue; unsigned short usValue; unsigned int uiValue; unsigned long ulValue;

정수형으로 변수를 선언하면 컴퓨터는 메모리에 변수의 크기와 같은 공간을 만든다. 즉 short형으로 변수를 선언하면 2바이트의 공간을 메모리에 만들고 그 공간에 이름을

부여한다. 변수를 선언한 이후에는 변수의 이름으로 해당 공간을 이용할 수 있으며, 값을 저장하거나 가져올 수 있고 변경도 가능하다. 다음의 예제를 살펴보자.

```
1   /*
2     Example 2-6
3     정수형 변수를 이용한 프로그램
4   */
5
6   #include <stdio.h>
7
8   int main(void)
9   {
10    int iValue1;
11    int iValue2;
12
13    iValue1 = 10;
14    iValue2 = iValue1;
15    iValue1 = 5;
16
17    printf("%d\n", iValue1);
18    printf("%d\n", iValue2);
19
20    return 0;
21  }
```

프로그램 실행 결과

```
C:\windows\system32\cmd.exe
5
10
계속하려면 아무 키나 누르십시오 . . .
```

위의 예는 정수형 변수에 자료를 저장하고 가져오는 간단한 프로그램이다. 10번과 11번 라인에서 iValue1과 iValue2 변수를 각각 선언하였다. 그 다음 13번 라인에서 대입연산자(=)를 이용하여 iValue1에 10의 값을 저장하였다. 다음 14번 라인을 살펴보면 iValue2 = iValue1;이라고 되어 있다. iValue2 변수는 대입연산자 왼쪽에, iValue1 변수는 대입연산자 오른쪽에 위치해 있다. 대입연산자의 의미는 왼쪽의 변수에 오른쪽의 값을 저장하라는 의미이다. 따라서 14번 라인의 문장에서 대입연산자의 왼쪽에 있는 iValue2는 저장을 위한 공간 자체의 개념이고 대입연산자의 오른쪽에 있는 iValue1의 의미는 iValue1이라는 공간에 저장되어 있는 값의 개념이다. 즉 14번 라인의 문장은 "iValue1라는 변수에 저장된 값을 가져와서 iValue2라는 변수에 저장하라"는 의미이다. 이제 iValue1과 iValue2는 같은 값을 갖게 된다. 물론 값이 같다고 해서 두 변수가 같은 메모리 공간을 가리키는 것은 아니다. 15번 라인의 문장에서 iValue1의 값을 5로 변경하였다. 그러면 iValue2의 값은 어떻게 될까? 출력 결과를 살펴보면 iValue1의 값은 5, iValue2의 값은 10인 것을 확인할 수 있다. 즉 14번 라인에서 iValue2 = iValue1; 문장을 수행한 후 iValue1에 저장된 값을 변경하더라도 iValue2에는 전혀 영향을 미치지 않는다. 결과적으로 두 변수가 같은 메모리 공간을 가리키는 것이 아니라 값만 가져와서 저장한 것을 확인할 수 있다. 따라서 iValue2 = iValue1; 문장은 상자가 두 개 있고 iValue2라는 상자에 들어가는 사과의 개수를 iValue1이라는 상자에 들어있는 사과의 개수와 똑같이 맞춘다는 개념으로 이해하면 된다. 다음의 예제를 이어서 살펴보자

```
1   /*
2      Example 2-7
3      정수형 변수를 이용한 덧셈 프로그램
4   */
5
6   #include <stdio.h>
7
8   int main(void)
9   {
10     int iValue1, iValue2;
11     int iSum;
12
13     iValue1 = 10;
14     iValue2 = 20;
15
16     iSum = iValue1 + iValue2;
17
18     printf("%d\n", iSum);
19
20     return 0;
21  }
```

프로그램 실행 결과

```
C:\windows\system32\cmd.exe
30
계속하려면 아무 키나 누르십시오 . . .
```

위의 예제는 변수를 이용하여 간단한 덧셈 연산을 수행한 것이다. 10번 라인의 int iValue1, iValue2; 문장을 이용하여 두 개의 변수를 한 번에 선언하였다. 그리고 11번 라인의 문장에서 iSum 변수를 선언하였다. 이와 같이 프로그램에서 필요로 하는 변수는 한 번에 여러 개를 선언할 수도 있고 다른 문장으로 구분하여 선언도 가능하다. 13번과

14번 라인에서는 iValue1과 iValue2 변수에 각각 10과 20의 값을 대입연산자를 이용하여 저장하였다. 다음 16번 라인 iSum = iValue1 + iValue2; 문장을 보자. 문장에 변수가 세 개, 연산자가 두 개 사용되었다. 이미 앞에서 언급한 것과 같이 각 연산자는 먼저 수행해야 하는 우선순위가 있으며 여기서는 덧셈연산자(+)를 먼저 수행한다. 따라서 iValue1에 저장되어 있는 10과 iValue2에 저장되어 있는 20의 값을 더한 후 그 결과인 30을 iSum에 저장한다.

정수형 변수를 사용할 때는 저장하고자 하는 값의 범위가 제한되어 있기 때문에 사용에 주의해야 한다. 예를 들어 short형 변수의 경우 저장할 수 있는 값의 범위가 -32,768부터 32,767까지이기 때문에 그 이상의 숫자를 저장할 수가 없다. 다음의 예제를 살펴보자.

```
1   /*
2      Example 2-8
3      정수형 변수의 저장 범위
4   */
5
6   #include <stdio.h>
7
8   int main(void)
9   {
10     short sValue = 32767;
11
12     sValue = sValue + 1;
13
14     printf("%d\n", sValue);
15
16     return 0;
17  }
```

프로그램 실행 결과

```
C:\windows\system32\cmd.exe
-32768
계속하려면 아무 키나 누르십시오 . . .
```

예제의 10번 라인에서 short형 변수 sValue를 선언한 후 32,767로 초기화하였다. 이미 설명한 것과 같이 32,767은 short 자료형으로 선언된 변수에 저장할 수 있는 최댓값이다. 12번 라인에서 표현된 sValue = sValue + 1; 문장에서 sValue 변수는 대입연산자 왼쪽과 오른쪽에 모두 사용되었다. 이때도 역시 덧셈연산자를 먼저 수행한 후 대입연산자를 수행한다. 따라서 12번 문장은 sValue에 저장된 값 32,767을 가져와서 1을 더한 후 다시 sValue 변수에 저장하라는 의미가 된다. 즉 우리가 sValue에 저장하려는 값은 32,768일 것이다. 그러나 14번 라인에서 출력한 결과 우리가 원하는 32,768이 아닌 -32768이 출력되었다. 이와 같이 변수에 저장할 수 있는 최댓값을 넘는 값을 저장하면 그 결과는 변수의 최댓값 다음에 변수의 최솟값으로 순환한다. 반대로 최솟값 보다 작은 값을 저장하면 그 결과는 다시 최댓값으로 순환한다. 즉 시계를 볼 때 59분 이후에 60분이 아니라 0분으로 다시 시작하는 것과 같은 이치이다. 이런 경우를 오버플로우(overflow)라고 하며 저장하고자 하는 값이 변수에 저장 가능한 범위를 벗어나는 경우 발생한다.

(2) 문자형

문자형은 하나의 문자를 저장하기 위한 자료형으로 C언어에서는 1바이트의 저장 공간을 사용한다. 문자 상수에서 설명한 것과 같이 컴퓨터에서 사용하는 모든 문자는 실제 문자가 아닌 정수형으로 변환된 값이기 때문에 문자형 변수에 저장되는 값 역시 정숫값이다. 따라서 정수형을 대체하여 문자형을 사용할 수 있으며, 문자형 자체를 정수형의 일부로 포함할 수 있다. 문자형은 1바이트의 공간을 갖기 때문에 2^8, 즉 256가지의 정수를 저장할 수 있다.

문자형의 대표 자료형은 char 자료형이며 실제 저장되는 값은 문자에 해당하는 정숫값이다. 다른 정수형과 마찬가지로 문자형 역시 부호있는 정수를 저장하기 위한 signed char 자료형과 부호없는 정수를 저장하기 위한 unsigned char 자료형이 있다. 일반적인 정수형인 int, short, long 자료형의 경우 signed 예약어를 생략하면 자동으로 signed int, signed short, signed long과 같이 부호있는 정수형으로 인식하였으나, 문자형의 경우 signed 예약어를 생략하면 컴파일러에 따라 signed char 자료형으로 인식하기도 하고 unsigned char 자료형으로 인식하기도 한다. Visual Studio에서는 char만 사용할 경우 signed char 자료형으로 사용된다. 다음의 예제를 살펴보자.

```
/*
   Example 2-9
   문자형 변수의 사용
*/

#include <stdio.h>

int main(void)
{
```

```
10      char cType1 = 65;
11      char cType2 = 'A';
12
13      printf("%d\n", cType1);
14      printf("%d\n", cType2);
15      printf("%c\n", cType1);
16      printf("%c\n", cType2);
17
18      return 0;
19  }
```

프로그램 실행 결과

위의 예제는 문자형으로 선언된 변수에 정숫값과 문자 값을 저장한 후 화면에 출력하여 비교한 프로그램이다. 예제의 10번 라인에서 cType1 변수에 정수 65의 값을 저장하였고 11번 라인에서 cType2 변수에 문자 'A' 값을 저장하였다. 13번 라인의 printf("%d\n", cType1); 문장은 cType1 변수에 저장된 값을 정수의 형태로 출력하라는 명령문으로 출력 결과는 저장된 65의 값이 출력되었다. 14번 라인의 printf("%d\n", cType2); 문장 역시 cType2 변수에 저장된 값을 정수의 형태로 출력하라는 명령문이다. 이미 11번 라인에서 cType2 변수에 문자 'A'를 저장하였지만 출력되는 값은 13번 라인과 같이 65의 결과가 출력되었다. 즉 문자형 변수에 저장되는 값은 모두 정수의 형태로 저장이 되며 정수 65와 문자 'A'가 같은 값임을 확인할 수 있다. 15번 라인과 16번 라인을 살펴보자. 13번 라인과 14번 라인의 printf 함수 내부에는 %d가 사용되었으나 15번 라인과 16번 라인의 printf 함수 내부에는 %c가 사용되었다. %c는 이미 배운 것과 같이 문자를 출력하기 위한 형태이다. 따라서 정수 65가 저장되어 있는 cType1 변수를 출력한 것과 문자 'A'가 저장되어 있는 cType2 변수를 출력한 결과가 모두 A인 것을 확인할 수 있다. 이와 같이 문자형 변수에 저장되는 값은 컴퓨터 내부에서 정수의 형태로 저장되며 정수와 똑같이 사용할 수 있다. 다만 출력할 때 %d나 %c를 이용하여 출력 형태를 정수 또는 문자로 구분하여 사용한다.

(3) 실수형

실수형은 부동소수점수를 저장하기 위한 자료형으로, 소수점 이하의 숫자를 포함하기 때문에 정수형보다 더 크거나 세밀한 표현을 원할 때 사용한다. 실수형은 표현 범위에 따라 float, double, long double의 3가지가 있다. float 자료형보다는 double 자료형이 더 크고 세밀한 수를 저장할 수 있으며, long double 자료형은 더 큰 수 및 더 세밀한 수를 저장할 수 있다. 일반적으로 float 자료형은 4바이트의 공간을 사용하며, double 및 long double 자료형은 8바이트의 공간을 사용한다. float 자료형의 경우 소수점 6자리까지 저장이 가능하고, double 자료형의 경우 소수점 15자리까지 저장이 가능하다. 이와 같이 소수점 이하 자릿수 표현 범위가 달라지는 것을 정밀도라고 한다. long double 자료형의 경우 double 자료형과 같은 범위의 저장 공간을 갖거나 혹은 더 큰 저장 공간을 가질 수 있으며, 이는 컴파일러마다 다르다. double과 저장 공간이 동일할 경우에는 double의 표현 범위와 같고, double보다 저장 공간이 클 경우에는 그 이상의 수 및 더 정밀한 수를 표현할 수 있다. Visual Studio에서는 double과 long double이 같은 저장 공간을 갖는다. 다음의 예는 실수형 변수들을 선언하고 값을 저장한 예이다.

실수형 변수의 선언 및 사용 예	float fValue;
	double dValue;
	long double ldValue;
	
	fValue = 1.234567F;
	dValue = 1.234567890123;
	ldValue = 1.234567890123L;

실수형 변수를 선언하면 다른 변수를 선언할 때와 같은 방식으로 메모리에 데이터를 저장하기 위한 영역을 만들고 해당 위치에 이름을 부여한다. 실수형 변수에 값을 대입할 때는 부동소수점 상수를 표현할 때와 같이 소수점을 이용한 표현 방식과 지수를 이용한 표현 방식 모두 사용할 수 있다. 또한 실수형 변수에 값을 대입할 때 소수의 표현 범위 즉 정밀도를 강제로 지정할 수 있다. 위의 예와 같이 부동소수점 상수 뒤에 어떠한 접미어도 추가하지 않으면 컴퓨터는 double 자료형으로 인식하며, 부동소수점 상수 뒤에 'f' 또는 'F'를 추가하면 float 자료형으로 인식한다. 또한 long double 자료형으로 사용하기 위해서는 부동소수점 상수 뒤에 'l' 또는 'L' 접미어를 추가한다. 다음의 예제를 보자.

```
/*
    Example 2-10
```

```
3        실수형 변수의 사용
4     */
5
6     #include <stdio.h>
7
8     int main(void)
9     {
10       float fValue = 1.234567890123456789F;
11       double dValue = 1.234567890123456789;
12       long double ldValue = 1.234567890123456789L;
13
14       printf("%f\n", fValue);
15       printf("%.18f\n", fValue);
16       printf("%.18lf\n", dValue);
17       printf("%.18f\n", ldValue);
18
19       return 0;
20    }
```

프로그램 실행 결과

```
C:\windows\system32\cmd.exe
1.234568
1.234567880630493164
1.234567890123456690
1.234567890123456690
계속하려면 아무 키나 누르십시오 . . .
```

위의 예제는 실수형 변수 float, double, long double 변수를 선언한 후 값을 대입하고 출력한 것이다. 10번 라인에는 float 자료형 변수 fValue를 선언하고 1.234567890 123456789F의 값을 대입하였다. 다음 14번 라인을 살펴보자. 우리는 이미 부동소수점 상수를 출력하기 위한 방법인 %f를 배웠다. 그러나 출력 결과를 살펴보니 소수점 6자리까지 출력되었고 마지막 소수점 여섯 번째 자리는 8로 출력되었다. 이처럼 %f만 사용하여 실수를 출력하면 소수 여섯째 자리까지만 출력이 가능하다. 반면 15번 라인부터 17번 라인의 printf 문장 안에는 %.18f가 사용되었다. 이와 같이 %f를 이용할 때 %와 f사이에 소수점을 이용한 숫자로 출력하기 원하는 자릿수를 표시할 수 있다. 예제와 같이 %.18f를 이용하면 소수점 18자리까지 출력하라는 의미이다. 15번 라인에서 %.18f를 이용하여 fValue를 출력한 결과 18번째 자리까지 출력된 것을 볼 수 있다. 여기서 fValue 변수는 float 자료형이기 때문에 1.234567인 여섯째 자리까지 저장한 값과 일치한 것을 확인할 수 있다. 비록 소수점 7번째 자리가 8로 동일하더라도 float 자료형으로 만든 변수는 7번째 자리 이후의 값은 정확성을 보장하지 않는다. 16번 라인과 17번 라인의 dValue와 ldValue에 저장한 값은 모두 15번째 자리까지 정상적으로 출력된 것을 확인할 수 있다. 이처럼 float 자료형 변수는 소수점 이하 7자리부터는 의미가 없으며, double형 및 long double형 변수는 소수점 이하 15자리까지만 의미가 있다. 따라서 실수형을 사용할 때는 저장할 수 있는 범위에 유의해야 한다.

(4) 상수 변수

변수는 값을 저장하고, 저장된 값을 이용하여 연산을 수행한 후 값을 변경할 수 있는 자료의 저장 공간이다. 그러나 프로그램 내에서 사용하는 특정 값은 변경하지 않아야 하는 경우가 있다. 예를 들어 원의 둘레와 넓이를 구하는 프로그램을 생각해 보자. 원의 둘레 L을 계산하는 식은 $L=2\pi r$이다. 여기서 원주율 π는 보통 3.14의 값을 사용할 것이다. 그리고 이 값을 프로그램 내에서 10번 사용한다고 가정하자. 만일 3.14를 조금 더 정확한 값을 이용하기 위하여 3.141592로 변경한다면 3.14를 10번 변경해야 할 것이다. 또는 3.14를 사용해야 하지만 키보드 오타 등으로 3.15를 쓴다면 원하는 결과를 계산하지 못할 것이다. 이런 오류를 방지하기 위하여 3.14를 PI라는 변수에 저장한 후 사용하면 나중에 변경도 쉽고, 잘못 계산할 일도 없을 것이다. 그러나 PI라는 변수는 저장한 값을 이용하여 연산을 수행하기는 하지만 프로그램 실행 도중에 동일한 값을 유지해야 한다. 프로그램의 다른 위치에서 3.14를 3.15 등으로 변경할 수는 없는 것이다. 이처럼 프로그램 내에서 그 값이 변하지 않는 변수가 필요하며, 변수를 상수처럼 사용해야 한다. C언어에서는 상수화된 변수를 만드는 방법을 제공하고 있으며, 변수를 선언할 때 const 예약어를 추가하여 선언하면 된다. 다음의 예를 살펴보자.

상수 변수의 선언 예	코드

	`const float pi = 3.14f;          // 상수 변수의 선언`
	`pi = 3.15f;                       // 값 변경 시도 시 에러 발생`

변수를 선언할 때 자료형의 앞에 const 예약어를 사용하면 상수 변수가 만들어 진다. 상수 변수를 선언하면 해당 변수는 더 이상 프로그램 내에서 값을 변경할 수가 없다. 위의 예와 같이 pi에 처음 3.14의 값을 저장한 후 나중에 pi = 3.15f;와 같이 값을 변경하는 문장을 사용할 수 없다. 상수 변수는 저장된 값이 변할 수 없기 때문에 변수를 선언할 때만 값을 대입할 수 있다. 따라서 상수 변수를 선언할 때는 반드시 변수를 선언함과 동시에 초기화 과정을 수행해야 한다.

2.3 데이터 입력과 출력

프로그램 내에서 변수를 이용하면 값을 저장하고, 저장된 값을 사용할 수 있다. 변수를 이용하여 연산을 수행한 후에는 그 결과를 화면에 출력하여 확인해야만 한다. 만일 연산의 결과만 구하고 출력을 하지 않는다면, 시험 문제를 머릿속으로 풀고 정답지에 답을 적지 않은 것과 같다. 변수 또는 상수의 값을 화면에 출력하기 위하여 우리는 printf 함수를 사용하였다.

지금까지 우리가 살펴봤던 예제들은 변수에 저장되는 값을 iValue = 10;과 같이 프로그램 코드를 이용하여 고정되는 값을 저장하였다. 이러한 프로그램은 10 + 20의 결과는 계산하지만 30 + 40의 결과를 계산하려면 프로그램을 다시 만들고 컴파일해야 할 것이다. 이러한 방법은 비효율적인 일이기 때문에 C언어에서는 프로그램 실행 도중에 키보드로부터 값을 받을 수 있는 함수를 제공한다. 바로 scanf 함수이다.

printf 함수가 값을 출력하는 함수라면 scanf 함수는 값을 입력받기 위한 함수이다. 이 두 개의 함수는 C언어를 이용한 프로그램을 작성할 때 가장 많이 사용하는 함수들 중 하나이며, 표준입출력 함수라고 한다. printf 함수와 scanf 함수를 사용하기 위해서는 stdio.h라는 파일을 프로그램에 추가해야 한다. 1장에서 이미 설명한 것과 같이 #include 전처리기 지시자를 이용하여 해당 파일을 프로그램에 추가할 수 있으며, #include 〈stdio.h〉의 형식으로 포함한다. stdio.h 파일에 포함되어 있는 표준입출력 함수는 여러 가지가 있지만 여기서는 printf 함수와 scanf 함수를 이용하는 방법에 대하여 살펴본다.

2.3.1 데이터 출력

1장에서 printf("C언어 프로그램을 시작합니다.\n"); 문장을 이용해서 문자열을 출력하는 방법을 배웠다. 그리고 2장에서 printf("%d\n", iSum);와 같이 변수에 저장된 값을 출력하는 방법을 배웠다. 이와 같이 문자열을 화면에 출력하거나, 변수에 값을 저장하고, 저장된 값을 확인하기 위하여 printf 함수를 이용한 문장을 사용하였다. 그러나 printf 함수는 문자열이나 상수, 변수의 값을 하나씩 출력하는 것 보다 많은 기능을 제공한다. 지금부터는 printf 함수의 다양한 기능을 살펴보고자 한다. 다음 표는 printf 함수에서 사용 가능한 형식들을 나타낸다.

printf 함수의 형식	
의미	형식
	예
문자열의 출력	`printf("문자열");`
	`printf("Hello");`
문자열 및 변수 또는 상수의 출력	`printf("문자열 및 변환문자", 변수 또는 상수);`
	`printf("%d", iValue);` `printf("Height = %d", 10);`
문자열 및 표현식의 결과 출력	`printf("문자열 및 변환문자", 표현식);`
	`printf("sum = %d", iValue1 + iValue2);`
문자열 및 여러 변수, 상수, 표현식 결과 출력	`printf("문자열 및 변환문자", 값1, 값2, ...);`
	`printf("iValue1 = %d, iValue2 = %d", iValue1, iValue2);` `printf("%d + %d = %d", iValue1, iValue2, iValue1 + iValue2);`

printf 함수를 사용하면 화면에 다양한 형태로 출력할 수 있다. 만약 단순히 문자열을 화면에 출력하고자 한다면 printf("Hello");와 같이 함수 내부에 따옴표(" ")를 이용하여 문자열을 표현하기만 하면 된다. printf 함수를 이용하여 상수 또는 변수에 저장된 값을 출력하려면 printf("%d", iValue);의 문장과 같이 따옴표로 이루어진 문자열에 %d와 같은 변환 문자를 넣어서 변수의 값을 출력할 수 있다. 또는 printf("Height = %d", 10); 문장과 같이 문자열과 변환 문자를 결합하여 문장을 만들어서 출력할 수도 있다. printf("Height = %d", 10); 문장을 실행하면 Height = 10이라는 문장이 화면에 출력된다. 이미 배운 것과 같이 이 때 실제 출력은 %d가 화면에 출력되는 것이 아니라 해당 위치의 따옴표 뒤에 있는 변수 또는 상수의 값이 출력된다.

만약 두 개 이상의 값을 하나의 문장으로 출력하고자 한다면 따옴표로 이루어진 문자열에 printf("%d + %d = %d", iValue1, iValue2, iValue1 + iValue2); 문장과 같이 변환 문자를 여러 개 사용할 수도 있다. 위의 문장을 그림으로 표현하면 다음과 같다.

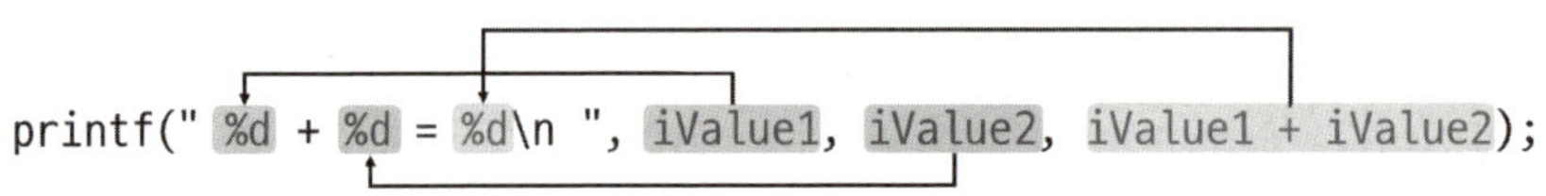

그림에서 보는 것과 같이 따옴표 안에 변환 문자가 여러 개 있는 경우 따옴표 뒤에 콤마로 구분된 값들을 순서대로 출력한다. 이 때 주의할 점은 따옴표 안에 있는 변환 문자의 개수와 따옴표 뒤에 있는 값들의 개수가 일치해야 하며, 자료의 형태 또한 순서에 맞게 일치해야만 한다. 다음의 예를 살펴보자.

변환문자를 이용한 값 출력	printf("iValue = %d, pi = %f", 10, 3.14);
출력 결과	iValue = 10, pi = 3.140000

위의 예는 하나의 문장 안에 정수와 실숫값을 함께 출력한 것이다. 10은 정수이고 3.14는 실수의 값이다. 따라서 따옴표 내부에 들어가는 변환 문자 중 첫 번째 것은 정수 10을 출력하기 위한 %d가 사용되었고 두 번째 것은 실수 3.14를 출력하기 위한 %f가 사용되었다. %f는 소수점 여섯 번째 자리까지 출력하기 때문에 위의 예에서는 3.140000의 값으로 출력이 된다. 만약 3.14의 값만 출력하고자 한다면 %.2f와 같이 소수점 이하 자리수를 지정하여 출력할 수 있다. 다음의 표는 C언어에서 많이 사용하는 변환 문자의 예이다.

C언어에서 많이 사용하는 변환 문자			
변환 문자	의미	예	출력 결과
%d	정수를 10진수의 형태로 출력	printf("%d", 10);	10
%x, %X	정수를 16진수의 형태로 출력	printf("%x", 10); printf("%X", 10);	a A
%o, %O	정수를 8진수의 형태로 출력	printf("%o", 10); printf("%O", 10);	12 12
%f, %.숫자f	실수를 출력	printf("%f", 3.14); printf("%.2f", 3.14);	3.140000 3.14
%c	문자를 출력	printf("%c", 'A'); printf("%c", 65);	A A
%s	문자열을 출력	printf("%s", "ABC");	ABC

앞 절의 예제에서 사용한 printf 문장의 내부에는 printf("%d\n", iSum); 문장과 같이 \n이 문장 내부에 포함되어 있었다. 이는 1장에서 설명한 것과 같이 콘솔 화면에서 줄 바꿈을 하는 역할을 한다. 만일 문장을 출력할 때 줄 바꿈을 하려고 할 때 코드의 편집 도중 printf 함수 내에서 엔터키를 누른다면 다음 라인으로 줄이 바뀌게 된다. 이러한 코드는 해당 라인에서 세미콜론(;)을 찾을 수 없기 때문에 컴파일 도중 에러를 발생시킨다. C언어에서의 탈출 문자(escape sequence)는 이와 같이 키보드에는 있지만 실제 printf 함수 내부에서는 해당 키를 표현할 수 없을 때 사용할 수 있는 방법을 제공한다. 다음의 표는 C언어에서 주로 사용하는 탈출 문자이다.

C언어에서 많이 사용하는 탈출 문자		
문자 이름	표현	의미
개행 문자	\n	다음 줄로 이동
경고	\a	컴퓨터 벨을 이용한 경고음 발생
백스페이스	\b	이전 문자 하나 삭제
수평탭	\t	다음 탭으로 이동
큰따옴표	\"	큰따옴표 문자 출력
작은따옴표	\'	작은따옴표 문자 출력
백슬래시	\\	\ 문자 화면에 출력
퍼센트	%%	% 문자 화면에 출력

표에서 큰따옴표, 작은따옴표, 백슬래시에 주의하자. 큰따옴표 및 작은따옴표가 탈출 문자에 포함된 이유는 printf 함수 내에서 출력해야 하는 부분이 printf("Hello");와 같이 따옴표로 둘러싸인 곳이기 때문이다. 만일 실제 출력되는 문장이 "Hello"와 같이 따옴표까지 포함된 문장을 출력하려고 할 때 printf(""Hello"");와 같이 표현한다면 H 문자가 나오기 전에 따옴표가 닫혀버린다. 따라서 따옴표 자체를 출력하려면 printf("\"Hello\""); 와 같이 탈출 문자를 이용해서 출력해야만 한다. 또한 백슬래시가 따옴표 내에 있으면 그 다음의 문자는 자동으로 탈출 문자를 위한 것으로 인식하기 때문에 백슬래시 자체가 출력되지 않는다. 이를 방지하기 위해서 백슬래시 자체를 출력하기 위해 \\를 이용해서 출력한다. 마지막으로 퍼센트(%) 문자는 그 다음의 문자를 포함하여 %d와 같은 변환 문자로 이용해야하기 때문에 퍼센트 문자 자체를 출력하기 위해서 %%를 사용한다.

2.3.2 데이터 입력

우리는 앞의 [Example 2-7]에서 간단한 10 + 20의 덧셈 연산의 결과를 출력하는 프로그램을 만들어 보았다. 만약 더하고자 하는 값을 변경하려면 코드에 적혀있는 10, 20의 값을 직접 수정해야만 한다. 이런 작업을 매번 따로 수행할 수 없기 때문에 사용자가 프로그램 실행 도중 변수에 저장되는 값을 직접 지정할 수 있도록 지원할 필요가 있다. 이를 컴퓨터와 사용자 사이의 상호 작용이라고 한다. C언어에서 컴퓨터와 사용자 사이의 상호 작용을 위한 대표적인 것이 scanf 함수이다. scanf 함수를 사용하기 위해서는 printf 함수와 마찬가지로 #include 〈stdio.h〉 구문을 이용하여 stdio.h 헤더 파일을 소스 코드에 추가해야 한다.

scanf 함수의 사용 방법은 printf 함수와 유사하다. printf 함수가 변수의 값을 출력하기 위하여 따옴표 내부에 변환 문자를 사용하듯이 scanf 함수 역시 변수에 값을 대입하기 위하여 변환 문자를 사용한다. 다만 printf 함수에서 사용하는 탈출 문자는 scanf 함수에서 사용할 수 없다. 다음의 예는 scanf 함수를 이용하여 변수에 값을 저장하는 방법을 보여준다.

입력받은 값을 정수형 변수에 저장	scanf("%d", &iValue);
여러 변수에 값 저장	scanf("%d%f", &iValue, &fValue);

scanf 함수 내부의 따옴표 부분이 실제 입력 받는 방식을 나타낸다. 따옴표 내에 있는 변환 문자가 %d이면 정수형 값을 입력받게 되며, 따옴표 뒤에 정수형 변수를 적어야 한다. 따옴표 뒤의 iValue는 입력받은 값이 들어갈 공간으로 반드시 변수이어야 한다. 이 때 iValue 변수 앞에 &가 있음에 유의한다. 여기서 &는 변수의 위치를 나타내며 자세한 사항은 포인터 부분에서 설명한다. 일단 여기서는 scanf 함수를 이용할 때 변수 앞에 &를 붙인다는 것만 기억하기 바란다. 만약 두 개 이상의 값을 입력받고자 할 때는 printf 함수와 같은 방식으로 따옴표 내에 두 개 이상의 변환 문자를 적고 따옴표 이후에 해당하는 값과 일치하는 형태의 변수를 적으면 된다. 이 때 변환 문자 사이는 붙여서 사용할 수도 있고 스페이스바로 구분해서 사용할 수도 있다. 이 경우 콘솔 화면에서 실제 값을 입력할 때는 스페이스바 또는 엔터 키를 이용하여 두 변수에 저장되는 값을 구분할 수 있다. 다음의 예제를 살펴보자.

```
/*
  Example 2-11
  scanf 함수를 이용한 자료 입력
*/

#define _CRT_SECURE_NO_WARNINGS
#include <stdio.h>

int main(void)
{
  int iValue1, iValue2;
  int iSum;

  printf("두 수를 입력하세요 : ");
  scanf("%d%d", &iValue1, &iValue2);
```

```
16
17        iSum = iValue1 + iValue2;
18
19        printf("%d + %d = %d\n", iValue1, iValue2, iSum);
20
21        return 0;
22    }
```

프로그램 실행 결과

```
C:\windows\system32\cmd.exe
두 수를 입력하세요 : 123 456
123 + 456 = 579
계속하려면 아무 키나 누르십시오 . . .
```

위의 예제는 두 개의 정수를 키보드로부터 입력받은 후 합을 구하는 프로그램이다. 우선 6번 라인의 #define _CRT_SECURE_NO_WARNINGS에 주목하자. scanf 함수는 메모리를 직접 접근하는 함수이기 때문에 보안 문제와 메모리 오류 문제가 발생할 수 있다. 따라서 Visual Studio에서는 scanf 함수 대신에 scanf_s 함수를 사용하는 것을 권장한다. scanf_s 함수는 입력을 위하여 저장되는 크기를 반드시 지정해야 하며, 모든 컴파일러에서 제공하는 것은 아니다. 컴파일러마다 선택적으로 구현되어 있는 함수이기 때문에 다른 개발 환경에서는 호환성 문제가 발생할 수 있다. 본 교재에서는 모든 컴파일러에서 활용 가능한 scanf 함수를 사용하여 입력을 받는다. #define 전처리기 지시자는 13장에서 자세히 설명한다.

다음 7번 라인은 printf 함수와 scanf 함수를 사용하기 위하여 stdio.h 헤더 파일을 추가하는 문장이다. 이처럼 하나의 헤더 파일에는 여러 가지의 함수가 포함되어 있다. 14번 라인과 15번 라인에서는 printf 함수를 이용한 출력문과 scanf 함수를 이용한 입력문이 사용되었다. 일반적인 경우 scanf 함수를 사용하기 전에 지금과 같이 printf 함수를 이용하여 어떠한 숫자가 필요한 지를 화면에 출력한다. 만일 printf 함수를 사용하지 않으면 프로그램은 입력 대기 상태에 있으며, 그 동안 사용자는 어떤 작업을 원하는지 알 수 없다. 지금과 같이 정수를 입력하라는 문구를 적어 놓는다면 훨씬 보기 좋은 프로그램이 될 것이다. 이후 문장은 연산을 수행하고 연산 결과를 출력하는 앞에서 했던 예제와 동일하다.

결과 화면을 살펴보면 첫 번째 라인에 [두 수를 입력하세요 : 123 456]으로 되어 있다. 여기서 [두 수를 입력하세요 :] 문장은 14번 라인의 printf 함수를 실행한 결과이다. 이후 15번 라인의 scanf 함수 문장이 실행되어 입력 대기 상태가 된다. 15번 라인은 scanf("%d%d", &iValue1, &iValue2); 문장이기 때문에 두 개의 숫자를 입력해야 하며, 123 456을 키보드를 이용하여 직접 입력하였다. scanf 함수 내부의 변환 문자는 %d%d와 같이 붙여서 사용하지만 두 개의 값을 입력할 때는 123 456과 같이 스페이스바를 이용하여 구분하거나 엔터를 이용하여 구분할 수도 있다. 이 때 자료가 저장되는 곳이 iValue1과 iValue2 변수이기 때문에 입력할 수 있는 값은 정수 형태의 값이다. 만일 정수 이외의 값을 입력한다면 원하는 값이 저장되지 않을 것이다. 15번 라인의 문장을 실행하고 값을 입력하면 iValue1에는 123, iValue2에는 456의 값이 저장된다. 나머지 코드 부분은 덧셈 연산을 수행하고 값을 출력하는 이전의 프로그램과 동일하다.

2.4 연산자

지금까지 컴퓨터에서 사용하는 자료형과 자료를 저장하기 위한 변수, 그리고 변수에 값을 저장하는 방법과 결과를 확인하는 방법에 대하여 공부했다. 컴퓨터 프로그래밍의 목적은 컴퓨터를 사용하여 사람의 생활을 조금이나마 편리하게 하는 것에 있다. 컴퓨터는 프로그램 사용자로부터 자료를 받아서 가공하고 새로운 자료를 돌려준다. 이 때 받는 자료는 숫자일 수도 있고 문자일 수도 있으며, 어떨 때는 그림이나 영상이 될 수도 있다. 이 모든 자료는 사람이 보기에는 다른 형태로 보이지만 컴퓨터는 이 모두를 이진수 숫자로 처리한다.

컴퓨터는 사람으로부터 입력받은 자료를 가공하기 위하여 변수를 사용한다. 즉 변수에 자료를 저장하고, 저장된 자료를 가져오며, 다시 가공한 후 변수에 저장한다. 저장된 자료는 모니터 등을 이용하여 사람에게 결과를 알려주거나 아니면 다른 작업에 활용될 수 있다. 이 때 자료의 가공이 없다면 프로그램의 존재 목적이 없어진다. 컴퓨터에 저장되는 자료는 숫자이기 때문에 이러한 자료의 가공은 일반적으로 계산 작업을 통하여 수행된다. 이 때 계산을 담당하는 것이 연산자이다. 연산자는 컴퓨터에게 산술, 논리 등의 연산을 수행하도록 지시하는 기호로써 수학에서 사용하는 연산자와 대부분 동일하다.

컴퓨터는 연산식을 이용하여 자료를 가공한다. 이때 연산에 필요한 것이 연산자와 피연산자이다. 연산자는 자료의 조작을 지시하는 기호이며, 피연산자는 연산에 필요한 자료이다. 이때 피연산자는 일반적으로 변수 또는 상수가 사용된다. 또한 특별한 경우가 아니면 변수와 상수 외에 값을 가질 수 있는 것은 모두 피연산자가 될 수 있다. 프로그램 내에서 연산자와 피연산자로 이루어진 하나의 문장을 식 또는 수식이라고 하며 우리가 어려서부터 배웠던 수학의 수식과 동일하게 생각해도 된다.

C언어에서 가장 간단한 수식은 하나의 상수 또는 변수로만 이루어진 수식이다. 이때 수식을 실행한 후 얻을 수 있는 값을 수식의 결과 값이라고 한다. 예를 들어 10;과 같은 상수 또는 iValue;와 같은 변수 하나도 수식이 될 수 있다. 이때도 역시 문장으로 표현해야 하며 반드시 세미콜론(;)으로 문장의 끝을 맺는다. 이때 10;이라는 수식에서의 결과 값은 10;인 값 자체이며, iValue;라는 변수 하나인 수식에서의 결과 값은 iValue에 저장되어 있던 값이다. 그러나 이러한 문장은 프로그램 실행에 어떠한 영향도 미치지 않는다. 따라서 프로그램에서는 일반적으로 연산자와 피연산자가 함께 있는 수식이 사용된다. 그러나 이때도 주의할 것이 있다. 예를 들어 5 + 8;이라는 수식을 보자. 이 수식은 5와 8을 더한 13의 결과를 갖는다. 이때 5와 8은 피연산자이며 +는 덧셈 연산자이다. 하지만 수식의 결과 값이 13이어도 프로그램 내에는 영향을 미치지 않는다. 연산의 결과를 printf("%d", 5 + 8);과 같이 printf 함수를 이용하여 출력하거나 iSum = 5 + 8;과 같이 연산 결과를 변수에 저장해야지만 의미가 있다. 즉 5 + 8;이라는 수식은 사람의 머릿속에서 5와 9를 더한 13이라는 값을 얻는 것이고, iValue = 5 + 8;이라는 문장은 13의 결과를 구한 후 노트에 적거나 다른 사람에게 알려주는 것과 같다. 이렇게 적어놓은 값을 나중에 다시 사용할 수 있는 것처럼 변수에 값을 대입한 후에 프로그램 내에서 다시 활용할 수 있다.

2.4.1 연산자의 종류

지금부터 자료를 가공하기 위한 수식을 만드는데 사용하는 연산자에 대하여 살펴보자. C언어에서 사용하는 연산자는 종류가 매우 많다. C언어에서의 연산자는 피연산자의 수에 따라 단항 연산자, 2항 연산자, 그리고 3항 연산자로 구분할 수 있다. 또한 기능에 따라 산술 연산자, 대입 연산자, 증가 및 감소 연산자, 관계 연산자, 논리 연산자, 비트 논리 연산자, 이동 연산자, 크기 측정 연산자, 조건 연산자, 포인터 연산자, 구조체 멤버 연산자 등으로 다양하게 구분이 가능하다. 이 중 포인터 연산자와 구조체 멤버 연산자는 나중에 설명한다. 다음의 표는 C언어에서 제공하는 연산자를 기능에 따라 분류한 것이다.

연산자의 기능에 따른 분류		
분류	연산자	기능
산술 연산자	+ - * / %	사칙 연산 및 나머지 연산
대입 연산자	=	오른쪽의 값을 왼쪽의 변수에 대입
증가 및 감소 연산자	++ --	변수의 값을 1만큼 증가 또는 감소
관계 연산자	> < >= <= == !=	왼쪽과 오른쪽을 비교
논리 연산자	&& || !	논리적인 AND, OR, NOT
비트 논리 연산자	& | ^ ~	비트 단위 논리 AND, OR, XOR, NOT
이동 연산자	<< >>	비트 단위 왼쪽, 오른쪽 이동
크기 측정 연산자	sizeof	피 연산자의 바이트 단위 크기 확인
조건 연산자	?:	조건에 따라 값을 선택
포인터 연산자	* & []	주소 참조 및 역참조
구조체 멤버 연산자	. ->	구조체 멤버 접근

2.4.2 산술 연산자

산술 연산자는 덧셈, 뺄셈, 곱셈, 나눗셈을 위한 사칙 연산자와 나머지를 구하는 연산자로 구성되어 있다. 다음 표는 산술 연산자의 종류 및 사용 예이다.

산술 연산자				
연산자	사용법	예	의미	비고
+	+피연산자	+a	양의 부호	단항 연산자
-	-피연산자	-a	음의 부호	단항 연산자
+	피연산자1 + 피연산자2	a + b	덧셈	
-	피연산자1 - 피연산자2	a - b	뺄셈	
*	피연산자1 * 피연산자2	a * b	곱셈	
/	피연산자1 / 피연산자2	a / b	나눗셈(몫)	피연산자 두 개가 모두 정수일 때 결과는 정수
%	피연산자1 % 피연산자2	a % b	나머지	피연산자가 정수만 가능

덧셈(+), 뺄셈(-), 곱셈(*) 연산자는 우리가 일반적으로 사용하는 수학에서의 연산자와 같은 역할을 한다. 그리고 하나의 식에 여러 연산자가 나올 때 연산자의 우선순위 역시 수학과 같이 덧셈, 뺄셈 보다 곱셈, 나눗셈, 나머지 연산을 먼저 계산한다. 그러나 나눗셈 연산자(/)와 나머지 연산자(%)는 수학에서의 연산자와는 조금 다른 의미를 갖는다. 이

중 나눗셈 연산자는 피연산자가 모두 정수일 때 연산의 결과에 주의해야 한다. 정수와 실수가 메모리에 저장되는 방식이 다르기 때문에 C언어에서의 산술 연산자는 두 개의 피연산자가 서로 같은 자료형의 연산자일 경우 연산의 결과는 해당 피연산자의 자료형으로 고정된다. 즉, 정수 + 정수 연산의 결과 값은 정수의 형태로 계산된다. 반면 실수 + 정수의 연산의 결과 값은 더 넓은 범위를 갖는 실수 자료형이 된다. 나눗셈 연산자의 결과 값은 첫 번째 피연산자를 두 번째 피연산자로 나눈 몫이다. 만약 두 피연산자 모두 정수 자료형일 경우 결과는 정수의 값으로 나온다. 예를 들어 5 / 2를 계산하면 수학에서는 2.5의 결과를 갖는다. 그러나 C언어에서는 두 피연산자가 모두 정수이기 때문에 정수의 결과를 얻는다. 이때의 결과 값은 소수 부분이 제외된 2를 얻을 수 있다. 반올림되지 않는다는 사실에 주의하자. 반면 5.0 / 2의 연산을 수행하게 되면 하나의 피 연산자가 실수이기 때문에 전체 결과는 더 넓은 범위를 갖는 실수 자료형이 된다. 따라서 결과는 2.5가 된다. 이처럼 나눗셈 연산을 수행할 때 피연산자의 자료형에 유의할 필요가 있다.

나머지 연산자(%)는 프로그램 개발에 자주 사용되지만 수학의 사칙연산에는 없는 연산자이기 때문에 주의가 필요하다. 나머지 연산자는 피연산자가 반드시 정수형인 경우에만 사용이 가능하며, 첫 번째 피연산자를 두 번째 피연산자로 나눌 때의 나머지 값이 된다. 예를 들어 어떤 수가 홀수인지 짝수인지를 알기 위해서는 그 값이 2로 나눈 나머지가 0인가를 검사해서 구할 수 있다. 이때 나머지 연산자를 이용해서 iValue % 2의 값이 0과 같을 경우를 찾는 방식으로 계산 가능하다. 다음의 예제를 살펴보자.

```
/*
  Example 2-12
  산술 연산자
*/

#include <stdio.h>

int main(void)
{
  int iValue1 = 10, iValue2 = 3;
  int iResult;
  float fResult;

  iResult = iValue1 + iValue2;
  printf("%d + %d = %d\n", iValue1, iValue2, iResult);

  iResult = iValue1 - iValue2;
```

```
18        printf("%d - %d = %d\n", iValue1, iValue2, iResult);
19
20        iResult = iValue1 * iValue2;
21        printf("%d * %d = %d\n", iValue1, iValue2, iResult);
22
23        iResult = iValue1 / iValue2;
24        fResult = iValue1 / iValue2;
25        printf("%d / %d = %d\n", iValue1, iValue2, iResult);
26        printf("%d / %d = %f\n", iValue1, iValue2, fResult);
27
28        iResult = iValue1 % iValue2;
29        printf("%d %% %d = %d\n", iValue1, iValue2, iResult);
30
31        return 0;
32    }
```

프로그램 실행 결과

```
C:\windows\system32\cmd.exe
10 + 3 = 13
10 - 3 = 7
10 * 3 = 30
10 / 3 = 3
10 / 3 = 3.000000
10 % 3 = 1
계속하려면 아무 키나 누르십시오 . . .
```

위의 예제는 산술 연산자를 이용하여 값을 계산한 후 결과를 출력한 것이다. 14번 라인, 17번 라인, 20번 라인 등은 산술 연산자를 이용하여 계산한 결과를 iResult 변수에 저장한다. 15번 라인의 printf 함수는 14번 라인에서 계산한 덧셈 결과를 출력한다. 또한 18번 라인의 printf 함수는 17번 라인에서 계산한 뺄셈의 결과를 출력한다. 이처럼 하나의 변수를 이용해서 연산 결과를 바꿔가면서 저장 후 출력할 수 있다. 23번 라인과 24번 라인의 나눗셈 연산 결과에 주의하자. 두 피연산자 iValue1과 iValue2가 모두 정수이기 때문에 연산 결과는 정수가 된다. 따라서 23번 라인에서 정수형 변수 iResult에 값을 저장한 결과 3이 저장되었으며, 24번 라인에서 fResult인 실수형 변수에 값을 저장한 결과 26번 라인에서 3.000000이 출력되었다.

정수형끼리 나눗셈 연산을 수행할 때 소수점 이하를 버리지 않는 실수의 결과가 필요할 경우에는 fResult = (float)iValue1 / iValue2;와 같이 문장을 수행하면 된다. 이는 강제 형 변환 문장으로 변수 또는 상수의 값의 자료형을 강제로 변환한다. (float)iValue1 / iValue2 식은 iValue1 변수를 float 자료형으로 변환한 후 나눗셈 연산을 수행하기 때문에 실수 / 정수의 식이 되어서 2.5의 결과를 저장할 수 있다. 만일 iResult = (float)iValue1 / iValue2;로 식을 적으면 (float)iValue1 / iValue2 식의 결과는 실수의 값이 되지만 저장되는 공간인 iResult가 정수형 변수이기 때문에 소수점 이하의 값은 버리고 정숫값만 저장된다. 예제의 28번 라인에서는 나머지 연산을 수행하였다. 그리고 29번 라인에서는 나머지 연산의 결과 1을 출력하였다. 29번 라인의 printf 문장에서 탈출 문자 %%를 사용한 것에 유의하자. 앞에서 설명한 것과 같이 콘솔 화면에서 %를 출력하기 위해서는 탈출 문자 %%를 사용해야 한다.

2.4.3 대입 연산자

대입 연산자(=)는 연산의 결과를 변수에 저장하기 위한 연산자로 프로그래밍 언어에서 가장 기본이 되는 연산자이며 가장 많이 사용하는 연산자이다. 대입 연산자는 두 개의 피연산자를 가지며 왼쪽의 피연산자는 iValue = 10; 문장과 같이 반드시 변수가 되어야 한다. 즉 10 = iValue; 문장과 같이 대입 연산자 왼쪽에 변수가 아닌 것이 있으면 오류가 발생한다. 대입 연산자의 오른쪽 피연산자는 변수, 상수, 연산식, 함수 등 값을 가질 수 있는 것은 모두 가능하다. 이때 대입 연산자의 오른쪽에 변수가 사용되면 변수가 저장하고 있는 값이 피연산자가 된다.

대입 연산자 역시 연산자이기 때문에 다른 연산자들과 마찬가지로 연산을 수행한 결과 값을 갖고 있다. 이때 최종 연산 수행 결과는 대입 연산자에 저장한 값이 된다. 예를 들어 iValue = 10 + 20;이라는 문장은 10 + 20의 결과를 iValue라는 변수에 저장하라는 의미가 되며, 이때의 결과 값은 iValue에 저장한 30이 된다. 또한 산술 연산자 사이에도 연산의 우선순위가 있듯이 대입 연산자 역시 다른 연산자와 결합하여 사용할 때 우선순위가 있다. 결론을 이야기하면 대입 연산자의 우선순위는 연산자 중에서 가장 낮다. 즉 iValue = 10 + 20; 문장을 실행할 때 + 연산자가 먼저 수행되어 30이라는 값을 얻고 이후 iValue 변수에 그 값을 대입한다.

C언어에서의 대입 연산자는 단순 대입 연산자(=)뿐만 아니라 다른 연산자와 결합한 복합 대입 연산자를 이용할 수 있다. 복합 대입 연산자의 일반 형식은 a op= b이다. 이때 op= 연산자는 반드시 붙여서 적어야 한다. 또한 단순 대입 연산자와 마찬가지로 a는 반드시 변수이어야 하며 b는 값을 가질 수 있는 모든 것이 가능하다. a op= b의 의미는 a = a op b이며 a와 b를 op 연산을 실행한 후 결과를 다시 a에 저장하라는 의미이다. 예를 들어 a += 1; 문장은 a = a + 1; 문장과 같으며 a의 값을 가져온 후 그 값에 1을 더한 값을 다시 a에 저장하라는 문장이다. 즉 변수 a에 저장된 값을 1 증가하라는 의미이다. 복합 대입 연산자로 결합이 가능한 연산자로는 산술 연산자, 비트 논리 연산자 및 이동 연산자가 가능하다. 다음의 표는 복합 대입 연산자를 정리한 것이다.

복합 대입 연산자		
연산자	기능	비고
a += b	a = a + b	산술 연산자
a -= b	a = a - b	산술 연산자
a *= b	a = a * b	산술 연산자
a /= b	a = a / b	산술 연산자
a %= b	a = a % b	산술 연산자
a &= b	a = a & b	비트 논리 연산자
a ¦= b	a = a ¦ b	비트 논리 연산자
a ^= b	a = a ^ b	비트 논리 연산자
a <<= b	a = a << b	이동 연산자
a >>= b	a = a >> b	이동 연산자

복합 대입 연산자를 사용할 때 주의할 사항은 연산자의 우선순위이다. 복합 대입 연산자 역시 대입 연산자이기 때문에 모든 연산에서 가장 낮은 우선순위를 갖는다. 따라서 복합 대입 연산자의 계산 방법은 오른쪽 피연산자 부분의 연산을 먼저 수행한 후 마지막으로 복합 대입 연산자를 풀어서 계산한다. 예를 들어 a *= b + c라는 수식을 계산해 보자. 연산자의 우선순위 때문에 b + c를 먼저 계산해야 한다. 그리고 b + c의 결과를 a와 곱한 결과를 a에 저장한다. 따라서 a *= b + c의 결과는 a = a * b + c가 아니라 a = a * (b + c)가 된다. 다음의 예제를 살펴보자.

```
/*
  Example 2-13
  대입 연산자를 이용한 프로그램
*/

#include <stdio.h>

int main(void)
{
  int iValue1, iValue2, iValue3;

  iValue1 = 10;
  iValue2 = iValue3 = 5;

  printf("iValue1 = %d, iValue2 = %d, iValue3 = %d\n", iValue1, iValue2, iValue3);

  iValue1 += 1;
```

```
18        printf("iValue1 = %d\n", iValue1);
19
20        iValue2 *= iValue1 + 1;
21        printf("iValue2 = %d\n", iValue2);
22
23        return 0;
24    }
```

프로그램 실행 결과

```
C:\windows\system32\cmd.exe
iValue1 = 10, iValue2 = 5, iValue3 = 5
iValue1 = 11
iValue2 = 60
계속하려면 아무 키나 누르십시오 . . .
```

예제의 13번 라인을 먼저 살펴보자. 13번 라인과 같이 C언어에서는 다중 대입문을 이용하여 한 번에 여러 개의 변수에 데이터를 저장할 수 있다. 다중 대입문을 사용할 때 변수에 값이 대입되는 순서는 가장 오른쪽에 있는 변수부터 대입된다. 예를 들어 13번 라인과 같이 iValue2 = iValue3 = 5; 문장은 iValue3에 5가 대입되고, 이후 iValue2에 iValue3에 저장된 값 5를 대입한다. 따라서 문장 실행 결과 iValue2와 iValue3은 같은 값을 갖는다.

다음 17번 라인은 iValue1 += 1; 문장으로 복합 대입 연산자가 사용되었다. 12번 라인에서 iValue1에 10을 저장했기 때문에 18번 라인에서 iValue1의 값이 11로 출력되었다. 20번 라인에서는 iValue2 *= iValue1 + 1; 문장으로 복합 대입 연산자의 오른쪽 피연산자가 수식으로 되어있다. 이 문장은 iValue2 = iValue2 * (iValue1 + 1); 문장과 같다. 17번 라인에서 마지막으로 저장한 iValue1의 값이 11이기 때문에 5 * (11 + 1)의 결과인 60이 저장된다.

2.4.4 증가 및 감소 연산자

증가 및 감소 연산자는 기호 ++와 --를 사용하며, 변수에 저장된 값을 1만큼 증가 또는 감소시키는 연산자이다. 기호 ++와 --는 두 개의 기호로 구성되어 있고 반드시 붙여서 사용해야 하며, 피연산자의 앞이나 뒤에 위치할 수 있다. ++iValue 또는 --iValue와 같이 연산자가 피연산자 앞에 위치할 경우 전치 증가/감소 연산자라고 하며, iValue++ 또는 iValue--와 같이 연산자가 피연산자 뒤에 위치할 경우 후치 증가/감소 연산자라고 한다. 증가 및 감소 연산자는 피연산자에 저장된 값을 1만큼 증가 또는 감소시키기는 하지만, 다른 연산자와 함께 사용할 경우 연산식의 최종 결과는 연산자가 피연산자 앞에 있을 때와 뒤에 있을 때 차이가 있다. 다음의 표를 살펴보자.

증가 및 감소 연산자			
연산자	의미	예	
		증가/감소 연산자	동일 문장
++a	a의 값을 1 증가한 후 a에 저장 증가한 a의 값을 이용하여 나머지 문장을 실행	b = ++a;	a = a + 1; b = a;
a++	a의 값을 이용하여 전체 문장을 실행 문장 실행 후 a에 저장된 값을 1 증가	b = a++;	b = a; a = a + 1;
--a	a의 값을 1 감소한 후 a에 저장 감소한 a의 값을 이용하여 나머지 문장을 실행	b = --a;	a = a - 1; b = a;
a--	a의 값을 이용하여 전체 문장을 실행 문장 실행 후 a에 저장된 값을 1 감소	b = a--;	b = a; a = a - 1;

증가 및 감소 연산자가 피연산자 앞에 오는 전치형 연산자로 표현되면 증가 및 감소 연산을 먼저 수행한 후에 나머지 문장을 진행한다. 연산자가 피연산자 뒤에 오는 후치형 연산자로 표현되면 피연산자의 값을 이용하여 먼저 문장을 실행하고 마지막으로 증가 및 감소 연산을 진행한다. 다음의 예제를 살펴보자.

```
/*
   Example 2-14
   증가 연산자의 전치형과 후치형 비교
*/

#include <stdio.h>

int main(void)
{
   int iValue, iResult;

   iValue = 10;
   iResult = ++iValue;
   printf("iValue = %d, iResult = %d\n", iValue, iResult);

   iValue = 10;
   iResult = iValue++;
   printf("iValue = %d, iResult = %d\n", iValue, iResult);

   return 0;
}
```

프로그램 실행 결과	C:\windows\system32\cmd.exe iValue = 11, iResult = 11 iValue = 11, iResult = 10 계속하려면 아무 키나 누르십시오 . . .

예제의 12번 라인에서 iValue에 10을 저장하였다. 13번 라인에서는 대입 연산자와 함께 전치형 증가 연산자가 사용되었다. 증가 연산자가 전치형으로 사용될 때에는 피연산자의 값을 1 증가한 후 나머지 연산을 수행한다. 따라서 iValue에 저장된 값에서 1 증가한 11을 iResult 변수에 저장한다. 전치형과 후치형 증가 연산자를 비교하기 위하여 예제의 16번 라인에서 iValue의 값을 13번 라인과 같이 10으로 변경하였다. 17번 라인에서 증가 연산자를 후치형으로 사용했기 때문에 iValue를 이용하여 전체 문장을 수행한 후 증가 연산을 실행한다. 따라서 iResult에 iValue에 저장되어 있던 10을 저장하고 iValue의 값을 11로 변경하였다.

덧셈 연산자 +와 증가 연산자 ++는 비슷해 보이기는 하지만 다른 연산자이다. 예를 들어 iValue + 1은 변수 iValue에 저장된 값을 가져온 후 1을 더하라는 의미로 변수 iValue의 값에는 변화가 없다. 그러나 ++iValue는 변수 iValue에서 값을 가져온 후 1을 증가하고 증가된 값을 다시 iValue에 저장한다. 즉 iValue에 저장된 값이 변경된다. 프로그래밍 언어에서 값이 변화될 수 있는 것인 변수이기 때문에 증가 및 감소 연산자의 경우 반드시 피연산자가 변수가 되어야 한다. ++10와 같이 피연산자가 상수인 경우 10에 1을 더한 변화된 결과를 저장할 곳이 없기 때문에 에러를 발생시킨다. 또한 ++(iValue + 1)와 같은 식은 변수가 그 내부에 포함되어 있긴 하지만 (iValue + 1)이라는 식 자체가 하나의 값을 나타내기 때문에 변수가 아니다. 따라서 ++(iValue + 1)와 같은 식도 사용할 수 없다.

2.4.5 관계 연산자

관계 연산자는 두 피연산자의 크기를 비교하기 위한 목적으로 사용된다. 관계 연산자의 연산 결과는 참과 거짓으로 표현되며, C언어에서는 참일 경우 1, 거짓일 경우 0을 출력한다. 그러나 참과 거짓을 입력할 때는 거짓일 경우 0을 입력하면 되며, 0이 아닌 값을 입력하면 참으로 인식한다. 다음의 표는 C언어에서 제공하는 관계 연산자의 종류 및 기능을 설명한 것이다.

관계 연산자		
연산자	사용법	설명
==	피연산자1 == 피연산자2	두 개의 피연산자가 같으면 1, 다르면 0
!=	피연산자1 != 피연산자2	두 개의 피연산자가 같으면 0, 다르면 1
>	피연산자1 > 피연산자2	피연산자1의 값이 피연산자2의 값보다 크면 1, 작으면 0
<	피연산자1 < 피연산자2	피연산자1의 값이 피연산자2의 값보다 작으면 1, 크면 0
>=	피연산자1 >= 피연산자2	피연산자1의 값이 피연산자2의 값보다 크거나 같으면 1, 작으면 0
<=	피연산자1 <= 피연산자2	피연산자1의 값이 피연산자2의 값보다 작거나 같으면 1, 크면 0

관계 연산자는 〉=와 같이 두 개의 기호로 구성된 경우가 많다. 이때 두 기호 사이에 공백이 없어야 하고 반드시 순서가 일치해야 한다. 예를 들어 a 〉= b는 a가 b보다 크거나 같으면 1, 다르면 0의 값으로 계산된다. 이때 a 〉 = b 또는 a =〉 b와 같이 사용할 수 없다. 관계 연산자는 뒤에서 배우는 제어문에서 많이 사용하기 때문에 사용법을 반드시 이해해야 한다. 다음의 예제를 살펴보자.

```
/*
   Example 2-15
   관계 연산자
*/

#include <stdio.h>

int main(void)
{
   int iValue1 = 10, iValue2 = 20;
   int iResult;

   iResult = (iValue1 == iValue2);
   printf("(%d == %d) = %d\n", iValue1, iValue2, iResult);

   iResult = (iValue1 != iValue2);
   printf("(%d != %d) = %d\n", iValue1, iValue2, iResult);

   iResult = (iValue1 > iValue2);
   printf("(%d > %d) = %d\n", iValue1, iValue2, iResult);

   iResult = (iValue1 < iValue2);
   printf("(%d < %d) = %d\n", iValue1, iValue2, iResult);

   iResult = (iValue1 >= iValue2);
```

```
26     printf("(%d >= %d) = %d\n", iValue1, iValue2, iResult);
27 
28     iResult = (iValue1 <= iValue2);
29     printf("(%d <= %d) = %d\n", iValue1, iValue2, iResult);
30 
31     return 0;
32 }
```

프로그램 실행 결과

```
C:\windows\system32\cmd.exe
(10 == 20) = 0
(10 != 20) = 1
(10 > 20) = 0
(10 < 20) = 1
(10 >= 20) = 0
(10 <= 20) = 1
계속하려면 아무 키나 누르십시오 . . .
```

위의 예제는 iValue1에 저장된 10과 iValue2에 저장된 20의 값을 비교한 후 결과를 출력한 것이다. 13번 라인에서 두 수가 같은가를 비교한 결과를 iResult에 저장한다. 관계 연산자는 두 피연산자의 크기를 비교한 후 비교 결과가 참이면 1, 거짓이면 0을 결과로 계산한다. iValue1에 저장된 10과 iValue2에 저장된 값이 20은 다른 값이기 때문에 == 연산자로 비교한 결과 거짓이 된다. 따라서 iResult에 0이 저장되었다. 반면 16번 라인의 != 연산자로 비교하면 서로 다른 값이기 때문에 1이 iResult 변수에 저장된다.

프로그램을 작성하는 과정에서 관계 연산자 ==와 대입 연산자 =의 구별에 특히 주의해야 한다. 다음의 예제를 살펴보자.

```
/*
   Example 2-16
   관계 연산자와 대입 연산자의 비교
*/

#include <stdio.h>

int main(void)
{
   int iValue = 0;

   printf("iValue = %d\n", iValue);
   printf("(iValue == 0) = %d\n", iValue == 0);
   printf("(iValue = 0) = %d\n", iValue = 0);

   return 0;
}
```

프로그램 실행 결과	C:₩windows₩system32₩cmd.exe iValue = 0 (iValue == 0) = 1 (iValue = 0) = 0 계속하려면 아무 키나 누르십시오 . . .

예제의 10번 라인에서 iValue 변수를 선언한 후 0의 값으로 초기화하였다. 13번 라인의 printf 문장에서 출력하고자 하는 값은 iValue == 0의 식이다. 10번 라인에서 iValue에 0을 저장했기 때문에 해당 식은 참이 된다. 따라서 출력 결과 (iValue == 0) = 1이 출력되었다. 그러나 14번 라인에서 출력하고자 하는 식은 iValue = 0이다. =는 대입 연산자이기 때문에 오른쪽 피연산자의 값이 왼쪽 피연산자에 대입이 된다. 따라서 iValue에 0을 대입하는 식이 된다. 즉 0의 값이 저장되어 있는 iValue 변수에 다시 0의 값을 저장하라는 식과 같다. 대입 연산자를 이용한 연산 결과는 변수에 대입이 끝나면 계산된다. 그리고 결과 값은 변수에 대입한 값이다. iValue = 0 식의 최종 결과 값은 iValue 변수에 다시 저장한 0이다. 따라서 14번 문장에서 출력되는 문장은 (iValue = 0) = 0이 된다. 이와 같이 비슷하게 생긴 두 개의 연산자는 서로 다른 작업을 수행한다. 관계 연산자는 피연산자를 비교할 때 사용하며, 대입 연산자는 피연산자의 값을 변수에 대입하기 위하여 사용한다. 프로그램 작성 도중 잘못 표기하는 실수를 많이 하므로 반드시 주의해서 기억한다.

2.4.6 논리 연산자

논리 연산자는 피연산자의 논리값을 평가하기 위한 연산자이다. 이때 피연산자는 반드시 참과 거짓으로 값이 변경되어 계산된다. 피연산자의 값에 따라 0은 거짓으로 인식하며, 0 이외의 모든 값은 참으로 인식한 후 1로 간주되어 계산된다. 또한 논리 연산자의 연산 결과는 0 또는 1이 될 수 있으며, 0일 경우 거짓으로 판단하고 1일 경우 참으로 판단한다. C언어에서는 세 종류의 논리 연산자가 있으며 종류 및 의미는 다음의 표와 같다.

논리 연산자			
연산자	명칭	사용법	의미
&&	논리곱(AND)	피연산자1 && 피연산자2	피연산자1과 피연산자2가 모두 참일 경우 참 값 반환
||	논리합(OR)	피연산자1 || 피연산자2	피연산자1과 피연산자2 중에 하나 이상이 참이면 참 값 반환
!	논리 부정(NOT)	!피연산자	피연산자가 참이면 거짓, 거짓이면 참 값 반환

논리 연산자는 주로 관계 연산자와 결합하여 사용한다. 예를 들어 iValue가 0부터 10까지의 값을 갖는 경우를 생각해보자. 일반적인 수학 표현으로는 0 <= iValue <= 10으로 표현할 수 있다. 그러나 C언어에서는 연산식들을 차례로 계산하기 때문에 0 <= iValue를 먼저 계산한 후 다른 연산을 수행한다. 만약 iValue가 15일 경우 0 <= 15가 되어 참인 값이 되고 결과는 참을 나타내는 1이 된다. 그리고 계산된 1을 이용하여 1 <= 10을 계산하면 최종 결과는 1이 나올 것이다. 따라서 우리가 원하는 결과는 iValue에 저장된 15는 0에서 10 사이의 숫자가 아니기 때문에 거짓인 0의 결과를 원했지만 전혀 다른 결과를 갖게 된다. 이때는 논리 연산자를 이용하여 (iValue >= 0) && (iValue <= 10)으로 표현하면 원하는 값을 얻을 수 있다. 피연산자1은 15 >= 0이기 때문에 참인 1이고, 피연산자2는 15 <= 10이기 때문에 거짓인 0이 된다. 따라서 1 && 0이 마지막에 계산되므로 결과는 0이 나온다. 다음의 예제를 살펴보자.

```
/*
   Example 2-17
   논리 연산자
*/

#include <stdio.h>

int main(void)
{
   int iValue = 15, iResult;

   iResult = (0 <= iValue <= 10);
   printf("iResult = %d\n", iResult);

   iResult = (iValue >= 0) && (iValue <= 10);
   printf("iResult = %d\n", iResult);

   iResult = (iValue >= 0) || (iValue <= 10);
   printf("iResult = %d\n", iResult);

   iResult = !iValue;
   printf("iResult = %d\n", iResult);

   return 0;
}
```

프로그램 실행 결과

```
C:\windows\system32\cmd.exe
iResult = 1
iResult = 0
iResult = 1
iResult = 0
계속하려면 아무 키나 누르십시오 . . .
```

예제의 10번 라인부터 16번 라인까지는 위에서 설명한 것과 같다. 18번 라인에는 || 연산자를 이용하여 논리합 계산을 하였다. || 연산자는 두 피연산자 중 하나 이상이 참이면 참의 값을 반환한다. iValue에 저장된 값이 15이기 때문에 iValue >= 0는 참이고 iValue <= 10는 거짓이다. 따라서 최종 결과는 1 || 0이 계산되기 때문에 1의 결과를 얻을 수 있으며 출력 화면에서 세 번째 줄에 해당한다. 21번 라인에서는 논리 부정 연산을 수행하였다. 15는 논리 값으로 참이고 ! 연산자를 이용하여 NOT 연산을 수행하므로 최종 결과는 0이 된다.

논리 연산자를 포함한 수식을 작성할 때 주의해야할 것이 있다. 논리곱(&&) 연산자의 경우 두 피연산자가 모두 참일 경우에 결과가 참이다. 만약 피연산자1이 거짓일 경우에는 피연산자2의 값이 참이든 거짓이든 관계없이 결과는 거짓이다. 따라서 && 연산자를 이용한 연산에서 피연산자1의 값이 거짓일 경우 피연산자2의 수식은 실행하지 않는다. 마찬가지로 논리합(||) 연산자는 두 피연산자 중 하나 이상이 참이면 결과는 참이다. 이때 피연산자1이 참이면 피연산자2가 참이든 거짓이든 관계없이 결과는 참이다. 따라서 || 연산자를 이용한 연산에서 피연산자1이 참일 경우 피연산자2는 실행하지 않는다. 다음의 예제를 살펴보자.

```
/*
  Example 2-18
  논리 연산자의 특징
*/

#include <stdio.h>

int main(void)
{
  int iValue = 0;
  int iResult;

  iResult = (iValue > 0) && ++iValue;
  printf("iValue = %d, iResult = %d\n", iValue, iResult);

  iResult = (iValue == 0) && ++iValue;
  printf("iValue = %d, iResult = %d\n", iValue, iResult);

  iResult = (iValue > 0) || ++iValue;
  printf("iValue = %d, iResult = %d\n", iValue, iResult);

  iResult = (iValue == 0) || ++iValue;
  printf("iValue = %d, iResult = %d\n", iValue, iResult);
```

```
24
25        return 0;
26    }
```

프로그램 실행 결과

```
C:\windows\system32\cmd.exe
iValue = 0, iResult = 0
iValue = 1, iResult = 1
iValue = 1, iResult = 1
iValue = 2, iResult = 1
계속하려면 아무 키나 누르십시오 . . .
```

예제의 13번 라인을 살펴보자. iResult = (iValue > 0) && ++iValue; 문장은 (iValue > 0) 식이 가장 먼저 계산된다. 10번 라인에서 iValue에 0을 저장했기 때문에 위 식은 거짓으로 0의 결과를 갖는다. && 연산의 경우 피연산자1이 거짓이기 때문에 피연산자2를 계산하지 않아도 전체 식은 거짓이 되고 iResult에 0을 저장한다. 따라서 13번 라인의 문장은 계산 과정에서 ++iValue 식은 계산하지 않고, 문장 실행이 끝나도 iValue의 값은 0값을 계속 유지하게 된다. 14번 라인에서 출력 결과 iValue와 iResult에 저장된 값 모두 0으로 출력된 것을 확인할 수 있다.

다음 16번 라인을 살펴보자. 같은 방법으로 iResult = (iValue == 0) && ++iValue; 문장에서 (iValue == 0) 식이 먼저 계산된다. 앞에서 iValue 값이 0으로 변화가 없었기 때문에 해당 식은 참인 1의 결과를 갖는다. && 연산자에서 피연산자1이 참일 경우 피연산자2에 따라 전체 결과가 달라진다. 16번 라인에서 논리 연산자의 피연산자2는 ++iValue이다. ++iValue 식은 iValue에 저장된 값을 1 증가한 후 다시 iValue에 저장한다. 따라서 iValue에 1이 저장되고 연산식의 결과는 iValue에 저장한 1이다. 즉 최종 계산은 iResult = 1 && 1;이 계산되므로 iResult에 1이 저장된다. 즉 문장 실행 결과 iResult에 1이 저장되고, iValue에 1이 저장된다.

다음 19번 라인을 보자. 16번 라인에서 iValue에 저장된 값을 1로 변경했다. 따라서 iResult = (iValue > 0) || ++iValue; 문장에서 iValue > 0 식의 결과는 참이다. || 연산자는 피연산자1이 참이면 피연산자2는 계산할 필요 없이 전체 결과는 참이 된다. 따라서 해당 문장에서 ++iValue는 계산되지 않는다. 전체 결과는 참이고 ++iValue는 계산되지 않기 때문에 iValue = 1, iResult = 1이 20번 라인에서 출력되었다.

마지막으로 22번 라인은 iResult = (iValue == 0) || ++iValue; 문장이다. iValue가 1의 값을 갖고 있기 때문에 (iValue == 0) 식은 거짓이 된다. 따라서 || 연산자는 피연산자2를 확인해야 한다. ++iValue 식은 iValue의 값을 1 증가시킨다. 따라서 iValue에 저장되는 값은 이제 2가 된다. 2는 논리 값으로 0이 아니기 때문에 참이 되며, 참 값은 1로 변경되어 계산된다. 따라서 최종 결과는 iResult = 0 || 1이 계산되고 iResult에 1

이 저장된다. 22번 라인 문장 수행 결과 iValue에 저장된 값은 2이고 iResult에 저장되는 값은 1이 된다.

2.4.7 비트 논리 연산자

비트 논리 연산자는 피연산자의 정숫값을 비트 단위로 처리한다. 이 연산자는 정수형 자료에만 사용 가능하며 주로 하드웨어 제어용으로 많이 사용된다. 다음의 표를 살펴보자.

비트 논리 연산자		
연산자	명칭	사용법
&	비트 논리곱(AND)	피연산자1 & 피연산자2
¦	비트 논리합(OR)	피연산자1 ¦ 피연산자2
^	비트 배타적 논리합(XOR)	피연산자1 ^ 피연산자2
~	비트 논리 부정(NOT)	~피연산자

비트 논리 연산자는 피연산자의 숫자를 모두 2진수로 변환한 후 비트 단위의 연산을 수행하여 계산한다. 비트 논리곱 연산자(&)는 두 개의 피연산자의 2진수 각 자리의 비트 값이 모두 1일 때 1값을 갖는다. 비트 논리합 연산자(|)는 두 개의 피연산자의 비트 값 중에서 2진수 각 자리의 비트 값이 둘 중 하나 이상이 1이면 1값을 갖는다. 비트 배타적 논리합(^) 연산자는 두 개의 피연산자의 각 자리의 비트가 서로 같은 값이면 0, 다른 값이면 1값을 갖는다. 마지막으로 비트 보수 연산자의 경우 각 자리의 비트를 0이면 1로, 1이면 0으로 바꾼다. 다음의 표는 비트 논리 연산자의 각 자리의 비트 값에 따른 결과를 나타낸다.

비트 논리 연산자의 진리표					
A	B	A & B	A | B	A ^ B	~A
0	0	0	0	0	1
0	1	0	1	1	1
1	0	0	1	1	0
1	1	1	1	0	0

비트 논리곱 연산자는 특정 비트를 0으로 변경한 후 나머지 비트를 그대로 가져오고

싶을 때 주로 사용한다. 예를 들어 16진수 0x12345678에 16진수 0xFFFF0000을 비트 논리곱 연산을 하면 앞의 1234는 변경되지 않고 뒤의 5678만 0000으로 변경된다. 다음의 표를 살펴보자.

비트 논리곱의 예								
16진수	2진수							
0x12345678	0 0 0 1	0 0 1 0	0 0 1 1	0 1 0 0	0 1 0 1	0 1 1 0	0 1 1 1	1 0 0 0
0xFFFF0000	1 1 1 1	1 1 1 1	1 1 1 1	1 1 1 1	0 0 0 0	0 0 0 0	0 0 0 0	0 0 0 0
0x12340000	0 0 0 1	0 0 1 0	0 0 1 1	0 1 0 0	0 0 0 0	0 0 0 0	0 0 0 0	0 0 0 0

비트 논리합 연산자는 특정 비트를 1로 변경하고 나머지 비트를 그대로 가져오고 싶을 때 주로 사용한다. 예를 들어 16진수 0x12345678에 16진수 0xFFFF0000을 비트 논리합 연산을 하면 앞의 1234는 FFFF로 변경되고 뒤의 5678은 변경되지 않는다. 다음의 표는 비트 논리합의 예이다.

비트 논리합의 예								
16진수	2진수							
0x12345678	0 0 0 1	0 0 1 0	0 0 1 1	0 1 0 0	0 1 0 1	0 1 1 0	0 1 1 1	1 0 0 0
0xFFFF0000	1 1 1 1	1 1 1 1	1 1 1 1	1 1 1 1	0 0 0 0	0 0 0 0	0 0 0 0	0 0 0 0
0x12340000	1 1 1 1	1 1 1 1	1 1 1 1	1 1 1 1	0 1 0 1	0 1 1 0	0 1 1 1	1 0 0 0

비트 배타적 논리합 연산자는 특정 비트의 값을 반전시키기 위하여 사용된다. 예를 들어 16진수 0x12345678에 16진수 0xFFFF0000을 비트 배타적 논리합 연산을 하면 앞의 1234가 반전되어 EDCB로 변경되고 뒤의 5678은 변경되지 않는다. 이때 반전될 때의 계산을 쉽게 하기 위해서는 15에서 현재 값을 빼면 구하기 쉽다. 예를 들어 1의 반전은 15-1이 되므로 14이고 16진수로 표기하면 E이다. 다음의 표는 비트 배타적 논리합의 예이다.

비트 배타적 논리합의 예								
16진수	2진수							
0x12345678	0 0 0 1	0 0 1 0	0 0 1 1	0 1 0 0	0 1 0 1	0 1 1 0	0 1 1 1	1 0 0 0
0xFFFF0000	1 1 1 1	1 1 1 1	1 1 1 1	1 1 1 1	0 0 0 0	0 0 0 0	0 0 0 0	0 0 0 0
0xEDCB5678	1 1 1 0	1 1 0 1	1 1 0 0	1 0 1 1	0 1 0 1	0 1 1 0	0 1 1 1	1 0 0 0

비트 보수 연산자는 전체 비트의 값을 반전시키기 위하여 사용한다. 예를 들어 16진수 0x12345678에 비트 보수를 취하면 전체 비트들의 값이 반전되어 0xEDCBA987이 된다. 이때도 역시 반전을 쉽게 계산하기 위하여 15에서 현재의 값을 구하면 쉽다. 다음의 표는 비트 보수의 결과이다.

비트 보수의 예								
16진수	2진수							
0x12345678	0 0 0 1	0 0 1 0	0 0 1 1	0 1 0 0	0 1 0 1	0 1 1 0	0 1 1 1	1 0 0 0
0xEDCBA987	1 1 1 0	1 1 0 1	1 1 0 0	1 0 1 1	1 0 1 0	1 0 0 1	1 0 0 0	0 1 1 1

다음의 예제는 비트 논리 연산자를 이용한 프로그램이다. 앞에서 계산했던 각각의 비트 논리 연산의 결과를 프로그램을 통하여 확인하자.

```c
/*
  Example 2-19
  비트 논리 연산자
*/

#include <stdio.h>

int main(void)
{
  int iValue1 = 0x12345678;
  int iValue2 = 0xFFFF0000;

  printf("%X & %X = %X\n", iValue1, iValue2, iValue1 & iValue2);
  printf("%X | %X = %X\n", iValue1, iValue2, iValue1 | iValue2);
  printf("%X ^ %X = %X\n", iValue1, iValue2, iValue1 ^ iValue2);
  printf("~%X = %X\n", iValue1, ~iValue1);

  return 0;
}
```

프로그램 실행 결과

```
C:\windows\system32\cmd.exe
12345678 & FFFF0000 = 12340000
12345678 | FFFF0000 = FFFF5678
12345678 ^ FFFF0000 = EDCB5678
~12345678 = EDCBA987
계속하려면 아무 키나 누르십시오 . . .
```

예제의 10번과 11번 라인에서 iValue1과 iValue2에 저장되는 값은 0x로 시작되는 정숫값이다. 정수 상수에서 이미 설명한 것과 같이 정수 앞에 0x가 붙으면 해당 정수는 16진수로 표현되는 값이다. 또한 값을 16진수로 출력하기 위하여 13번부터 16번 라인의 printf 문 내부에는 변환 문자 %X가 사용되었다.

2.4.8 이동 연산자

이동 연산자는 좌측 이동 연산자(<<)와 우측 이동 연산자(>>) 두 가지 종류로 구성되어 있다. 피연산자1의 2진수 각 자리의 비트 값을 피연산자2에 의해 주어지는 값만큼 좌측(<<) 또는 우측(>>)으로 자리 이동시킨다. 이때 피연산자의 값은 반드시 정수이어야 한다. 다음의 표는 이동 연산자의 종류 및 기능을 설명한다.

이동 연산자			
연산자	명칭	사용법	의미
<<	좌측 이동 연산자	피연산자1 << 피연산자2	피연산자1의 비트열을 피연산자2 만큼 좌측 이동
>>	우측 이동 연산자	피연산자1 >> 피연산자2	피연산자1의 비트열을 피연산자2 만큼 우측 이동

좌측 이동 연산자는 피연산자1의 비트 구성을 왼쪽으로 이동시키기 때문에 오른쪽에 빈자리를 발생시킨다. 이때 좌측 이동 연산자에서 발생하는 빈자리는 모두 0으로 채워진다. 그리고 이동 때문에 변수의 저장 범위를 벗어나는 숫자들은 모두 버려진다. 다음의 경우를 살펴보자.

7		0 0 0 0 0 0 0 0	0 0 0 0 0 0 0 0	0 0 0 0 0 0 0 0	0 0 0 0 0 1 1 1
7 << 2	0 0	0 0 0 0 0 0 0 0	0 0 0 0 0 0 0 0	0 0 0 0 0 0 0 0	0 0 0 1 1 1 0 0

7을 2진수로 변환하면 0000...00000111이다. 이를 좌측으로 2만큼 이동하면 제일 앞의 00이 변수가 저장되어 있는 범위를 벗어나게 되고 나머지 비트들이 왼쪽으로 이동한다. 즉 비트 이동 결과 0000...000111__와 같이 가장 마지막에 빈자리가 발생하게 된다. 이때 범위를 벗어난 00은 버리고 빈자리는 0으로 채운다. 따라서 결과는 0000....00011100이 되며 10진수로 변환하면 28이다.

```
-7          11111111 11111111 11111111 11111001
-7 << 2   11 11111111 11111111 11111111 11100100
```

좌측 이동 연산자의 피연산자1이 음수일 경우는 다음과 같다. 컴퓨터에서 음수 표현은 양수 값을 2의 보수로 변환하여 저장한다. 따라서 -7은 이진수 1111...11111001로 저장된다. 이를 좌측으로 이동하면 제일 앞의 11이 변수가 저장되어 있는 범위를 벗어나고 나머지 비트들이 왼쪽으로 이동하게 되어 1111...111001__로 역시 가장 마지막에 빈자리가 발생하게 된다. 이때 범위를 벗어난 11은 버리고 빈자리는 0으로 채운다. 따라서 결과는 1111...11100100이 되며 10진수로 변환하면 -28이다.

우측 이동 연산자는 피연산자1의 비트 구성을 오른쪽을 이동시키기 때문에 왼쪽에 빈자리가 발생한다. 이때 우측 이동 연산에서 발생하는 빈자리는 최상위 비트와 동일한 값으로 채워진다.

```
7         00000000 00000000 00000000 00000111
7 >> 2    00000000 00000000 00000000 00000001 11
```

예를 들어 7을 오른쪽으로 2만큼 이동하는 경우 __0000...00000001이 되어 앞에 빈공간이 생기고 뒤의 11이 범위를 벗어난다. 이때 범위를 벗어난 11은 버리고 앞의 빈공간은 연산을 수행하기 전 최상위비트와 같은 00으로 채운다. 따라서 10진수로 변환한 결과 값은 1이다.

```
-7        11111111 11111111 11111111 11111001
-7 >> 2   11111111 11111111 11111111 11111110 01
```

-7을 오른쪽으로 2만큼 이동하는 경우 __1111...11111110이 되고 범위를 벗어나는 01은 버린다. 그리고 빈공간은 최상위비트와 같은 11로 채운다. 이를 10진수로 변환한 결과 값은 -2와 같다.

이러한 이동 연산자의 연산 결과는 비트 단위의 이동이기는 하지만 쉽게 계산할 수 있다. 위에서 7 << 2의 연산 결과는 28, -7 << 2의 연산 결과는 -28이었다. 따라서 좌측 이동 연산자의 연산 결과는 $피연산자1 \times 2^{피연산자2}$의 값을 얻을 수 있다. 그리고 우측 이동 연산일 때 7 >> 2의 연산 결과는 1, -7 >> 2의 연산 결과는 -2였다. 이와 같이 우측 이동 연산의 경우 연산 결과는 $피연산자1 \div 2^{피연산자2}$의 결과를 얻으며, 나누어떨어지지 않을 때는 얻어진 실숫값보다 작은 정수를 얻는다. 다음의 예제를 통하여 프로그램 내에서 결과를 확인해 보자.

```c
/*
  Example 2-20
  이동 연산자
*/

#include <stdio.h>

int main(void)
{
  int iValue1 = 7, iValue2 = -7;

  printf("%d << 2 = %d\n", iValue1, iValue1 << 2);
  printf("%d >> 2 = %d\n", iValue1, iValue1 >> 2);
  printf("%d << 2 = %d\n", iValue2, iValue2 << 2);
  printf("%d >> 2 = %d\n", iValue2, iValue2 >> 2);

  return 0;
}
```

프로그램 실행 결과

```
C:\windows\system32\cmd.exe
7 << 2 = 28
7 >> 2 = 1
-7 << 2 = -28
-7 >> 2 = -2
계속하려면 아무 키나 누르십시오 . . .
```

2.4.9 크기 측정 연산자

크기 측정 연산자는 변수를 선언하기 위한 자료형 또는 변수 및 상수 자체가 메모리에 얼마의 공간을 차지하는지 확인하기 위한 연산자이다. 크기 측정 연산자를 사용하면 해당 자료 또는 값이 컴퓨터 메모리에서 몇 바이트의 공간을 차지하는 지 알 수 있다. 이 연산자는 다른 연산자들과는 다르게 기호를 사용하지 않고 예약어 sizeof를 사용한다. sizeof 연산자를 이용하여 구하는 값은 컴파일러마다 저장 공간의 크기가 다르게 나타날 수 있다. sizeof 예약어를 이용하여 크기를 구하는 방법은 다음의 두 가지 형식으로 가능하다.

자료형의 크기를 구할 때	sizeof(자료형)
변수의 크기를 구할 때	sizeof 변수명 또는 sizeof(변수명)

자료형을 피연산자로 사용하는 경우 반드시 괄호가 포함되어야 하며, 변수명을 피연산자로 사용하는 경우 괄호는 생략 가능하다. 그러나 가급적 괄호를 생략하지 않는 것이 프로그램 코드를 확인할 때 좋기 때문에 생략하지 않도록 하자. 다음의 예제를 살펴보자.

```
/*
   Example 2-21
   크기 측정 연산자
*/

#include <stdio.h>

int main(void)
{
   short sValue;
   int iValue;
   double dValue;

   printf("sizeof(char) = %d\n", sizeof(char));
   printf("sizeof(int) = %d\n", sizeof(int));
   printf("sizeof(long) = %d\n", sizeof(long));
   printf("sizeof(sValue) = %d\n", sizeof(sValue));
   printf("sizeof(iValue) = %d\n", sizeof(int));
   printf("sizeof(dValue) = %d\n", sizeof(dValue));
   printf("sizeof(10) = %d\n", sizeof(10));
   printf("sizeof(10L) = %d\n", sizeof(10L));
   printf("sizeof(1.5) = %d\n", sizeof(1.5));
   printf("sizeof(1.5f) = %d\n", sizeof(1.5f));

   return 0;
}
```

프로그램 실행 결과

예제를 통하여 볼 수 있는 것과 같이 sizeof 연산자를 이용하면 각 자료형 또는 변수 및 상수의 크기를 확인할 수 있다. 예제의 14번 라인부터 16번 라인까지는 자료형의 크기를 확인한 것이다. char 자료형은 1바이트의 공간을 가지며, int 자료형은 4바이트의 공간, 그리고 long 자료형 역시 4바이트의 공간을 차지한다. 다음 17번 라인부터 19번 라인까지는 변수의 크기를 확인한 것이다. sValue 변수는 short 자료형이기 때문에 2바이트, iValue 변수는 int 자료형이기 때문에 4바이트, 그리고 dValue 변수는 double 자료형이기 때문에 8바이트의 공간을 메모리에서 차지한다. 그리고 20번 라인부터 23번 라인까지를 보면 상수가 메모리에 얼마의 공간을 갖는지를 확인할 수 있다. 여기서 10은 int 자료형이며, 10L은 long 자료형을 나타내는 정수 상수이다. 이처럼 정수 뒤에 L 또는 소문자 l을 접미어를 붙이면 해당 정수가 long 자료형임을 의미한다. 또한 1.5는 부동소수점 뒤에 아무 것도 붙지 않았기 때문에 double 자료형으로 8바이트의 공간을 가지며, 1.5f는 f 접미어 때문에 float 자료형으로 4바이트의 공간을 차지하게 된다.

2.4.10 조건 연산자

조건 연산자는 C언어에서 피연산자를 세 개 갖는 유일한 3항 연산자로 두 개의 기호 (?:)로 구성된 연산자이다. 조건 연산자의 형식과 의미는 다음과 같다.

형식	피연산자1 ? 피연산자2 : 피연산자3
사용법	조건식 ? 식1 : 식2
의미	피연산자1(조건식)이 참이면 피연산자2(식1)를 실행, 피연산자1(조건식)이 거짓이면 피연산자3(식2)을 실행 최종 실행 결과는 피연산자2(식1) 또는 피연산자3(식2)의 결과 값

조건 연산자에서 피연산자1은 참 또는 거짓의 값을 가질 수 있는 조건식이 주로 사용된다. 만약 피연산자1(조건식)이 참이면 피연산자2(식1)가 수행되며, 피연산자1(조건식)이 거짓이면 피연산자3(식2)이 실행된다. 즉, 조건 연산자를 이용한 문장이 끝날 때 가질 수 있는 값은 식1의 결과 또는 식2의 결과 둘 중 하나만 가능하다. 다음의 예제를 살펴보자.

```
1  /*
2     Example 2-22
3     조건 연산자
4  */
5  
6  #define _CRT_SECURE_NO_WARNINGS
7  #include <stdio.h>
8  
9  int main(void)
10 {
11    int iValue1, iValue2, iResult;
12 
13    printf("두 수를 입력하세요 : ");
14    scanf("%d%d", &iValue1, &iValue2);
15 
16    iResult = (iValue1 > iValue2) ? iValue1 : iValue2;
17 
18    printf("%d와 %d 중에서 큰 수는 %d입니다.\n", iValue1, iValue2, iResult);
19 
20    return 0;
21 }
```

프로그램 실행 결과

```
C:\windows\system32\cmd.exe
두 수를 입력하세요 : 5 9
5와 9 중에서 큰 수는 9입니다.
계속하려면 아무 키나 누르십시오 . . .
```

```
C:\windows\system32\cmd.exe
두 수를 입력하세요 : 9 5
9와 5 중에서 큰 수는 9입니다.
계속하려면 아무 키나 누르십시오 . . .
```

위의 예제는 정수 두 개를 키보드로부터 입력받은 후 두 수 중에서 큰 수를 구하는 프로그램이다. 6번 라인의 #define _CRT_SECURE_NO_WARNINGS에 주의하자. 이미 설명한 것과 같이 6번 라인의 전처리기 구문은 Visual Studio에서 scanf 함수를 사용하기 위하여 반드시 추가해야 한다. 또한 14번 라인의 scanf 함수에서 따옴표 뒤에 저장하기 위한 변수 앞에 &가 있는 것도 유의해야 한다.

16번 라인은 14번 라인에서 입력받은 후 iValue1과 iValue2에 저장한 두 수 중에서 큰 숫자를 iResult 변수에 저장하기 위한 문장이다. (iValue1 〉 iValue2) ? iValue1 : iValue2 식에서 피연산자1(조건식)은 (iValue1 〉 iValue2)이고, 피연산자2(식1)는 iValue1, 피연산자3(식2)은 iValue2이다. 처음 실행에서 9 5를 입력했기 때문에 14번 문장에서 iValue1에 9, iValue2에 5가 저장되었다. iValue1보다 iValue2 값이 큰 값이기 때문에 관계 연산자를 이용한 (iValue1 〉 iValue2) 조건식은 참이 된다. 조건식이 참인 경우 피연산자2(식1)인 iValue1이 선택되며, 식의 결과 값은 iValue1에 저장된 9이다. 따라서 문장의 실행이 끝나면 iResult 변수에 iValue1에 저장되어 있던 9가 저장된다.

두 번째 실행에서는 5 9를 입력했기 때문에 iValue1에 5, iValue2에 9가 저장된다. iValue1보다 iValue2의 값이 작은 값이기 때문에 (iValue1 〉 iValue2) 조건식은 거짓이 된다. 조건식이 거짓인 경우 피연산자3(식2)인 iValue2가 선택되며, 식의 결과 값은 iValue2에 저장된 9이다. 따라서 문장의 실행이 끝나면 iResult 변수에 iValue2에 저장되어 있던 9가 저장된다. 즉, 어떤 경우라도 더 큰 값을 iResult 변수에 저장하는 것이다. 이러한 조건 연산자는 주어진 식 중에서 하나만을 선택하여 실행할 수 있으며, 뒤에서 배우게 되는 if 조건문을 이용하여 다른 방식으로도 작성이 가능하다.

2.4.11 연산자의 우선순위

수학에서의 사칙연산을 이용한 계산에도 더하기나 빼기보다 곱하기와 나누기를 먼저 계산한다. 이처럼 서로 다른 연산자가 하나의 식에 함께 나올 때 먼저 계산해야만 하는 연산자가 있다. 이를 연산자의 우선순위라고 한다. 하나의 식에서 여러 개의 연산자가 사용될 때 연산자의 우선순위는 단항 〉 산술 〉 이동 〉 관계 〉 비트논리 〉 논리 〉 조건 〉 대입 연산자의 순서를 가지며 자세한 우선순위는 다음의 표와 같다.

연산자의 우선순위		
순위	연산자	계산방향
1	() [] -> a++(후위) a--(후위)	-> (좌에서 우로)
2	++a(전위) --a(전위) ! ~ sizeof -(부호) +(부호) &(주소) *(역참조)	<- (우에서 좌로)
3	* / %	-> (좌에서 우로)
4	+ -	-> (좌에서 우로)
5	>> <<	-> (좌에서 우로)
6	< > <= >=	-> (좌에서 우로)
7	== !=	-> (좌에서 우로)
8	&	-> (좌에서 우로)
9	^	-> (좌에서 우로)
10	¦	-> (좌에서 우로)
11	&&	-> (좌에서 우로)
12	¦¦	-> (좌에서 우로)

13	?:	<- (우에서 좌로)
14	= += -= *= /= %= <<= >>= &= ¦= ^=	<- (우에서 좌로)
15	,(콤마 연산자)	-> (좌에서 우로)

C언어에는 매우 다양한 연산자들이 있기 때문에 연산자들의 우선순위를 모두 암기하는 것은 매우 어렵다. 연산자의 우선순위에서 반드시 기억해야 하는 것은 연산자의 우선순위가 기억나지 않을 때에는 소괄호를 이용하여 우선순위를 임의로 결정할 수 있다는 것이다.

2.5 자료형의 변환

C언어에서 나눗셈 연산의 경우 두 피연산자가 모두 정수 자료형을 가질 때 결과는 정수형이다. 이와 같이 C언어에서 사용하는 데이터는 변수에 저장하거나 연산을 수행할 때 형태가 결정되어 있다. 그러나 서로 다른 자료형을 이용해서 연산을 할 수도 있으며, 필요에 따라 자료의 형태를 변환할 수도 있다. 이와 같이 데이터의 표현 방식을 변화시키는 것을 자료형의 변환이라고 한다. C언어에서는 자료형의 변환을 위하여 두 가지 방법을 제공하고 있으며, 하나는 자동 형 변환이고 다른 하나는 강제 형 변환이다.

2.5.1 자동 형 변환

자동 형 변환은 말 그대로 프로그램을 만드는 사람이 신경 쓸 필요 없이 자료의 형태가 자동으로 변환되는 것을 의미한다. 대표적으로 대입 연산자를 이용하여 데이터를 저장하는 경우, 대입 연산자 좌변의 자료 즉 변수의 형태와 우변의 자료 즉 데이터가 서로 다른 형태인 경우이다. 예를 들어 float fValue = 100;의 문장을 살펴보자. 실수형 fValue 변수에 정수형 100의 자료를 대입하는 문장이다. 이와 같이 실수형 변수에 정숫값을 대입할 경우 대입되는 정숫값 100은 실숫값 100.0f로 자동 변환된다. 또한 int iValue = 12.34;의 문장과 같이 정수형 변수 iValue에 실숫값을 대입하는 경우 소수점 이하의 값은 저장이 불가능하다. 따라서 실숫값은 자동으로 정수형으로 변환되며 12의 값이 저장된다. 이때 주의할 것은 실수가 정수보다 표현 범위가 넓기 때문에 실수형에서 정수형으로 자료형이 변환될 때에는 소수점 부분이 없어져 손실이 발생할 수 있고, 소수점 이하의 값이 반올림되지 않고 버려진다는 것이다. 다음의 예제를 살펴보자.

```
1  /*
2     Example 2-23
3     자동 형 변환
4  */
5
6  #include <stdio.h>
7
8  int main(void)
9  {
10    int iValue1 = 10, iValue2;
11    float fValue1 = 12.34f, fValue2;
12
13    fValue2 = iValue1;
14    iValue2 = fValue1;
15
16    printf("iValue1 = %d, iValue2 = %d\n", iValue1, iValue2);
17    printf("fValue1 = %.2f, fValue2 = %.2f\n", fValue1, fValue2);
18
19    return 0;
20 }
```

프로그램 실행 결과

```
C:\windows\system32\cmd.exe
iValue1 = 10, iValue2 = 12
fValue1 = 12.34, fValue2 = 10.00
계속하려면 아무 키나 누르십시오 . . .
```

예제의 10번과 11번 라인에서 iValue1과 iValue2 변수를 선언하고 iValue1 변수에 10, fValue1 변수에 12.34f의 값을 저장하였다. 13번 라인에서는 11번 라인에서 선언한 fValue2 변수에 iValue1에 저장되어 있는 값 10을 저장하였다. iValue1 변수에 저장된 값은 10이지만 fValue2에 저장하는 값은 실수형 값으로 자동 변환된다. 따라서 fValue2를 17번 라인에서 출력한 결과 10.00이 출력된다. 이때 printf 함수 내부에서 %.2f 변환 문자를 이용하여 소수점 두 번째 자리까지 출력하였다. 14번 라인에서는 10번 라인에서 선언한 iValue2 변수에 fValue1에 저장되어 있는 12.34f의 값을 저장하였다. iValue2 변수가 정수형이기 때문에 소수점 이하 숫자가 버려진다. 따라서 iValue2 변수에는 12의 값만 저장되었으며, 16번 라인의 printf 함수를 이용한 출력문을 이용하여 확인할 수 있다.

자동 형 변환은 대입 연산자에 값을 대입할 때만 이루어지는 것이 아니라 눈에 보이지는 않지만 일반적인 연산 과정에서도 이루어질 수 있다. 이때는 정보의 손실을 막기 위하여 표현 범위가 넓은 자료로 변환이 이루어진다. 예를 들어 정수형 자료와 실수형 자료를 산술 연산할 경우 정수형 자료보다 실수형 자료가 그 표현 범위가 넓다. 따라서 정수형 자료가 실수형 자료로 자동으로 형 변환이 이루어진 후 연산을 수행하게 된다. 다음의 예를 살펴보자.

연산에서의 자동 형 변환	int iValue = 10;
	float fValue = 2.5f, fResult;
	
	fResult = iValue * fValue;

위의 예에서 iValue 변수는 정수형, fValue 변수는 실수형이다. iValue * fValue의 식은 정수 * 실수이지만 연산 수행 결과는 실수의 값을 표현해야 한다. 이때는 눈에 보이지는 않지만 iValue가 실수형으로 자동 형 변환되고, 실수 * 실수의 연산이 이루어진다.

2.5.2 강제 형 변환

강제 형 변환이란 수식을 계산하기 전에 강제로 변수 또는 상수의 형태를 변환하는 것을 의미한다. 나눗셈 연산자를 공부할 때 (float)iValue1 / iValue2 식을 이용해서 정수를 실수로 변환한 적이 있다. 이와 같이 C언어에서는 변수 또는 상수 앞에 (자료형)과 같이 소괄호와 자료형을 이용하여 자료의 형태를 강제로 변환시킬 수 있다. 예를 들어 (int)12.34라고 하면 12.34인 실숫값이 아니라 정숫값만 취하여 12를 가져올 수 있다. 다음의 예제를 살펴보자.

```
/*
   Example 2-24
   자료의 강제 형 변환
*/

#include <stdio.h>

int main(void)
{
   float fValue1 = 12.34f, fValue2;

   fValue2 = (int)fValue1;

   printf("fValue1 = %.2f, fValue2 = %.2f\n", fValue1, fValue2);

```

```
16        return 0;
17    }
```

프로그램 실행 결과

```
C:\windows\system32\cmd.exe
fValue1 = 12.34, fValue2 = 12.00
계속하려면 아무 키나 누르십시오 . . .
```

예제의 10번 라인에서 fValue1 변수는 12.34f로 초기화하고, fValue2 변수는 초기화하지 않은 상태로 변수를 선언하였다. 12번 라인에서는 fValue2 = (int)fValue1; 문장을 이용하여 fValue1에 저장된 변수를 정수형으로 강제 형 변환하였다. fValue1에 12.34f가 저장되었기 때문에 정수형으로 강제 형 변환하면 12가 된다. 그리고 12를 다시 fValue2 변수에 저장한다. fValue2 변수는 실수형이기 때문에 12가 실수의 값으로 자동 형 변환되어 저장되며, 저장되는 값은 12.00f가 된다.

연습문제

1. 다음 괄호 부분을 채우시오.

① (　　　　) 함수는 키보드로부터 자료를 입력받기 위하여 사용하는 함수이다.

② 변수에 값을 대입하는 방법은 변수를 선언하면서 값을 대입하는 방법인 (　　　　) 방법과 변수의 선언을 끝내고 난 다음 (　　　　) 연산자를 이용하여 값을 대입하는 방법이 있다.

③ (　　　　)는 값이 변할 수 있는 자료이며, (　　　　)는 값이 변할 수 없는 자료이다.

④ (　　　　)는 4바이트의 저장 공간을 가지며, 부호가 있는 정수를 저장하기 위한 자료형이다.

⑤ 4바이트의 저장 공간을 가지며, 실수를 저장하기 위한 변수를 만들 때 (　　　　) 자료형을 이용하여 변수를 선언해야 한다.

⑥ (　　　　)는 덧셈, 뺄셈, 곱셈, 나눗셈을 위한 연산자와 (　　　　) 연산자로 구성되어 있다.

⑦ (　　　　)는 연산 결과를 변수에 대입하기 위한 연산자이다.

⑧ (　　　　)는 피연산자가 반드시 (　　　　)이어야 하며, 피연산자의 값을 1만큼 증가시킨다.

⑨ (　　　　)는 두 피연산자의 관계를 분석하기 위한 목적으로 사용한다. 이때 연산의 결과는 (　　　　)과 (　　　　) 둘 중 하나의 값이다.

⑩ (　　　　)는 하나 또는 여러 개의 논리값을 이용하여 참, 거짓을 판정한다.

⑪ (　　　　)는 피연산자의 정숫값을 비트 단위로 저장하며, 피연산자가 반드시 정수형이어야 한다.

⑫ (　　　　)는 피연산자의 정숫값을 비트 단위로 왼쪽 또는 오른쪽으로 이동시키는 연산자이다.

2. 다음의 문장 중에서 틀린 것들을 고르고 이유를 설명하시오.

① 문자형은 하나의 문자를 저장하기 위한 자료형으로 보통 4바이트의 저장 공간을 이용한다.

② 문자 상수는 큰따옴표 안에 포함된 문자들의 집합이며, 끝에 널 문자가 추가된다.

③ 다른 자료형을 변수에 대입하는 경우 대입 연산자의 좌변의 자료는 우변의 자료형으로 자동 형 변환된다.

④ 자료형을 혼용하여 연산식을 표현할 경우 표현 범위가 넓은 자료형으로 자동 형 변환된다.

3. 잘못 만들어진 변수 이름을 찾고 이유를 설명하시오.

① 2count

② count3

③ _count

④ co unt

4. 다음 프로그램을 컴파일하면 문제가 발생한다. 그 이유는?

```
/*
  Problem 2-4
*/

#define _CRT_SECURE_NO_WARNINGS
#include <stdio.h>

int main(void)
{
  int iValue1, iValue2, iResult;

  printf("첫 번째 숫자를 입력하세요 : ");
  scanf("%d", iValue1);
  printf("두 번째 숫자를 입력하세요 : ");
  scanf("%d", iValue2);

  iResult = iValue1 + iValue2;

  printf("%d + %d = %d\n", iValue1, iValue2, iResult);

  return 0;
}
```

5. 다음 프로그램의 실행 결과는?

```
/*
  Problem 2-5
*/

#include <stdio.h>

int main(void)
{
  float fValue1, fValue2, fResult;

  fValue1 = 987.654321;
  fValue2 = 123.456789;

  fResult = fValue1 + fValue2;

  printf("%.3f + %.3f = %.3f\n", fValue1, fValue2, fResult);

  return 0;
}
```

6. 다음 프로그램의 실행 결과를 적고 이유를 설명하시오.

```
/*
  Problem 2-6
*/

#include <stdio.h>

int main(void)
{
  char cType1, cType2;

  cType1 = 'A';
  cType2 = 65;

  printf("%c %c\n", cType1, cType2);

  return 0;
}
```

7. 다음 프로그램의 실행 결과를 적고 이유를 설명하시오.

```
/*
   Problem 2-7
*/

#include <stdio.h>

int main(void)
{
   float fValue1, fValue2;

   fValue1 = 123.4;
   fValue2 = 1.234E2;

   printf("%.3f %.3f\n", fValue1, fValue2);

   return 0;
}
```

8. 다음 프로그램의 실행 결과는?

```
/*
   Problem 2-8
*/

#include <stdio.h>

int main(void)
{
   printf("\n\t ===== program \\\\ %% %% start ===== \n\n");

   return 0;
}
```

9. 다음 프로그램의 결과는?

```
/*
   Problem 2-9
*/

#include <stdio.h>

int main(void)
{
   float fValue1, fValue2, fResult);

   fValue1 = 12.345;
   fValue2 = 13.567;
   fResult = (int)fValue1 + fValue2;

   printf("fResult = %.3f\n", fResult);

   return 0;
}
```

10. 다음 프로그램 코드에는 컴파일이 되지 않는 문법적인 오류와, 컴파일에는 문제가 없지만 원하지 않는 결과를 발생시킬 수 있는 논리적인 오류가 있다. 모두 찾으시오.

```
/*
   Problem 2-10
*/

#define _CRT_SECURE_NO_WARNINGS
#include <stdio.h>

int main(void)
{
   int iValue1, iValue2;

   printf("두 수를 입력하세요 : ");
   scanf("%d %d", &iValue1, &iValue2);

   if (iValue1 == iValue2)
   {
        printf("두 수는 같은 값입니다.\n");
   }
```

```

    if (iValue1 = !iValue2)
    {
        printf("두 수는 같은 값이 아닙니다.\n");
    }

    if (iValue1 > iValue2)
    {
        printf("%d 는 %d 보다 큰 수입니다.\n", iValue1, iValue2);
    }

    if (iValue1 < iValue2)
    {
        printf("%d 는 %d 보다 적은 수입니다.\n", iValue1, iValue2);
    }

    if (iValue1 = > iValue2)
    {
        printf("%d 는 %d 보다 크거나 같은 수입니다.\n", iValue1, iValue2);
    }

    if (iValue1 = < iValue2)
    {
        printf("%d 는 %d 보다 적거나 같은 수입니다.\n", iValue1, iValue2);
    }

    return 0;
}
```

11. 다음 프로그램의 실행 결과는?

```
/*
  Problem 2-11
*/

#include <stdio.h>

int main(void)
{
  int iValue = 5, iResult;

  iResult = iValue++ - 1;
  printf("iValue = %d, iResult = %d\n", iValue, iResult);
```

```
    iResult = ++iValue + 2;
    printf("iValue = %d, iResult = %d\n", iValue, iResult);

    iResult = iValue-- - 3;
    printf("iValue = %d, iResult = %d\n", iValue, iResult);
    iResult = --iValue + 4;
    printf("iValue = %d, iResult = %d\n", iValue, iResult);

    return 0;
}
```

12. 다음 프로그램을 컴파일하면 문제가 발생한다. 그 이유는?

```
/*
   Problem 2-12
*/

#include <stdio.h>

int main(void)
{
   int iValue = 1, iResult = 0;

   iResult = ++(iValue++);

   printf("iResult = %d\n", iResult);

   return 0;
}
```

13. 다음 프로그램의 실행 결과는?

```
/*
   Problem 2-13
*/

#include <stdio.h>

int main(void)
{
```

```
    int iValue1 = 0x01234567;
    int iValue2 = 0xFFFF0000;
    int iResult;

    iResult = iValue1 & iValue2;
    printf("%x와 %x의 비트 논리곱은 %x입니다.\n",iValue1, iValue2, iResult);

    iResult = iValue1 | iValue2;
    printf("%x와 %x의 비트 논리합은 %x입니다.\n",iValue1, iValue2, iResult);

    iResult = iValue1 ^ iValue2;
    printf("%x와 %x의 비트 배타적 논리합은 %x입니다.\n", iValue1, iValue2, iResult);

    iResult = ~iValue1;
    printf("%x의 비트 보수는 %x입니다.\n", iValue1, iResult);

    return 0;
}
```

14. 3의 제곱과 세제곱을 계산하는 프로그램을 작성하시오.

```
C:\windows\system32\cmd.exe
3 의 제곱 = 9
3 의 세제곱 = 27
계속하려면 아무 키나 누르십시오 . . .
```

15. 가로가 12cm, 세로가 34cm인 사각형의 면적을 계산하는 프로그램을 작성하시오.

```
C:\windows\system32\cmd.exe
가로가 12cm 세로가 34cm 인 사각형의 면적 = 408 cm*cm
계속하려면 아무 키나 누르십시오 . . .
```

16. 원기둥 윗면의 반지름 및 높이를 입력받아 겉면적 및 체적을 계산하는 프로그램을 작성하시오.

```
C:\windows\system32\cmd.exe
원기둥 밑면의 반지름을 입력하세요 (cm) : 3
원기둥의 높이를 입력하세요 (cm) : 10

원기둥 밑면의 반지름 =    3.00 cm
원기둥의 높이 =   10.00 cm

원기둥의 겉면적 =     244.92 cm^2
원기둥의 체적 =     282.60 cm^3
계속하려면 아무 키나 누르십시오 . . .
```

17. 아래와 같은 조건으로 각 점수들을 입력받아 최종 점수를 계산하는 프로그램을 작성하시오.

```
C:\windows\system32\cmd.exe
중간고사 점수를 입력하세요 (100점 만점 : 30%) : 80
기말고사 점수를 입력하세요 (100점 만점 : 30%) : 90
과제 점수를 입력하세요 (100점 만점 : 10%) : 100
출석 점수를 입력하세요 (100점 만점 : 30%) : 95

중간고사 점수 =  80.00
기말고사 점수 =  90.00
과제 점수 = 100.00
출석 점수 =  95.00
최종 점수 =  89.50
계속하려면 아무 키나 누르십시오 . . .
```

제3장

조건문

제 3 장 조건문

컴퓨터 프로그램을 만드는 목적은 사람이 해야 할 일을 컴퓨터를 이용하여 편하게 처리하기 위함이다. 컴퓨터가 처리하는 작업은 처음부터 끝까지 차례대로 이루어지긴 하지만, 특정 상황에 따라 작업을 생략하기도 하고, 필요할 경우 작업을 반복할 수도 있어야 한다. 이와 같이 처음부터 끝까지 차례대로 작업을 수행하는 것을 순차적 실행이라고 하며, 특정 조건에 따라 작업의 실행 유무를 결정하는 것을 조건부 실행, 그리고 작업을 반복하는 것을 반복 실행이라고 한다. 프로그래밍 언어의 문장도 이러한 작업 방식에 따라 구분하여 작성하며, 순차문, 조건문, 그리고 반복문으로 구분할 수 있다. 그리고 조건문과 반복문은 문장에서 실행 흐름을 제어할 수 있기 때문에 제어문이라고 한다.

예를 들어 우리가 현금 인출기를 이용하여 돈을 출금한다고 가정하자. 현금 인출기에 카드를 넣고, 비밀번호를 입력한다. 이러한 작업은 순차적인 실행 작업이다. 현금 인출기는 입력받은 비밀번호를 확인한다. 비밀번호가 맞으면 출금하고자 하는 돈이 얼마인지를 확인할 것이며, 비밀번호가 틀리면 비밀번호가 잘못되었다는 메시지와 함께 종료된다. 이와 같이 특정 조건에 따라 그 작업을 분기하는 것이 조건부 실행 작업이다. 마지막으로 찾고자 하는 금액을 입력받으면 현금 인출기는 돈을 내보낼 것이다. 이때 지폐를 한 장, 한 장 반복하여 카운트하고 원하는 금액만큼을 출금한다. 돈을 반복적으로 세는 작업이 바로 반복 실행이 된다. 이처럼 작업에 따라 순차적인 실행 과정에 조건 실행과 반복 실행을 이용하여 실행 과정을 변경할 수 있다.

3.1 식과 문

프로그래밍 언어에서 식 또는 표현식이란 데이터와 연산자를 조합하여 새로운 값을 만들어 내는 것을 의미한다. 이러한 식을 조합하여 프로그램 내에서 수행 가능하도록 표현한 것을 문 또는 문장이라고 하고, 프로그램 내에서 작업의 기본 단위가 된다. 예를 들어 iValue = 10 + 5;라고 표현된 것은 문장이며, 10 + 5라는 식과 결과를 iValue에 저장하는 식으로 구성되어 있다. 또한 iValue = 10;이라는 문장은 iValue에 10을 저장하기 위한 식이자 문장이다. 10이라는 값 자체가 위의 iValue = 10 + 5; 문장에서 10 + 5의 식을 대체한다고 볼 수 있다. 이처럼 C언어에서는 단일 값 자체도 식으로 간주된다. 이러한 식은 모든 연산을 끝내고 나면 결과 값을 갖는다. 식의 결과는 변수 또는 상수가 단일로 사용된 식의 경우 변수에 저장된 값, 또는 상수 값 자체가 된다. 피연산자와 연산자로 이루어진 연산식의 경우 연산의 최종 결과가 결과 값이 되고, 나중에 배우게 될 함수의 경우 함수 반환 값이 결과 값이 된다.

문 또는 문장은 C언어에서 프로그램을 실행하기 위한 최소한의 구성단위이며, 공문, 선언문, 단순문, 복합문, 제어문으로 분류할 수 있다. C언어의 문장은 세미콜론(;)을 이용하여 끝을 맺으며, 특별한 용도로 사용되는 공문 외에 다른 모든 문장은 프로그램 내에서 의미 있는 작업을 수행해야 한다. 예를 들어 10 + 5;라고 프로그램 내에서 사용하는 것 자체는 문장이기 때문에 정상적으로 컴파일 된다. 그러나 위의 문장은 프로그램의 다른 부분에 전혀 영향을 미치지 않기 때문에 필요 없는 문장이 된다. iValue = 10 + 5;라고 하는 문장은 연산 결과를 변수에 저장하기 때문에 프로그램의 다른 부분에 영향을 미칠 수 있는 의미 있는 문장이다. 따라서 C언어에서 사용하는 모든 문장은 의미 있는 문장으로 만들어야 한다. 다음의 예는 공문, 선언문, 단순문, 복합문의 예이다.

<table>
<tr><td>공문</td><td><code>;</code></td></tr>
<tr><td>선언문</td><td><code>int iValue;</code></td></tr>
<tr><td>단순문</td><td><code>iCount = iCount + 1;</code></td></tr>
<tr><td>복합문</td><td><pre>{
    iCount = iCount + 1;
    iSum = iSum + iCount;
}</pre></td></tr>
</table>

C언어에서의 공문은 특수한 목적에서만 이용되며, 내용 없이 세미콜론(;)만으로 이루어진 문장이다. 선언문은 변수를 선언하거나 함수를 선언할 때 사용하며, 변수 또는 함수를 사용하기 전에 컴퓨터에게 알리는 역할을 한다. 단순문은 한 개의 식이나 명령으로 표현된 문장이며 위의 예에서 보는 선언문은 단순문의 일종으로 볼 수 있다. 마지막으로 복합문은 여러 개의 단순문들로 이루어진 문장으로 중괄호({ })를 이용하여 문장의 범위를 표현한다.

위의 문장들 외에도 조건에 따라 실행해야 하는 문장을 선택하는 조건문, 특정 부분을 여러 번 수행하기 위한 반복문과 같은 것들이 있다. 이러한 조건문과 반복문을 제어문이라고 한다. 이 중 조건문은 특정한 조건이 참일 경우와 거짓일 경우 선택하여 문장을 수행하기 위한 if문과 조건이 여러 개의 값을 가질 수 있을 때 일치하는 값 하나를 선택하여 분기하는 switch문이 있다. 조건문을 이용하면 조건에 따라 실행할 문장을 선택할 수 있으며, 문장의 실행을 생략하고 건너뛸 수도 있다. 이처럼 대부분의 프로그램은 조건문을 이용하여 문장의 실행 유무를 결정한다. 예를 들어 암호를 입력하고 암호의 일치 여부에 따라서 다음의 과정이 결정되는 모든 프로그램은 조건문을 이용한다.

3.2 if문

if문은 주어진 조건이 참인 경우와 그렇지 않은 경우에 따라 실행하는 문장을 분기하는 제어문으로 크게 단순 if문, if ~ else문, 다중 if문으로 나눌 수 있다.

3.2.1 단순 if문

단순 if문은 아래의 그림과 같이 식의 결과가 참이면 문장을 수행하고 거짓이면 문장을 수행하지 않는 제어문이다. if문에서 식의 위치에는 상수, 변수, 연산식, 함수 호출 등 값을 나타낼 수 있는 모든 것이 가능하며, 반드시 소괄호를 이용하여 (식)과 같이 식을 감싸야 한다. 실행하는 문장의 위치에는 단순문, 복합문, 또는 다른 제어문 등 C언어에서 사용할 수 있는 모든 문장이 가능하다. 만일 if문에서 실행하고자 하는 문장이 복합문일 경우 반드시 중괄호({ })를 이용해야 하며, 단순문의 경우 중괄호를 생략해도 되지만 가급적 중괄호를 이용하는 것이 프로그램의 오류 방지에 도움을 준다.

단순 if문의 형식과 프로그램의 실행 과정		
형식	프로그램 진행 과정	의미

if (식)
{
    문장;
}
	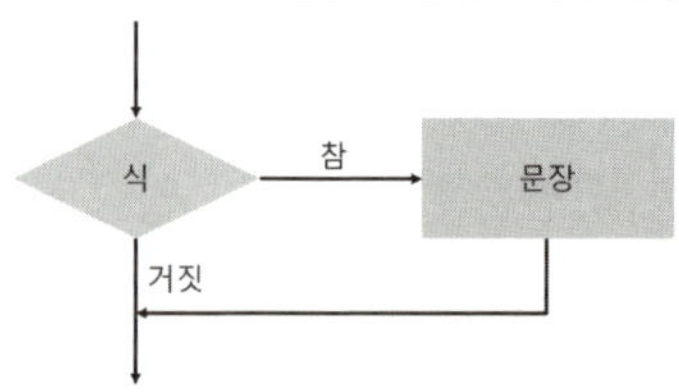	식을 검사하여
		식의 값이 참이면 문장을 실행
		거짓이면 문장을 실행하지 않고
		중괄호 밖의 다음 문장을 실행

if문에서의 식은 주로 관계 연산자를 이용한 참과 거짓의 값을 판단하며, 식의 값이 참이면 문장을 실행하고 식의 값이 거짓이면 문장을 실행하지 않고 건너뛴다. 다음의 예제를 살펴보자.

```
1   /*
2     Example 3-1
3     if문을 이용한 양수 판별
4   */
5
6   #define _CRT_SECURE_NO_WARNINGS
7   #include <stdio.h>
8
9   int main(void)
10  {
11    int iValue;
12
13    printf("정수를 입력하세요 : ");
14    scanf("%d", &iValue);
15
16    if (iValue > 0)
17    {
18        printf("%d는 양수입니다.\n", iValue);
19    }
20
21    return 0;
22  }
```

프로그램 실행 결과

```
C:\windows\system32\cmd.exe
정수를 입력하세요 : 5
5는 양수입니다.
계속하려면 아무 키나 누르십시오 . . .
```

```
C:\windows\system32\cmd.exe
정수를 입력하세요 : -5
계속하려면 아무 키나 누르십시오 . . .
```

위의 예제는 if문을 이용하여 키보드로부터 입력받은 숫자가 양수인지를 판별하는 프로그램이다. 14번 라인에서 키보드로부터 입력받은 숫자를 scanf 함수를 이용하여 iValue 변수에 저장하였다. iValue 변수 앞에 &가 있음에 유의하자. 16번 라인에서 if문을 사용하여 입력받은 숫자가 0보다 큰 숫자인지를 검사한다. 첫 번째 입력한 5의 값은 0보다 큰 수이기 때문에 식의 값은 참인 1이 된다. 따라서 if문 아래의 17번 라인부터 19번 라인까지 중괄호로 둘러싸인 문장이 실행된다. 두 번째 프로그램 실행 시 입력한 -5의 값은 0보다 작은 수이기 때문에 식의 값은 거짓인 0이 된다. 따라서 if문 아래의 17번 라인부터 19번 라인까지의 문장이 실행되지 않고 프로그램이 종료된다.

위의 예제에서 조건이 참일 경우 실행하는 문장은 중괄호로 둘러싸여 있어도 한 줄만 실행하는 단순문이다. 이런 경우에는 중괄호의 생략이 가능하다. 다음의 예제를 살펴보자.

```
1   /*
2      Example 3-2
3      if문에서 단순문 이용 시 중괄호 생략
4   */
5
6   #define _CRT_SECURE_NO_WARNINGS
7   #include <stdio.h>
8
9   int main(void)
10  {
11     int iValue;
12
13     printf("정수를 입력하세요 : ");
14     scanf("%d", &iValue);
15
16     if (iValue > 0)
17         printf("%d는 양수입니다.\n", iValue);
18
19     return 0;
20  }
```

프로그램 실행 결과

```
C:\windows\system32\cmd.exe
정수를 입력하세요 : 5
5는 양수입니다.
계속하려면 아무 키나 누르십시오 . . .
```

```
C:\windows\system32\cmd.exe
정수를 입력하세요 : -5
계속하려면 아무 키나 누르십시오 . . .
```

위의 프로그램 결과는 앞에서 보았던 것과 동일하다. 다만 16번 라인과 17번 라인을 보면 이전 프로그램에서 사용되었던 중괄호가 생략된 것을 볼 수 있다. 이와 같이 if문에서 조건에 따라 실행하는 문장이 단순문일 경우 중괄호는 생략 가능하다. 그러나 만약 문장이 복합문일 경우 중괄호를 생략하면 문제가 발생할 수 있다. 다음의 예제를 살펴보자.

```c
1  /*
2     Example 3-3
3     if문에서 복합문 이용 시 중괄호 생략할 경우 문제
4  */
5
6  #define _CRT_SECURE_NO_WARNINGS
7  #include <stdio.h>
8
9  int main(void)
10 {
11    int iValue;
12
13    printf("정수를 입력하세요 : ");
14    scanf("%d", &iValue);
15
16    if (iValue > 0)
17        printf("%d는 양수입니다.\n", iValue);
18        printf("%d는 0보다 큰 수입니다.\n", iValue);
19
20    return 0;
21 }
```

프로그램 실행 결과

```
C:\windows\system32\cmd.exe
정수를 입력하세요 : -5
-5는 0보다 큰 수입니다.
계속하려면 아무 키나 누르십시오 . . .
```

위의 예제는 앞의 예제에서 18번 라인이 추가된 것이다. 16번 라인에서 문장의 실행을 위해 검사하는 조건식은 iValue 〉 0이다. 그러나 14번 라인에서 iValue에 입력한 숫자는 -5이기 때문에 16번 라인에서의 식은 거짓이 된다. 우리가 원하는 것은 아무 것도 출력하지 않는 것이지만, 실행 결과 18번 라인이 실행되었다. 위 예제에서 표시한 문장은 if문을 이용하여 실행을 할지 안할지를 선택할 수 있는 문장은 17번 라인만 해당되며, 18번 라인은 조건과는 상관없이 무조건 실행하게 된다. 따라서 프로그램 실행 결과 18번 라인이 실행되었다. 위의 예제를 다음과 같이 변경해보자.

```c
/*
   Example 3-4
   if문에서 복합문 이용 시 중괄호 사용
*/

#define _CRT_SECURE_NO_WARNINGS
#include <stdio.h>
```

```
8
9   int main(void)
10  {
11    int iValue;
12
13    printf("정수를 입력하세요 : ");
14    scanf("%d", &iValue);
15
16    if (iValue > 0)
17    {
18        printf("%d는 양수입니다.\n", iValue);
19        printf("%d는 0보다 큰 수입니다.\n", iValue);
20    }
21
22    return 0;
23  }
```

프로그램 실행 결과

```
C:\windows\system32\cmd.exe
정수를 입력하세요 : -5
계속하려면 아무 키나 누르십시오 . . .
```

위의 예제에서는 17번과 20번 라인에 중괄호를 이용하여 조건에 따라 실행하고자 하는 문장의 블록을 지정하였다. 따라서 실행 결과 음수를 입력했을 때 실행하는 문장이 없으므로 어떠한 값도 출력하지 않는다.

만약 if문에서의 식이 관계식이 아닐 경우 전체 식을 계산한 후 결과가 0이면 거짓, 0이 아니면 참으로 판단한다. 다음의 예제를 살펴보자.

```
/*
  Example 3-5
  if문의 식이 관계식이 아닌 경우
*/

#define _CRT_SECURE_NO_WARNINGS
#include <stdio.h>

int main(void)
{
  int iValue, iResult;

  printf("정수를 입력하세요 : ");
  scanf("%d", &iValue);

```

```
16          iResult = iValue % 2;
17
18          if (iResult)
19          {
20              printf("입력하신 %d는 홀수입니다.\n", iValue);
21          }
22
23          return 0;
24      }
```

프로그램 실행 결과

```
C:\windows\system32\cmd.exe
정수를 입력하세요 : 5
입력하신 5는 홀수입니다.
계속하려면 아무 키나 누르십시오 . . .
```

```
선택 C:\windows\system32\cmd.exe
정수를 입력하세요 : 4
계속하려면 아무 키나 누르십시오 . . .
```

위의 예제는 키보드로부터 입력받은 숫자가 홀수일 경우 출력하는 프로그램이다. 홀수인지를 확인하기 위하여 16번 라인에서 iResult에 iValue를 2로 나눈 나머지 값을 저장한다. iValue가 5일 경우 iResult 변수에 저장되는 값은 1이며, iValue가 4일 경우 iResult에 저장되는 값은 0이다. 18번 라인의 if문에서 사용되는 식은 지금까지 봤던 관계식이 아니라 변수 iResult 하나만 지정되어 있다. 이와 같이 하나의 변수만으로도 식을 만들 수 있으며, 이때 식의 결과는 변수가 저장하고 있는 값이다. iResult 변수에 1이 저장되어 있을 경우 0이 아니기 때문에 참인 결과를 갖고, if문 내부의 문장이 실행된다. iResult 변수에 0이 저장되어 있을 경우 거짓을 나타내기 때문에 if문 내부의 문장이 실행되지 않는다. 따라서 키보드로부터 5를 입력받으면 5가 iValue에 저장되고, iValue % 2의 연산에 의해서 iResult에 1이 저장된다. 1은 참이기 때문에 20번 라인의 문장이 실행되어 홀수임을 확인할 수 있다.

위의 예제를 짝수일 경우 출력하도록 하려면 어떻게 변경해야 할까? 정답은 iResult가 0일 때 문장을 수행하도록 하면 된다. 다음의 예제를 살펴보자.

```
/*
   Example 3-6
   if문의 식이 관계식이 아닌 경우
*/

```

```
6   #define _CRT_SECURE_NO_WARNINGS
7   #include <stdio.h>
8
9   int main(void)
10  {
11     int iValue, iResult;
12
13     printf("정수를 입력하세요 : ");
14     scanf("%d", &iValue);
15
16     iResult = iValue % 2;
17
18     if (!iResult)
19     {
20         printf("입력하신 %d는 짝수입니다.\n", iValue);
21     }
22
23     return 0;
24  }
```

프로그램 실행 결과

```
C:\windows\system32\cmd.exe
정수를 입력하세요 : 5
계속하려면 아무 키나 누르십시오 . . .
```

```
C:\windows\system32\cmd.exe
정수를 입력하세요 : 4
입력하신 4는 짝수입니다.
계속하려면 아무 키나 누르십시오 . . .
```

위의 예제는 18번과 20번 라인을 제외하면 앞에서 봤던 예제와 동일하다. 18번 라인에서 if문의 식이 !iResult로 되어 있는 것에 주의한다. 여기서 !는 논리 부정을 나타내는 논리 연산자이다. 즉 1일 경우 0으로 변경하고 0일 경우 1로 변경한다. 따라서 iValue가 5면 iResult에 1이 저장되고, !iResult의 값은 0이 되어 식이 거짓이 된다. 이 경우에는 20번 라인의 문장이 실행되지 않기 때문에 아무 것도 출력되지 않는다. iValue가 4면 iResult에 0이 저장되고, !iResult의 값은 1이 되어 식이 참이 된다. 이 경우에는 20번 라인의 문장이 실행되어 짝수가 출력된다. 위의 예제는 다음과 같이 만들 수 있다.

```
/*
   Example 3-7
   관계식을 이용한 짝수 판별
*/
```

```
5
6     #define _CRT_SECURE_NO_WARNINGS
7     #include <stdio.h>
8
9     int main(void)
10    {
11        int iValue, iResult;
12
13        printf("정수를 입력하세요 : ");
14        scanf("%d", &iValue);
15
16        iResult = iValue % 2;
17
18        if (iResult == 0)
19        {
20            printf("입력하신 %d는 짝수입니다.\n", iValue);
21        }
22
23        return 0;
24    }
```

프로그램 실행 결과

```
C:\windows\system32\cmd.exe
정수를 입력하세요 : 5
계속하려면 아무 키나 누르십시오 . . .
```

```
C:\windows\system32\cmd.exe
정수를 입력하세요 : 4
입력하신 4는 짝수입니다.
계속하려면 아무 키나 누르십시오 . . .
```

위의 예제는 18번 라인을 제외하고 앞에서 공부했던 예제와 같다. if문에서 사용되는 식에서 iResult를 0과 비교하여 같을 경우 참 값을 반환할 수 있도록 하였다. 따라서 4를 입력하면 iResult가 0이고 iResult == 0의 식은 참이 되어 20번 라인의 문장을 실행한다. 그러나 이 프로그램은 사용할 때 주의할 것이 있다. 다음의 예제를 살펴보자.

```
/*
    Example 3-8
    관계식 사용 시 주의 사항
*/

#define _CRT_SECURE_NO_WARNINGS
#include <stdio.h>

int main(void)
```

```
10  {
11      int iValue, iResult;
12  
13      printf("정수를 입력하세요 : ");
14      scanf("%d", &iValue);
15  
16      iResult = iValue % 2;
17  
18      if (iResult = 0)
19      {
20          printf("입력하신 %d는 짝수입니다.\n", iValue);
21      }
22  
23      return 0;
24  }
```

프로그램 실행 결과

```
C:\windows\system32\cmd.exe
정수를 입력하세요 : 4
계속하려면 아무 키나 누르십시오 . . .
```

```
C:\windows\system32\cmd.exe
정수를 입력하세요 : 5
계속하려면 아무 키나 누르십시오 . . .
```

위 예제의 결과를 보자. iValue에 4를 입력했을 때와 5를 입력했을 때 모두 어떠한 출력도 하지 않는다. 이런 결과가 발생한 이유는 18번 라인 때문이다. 18번 라인의 if문에서 사용한 식을 보면 iResult = 0으로 되어 있다. 이 식은 iResult == 0과 같이 iResult를 0과 비교하라는 것이 아니라 iResult에 0을 저장하라는 의미이다. 식을 수행하면 컴퓨터는 iResult 변수에 0의 값을 저장한다. 그리고 대입 연산자의 결과 값은 변수에 저장된 값이다. 따라서 문장 실행 이전에 iResult에 저장된 값이 무엇이든 iResult = 0 식을 수행하면 0값을 결과로 얻는다. 따라서 해당 식은 항상 거짓의 결과를 가지며, if문 내부의 문장은 실행되지 않는다.

3.2.2 if ~ else문

단순 if문은 식이 참일 때 문장을 실행하지만 식이 거짓일 때는 문장을 실행하지 않는다. 그러나 많은 경우에서 식이 거짓일 때도 다른 기능을 담당하는 문장을 실행할 필요가 있다. 앞에서 봤던 예제에서도 입력한 숫자가 양수일 경우 문장을 출력하지만 음수를 입력할 때는 출력하는 문장이 없었다. 만약 음수일 경우에도 출력할 수 있도록 프로그램을 만든다면 더 좋을 것이다. 이와 같이 if문에서 식이 참일 때와 거짓일 때를 구분하여 실행하는 문장을 분기할 수 있도록 한 것이 if ~ else문이다. if ~ else문 역시 식의 위치에 올 수 있는 것은 단순 if문과 같다. 또한 실행하는 문장 역시 동일하다. 다음은 if ~ else문의 형식이다.

if ~ else문의 형식과 프로그램의 실행 과정		
형식	프로그램 진행 과정	의미

if (식)
{
문장1;
}
else
{
문장2;
}
	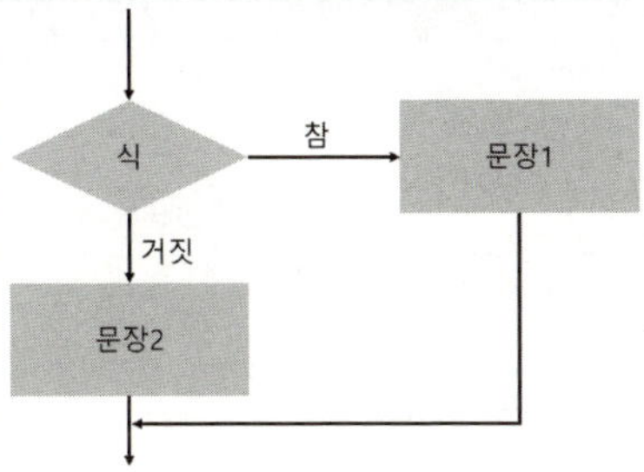	식을 검사하여
		식의 값이 참이면 문장1을 실행
		식의 값이 거짓이면 문장2를 실행

if ~ else문에서는 식이 참일 경우 if 이하의 문장1을 수행하고 식이 거짓일 경우 else 이하의 문장2를 수행한다. 즉, 문장1과 문장2 둘 중 하나의 문장만을 수행한다. 단순 if문과 마찬가지로 실행해야 하는 문장을 표현할 때 중괄호를 이용하여 블록을 지정하는 것에 주의해야 한다. 다음의 예제는 앞의 양수 판별 프로그램을 if ~ else문을 이용하여 양수와 음수를 모두 판별할 수 있도록 변경한 것이다.

```
/*
  Example 3-9
  if ~ else문
*/

#define _CRT_SECURE_NO_WARNINGS
#include <stdio.h>

int main(void)
{
  int iValue;

  printf("정수를 입력하세요 : ");
  scanf("%d", &iValue);

  if (iValue > 0)
  {
      printf("%d는 양수입니다.\n", iValue);
```

```
19        }
20        else
21        {
22            printf("%d는 음수입니다.\n", iValue);
23        }
24
25        return 0;
26    }
```

프로그램 실행 결과

```
C:\windows\system32\cmd.exe
정수를 입력하세요 : 5
5는 양수입니다.
계속하려면 아무 키나 누르십시오 . . .
```

```
C:\windows\system32\cmd.exe
정수를 입력하세요 : -5
-5는 음수입니다.
계속하려면 아무 키나 누르십시오 . . .
```

위의 예제는 if ~ else문을 이용하여 조건이 참일 때와 조건이 거짓일 때 실행하는 문장을 달리하는 프로그램이다. 16번 라인의 iValue 〉 0 식이 참일 때는 18번 라인의 문장이 실행되고, 거짓일 때는 else 이하의 구문인 22번 라인의 문장이 실행된다. 따라서 5를 입력했을 때는 양수, -5를 입력했을 때는 음수가 출력되는 것을 확인할 수 있다.

if ~ else문에서 실제 수행하고자 하는 문장이 간단할 경우 2장에서 배운 조건 연산자(?:)를 이용하여 표현할 수 있다. 다음의 예제를 살펴보자.

```
/*
  Example 3-10
  if ~ else문을 조건 연산자를 이용하여 표현
*/

#define _CRT_SECURE_NO_WARNINGS
#include <stdio.h>

int main(void)
{
  int iValue;

  printf("정수를 입력하세요 : ");
  scanf("%d", &iValue);

  printf("%d는 %s수입니다.\n", iValue, (iValue > 0) ? "양" : "음");

  return 0;
```

```
19  }
```

프로그램 실행 결과

```
C:\windows\system32\cmd.exe
정수를 입력하세요 : 5
5는 양수입니다.
계속하려면 아무 키나 누르십시오 . . .
```

```
C:\windows\system32\cmd.exe
정수를 입력하세요 : -5
-5는 음수입니다.
계속하려면 아무 키나 누르십시오 . . .
```

16번 라인의 출력문을 살펴보자. printf 함수에서 변환 문자 %d 자리에 오는 것은 iValue가 갖고 있는 값, 즉 키보드로부터 입력 받아 iValue에 저장한 값이다. 다음 %s 자리에 오는 것은 문자열로 (iValue > 0) ? "양" : "음" 연산식의 결과이다. iValue가 0보다 클 경우 "양"이라는 문자열이 %s로 들어가서 전체 문장은 양수로 출력되며, iValue가 0보다 크지 않을 경우 "음"이라는 문자열이 %s로 들어가서 전체 문장은 음수로 출력된다. 이와 같이 조건 연산자(?:)를 이용한 문장은 식에 따라 둘 중 하나를 선택하기 때문에 if ~ else문을 이용하여 같은 기능을 하는 프로그램을 만들 수 있다. 다음의 예제는 두 수를 입력받아서 더 큰 숫자를 출력하는 프로그램을 if ~ else문과 조건 연산자(?:)를 각각 이용하여 만든 것이다.

```
/*
  Example 3-11
  if ~ else문과 조건 연산자 비교
*/

#define _CRT_SECURE_NO_WARNINGS
#include <stdio.h>

int main(void)
{
  int iValue1, iValue2;
  int iResult1, iResult2;

  printf("두 수를 입력하세요 : ");
  scanf("%d%d", &iValue1, &iValue2);

  iResult1 = (iValue1 > iValue2) ? iValue1 : iValue2;

  if (iValue1 > iValue2)
  {
```

```
21            iResult2 = iValue1;
22        }
23        else
24        {
25            iResult2 = iValue2;
26        }
27
28        printf("iResult1 = %d, iResult2 = %d\n", iResult1, iResult2);
29
30        return 0;
31    }
```

프로그램 실행 결과

```
선택 C:\windows\system32\cmd.exe
두 수를 입력하세요 : 5 10
iResult1 = 10, iResult2 = 10
계속하려면 아무 키나 누르십시오 . . .
```

```
C:\windows\system32\cmd.exe
두 수를 입력하세요 : 10 5
iResult1 = 10, iResult2 = 10
계속하려면 아무 키나 누르십시오 . . .
```

예제 17번 라인의 조건 연산자를 이용한 문장은 19번 라인부터 26번 라인까지 if ~ else문을 이용한 문장과 결과 값이 저장되는 변수가 다른 것을 제외하고 완전히 동일한 기능을 수행한다. 17번 라인에서 iValue1이 iValue2보다 크면 iValue1이 iResult1에 저장되고, 그렇지 않으면 iValue2가 저장된다. 따라서 iResult1 변수에 항상 iValue1과 iValue2에 저장된 값 중에서 큰 숫자가 저장된다. if ~ else문을 이용한 19번 라인의 식에서 iValue1 〉 iValue2가 참이면 21번 라인이 수행되어 iResult2에 iValue1을 저장하고, 그렇지 않으면 25번 라인이 실행되어 iResult2에 iValue2를 저장한다. 이때도 역시 iResult2 변수에 iValue1과 iValue2 중에서 항상 큰 값이 저장된다.

3.2.3 다중 if문

지금까지 배운 if문과 if ~ else문은 식이 참일 때와 거짓일 때 수행하는 결과가 다른 조건문이다. 만일 양수와 음수를 출력하는 예제에서 0을 입력한다면 출력 결과는 어떻게 될까? 양수와 음수를 구분하는 if ~ else문에서 사용된 식은 iValue 〉 0이었다. 만일 iValue에 0이 입력된다면 식이 거짓이 되고, else 이하의 구문이 실행되어 다음의 그림과 같이 "음수입니다"가 출력될 것이다.

```
C:\windows\system32\cmd.exe
정수를 입력하세요 : 0
0는 음수입니다.
계속하려면 아무 키나 누르십시오 . . .
```

이와 같이 0, 양수, 음수를 구분하기 위해서는 조건이 여러 개 필요할 수 있으며, 이때 사용 가능한 것이 다중 if문이다. 다중 if문은 조건식이 다수일 경우 사용되며, if ~ else문의 else 뒤에 새로운 조건을 입력하여 조건식을 여러 개 만들 수 있다. 이때 주의할 것은 먼저 나온 조건식이 참일 경우 나중에 나온 조건식은 검사하지 않고 건너뛴다. 다중 if문의 형식은 다음과 같다.

<table>
<tr><th colspan="3">다중 if문의 형식과 프로그램의 실행 과정</th></tr>
<tr><th>형식</th><th>프로그램 진행 과정</th><th>의미</th></tr>
<tr><td>if (식1)
{
    문장1;
}
else if (식2)
{
    문장2;
}
else if (식3)
{
    문장3;
}
...
else if (식n)
{
    문장n;
}
else
{
    문장;
}</td><td>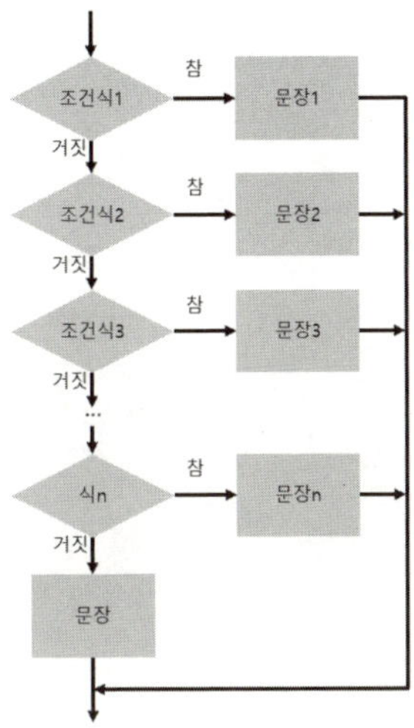
</td><td>식을 검사하여
식1의 값이 참이면 문장1을 실행
식2의 값이 참이면 문장2를 실행
식3의 값이 참이면 문장3을 실행
...
식n의 값이 참이면 문장n을 실행
식이 모두 거짓이면
else이하 문장을 실행</td></tr>
<tr><td>if (식1)
{
    문장1;
}
else if (식2)
{
    문장2;
}
else if (식3)
{
    문장3;
}
...
else if (식n)
{
    문장n;
}</td><td>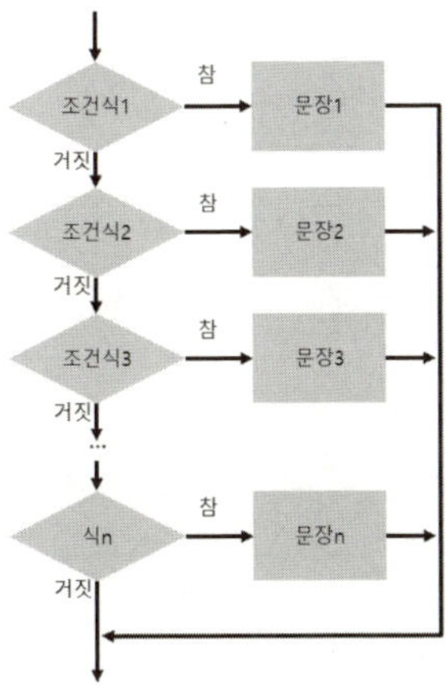
</td><td>식을 검사하여
식1의 값이 참이면 문장1을 실행
식2의 값이 참이면 문장2를 실행
식3의 값이 참이면 문장3을 실행
...
식n의 값이 참이면 문장n을 실행
식이 모두 거짓이면
실행되는 문장이 없음</td></tr>
</table>

다중 if문의 경우 식1이 참이면 문장1을 수행하고 if문 밖으로 완전히 빠져나온다. 따라서 식1이 참인 경우 나머지 식들은 검사를 하지 않게 된다. 식1이 참이 아니면 식2를 검사한다. 이후 식2가 참이면 문장2를 수행하며 나머지 식들은 검사를 하지 않는다. 식1과 식2가 모두 참이 아니면 식3을 검사하는 과정으로 진행된다. 마지막 식까지 검사한 후 모두 참이 아니면 else 이하의 문장을 실행한다. 다중 if문의 아래 형식에서는 마지막 else가 생략되었다. 단순 if문에서 식이 거짓이면 수행해야 하는 문장이 없듯이 다중 if문에서 else가 생략되면 식이 모두 거짓일 경우 아무런 작업도 수행하지 않는다. 다음의 예제는 앞의 양수, 음수 구분 프로그램을 0까지 구분하여 분류할 수 있도록 수정한 프로그램이다.

```
/*
  Example 3-12
  다중 if문
*/

#define _CRT_SECURE_NO_WARNINGS
#include <stdio.h>

int main(void)
{
  int iValue;

  printf("정수를 입력하세요 : ");
  scanf("%d", &iValue);

  if (iValue > 0)
  {
      printf("%d는 양수입니다.\n", iValue);
  }
  else if (iValue < 0)
  {
      printf("%d는 음수입니다.\n", iValue);
  }
  else
  {
      printf("%d는 양수도 음수도 아닙니다.\n", iValue);
  }

  return 0;
}
```

프로그램 실행 결과

```
C:\windows\system32\cmd.exe
정수를 입력하세요 : 5
5는 양수입니다.
계속하려면 아무 키나 누르십시오 . . .
```

```
C:\windows\system32\cmd.exe
정수를 입력하세요 : -5
-5는 음수입니다.
계속하려면 아무 키나 누르십시오 . . .
```

```
C:\windows\system32\cmd.exe
정수를 입력하세요 : 0
0는 양수도 음수도 아닙니다.
계속하려면 아무 키나 누르십시오 . . .
```

예제의 16번 라인에서 iValue 〉 0 식을 이용하여 양수인지를 확인한다. 만일 식이 참이면 18번 라인의 문장을 출력하고, 식이 거짓이면 20번 라인에서 iValue 〈 0 식을 이용하여 음수인지 확인한다. 20번 라인의 식도 거짓이면 26번 라인의 else 이하 구문을 실행하고 프로그램을 종료한다. 이와 같이 다중 if문을 이용하여 입력 조건을 여러 가지로 구분하여 프로그램을 작성할 수 있다. 그러나 반드시 다중 if문을 이용해야만 문제를 해결할 수 있는 것은 아니다. if문 내부에 실행할 수 있는 문장에는 단순문, 복합문, 제어문 등이 올 수가 있으며 위의 예제는 다음의 방법으로 해결할 수도 있다.

```
1   /*
2     Example 3-13
3     중첩 if문
4   */
5
6   #define _CRT_SECURE_NO_WARNINGS
7   #include <stdio.h>
8
9   int main(void)
10  {
11    int iValue;
12
13    printf("정수를 입력하세요 : ");
14    scanf("%d", &iValue);
15
16    if (iValue > 0)
17    {
18        printf("%d는 양수입니다.\n", iValue);
19    }
20    else
21    {
22        if (iValue < 0)
```

```
23          {
24              printf("%d는 음수입니다.\n", iValue);
25          }
26          else
27          {
28              printf("%d는 양수도 음수도 아닙니다.\n", iValue);
29          }
30      }
31
32      return 0;
33  }
```

프로그램 실행 결과

```
C:\windows\system32\cmd.exe
정수를 입력하세요 : 5
5는 양수입니다.
계속하려면 아무 키나 누르십시오 . . .
```

```
C:\windows\system32\cmd.exe
정수를 입력하세요 : -5
-5는 음수입니다.
계속하려면 아무 키나 누르십시오 . . .
```

```
C:\windows\system32\cmd.exe
정수를 입력하세요 : 0
0는 양수도 음수도 아닙니다.
계속하려면 아무 키나 누르십시오 . . .
```

위의 예제는 if문 내부에서 다시 if문을 이용하여 문제를 해결한 것이다. 이와 같이 if문 내부에 다시 if문을 포함하는 것을 중첩 if문 또는 중복 if문이라고 한다. 16번 라인에서 조건을 검사한 후 식이 거짓이 되면 else 이하의 문장이 실행된다. 따라서 iValue가 양수일 경우 18번 라인의 출력문이 실행되며, 양수가 아닐 경우 22번 라인 이후의 문장이 실행된다. 22번 라인에서 iValue의 값을 다시 검사하며 iValue < 0이 참일 경우 24번 라인의 음수가 출력되고, 거짓일 경우 28번 라인의 문장이 출력된다.

if문에서 문장을 실행해야 하는 조건이 여러 개 일 때는 위와 같이 중복 if문을 이용해서 문제를 해결할 수 있다. 다음의 예제와 같이 입력받은 두 수가 양수일 경우에만 두 수의 크기를 비교하고, 두 수 중에서 큰 값을 출력하는 프로그램을 만들어 보자.

```
/*
    Example 3-14
    중첩 if
    두 양수 중에서 큰 수를 출력하는 프로그램
*/

```

```c
#define _CRT_SECURE_NO_WARNINGS
#include <stdio.h>

int main(void)
{
    int iValue1, iValue2;

    printf("두 양수를 입력하세요 : ");
    scanf("%d%d", &iValue1, &iValue2);

    if (iValue1 > 0)
    {
        if (iValue2 > 0)
        {
            if (iValue1 > iValue2)
            {
                printf("두 수 중에서 큰 수는 %d입니다.\n", iValue1);
            }
            else if (iValue1 < iValue2)
            {
                printf("두 수 중에서 큰 수는 %d입니다.\n", iValue2);
            }
            else
            {
                printf("두 수는 같은 수입니다.\n");
            }
        }
        else
        {
            printf("음수 또는 0을 입력하였습니다.\n");
        }
    }
    else
    {
        printf("음수 또는 0을 입력하였습니다.\n");
    }

    return 0;
}
```

프로그램 실행 결과

```
C:\windows\system32\cmd.exe
두 양수를 입력하세요 : 5 9
두 수 중에서 큰 수는 9입니다.
계속하려면 아무 키나 누르십시오 . . .
```

```
C:\windows\system32\cmd.exe
두 양수를 입력하세요 : 5 -9
음수 또는 0을 입력하였습니다.
계속하려면 아무 키나 누르십시오 . . .
```

위의 예제에서 21번 라인의 if문은 17번 라인의 if문과 19번 라인의 if문이 모두 참일 경우에만 실행된다. 따라서 iValue1과 iValue2에 저장된 값이 모두 양수일 경우에만 iValue1과 iValue2의 값을 비교한다. 만약 iValue1이 양수가 아니면 41번 라인의 문장이 실행되며, iValue1이 양수이고 iValue2가 양수가 아니면 36번 라인의 문장이 실행된다.

위와 같이 조건을 여러 번 반복할 때 중첩 if문을 이용하여 문제를 해결할 수 있지만, 논리 연산자를 활용하면 프로그램 코드의 양을 줄일 수 있다. iValue1 〉 0을 비교하고, 참일 경우 iValue2 〉 0을 비교하는 방법은 iValue1과 iValue2가 모두 양수일 경우에 해당하기 때문에 논리 연산자 AND(&&)를 이용하여 작성이 가능하다. 다음의 예제를 살펴보자.

```
/*
   Example 3-15
   중첩 if와 논리 연산자 AND를 사용
   두 양수 중에서 큰 수를 출력하는 프로그램
*/

#define _CRT_SECURE_NO_WARNINGS
#include <stdio.h>

int main(void)
{
   int iValue1, iValue2;

   printf("두 양수를 입력하세요 : ");
   scanf("%d%d", &iValue1, &iValue2);

   if (iValue1 > 0 && iValue2 > 0)
   {
        if (iValue1 > iValue2)
        {
             printf("두 수 중에서 큰 수는 %d입니다.\n", iValue1);
        }
        else if (iValue1 < iValue2)
        {
             printf("두 수 중에서 큰 수는 %d입니다.\n", iValue2);
        }
        else
        {
             printf("두 수는 같은 수입니다.\n");
        }
   }
```

```
32        else
33        {
34            printf("음수 또는 0을 입력하였습니다.\n");
35        }
36
37        return 0;
38    }
```

프로그램 실행 결과

```
C:\windows\system32\cmd.exe
두 양수를 입력하세요 : 5 9
두 수 중에서 큰 수는 9입니다.
계속하려면 아무 키나 누르십시오 . . .
```

```
C:\windows\system32\cmd.exe
두 양수를 입력하세요 : 5 -9
음수 또는 0을 입력하였습니다.
계속하려면 아무 키나 누르십시오 . . .
```

예제의 17번 라인 if (iValue1 > 0 && iValue2 > 0) 식은 iValue1이 0보다 크고 그리고 iValue2가 0보다 큰 경우 아래 문장을 실행한다. 만약 두 수 중에서 하나라도 양수가 아닌 경우 34번 라인의 else 이하의 문장이 실행된다. 따라서 앞에서 중첩 if문을 이용한 문장과 같은 결과를 갖는다.

여러 개의 if ~ else문이 다중으로 사용되는 중첩 if문의 경우 else문은 가장 가까운 if문에 대응된다. 대응 관계를 명확히 하려면 들여쓰기를 사용하여 구분해 주는 것이 좋다. Visual Studio에서는 자동으로 들여쓰기가 적용되므로 들여쓰기에 대한 것을 크게 신경 쓰지 않아도 되지만 코드 작성 시 한 번 더 확인하는 것이 좋다. 그리고 더 좋은 방법은 들여쓰기와 더불어 if문의 식이 참과 거짓일 때 실행되는 문장을 중괄호를 이용하여 구분하는 것이다. 다음의 예제는 들여쓰기가 잘못되어 문제가 발생한 예이다.

```
/*
   Example 3-16
   중첩 if문에서 들여쓰기 문제
*/

#define _CRT_SECURE_NO_WARNINGS
#include <stdio.h>

int main(void)
{
   int iValue1, iValue2;
```

```
12
13      printf("두 양수를 입력하세요 : ");
14      scanf("%d%d", &iValue1, &iValue2);
15
16      if (iValue1 >= 0 && iValue2 >= 0)
17          if (iValue1 == iValue2)
18              printf("두 수는 같은 수입니다.\n");
19      else
20          printf("음수가 입력되었습니다.\n");
21
22      return 0;
23  }
```

프로그램 실행 결과

```
C:\windows\system32\cmd.exe
두 양수를 입력하세요 : 5 7
음수가 입력되었습니다.
계속하려면 아무 키나 누르십시오 . . .
```

예제에서 알 수 있듯이 5와 7을 입력하였으나 20번 라인의 문장이 실행되었다. 20번 라인의 문장은 19번 else에 의해서 실행된다. 우리가 원하는 것은 19번 라인의 else는 16번 라인의 if문의 식이 거짓일 때 동작하기를 원한다. 그러나 19번 라인의 else는 가장 가까운 if문을 찾아가며, 이는 17번 라인의 if (iValue1 == iValue2)에 해당한다. 즉 19번 라인의 if문이 거짓일 때 실행되는 문장이다. 5와 7은 16번 라인의 if문에서 참의 결과를 나타내므로 17번 라인으로 넘어가고, 17번 라인의 if문은 5와 7이 같지 않기 때문에 거짓이 된다. 따라서 프로그램 결과 19번 라인의 else 이하 문장이 실행되었다. 위의 예제는 중괄호를 이용하여 실행되는 블록을 구분하면 쉽게 문제점을 해결할 수 있다. 다음의 예제를 살펴보자.

```
/*
  Example 3-17
  중괄호를 이용한 들여쓰기 문제 해결
*/

#define _CRT_SECURE_NO_WARNINGS
#include <stdio.h>

int main(void)
{
  int iValue1, iValue2;

  printf("두 양수를 입력하세요 : ");
```

```
14        scanf("%d%d", &iValue1, &iValue2);
15
16        if (iValue1 >= 0 && iValue2 >= 0)
17        {
18            if (iValue1 == iValue2)
19                printf("두 수는 같은 수입니다.\n");
20        }
21        else
22        {
23            printf("음수가 입력되었습니다.\n");
24        }
25
26        return 0;
27    }
```

프로그램 실행 결과

```
C:\windows\system32\cmd.exe
두 양수를 입력하세요 : 5 7
계속하려면 아무 키나 누르십시오 . . .
```

예제의 21번 라인의 else문은 중괄호를 이용해서 구분하기 때문에 18번 라인의 if문이 아닌 16번 라인의 if문과 연결된다. 따라서 iValue1과 iValue2에 저장되어 있는 두 수 중에서 하나의 숫자라도 양수가 아닐 경우 실행된다. 반면 18번 라인의 if문은 두 수가 양수일 경우에 실행되며, 두 수가 같을 때 출력하고 같지 않을 때는 어떠한 문장도 실행되지 않는다.

3.3 switch문

switch문은 하나의 조건이 여러 개의 값을 가질 수 있는 때 해당 값과 일치하는 정수 상수 중의 하나로 분기하는 다중 분기문이다. if문에서 조건을 검사하는 식이 정숫값의 등호로 이루어진 것이면 switch문을 사용해서 문제를 해결할 수 있다. 또한 문자 상수 역시 넓은 의미에서는 정수 자료형에 해당하기 때문에 switch문에서 식으로 사용이 가능하다. swich문에서 선택을 위하여 사용하는 식도 if문과 마찬가지로 변수, 연산식, 함수 등이 올 수 있으나 반드시 정수의 결과 값을 갖는 식이 되어야 한다. 다음은 switch문의 형식이다.

<table>
<tr><th colspan="3">switch 문의 형식과 프로그램의 실행 과정</th></tr>
<tr><th>형식</th><th>프로그램 진행 과정</th><th>의미</th></tr>
<tr>
<td>switch (식)
{
case 정수 상수1:
문장1
break;
case 정수 상수2:
문장2
break;
case 정수 상수3:
문장3
break;
...
case 정수 상수n:
문장n
break;
default:
문장
}</td>
<td>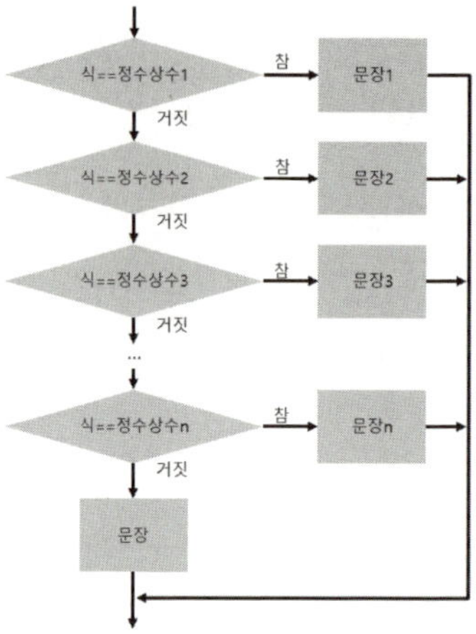
</td>
<td>식을 검사하여
식의 값이 정수 상수1과 같으면
문장1을 수행하고
break문을 만나면 switch문 종료
식의 값이 정수 상수2와 같으면
문장2를 수행하고
break문을 만나면 switch문 종료
식의 값이 정수 상수3과 같으면
문장3을 수행하고
break문을 만나면 switch문 종료
...
식의 값이 정수 상수n과 같으면
문장n을 수행하고 switch문 종료
식의 값이 정수 상수들과
일치하는 것이 없으면
마지막 default 이하의
문장을 수행하고 switch문 종료</td>
</tr>
</table>

switch문의 형식을 보면 알 수 있듯이 식의 값을 각 case 뒤의 정수 상수와 비교한 후 같은 값을 갖는 case로 이동한다. 이때 case문 뒤의 값은 위치를 표시하기 위한 방법이며 레이블이라고 한다. C언어의 레이블은 콜론(:)으로 끝을 맺으며, switch문 안에서 필요에 따라 얼마든지 추가할 수 있다. switch문의 식이 정수 상수1과 일치하면 문장1을 수행하고 break문을 만나면 switch문을 빠져나온다. 식의 값이 정수 상수1과 일치하지 않을 경우 정수 상수2와 비교하며, 정수 상수2와 일치하면 문장2를 수행하고 break문을 만나면 switch문을 빠져나온다. 만일 식의 값에 일치하는 정수 상수가 없을 경우 default 이하의 문장이 실행된다. default는 일치하는 정수 상수가 없을 때 실행해야 되는 문장을 지정하기 위하여 사용하며, 다중 if문에서 가장 마지막에 나오는 else문과 같은 기능을 한다. 다중 if문에서 else문을 생략할 수 있듯이 switch문에서도 default를 생략할 수 있다. 그러나 생략할 수 있는 선택 사항이긴 하지만, 예상하지 못했던 값을 처리하기 위하여 가급적 추가하는 것이 좋다. switch문에서 default를 생략하면 식의 값에 일치하는 정수 상수가 없을 경우 실행되는 문장이 없다. 다음의 형식은 default가 생략되었을 경우 프로그램 진행 과정을 나타낸다.

default가 없는 switch 문의 형식과 프로그램의 실행 과정		
형식	프로그램 진행 과정	의미

switch (식)
{
    case 정수 상수1:
        문장1
        break;
    case 정수 상수2:
        문장2
        break;
    case 정수 상수3:
        문장3
        break;
    ...
    case 정수 상수n:
        문장n
        break;
}
	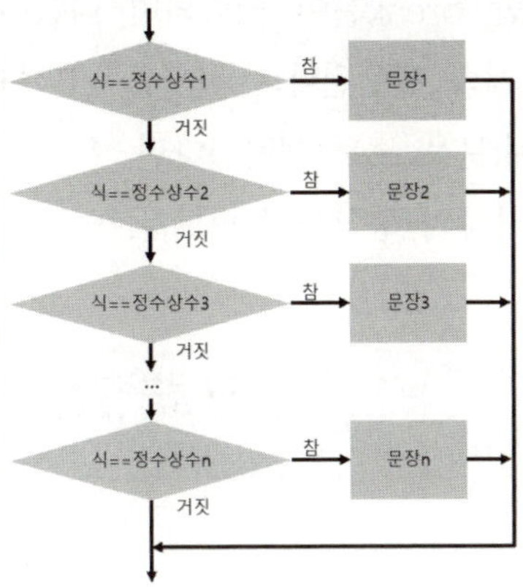	식을 검사하여
		식의 값이 정수 상수1과 같으면
		문장1을 수행하고
		break문을 만나면 switch문 종료
		식의 값이 정수 상수2와 같으면
		문장2를 수행하고
		break문을 만나면 switch문 종료
		식의 값이 정수 상수3과 같으면
		문장3을 수행하고
		break문을 만나면 switch문 종료
		...
		식의 값이 정수 상수n과 같으면
		문장n을 수행하고 switch문 종료
		식의 값이 정수 상수들과
		일치하는 것이 없으면
		문장을 수행하지 않고
		switch문 종료

지금까지 본 switch문은 각각의 case안에서 실행하는 문장에 break문이 포함되어 있다. break문은 case문에 해당하는 영역을 빠져나가기 위한 문장이며 만약 break문이 없으면 다음 case에 해당하는 문장이 실행된다. 다음의 형식을 살펴보자.

case에 break가 없는 switch 문의 형식과 프로그램의 실행 과정		
형식	프로그램 진행 과정	의미

switch (식)
{
    case 정수 상수1:
        문장1
    case 정수 상수2:
        문장2
        break;
    case 정수 상수3:
        문장3
        break;
    ...
    case 정수 상수n:
        문장n
        break;
    default:
        문장
}
	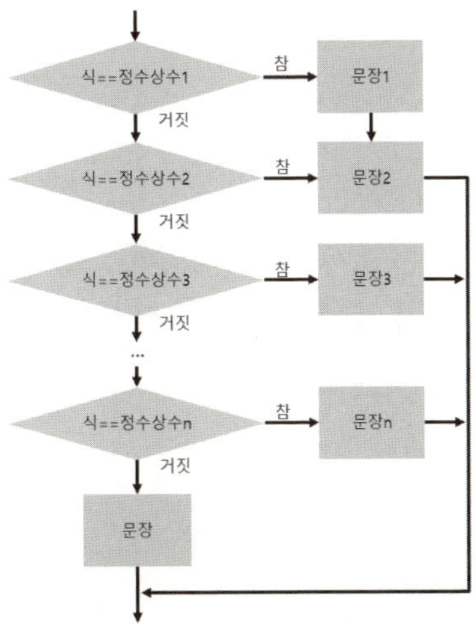	식을 검사하여
		식의 값이 정수 상수1과 같으면
		문장1을 수행하고
		break가 없기 때문에
		다음 문장2를 수행
		break문을 만나면 switch문 종료
		식의 값이 정수 상수2와 같으면
		문장2를 수행하고
		break문을 만나면 switch문 종료
		식의 값이 정수 상수3과 같으면
		문장3을 수행하고
		break문을 만나면 switch문 종료
		...
		식의 값이 정수 상수n과 같으면
		문장n을 수행하고 switch문 종료
		식의 값이 정수 상수들과
		일치하는 것이 없으면
		문장을 수행하지 않고
		switch문 종료

형식에서 볼 수 있듯이 정수 상수1에 해당하는 문장1에는 break문이 없다. 이런 경우 switch문을 빠져나오지 않기 때문에 아래의 문장2가 실행된다. 예로 보인 형식에서는 정수 상수1에 해당하는 문장1에 break문이 생략되었지만, 문장2 또는 다른 문장에서도 break문은 생략할 수 있다. 다만 break문이 생략되면 다음 case문은 검사하지 않고 break문이 나올 때까지 문장이 계속 진행된다는 사실을 기억하자. 만약 하나의 case문에서 실행해야 하는 문장과 break문을 모두 생략한다면, 두 개 이상의 case문에서 같은 문장을 실행하게 할 수도 있다. 다음의 형식을 살펴보자.

case에 break가 없는 switch 문의 형식과 프로그램의 실행 과정

형식	프로그램 진행 과정	의미

switch (식)
{
    case 정수 상수1:
    case 정수 상수2:
        문장2
        break;
    case 정수 상수3:
        문장3
        break;
    ...
    case 정수 상수n:
        문장n
        break;
    default:
        문장
}
	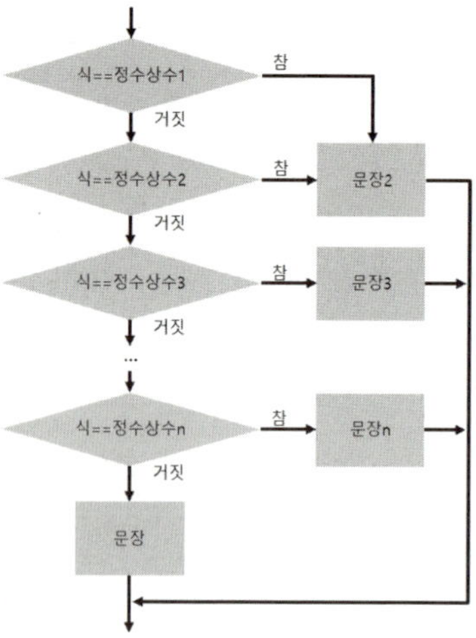	식을 검사하여
		식의 값이 정수 상수1과 같으면
		문장과 break가 없기 때문에
		다음 문장2를 수행
		break문을 만나면 switch문 종료
		식의 값이 정수 상수2와 같으면
		문장2를 수행하고
		break문을 만나면 switch문 종료
		식의 값이 정수 상수3과 같으면
		문장3을 수행하고
		break문을 만나면 switch문 종료
		...
		식의 값이 정수 상수n과 같으면
		문장n을 수행하고 switch문 종료
		식의 값이 정수 상수들과
		일치하는 것이 없으면
		문장을 수행하지 않고
		switch문 종료

위의 형식에서는 정수 상수1에 해당하는 문장과 break문이 존재하지 않는다. 이러한 경우에는 바로 정수 상수2에 해당하는 문장2가 실행된다. 즉 식이 정수 상수1과 같거나 정수 상수2와 같은 경우 모두 문장2가 실행되는 것이다. 이제 switch문이 프로그램에서 어떻게 사용되는 지 예제를 통하여 학습한다.

```
/*
  Example 3-18
  switch문
```

```
4    */
5
6    #define _CRT_SECURE_NO_WARNINGS
7    #include <stdio.h>
8
9    int main(void)
10   {
11      int iValue;
12
13      printf("정수를 입력하세요 : ");
14      scanf("%d", &iValue);
15
16      switch (iValue % 2)
17      {
18      case 0:
19            printf("%d는 짝수입니다.\n", iValue);
20            break;
21      case 1:
22            printf("%d는 홀수입니다.\n", iValue);
23            break;
24      }
25
26      return 0;
27   }
```

프로그램 실행 결과

```
C:\windows\system32\cmd.exe
정수를 입력하세요 : 5
5는 홀수입니다.
계속하려면 아무 키나 누르십시오 . . .
```

```
C:\windows\system32\cmd.exe
정수를 입력하세요 : 4
4는 짝수입니다.
계속하려면 아무 키나 누르십시오 . . .
```

위의 예에서 switch문에서 사용되는 식은 16번 라인에 있는 iValue % 2이다. 해당 식은 2로 나눈 나머지를 계산하기 때문에 결과로 가질 수 있는 값은 0 또는 1이다. 값이 0일 때는 18번 라인의 case 0: 이하의 문장인 19번 라인과 20번 라인이 실행된다. 20번 라인에서 break문이 있기 때문에 19번 라인을 출력한 후 switch문을 빠져나온다. 마찬가지로 식의 값이 1일 때는 22번 라인을 실행하고 23번 라인의 break문을 통하여 switch문을 빠져나온다. 또한 16번 라인의 식의 결과 값이 0 또는 1만 가질 수 있기 때문에 default문은 사용되지 않았다. 다음의 예제는 같은 기능을 하는 프로그램을 default문을 이용하여 수정한 것이다.

```
1    /*
2       Example 3-19
3       switch문, default문 사용
4    */
5
6    #define _CRT_SECURE_NO_WARNINGS
7    #include <stdio.h>
8
9    int main(void)
10   {
11      int iValue;
12
13      printf("정수를 입력하세요 : ");
14      scanf("%d", &iValue);
15
16      switch (iValue % 2)
17      {
18      case 0:
19          printf("%d는 짝수입니다.\n", iValue);
20          break;
21      default:
22          printf("%d는 홀수입니다.\n", iValue);
23          break;
24      }
25
26      return 0;
27   }
```

프로그램 실행 결과

```
C:\windows\system32\cmd.exe
정수를 입력하세요 : 5
5는 홀수입니다.
계속하려면 아무 키나 누르십시오 . . .
```

```
C:\windows\system32\cmd.exe
정수를 입력하세요 : 4
4는 짝수입니다.
계속하려면 아무 키나 누르십시오 . . .
```

위의 예제에서 레이블은 18번 라인의 case 0:과 21번 라인의 default:이다. iValue % 2의 값은 0 또는 1이기 때문에 case 1: 대신 default:의 사용이 가능하다. 즉 식의 결과가 0이면 case 0: 이하의 문장이 실행되고, 식의 결과가 1이면 0이 아니기 때문에 default: 이하의 문장이 실행되는 것이다. 따라서 실행해야 되는 조건에 따라 case문과 default문을 선택해서 사용할 수 있다.

다음의 예제는 문장에서 break문이 없을 때 어떤 결과가 나오는지를 보이는 것이다. switch문 내부에서 실행하는 문장이 break문을 포함하지 않으면 원하지 않는 결과가 나온다. 예제를 통하여 확인해보자.

```
1  /*
2     Example 3-20
3     switch문에서 break가 없을 때의 문제
4  */
5
6  #define _CRT_SECURE_NO_WARNINGS
7  #include <stdio.h>
8
9  int main(void)
10 {
11    int iValue;
12
13    printf("정수를 입력하세요 : ");
14    scanf("%d", &iValue);
15
16    switch (iValue % 2)
17    {
18    case 0:
19        printf("%d는 짝수입니다.\n", iValue);
20    case 1:
21        printf("%d는 홀수입니다.\n", iValue);
22        break;
23    }
24
25    return 0;
26 }
```

프로그램 실행 결과

```
C:\windows\system32\cmd.exe
정수를 입력하세요 : 5
5는 홀수입니다.
계속하려면 아무 키나 누르십시오 . . .
```

```
C:\windows\system32\cmd.exe
정수를 입력하세요 : 4
4는 짝수입니다.
4는 홀수입니다.
계속하려면 아무 키나 누르십시오 . . .
```

위의 예제에서는 case 0:일 때 break문이 없다. 예제의 결과와 같이 4를 입력하는 경우 case 0:의 문장이 실행되며, break가 없기 때문에 swtich문을 종료하지 않고 21번 라인의 문장이 실행된다. 따라서 짝수를 입력했을 때 짝수입니다와 홀수입니다가 모두 출력된 것을 확인할 수 있다. 이처럼 프로그램의 작성 도중 실수로 break문을 생략하면 원하지 않는 결과가 발생할 수 있음을 반드시 기억하자.

break문이 없을 경우 원하지 않는 결과를 발생시킬 수는 있지만, 필요에 의해서 break문을 강제로 생략하는 경우도 있다. 다음의 예제를 살펴보자.

```
/*
  Example 3-21
  break문을 강제로 생략한 프로그램
*/

#define _CRT_SECURE_NO_WARNINGS
#include <stdio.h>

int main(void)
{
  int iScore;

  printf("점수를 입력하세요 : ");
  scanf("%d", &iScore);

  switch (iScore / 10)
  {
  case 10:
  case 9:
      printf("A학점입니다.\n");
      break;
  case 8:
      printf("B학점입니다.\n");
      break;
  case 7:
      printf("C학점입니다.\n");
      break;
  case 6:
      printf("D학점입니다.\n");
      break;
  case 5:
  case 4:
  case 3:
  case 2:
  case 1:
  case 0:
      printf("F학점입니다.\n");
      break;
  default:
      printf("0점에서 100점 사이의 값만 입력하세요.\n");
  }

  return 0;
```

```
44    }
```

프로그램 실행 결과

```
C:\windows\system32\cmd.exe
점수를 입력하세요 : 47
F학점입니다.
계속하려면 아무 키나 누르십시오 . . .
```

```
C:\windows\system32\cmd.exe
점수를 입력하세요 : 100
A학점입니다.
계속하려면 아무 키나 누르십시오 . . .
```

switch문에서 사용되는 식은 반드시 정수 자료형을 결과로 가져야 한다. 위의 예제에서 사용되는 식은 iScore / 10이다. iScore와 10 모두 정수 자료형이기 때문에 나눗셈 연산자의 결과 값은 정수형으로 계산된다. 따라서 해당 식은 switch문의 식으로 사용할 수 있으며, 점수가 정상적으로 입력된다면 0, 1, 2, ..., 9, 10 사이의 값을 가질 수 있다. 실행해야 하는 문장인 case 이하의 식을 보면 18번 라인과 19번 라인에 case문이 연속으로 이어져 있다. 18번 라인의 case 10:은 iScore에 100점이 입력되었을 때 선택되는 레이블이다. 그리고 case 9:는 90점에서 99점 사이의 값이 입력되면 선택되는 레이블이다. 100점을 입력했을 경우 식의 결과에 따라 18번 라인의 case 10: 레이블이 선택되지만 실행해야 되는 문장이 없다. 그러나 break문이 없기 때문에 switch문을 빠져나가지 않고 case 9: 이하의 문장이 계속 실행된다. 따라서 A학점입니다를 출력하고 21번 라인의 break문을 만난 후 switch문을 빠져나온다.

C언어에서 문자 자료형은 넓은 의미에서 정수 자료형이기 때문에 switch문에서 식으로 사용될 수 있다. 다음의 예제를 살펴보자.

```
/*
  Example 3-22
  switch문에서 문자형 식 사용
*/

#define _CRT_SECURE_NO_WARNINGS
#include <stdio.h>

int main(void)
{
  float fValue1, fValue2, fResult = 0.0f;
  char cOperator;

```

```
14        printf("[계산기 프로그램]\n");
15        printf("계산식(+, -, *, /)을 입력하세요. (ex. 4.5 + 2.4) : ");
16        scanf("%f %c %f", &fValue1, &cOperator, &fValue2);
17
18        switch (cOperator)
19        {
20        case '+':
21            fResult = fValue1 + fValue2;
22            break;
23        case '-':
24            fResult = fValue1 - fValue2;
25            break;
26        case '*':
27            fResult = fValue1 * fValue2;
28            break;
29        case '/':
30            fResult = fValue1 / fValue2;
31            break;
32        default:
33            printf("계산식을 잘못 입력하셨습니다.\n");
34        }
35
36        printf("결과 값은 %f입니다.\n", fResult);
37
38        return 0;
39    }
```

프로그램 실행 결과

```
C:\windows\system32\cmd.exe
[계산기 프로그램]
계산식(+, -, *, /)을 입력하세요. (ex. 4.5 + 2.4) : 4.5 / 1.8
결과 값은 2.500000입니다.
계속하려면 아무 키나 누르십시오 . . .
```

```
C:\windows\system32\cmd.exe
[계산기 프로그램]
계산식(+, -, *, /)을 입력하세요. (ex. 4.5 + 2.4) : 3.2 % 2.3
계산식을 잘못 입력하셨습니다.
결과 값은 0.000000입니다.
계속하려면 아무 키나 누르십시오 . . .
```

예제의 16번 라인에서 계산하고자 하는 식을 입력받은 후 각 변수에 대입한다. fValue1에는 첫 번째 피연산자가 저장되며, cOperator에는 연산자, 그리고 fValue2에는 두 번째 피연산자가 저장된다. 이때 scanf 내부에 변환 문자를 각각 띄어쓰기 한 것에 유의한다. Visual Studio 2022 버전에서는 scanf를 통하여 서로 다른 자료형에 데이터를 입력받을 때 scanf 내부의 변환 문자를 %f %c %f와 같이 띄어쓰기 하면 입력 시 4.5 / 1.8과 같이 띄어쓰기와 4.5/2.4와 같은 붙여쓰기 방식 모두를 이용하여 자료 입력이 가능하며, %f%c%f와 같이 변환 문자가 붙어있는 경우에는 입력 시에 4.5/1.8과 같이 붙여서 입력해야만 한다. cOperator 변수는 문자 자료형이기 때문에 switch문에서의 식으로 사용되었다. 문자형을 표현하기 위하여 '+', '-'와 같이 작은따옴표를 이용하여 각 case의 레이블을 만들었음에 유의한다. +, -, *, /에 해당할 경우 각 연산에 맞는 case의 수식을 계산하며, 모두 해당하지 않을 경우 default 이하의 문장이 출력된다. default 이하의 문장이 실행될 때는 fResult 변수에 값을 저장하지 않기 때문에 36번 라인에서 출력이 불가능하다. 따라서 fResult 변수는 11번 라인에서 선언과 함께 0.0f로 초기화를 해서 계산이 되지 않을 때는 0.000000을 출력하도록 한다.

연습문제

1. 다음의 문장 중에서 틀린 것들을 고르고 이유를 설명하시오.

① 조건문은 조건식에 따라 분기하는 제어문으로 if문과 switch문이 있다.

② 제어문에서 식의 위치에는 반드시 조건식이 와야 한다.

③ if문에서 조건이 여러 개일 때 논리 연산자를 사용하면 편리하다.

④ switch문에서 사용하는 식은 실수의 값을 결과로 가질 수 있다.

2. 다음 프로그램의 실행 결과를 적고, 이유를 설명하시오. 그리고 원하는 결과가 출력되도록 프로그램을 수정하시오.

```
/*
   Problem 3-2
*/

#define _CRT_SECURE_NO_WARNINGS
#include <stdio.h>

int main(void)
{
   int iValue, iResult;

   printf(" 숫자를 입력하세요 : ");
   scanf("%d", &iValue);
   iResult = iValue % 2;
   switch (iResult) {
   case 0:
        printf("%d는 짝수입니다.  \n", iValue);
   case 1:
        printf("%d는 홀수입니다. \n", iValue);
   }

   return 0;
}
```

3. 다음 프로그램의 실행 결과를 적고, if문을 사용하여 같은 결과를 갖도록 프로그램을 변경하시오.

```
/*
  Problem 3-3
*/

#define _CRT_SECURE_NO_WARNINGS
#include <stdio.h>

int main(void)
{
  int iValue, iResult;

  printf("정수를 입력하세요 : ");
  scanf("%d", &iValue);

  iResult = (iValue > 0) ? iValue : -iValue;

  printf("iResult = %d\n", iResult);

  return 0;
}
```

4. 입력받은 정수가 3의 배수인지 아닌지를 판단하는 프로그램을 작성하시오.

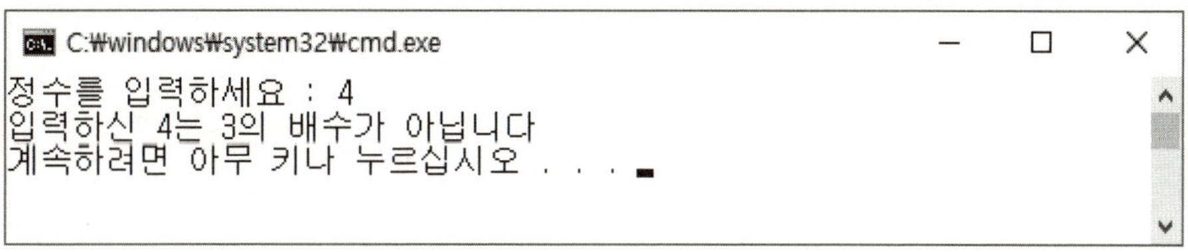

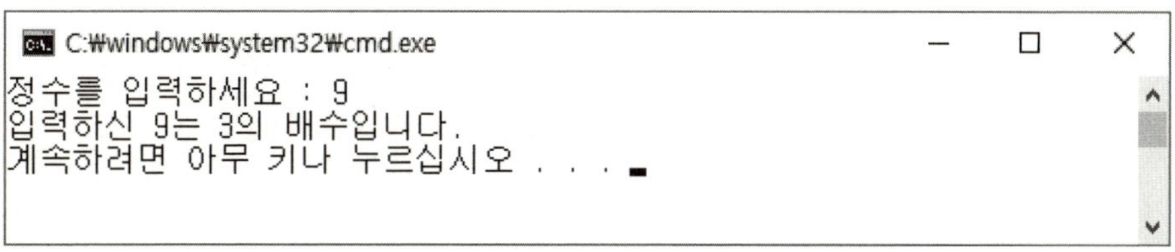

5. 학생의 평균 평점을 입력받고, if문을 이용하여 수업료를 계산해 주는 프로그램을 작성하시오. 단, 수업료는 300만원이며, 평균 평점이 4.3 이상이면 전액 장학금을 지급하고, 평균 평점이 4.1이상이고 4.3 미만이면 반액 장학금을 지급하고, 평균 평점이 3.9 이상이고, 4.1 미만이면 수업료의 1/4을 장학금으로 지급한다.)

```
C:\windows\system32\cmd.exe
평균 평점을 입력하세요 : 3.9

1/4 장학금을 지급받았습니다.
수업료는 750000원 입니다.
계속하려면 아무 키나 누르십시오 . . .
```

6. 년 월을 입력받고, switch문을 이용하여 그달의 마지막 날짜를 출력하는 프로그램을 작성하시오. (단, 윤년의 조건은 다음과 같다. 연수가 4로 나누어떨어지면서, 100으로는 나누어떨어지지 않아야 한다. 또는 연수가 400으로 나누어떨어진다.)

```
C:\windows\system32\cmd.exe
원하는 년도를 입력하세요 : 2019
원하는 달을 입력하세요 : 6
2019년 6월의 마지막 날짜는 30일 입니다.
계속하려면 아무 키나 누르십시오 . . .
```

제4장

반복문

제 4 장 반복문

C언어에서는 문장의 실행이 위에서부터 아래로 순차적으로 이루어진다. 그러나 앞에서 배웠던 조건문은 특정 조건에 따라 실행하는 문장을 선택함으로써 실행 순서를 건너뛸 수 있었다. 이렇게 문장이 실행되는 순서를 강제적으로 변경시키는 것을 제어문이라고 한다. 이번에 배우는 반복문은 조건문과 함께 제어문의 일종으로 일정한 횟수 동안 또는 조건이 만족되는 동안 동일한 문장을 반복적으로 수행할 때 사용한다. 즉 조건문이 실행하는 문장을 건너뛸 때 사용한다면 반복문은 한 번 실행한 문장의 위로 올라가서 다시 실행하는데 사용된다. C언어에서 사용할 수 있는 반복문은 for문, while문, do ~ while문의 세 가지 종류가 있다. 그러나 반복문의 역할 자체는 동일하기 때문에 세 가지 반복문을 상호 보완하여 사용할 수 있으며, 하나의 반복문의 원리를 익히면 나머지 반복문을 배우는 데 그리 어렵지는 않다.

4.1 반복문의 개념

우리가 프로그램을 만들다 보면 같은 작업 또는 비슷한 작업을 여러 번 해야 하는 경우가 종종 있다. 예를 들어 다음의 경우를 살펴보자.

1부터 10까지 더하는 프로그램의 일부	iSum = 1 + 2 + 3 + 4 + 5 + 6 + 7 + 8 + 9 + 10; printf("1부터 10까지 합은 %d입니다.\n", iSum);

위와 같이 1부터 10까지 더하는 프로그램은 쉽게 만들 수 있다. 그러나 1부터 100까지 더하는 프로그램을 만든다면? 아니면 1부터 1000까지 더하는 프로그램을 만든다면? 아니면 1부터 입력 받은 수 까지 더하는 프로그램을 만든다면 어떻게 할 것인가? 위의 예에는 1부터 숫자가 1씩 증가해 가면서, 증가한 숫자들을 더해나간다는 규칙이 있다.

이와 같이 프로그램에서는 일정한 규칙에 따라 반복적으로 어떠한 처리를 하는 방법이 필요하며, 이러한 것을 할 수 있게 하는 것이 바로 반복문이다. C언어에서 사용하는 반복문의 세 가지 종류 및 특징은 다음의 표와 같다.

반복문의 종류 및 특징		
종류	형식	특징

for문	for (초깃값; 상태검사; 상태의 변경)
	{
	    문장
	}
		일정한 횟수를 반복하는 반복문

while문	while (조건식)
	{
	    문장
	}
		조건식이 참일 경우 문장을 수행하는 반복문
		종료 조건을 명확히 구분할 수 있는 경우에 적합

do ~ while문	do { 문장 } while (조건식);	문장을 수행한 후 조건을 검사하는 반복문 반복되는 문장을 반드시 한 번 이상 실행해야 하는 경우에 적합

4.2 for문

for문은 C언어에서 가장 많이 사용하는 반복문으로, 문장을 일정한 횟수만큼 반복하거나, 반복을 위한 시작 지점과 끝 지점을 알 때 사용한다. 우선 for문이 어떠한 형식으로 이루어졌는지를 먼저 살펴보자.

for문의 형식	
형식	프로그램 진행 과정

for (식1<초기화>; 식2<상태검사>; 식3<상태의 변경>)
{
    문장
}
	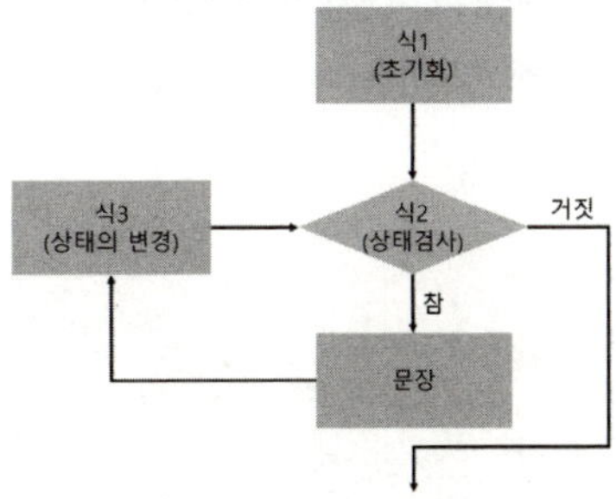

for문의 구조는 for 다음에 괄호를 반드시 표기하고 괄호 내에 반복해야 하는 범위를 지정한다. 범위는 식1〈초기화〉, 식2〈상태검사〉, 식3〈상태의 변경〉 세 부분으로 구성하며, 이를 세미콜론(;)으로 구분한다. 이때 식1, 식2, 식3은 생략 가능하지만 세미콜론은 생략할 수 없다. 따라서 세미콜론은 반드시 괄호 내에 두 개가 있어야 한다. for문 내부의 문장은 단순문, 복합문, 그리고 다른 제어문 등 C언어에서 표현 가능한 모든 문장이 가능하고, 복합문을 사용할 경우 반드시 중괄호를 이용하여 블록을 지정해야 한다. 또한 조건문을 사용할 때 중괄호를 가급적 생략하지 않았듯이 반복문에서도 중괄호는 가급적 생략하지 않는 것을 추천한다.

for문에서 식1〈초기화〉 부분은 한 번만 실행되며, 식2〈상태검사〉와 식3〈상태의 변경〉은 여러 번 실행될 수 있다. for문의 실행 과정을 설명하면 다음과 같다.

for문의 실행 과정	
번호	실행 내용
1	식1을 수행한다. 식1은 for문의 반복 검사를 위한 초깃값을 담당한다. 예를 들어 1부터 10까지 더하는 프로그램이면 초깃값은 1이 된다. ex. i = 1;
2	식2를 수행한다. 식2는 상태 검사를 위한 조건식을 담당한다. 예를 들어 1부터 10까지 더하는 프로그램이면 조건식은 10보다 작거나 같을 때 까지 계속 반복할 수 있도록 지정한다. ex. i <= 10;
3	식2가 참이면 for문 내부의 문장을 수행한다. 식2가 거짓이면 for문을 종료한다.
4	3번에서 for문 내부의 문장을 수행했을 때, 문장의 수행이 끝나면 식3을 수행한다. 식3은 문장을 반복하는 도중 상태가 변화하는 것을 지정하기 위한 문장이다. 예를 들어 1부터 10까지 더하는 프로그램이면 그 값이 1씩 증가하도록 지정한다. ex. i = i + 1;
5	4번에서 식3의 수행이 끝나면 다시 식2를 수행해서 검사한다. 식2가 참일 경우 3번과 4번을 반복 수행하며, 거짓이면 for문을 종료한다.

다음의 예제는 for문을 이용하여 1부터 임의의 수까지의 합을 계산하는 프로그램이다. for문의 실행 과정을 예제를 통하여 익히도록 하자.

```
/*
   Example 4-1
   for문을 이용한 합 프로그램
*/
```

```
5
6   #define _CRT_SECURE_NO_WARNINGS
7   #include <stdio.h>
8
9   int main(void)
10  {
11     int iValue, iCount, iSum = 0;
12
13     printf("숫자를 입력하세요 : ");
14     scanf("%d", &iValue);
15
16     for (iCount = 1; iCount <= iValue; iCount = iCount + 1)
17     {
18         iSum = iSum + iCount;
19     }
20
21     printf("1부터 %d까지의 합은 %d입니다.\n", iValue, iSum);
22
23     return 0;
24  }
```

프로그램 실행 결과

```
C:\windows\system32\cmd.exe
숫자를 입력하세요 : 10
1부터 10까지의 합은 55입니다.
계속하려면 아무 키나 누르십시오 . . .
```

예제의 11번 라인에서 변수를 선언할 때 iSum 변수를 0으로 초기화한 것에 주의하자. iValue 변수는 14번 라인에서 scanf 함수를 이용하여 값을 입력받고, iCount 변수는 16번 라인의 for문에서 1로 값을 지정한다. 그러나 iSum 변수는 18번 라인에서 연산식이 나오기 전까지 값의 지정이 없다. iSum = iSum + iCount; 문장에서 iSum에 저장된 값이 없으면 iSum + iCount 연산을 수행할 수 없다. 따라서 11번 라인에서 변수 선언과 동시에 0으로 초기화하였다.

16번 라인의 for문은 for (iCount = 1; iCount <= iValue; iCount = iCount + 1)로 구성되어 있다. 먼저 실행되는 것은 초기화 부분으로 iCount를 1로 지정한다. 그 다음 iCount 변수를 iValue에 저장된 값과 비교한다. 실행 결과 화면처럼 iValue에 10을 지정하였을 경우 식2인 iCount <= iValue 식은 1 <= 10으로 참이 되기 때문에 18번 라인의 문장이 실행된다. 18번 라인의 문장은 iSum = iSum + iCount;이다. 이 문장에서 사용되는 대입 연산자(=) 왼쪽의 iSum은 값을 저장하기 위한 변수의 공간이고, 대입 연산자 오른쪽의 iSum은 변수에 저장되어 있는 값을 의미한다. 따라서 해당 문장은 iSum에 저장된 값을 가져와서 iCount와 더한 후 다시 iSum에 저장하라는 의미이다. 이

문장은 iSum += iCount라는 복합 대입 연산자를 이용한 식으로 대체할 수도 있다. 현재 iSum에 0이 저장되어 있기 때문에 연산 수행 결과 iSum에 저장된 값은 0 + 1 즉 1이 된다.

18번 라인의 문장 수행이 끝나면 다시 16번 라인으로 프로그램 실행이 올라가서 for문의 식3을 수행한다. 식3은 iCount = iCount + 1;이며 이는 iCount의 값을 1 증가시킨다. 즉 기존에 1이었던 iCount의 값을 2로 바꾸어 저장한다. 해당 문장은 ++iCount, iCount++라는 증가 연산자 또는 복합 대입 연산자를 사용하는 iCount += 1 식으로 대체할 수 있다. 식3의 수행이 끝나면 다시 식2로 이동하여 상태를 검사한다. iCount에는 2, iValue에는 변함없이 10이 저장되어 있기 때문에 해당 식은 참이다. 따라서 18번 라인의 문장이 수행된다. 두 번째 실행되는 18번 라인에서 iSum은 1값이 저장되어있기 때문에 연산 수행 결과 iSum에 새롭게 저장되는 값은 1 + 2의 결과인 3이 저장된다. 18번 라인의 문장 수행이 끝나면 다시 16번 라인의 식3이 반복된다. 결국 iCount가 10일 때 까지 계속 반복되며, iCount가 11이 되면 18번 라인의 문장을 수행하지 않고 for문이 종료된다. 즉 최종 결과 iSum에 1 + 2 + ... + 10의 결과가 저장된다.

for문을 사용할 때 주의할 부분이 하나 있다. 우리가 C언어의 문장을 세미콜론을 이용하여 끝을 맺듯이 for문 뒤에 for(i = 1; i <= 10; i++);와 같이 세미콜론을 붙이면 예기치 않는 결과가 발생한다. 다음의 예제를 살펴보자.

```
1   /*
2     Example 4-2
3     for문 끝에 세미콜론을 붙이는 경우
4   */
5
6   #define _CRT_SECURE_NO_WARNINGS
7   #include <stdio.h>
8
9   int main(void)
10  {
11    int iValue, iCount, iSum = 0;
12
13    printf("숫자를 입력하세요 : ");
14    scanf("%d", &iValue);
15
16    for (iCount = 1; iCount <= iValue; iCount = iCount + 1);
17    {
18        iSum = iSum + iCount;
19    }
20
```

```
21        printf("1부터 %d까지의 합은 %d입니다.\n", iValue, iSum);
22
23        return 0;
24    }
```

프로그램 실행 결과

```
C:\windows\system32\cmd.exe
숫자를 입력하세요 : 10
1부터 10까지의 합은 11입니다.
계속하려면 아무 키나 누르십시오 . . .
```

앞의 예제와 16번 라인만 for (iCount = 1; iCount <= iValue; iCount = iCount + 1);과 같이 for문 끝에 세미콜론만 추가되도록 변경되었다. 그러나 프로그램의 실행 결과는 전혀 다르게 변경되었다. 16번 라인부터 19번 라인까지를 컴퓨터가 해석하는 형태의 문장으로 변경하면 다음과 같다.

예제	for (iCount = 1; iCount <= iValue; iCount = iCount + 1);
	{
	    iSum = iSum + iCount;
	}

컴퓨터가 해석하는 형태	for (iCount = 1; iCount <= iValue; iCount = iCount + 1)
	{
	    ;
	}
	{
	    iSum = iSum + iCount;
	}

for문은 괄호 안에 사용되는 반복을 위한 설정 부분과 반복 실행 문장이 모두 하나로 구성되어 있는 문장이다. 따라서 for문 뒤에 세미콜론을 붙이게 되면 위의 예와 같이 for문 아래에 공문이 하나 추가가 된 것으로 컴퓨터는 인식한다. 즉 프로그램 실행은 iCount가 1부터 10까지 변화하는 동안 공문이 실행되어 아무런 작업도 수행하지 않고 iCount가 11이 되면 반복문이 종료된다. 반복문이 종료된 후 iSum = iSum + iCount; 문장이 실행되며, iCount에 마지막으로 저장된 값이 11이기 때문에 iSum에는 0 + 11의 결과인 11이 저장된다. 이와 같이 for문 뒤에 세미콜론을 붙이면 원하지 않는 결과가 발생하며, 이는 앞에서 배웠던 if문 등에도 해당하기 때문에 주의하도록 한다.

<table>
<tr><td>if문에
세미콜론을 붙이는 경우</td><td>if (iValue > 0);
{
    printf("%d는 양수입니다.\n", iValue);
}</td></tr>
<tr><td>컴퓨터가 해석하는 형태</td><td>if (iValue > 0)
{
    ;
}
{
    printf("%d는 양수입니다.\n", iValue);
}</td></tr>
</table>

다음의 예제는 식3〈상태의 변경〉 부분을 이용하여 1부터 입력한 숫자까지 홀수의 합을 구하는 프로그램을 만든 것이다.

```
/*
  Example 4-3
  for문을 이용한 홀수의 합 프로그램
*/

#define _CRT_SECURE_NO_WARNINGS
#include <stdio.h>

int main(void)
{
  int iValue, iCount, iSum = 0;

  printf("숫자를 입력하세요 : ");
  scanf("%d", &iValue);

  for (iCount = 1; iCount <= iValue; iCount = iCount + 2)
  {
      iSum = iSum + iCount;
  }

  printf("1부터 %d까지의 홀수의 합은 %d입니다.\n", iValue, iSum);

  return 0;
}
```

프로그램 실행 결과

```
C:\windows\system32\cmd.exe
숫자를 입력하세요 : 10
1부터 10까지의 홀수의 합은 25입니다.
계속하려면 아무 키나 누르십시오 . . .
```

예제의 16번 라인의 for문에서 식3〈상태의 변경〉 부분을 살펴보자. 식이 iCount = iCount + 2로 되어 있다. 즉 iCount의 값이 식이 한 번 호출될 때 마다 2씩 증가한다. 따라서 iSum에는 1 + 3 + 5 + ...의 값이 저장된다. 14번 라인에서 iValue의 값에 10을 입력했기 때문에 iCount의 값이 9가 될 때 까지 합을 더하며, 11이 되면 합을 구하지 않고 반복문을 종료한다.

홀수의 합을 구하는 예제에서 식3〈상태의 변경〉 부분의 식을 iCount = iCount + 2로 하여 2씩 증가하도록 하였다. 만일 짝수의 합을 구한다면 어떻게 작성해야 할까? 또는 3의 배수의 합을 구한다면 어떻게 작성해야 할까? for문의 식을 for (iCount = 2; iCount <= 10; iCount = iCount + 2)로 작성하면 짝수의 합을 구할 수 있을 것이다. 그리고 3의 배수의 합은 for (iCount = 3; iCount <= 10; iCount = iCount + 3)으로 하면 될 것이다. 그러나 이러한 문장은 1부터 입력한 수까지의 짝수의 합 또는 1부터 입력한 수까지의 3의 배수의 합이라는 의미 보다는 2부터 짝수의 합, 3부터 3의 배수의 합이라는 의미가 강하다. 다음의 예제를 살펴보자.

```
/*
   Example 4-4
   for문을 이용한 짝수의 합
*/

#define _CRT_SECURE_NO_WARNINGS
#include <stdio.h>

int main(void)
{
   int iValue, iCount, iSum = 0;

   printf("숫자를 입력하세요 : ");
   scanf("%d", &iValue);

   for (iCount = 1; iCount <= iValue; iCount++)
   {
        if (iCount % 2 == 0)
        {
             iSum += iCount;
```

```
21              }
22          }
23
24          printf("1부터 %d까지의 짝수의 합은 %d입니다.\n", iValue, iSum);
25
26          return 0;
27      }
```

프로그램 실행 결과

```
C:\windows\system32\cmd.exe
숫자를 입력하세요 : 10
1부터 10까지의 짝수의 합은 30입니다.
계속하려면 아무 키나 누르십시오 . . .
```

예제의 16번 라인에서 식3〈상태의 변경〉 부분에 iCount++ 식이 사용되었다. 즉 상태가 변경될 때 마다 iCount의 값은 1씩 증가한다. 18번 라인부터 21번 라인까지 for문에서 반복하는 문장을 살펴보자. 18번 라인에 if를 이용한 조건문이 사용되었다. iCount % 2 == 0의 식은 iCount의 값이 짝수일 때 참인 결과를 갖는다. 따라서 20번 라인의 문장은 iCount가 2, 4, 6, ...일 때 실행되고, 1, 3, 5, ...일 때는 실행되지 않는다. 즉 iCount가 홀수일 때는 20번 라인의 문장이 실행되지 않고 16번 라인의 식3〈상태의 변경〉으로 이동하며, iCount가 짝수일 때는 20번 라인이 실행된 후 16번 라인의 식3〈상태의 변경〉으로 이동한다. 그 결과 iSum에 저장되는 값은 2 + 4 + 6 ...인 짝수의 합이 저장된다. 이를 조금만 응용한다면 3의 배수의 합, 4의 배수의 합, 또는 입력한 숫자의 배수의 합 등 다양한 결과를 가져올 수 있다.

다음의 예제 두 개는 입력한 숫자에 해당하는 구구단을 출력하는 프로그램이다. 구구단을 숫자를 증가해 가면서 출력해 보고, 다시 숫자를 감소시켜 가면서 출력해 본다. 이처럼 for문의 식3〈상태의 변경〉 부분은 그 수가 증가할 수도 있으며 또는 감소할 수도 있다.

```
/*
    Example 4-5
    구구단 출력 프로그램
*/

#define _CRT_SECURE_NO_WARNINGS
#include <stdio.h>

int main(void)
{
```

```
    int iValue, iCount;

    printf("정수를 입력하세요 : ");
    scanf("%d", &iValue);

    for (iCount = 1; iCount <= 9; iCount++)
    {
        printf("%d * %d = %d\n", iValue, iCount, iValue * iCount);
    }

    return 0;
}
```

프로그램 실행 결과

```
C:\windows\system32\cmd.exe
정수를 입력하세요 : 5
5 * 1 = 5
5 * 2 = 10
5 * 3 = 15
5 * 4 = 20
5 * 5 = 25
5 * 6 = 30
5 * 7 = 35
5 * 8 = 40
5 * 9 = 45
계속하려면 아무 키나 누르십시오 . . .
```

```
/*
  Example 4-6
  구구단 출력 프로그램
*/

#define _CRT_SECURE_NO_WARNINGS
#include <stdio.h>

int main(void)
{
    int iValue, iCount;

    printf("정수를 입력하세요 : ");
    scanf("%d", &iValue);

    for (iCount = 9; iCount >= 1; iCount--)
    {
        printf("%d * %d = %d\n", iValue, iCount, iValue * iCount);
    }

    return 0;
}
```

프로그램 실행 결과

```
C:\windows\system32\cmd.exe
정수를 입력하세요 : 5
5 * 9 = 45
5 * 8 = 40
5 * 7 = 35
5 * 6 = 30
5 * 5 = 25
5 * 4 = 20
5 * 3 = 15
5 * 2 = 10
5 * 1 = 5
계속하려면 아무 키나 누르십시오 . . .
```

위의 두 예제는 16번 라인에서 for문의 식1〈초기화〉, 식2〈상태검사〉, 식3〈상태의 변경〉 부분만 차이가 있다. 첫 번째 예제의 경우 for문에서 iCount 변수가 1부터 9까지 증가하면서 사용되었고, 두 번째 예제의 경우 for문에서 iCount 변수가 9부터 1까지 감소하면서 사용되었다. 두 번째 예제에서 식1〈초기화〉가 iCount = 9, 식2〈상태검사〉가 iCount 〉= 1, 식3〈상태의 변경〉이 iCount--가 되어 있음에 주의하자.

for문에서 반복 실행하는 문장에 조건문이 가능하듯이 for문 안에 for문이 다시 포함될 수도 있다. 이와 같이 for문 안에 for문이 있는 구조를 중첩 for문이라고 한다. 중첩 for문의 경우 외부의 for문이 한 번 실행될 때 내부의 for문은 일정한 횟수만큼 반복한다. 그리고 중첩 for문 안에 또 다른 for문을 갖는 3중첩, 4중첩 for문 역시 가능하다. 다음의 구구단 출력 프로그램을 살펴보자.

```
/*
   Example 4-7
   구구단 출력 프로그램
*/

#define _CRT_SECURE_NO_WARNINGS
#include <stdio.h>

int main(void)
{
   int iCount1, iCount2;

   for (iCount1 = 1; iCount1 <= 3; iCount1++)
   {
        for (iCount2 = 1; iCount2 <= 9; iCount2++)
        {
             printf("%d * %d = %d\n", iCount1, iCount2, iCount1 * iCount2);
        }
   }
```

```
20
21        return 0;
22    }
```

프로그램 실행 결과

```
C:\windows\system32\cmd.exe
1 * 1 = 1
1 * 2 = 2
1 * 3 = 3
1 * 4 = 4
1 * 5 = 5
1 * 6 = 6
1 * 7 = 7
1 * 8 = 8
1 * 9 = 9
2 * 1 = 2
2 * 2 = 4
2 * 3 = 6
2 * 4 = 8
2 * 5 = 10
2 * 6 = 12
2 * 7 = 14
2 * 8 = 16
2 * 9 = 18
3 * 1 = 3
3 * 2 = 6
3 * 3 = 9
3 * 4 = 12
3 * 5 = 15
3 * 6 = 18
3 * 7 = 21
3 * 8 = 24
3 * 9 = 27
계속하려면 아무 키나 누르십시오 . . .
```

예제의 13번 라인에서 for문이 한 번 사용되었고, 15번 라인에서 for문이 다시 사용되었다. 15번 라인의 for문은 13번 라인의 for문에 포함되어있는 문장이다. iCount1이 초깃값 1일 때 15번 라인의 for문이 반복 실행된다. 따라서 iCount2가 1부터 9까지 변화할 동안 iCount1의 값은 유지된다. 즉 17번 라인의 printf 출력문은 iCount1이 1일 때 iCount2가 1부터 9까지 변하면서 9번 실행된다. 17번 라인이 9번 반복 실행된 후 15번 라인의 for문이 종료되며, 다시 13번 라인 for문의 식3 iCount1++이 수행된다. iCount1을 2로 증가한 후 15번 라인의 for문이 실행되고 같은 작업을 iCount1이 3일 때 까지 반복한다.

다음의 예제들은 중첩 for문을 이용하여 *을 다양한 형태로 출력하는 프로그램이다. *을 이용하여 사각형, 삼각형, 마름모 등을 출력함으로써 중첩 for문을 어떻게 사용할 것인지를 연습해 볼 수 있는 예제이다. 우선 사각형을 출력해 보자.

```
/*
   Example 4-8
   중첩 for문을 이용한 사각형 출력 프로그램
*/

```

```
6    #define _CRT_SECURE_NO_WARNINGS
7    #include <stdio.h>
8
9    int main(void)
10   {
11       int iValue, iCount1, iCount2;
12
13       printf("숫자를 입력하세요 : ");
14       scanf("%d", &iValue);
15
16       for (iCount1 = 1; iCount1 <= iValue; iCount1++)
17       {
18           for (iCount2 = 1; iCount2 <= iValue; iCount2++)
19           {
20               printf("*");
21           }
22           printf("\n");
23       }
24
25       return 0;
26   }
```

프로그램 실행 결과

```
C:\windows\system32\cmd.exe
숫자를 입력하세요 : 5
*****
*****
*****
*****
*****
계속하려면 아무 키나 누르십시오 . . .
```

프로그램 실행 결과와 같이 5를 입력하면 16번 라인의 for문을 통하여 iCount1이 1부터 5까지 변화하면서 18번 라인의 for문을 수행하고, 18번 라인의 for문에서 iCount2 역시 1부터 5까지 변화하면서 문장을 수행한다. 즉 iCount1이 1일 때 iCount2가 1부터 5까지 변화하면서 20번 라인의 printf문을 이용하여 *을 출력한다. 이때 20번 라인의 printf문에 \n이 없기 때문에 줄 바꿈은 하지 않으며, 가로로 이어서 별을 다섯 개(*****) 출력한다. 18번 라인부터 21번 라인까지의 for문을 이용하여 *****을 출력한 후 내부의 for문이 종료되며, 이후 22번 라인의 printf("\n"); 문장을 이용하여 줄 바꿈을 수행한다. 22번 라인 줄 바꿈 이후 다시 16번 라인의 for문의 iCount1++ 식을 수행하여 iCount1을 2로 변경한다. 이와 같은 과정을 통하여 *****을 다섯 줄 출력한 후 프로그램을 종료한다.

다음의 예제는 앞에서 사각형을 출력하는 예제를 직각삼각형을 출력할 수 있도록 변경한 것이다.

```
1   /*
2     Example 4-9
3     중첩 for문을 이용한 삼각형 출력 프로그램
4   */
5
6   #define _CRT_SECURE_NO_WARNINGS
7   #include <stdio.h>
8
9   int main(void)
10  {
11    int iValue, iCount1, iCount2;
12
13    printf("숫자를 입력하세요 : ");
14    scanf("%d", &iValue);
15
16    for (iCount1 = 1; iCount1 <= iValue; iCount1++)
17    {
18        for (iCount2 = 1; iCount2 <= iCount1; iCount2++)
19        {
20            printf("*");
21        }
22        printf("\n");
23    }
24
25    return 0;
26  }
```

프로그램 실행 결과

```
C:\windows\system32\cmd.exe
숫자를 입력하세요 : 5
*
**
***
****
*****
계속하려면 아무 키나 누르십시오 . . .
```

앞의 사각형 출력 예제와 다른 부분을 알 수 있는가? 앞의 사각형 출력 예제와 다른 부분은 18번 라인의 for문에서 식2〈상태검사〉 부분이 다르다. 앞의 사각형 출력 예제의 18번 라인은 for (iCount2 = 1; iCount2 〈= iValue; iCount2++)이고 지금 직각삼각형 출력 프로그램의 18번 라인은 for (iCount2 = 1; iCount2 〈= iCount1; iCount2++)로 되어있다. 사각형 출력 예제에서는 *을 한 줄 출력할 때 마다 입력받은 개수와 동일한 개수를 출력하기 위하여 18번 라인의 for문에서 iCount2 〈= iValue를 사용하였다. 그러나 이번 삼각형 출력 예제에서는 첫 번째 줄에 * 한 개, 두 번째 줄에 * 두 개, 세 번째 줄에 * 세 개와 같이 출력해야 한다. 여기서 첫 번째 줄, 두 번째 줄 등과 같이 줄을 구분하기 위해 사용되는 문장은 printf("\n"); 문장이다. 해당 문장은 16번 라인의 for문

안에 있기 때문에 줄의 위치와 관계되는 변수가 iCount1이 1씩 증가할 때 마다 한 번씩 실행된다. 따라서 18번 라인에서 식2〈상태검사〉 부분에 iCount2 〈= iCount1을 사용하면 iCount1이 1일 때 즉 첫 번째 줄일 때 *을 출력하기 위한 printf("*"); 문장을 한 번 반복한 후 printf("\n"); 문장을 통하여 한 줄 내리며, iCount1이 2일 때 즉 두 번째 줄일 때는 두 번 반복하여 **이 출력된 후 한 줄 내린다. 같은 방식으로 ***, **** 를 각각 출력한 후 한 줄씩 줄 바꿈을 하여 직각삼각형을 출력할 수 있다. 만약 18번 라인을 for (iCount2 = iValue; iCount2 〉= iCount1; iCount2--)로 사용한다면, 거꾸로 출력되는 직각삼각형을 볼 수도 있다. 다음의 예제로 확인해보자.

```
1   /*
2      Example 4-10
3      중첩 for문을 이용한 거꾸로 된 삼각형 출력 프로그램
4   */
5
6   #define _CRT_SECURE_NO_WARNINGS
7   #include <stdio.h>
8
9   int main(void)
10  {
11     int iValue, iCount1, iCount2;
12
13     printf("숫자를 입력하세요 : ");
14     scanf("%d", &iValue);
15
16     for (iCount1 = 1; iCount1 <= iValue; iCount1++)
17     {
18         for (iCount2 = iValue; iCount2 >= iCount1; iCount2--)
19         {
20             printf("*");
21         }
22         printf("\n");
23     }
24
25     return 0;
26  }
```

프로그램 실행 결과

```
C:\windows\system32\cmd.exe
숫자를 입력하세요 : 5
*****
****
***
**
*
계속하려면 아무 키나 누르십시오 . . .
```

예제의 18번 라인과 같이 for (iCount2 = iValue; iCount2 >= iCount1; iCount2--) 문장을 이용하면, iCount1이 1일 때 iCount2는 5부터 1보다 클 때 까지 1씩 감소하면서 반복한다. 즉 iCount1이 1일 때 iCount2는 다섯 번 반복하는 것으로 *****이 첫 번째 줄에 출력된다. iCount1이 2가 되면 iCount2는 5부터 2보다 클 때 까지 네 번 반복하며, 두 번째 줄에 ****이 출력된다. 같은 과정을 통하여 최종 출력 결과는 거꾸로 된 직각삼각형 모양이 된다.

4.3 while문

for문이 일정한 횟수 또는 초기 조건과 끝나기 위한 조건을 문장의 형식에 명시적으로 표현하는 반복문이라면, while문은 주어진 조건이 만족되는 동안 문장을 반복 실행한다. 다음의 형식을 살펴보자.

while문의 형식	
형식	프로그램 진행 과정

while (식<상태검사>)
{
    문장
}
	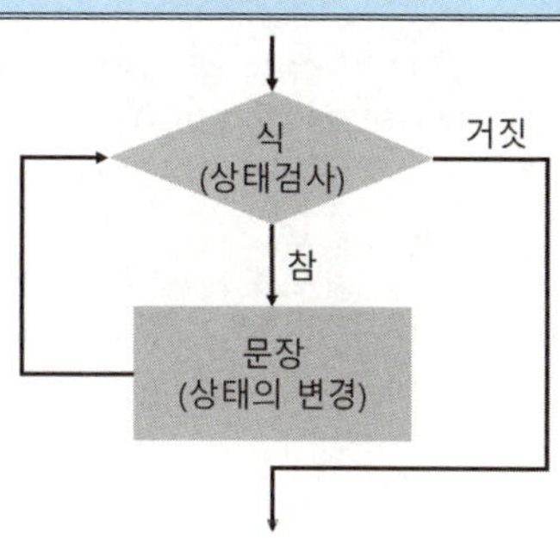

while문의 프로그램 진행 과정에서 볼 수 있듯이 식의 값이 참이면 문장을 수행하고, 문장의 수행이 종료되면 다시 식의 값을 검사한다. 그리고 식의 값이 거짓일 경우 문장의 수행을 중단하고 while문을 종료한다. 식의 위치에는 상수, 변수, 연산식, 함수 등을 사용할 수 있으며, 참과 거짓으로 표현할 수 있는 모든 것이 가능하다. 만일 식의 위치에 상수 또는 변수가 단일로 사용될 경우 0이 아니면 참인 값으로 평가되어 문장을 수행하며, 0이면 거짓으로 평가되어 문장을 수행하지 않고 반복문을 종료한다. 식의 위치에 연산식이 사용될 경우 연산의 결과를 참과 거짓으로 판단한 후 문장의 반복 여부를 결정한다. while문에서 실행하는 문장의 위치에는 단순문, 복합문, 그리고 반복문과 조

건문 등 다른 제어문이 올 수 있으며, 복합문의 경우 반드시 중괄호를 이용하여 표현해야 한다.

for문은 for (식1〈초기화〉; 식2〈상태검사〉; 식3〈상태의 변경〉)과 같이 초깃값, 상태 검사, 상태의 변경이 모두 for문 뒤에 괄호를 이용하여 포함하고 있지만 while문은 while (식〈상태검사〉)와 같이 상태 검사만 식에 포함되기 때문에 초깃값 및 상태의 변경 설정에 주의해야 한다. 일반적으로 상태를 비교하기 위한 값의 초깃값은 while문을 만들기 전에 지정하며, 상태의 변경 부분은 while문 내부에 실행하는 문장에 넣어서 사용한다. 다음의 예제를 살펴보자.

```
/*
   Example 4-11
   while문을 이용한 구구단 출력
*/

#define _CRT_SECURE_NO_WARNINGS
#include <stdio.h>

int main(void)
{
   int iValue, iCount;

   printf("정수를 입력하세요 : ");
   scanf("%d", &iValue);

   iCount = 1;
   while (iCount <= 9)
   {
        printf("%d * %d = %d\n", iValue, iCount, iValue * iCount);
        iCount++;
   }

   return 0;
}
```

프로그램 실행 결과

```
C:\windows\system32\cmd.exe
정수를 입력하세요 : 5
5 * 1 = 5
5 * 2 = 10
5 * 3 = 15
5 * 4 = 20
5 * 5 = 25
5 * 6 = 30
5 * 7 = 35
5 * 8 = 40
5 * 9 = 45
계속하려면 아무 키나 누르십시오 . . .
```

위의 예제는 for문을 이용하여 입력받은 숫자의 구구단을 출력하는 예제를 while문을 이용하여 출력하도록 변경한 것이다. for문과 while문을 비교해보자.

for문	for (iCount = 1; iCount <= 9; iCount++)
	{
	    printf("%d * %d = %d\n", iValue, iCount, iValue * iCount);
	}

while문	iCount = 1;
	while (iCount <= 9)
	{
	    printf("%d * %d = %d\n", iValue, iCount, iValue * iCount);
	    iCount++;
	}

for문에서 사용되는 식1〈초기화〉 부분이 while문에서는 while 위에 위치해 있는 것을 볼 수 있다. while문의 경우 초기화 작업을 수행할 수 있는 곳이 while문 내부에 없기 때문에 별도의 문장을 이용하여 while문을 사용하기 전에 지정해야만 한다. 만일 iCount = 1; 문장이 없다면 iCount <= 9 식의 비교는 불가능할 것이다. 다음 while (iCount <= 9) 형식을 이용하여 iCount <= 9 식이 참인 경우, 즉 iCount가 9보다 작거나 같을 때 까지 문장을 반복한다. 바로 위 문장에서 iCount 변수에 1이 저장되었으므로 해당 식은 참이 된다. 따라서 내부의 문장을 실행하며, 위의 결과 화면에서 iValue에 5를 입력했기 때문에 5 * 1 = 5의 문장을 화면에 출력한다. 5 * 1 = 5의 문장을 출력한 이후 iCount++; 문장을 실행하여 iCount의 값을 2로 변경한다. while문의 경우 for문에서의 식3〈상태의 변경〉 부분이 while문의 형식에 포함되지 않기 때문에 이와 같이 while문에서 참일 경우 실행해야 하는 문장 내부에 상태의 변경 부분을 포함해야 한다. while문 내부의 문장 실행이 모두 끝나면 while (iCount <= 9)로 돌아가 식을 다시 검사한다. 이와 같은 과정을 계속 반복하여 5 * 9 = 45까지 출력한다. 이후 iCount의 값이 10이 되면, iCount <= 9 식이 거짓이 되어 반복문을 종료한다.

앞에서 언급한 것과 같이 while문에서는 식3〈상태의 변경〉 부분이 없기 때문에 프로그램 작성 시 주의해야 한다. 다음의 예제를 살펴보자.

```
/*
   Example 4-12
```

```
3      while문을 이용한 구구단 출력
4      while문 내부 상태의 변경 부분이 생략된 경우
5    */
6
7    #define _CRT_SECURE_NO_WARNINGS
8    #include <stdio.h>
9
10   int main(void)
11   {
12     int iValue, iCount;
13
14     printf("정수를 입력하세요 : ");
15     scanf("%d", &iValue);
16
17     iCount = 1;
18     while (iCount <= 9)
19     {
20         printf("%d * %d = %d\n", iValue, iCount, iValue * iCount);
21         // iCount++;
22     }
23
24     return 0;
25   }
```

프로그램 실행 결과

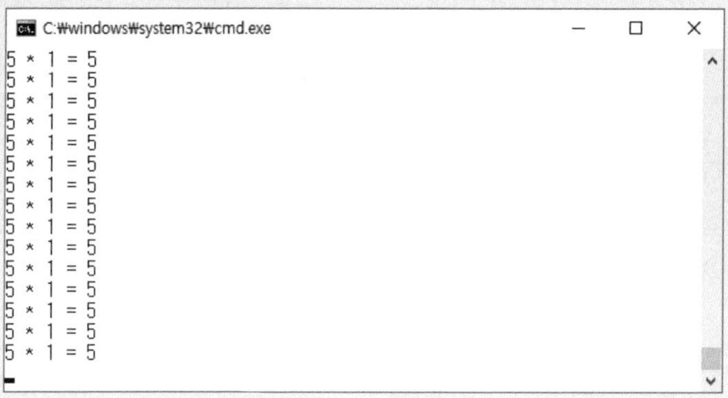

예제의 21번 라인에서 iCount++; 문장이 주석 처리가 되어있다. 주석은 프로그램의 실행에 영향을 미치지 않는 코드의 일부분이다. 따라서 while문 내부에 상태를 변경하는 부분이 생략된 것이다. 즉 17번 라인에서 iCount가 1로 저장되고, 18번 라인의 while문에서의 식이 참이 되어 20번 라인의 출력문이 실행된다. 21번 라인은 주석으로 되어 있기 때문에 실행되지 않고 다시 18번 라인으로 올라간다. iCount가 변경되지 않았기 때문에 iCount <= 9의 식은 계속 참이며, 20번 라인의 출력문은 프로그램을 강제로 종료하기 전까지 계속 실행된다.

앞의 예제와 같이 while문에서 사용하는 식이 항상 참이면 while문은 종료되지 않고 계속 문장을 반복한다. 이렇게 계속 반복되는 while문을 프로그램 내부에서 특별한 목적으로 사용해야 되는 경우도 있다. 이러한 반복문을 무한루프 반복문이라고 한다. 무한루프 반복문은 for문을 사용해서 만들 수도 있지만 보통은 while문을 사용하는 경우가 더 많다. 다음의 예제를 살펴보자.

```
1   /*
2      Example 4-13
3      무한루프 프로그램
4   */
5
6   #include <stdio.h>
7
8   int main(void)
9   {
10     while (1)
11     {
12         printf("while문 실행중\n");
13     }
14
15     return 0;
16  }
```

프로그램 실행 결과

```
C:\windows\system32\cmd.exe
while문 실행중
while문 실행중
while문 실행중
while문 실행중
while문 실행중
while문 실행중
while문 실행중
while문 실행중
while문 실행중
while문 실행중
while문 실행중
```

예제의 12번 라인의 while문 내부의 식은 상수 1이다. 상수 1은 변할 수 없는 숫자이며, 항상 참인 값이다. 따라서 14번 라인의 printf 출력문이 계속 실행된다. 예제의 프로그램 실행 결과 while문 실행중이라는 문장이 계속 출력된다. 이렇게 무한반복문을 이용하면 프로그램이 종료되지 않고 계속 실행된다. 그러나 프로그램은 언젠가는 종료되어야 하며, 무한반복문 역시 종료가 필요할 수 있다. 무한반복문을 종료시키기 위한 방법은 뒤에서 설명한다.

지금까지 while문을 이용한 반복문을 배웠다. while문은 for문과는 다르게 초기화와 상태의 변경 과정이 while문 내부의 형식에 포함되지 않는다. 그러나 while문과 for문은 형식만 다르고 반복문이라는 기본 개념은 동일하다. 따라서 for문으로 작성된 모든 문장은 while문을 사용해서 작성할 수 있고, while문으로 작성된 문장은 for문을 이용하여 만들 수 있다. 앞에서 for문으로 작성한 입력한 숫자까지의 합을 구하는 프로그램을 while문으로 다시 작성해 보자.

```
1    /*
2       Example 4-14
3       while문을 이용한 합 프로그램
4    */
5
6    #define _CRT_SECURE_NO_WARNINGS
7    #include <stdio.h>
8
9    int main(void)
10   {
11      int iValue, iCount, iSum = 0;
12
13      printf("정수를 입력하세요 : ");
14      scanf("%d", &iValue);
15
16      iCount = 1;
17      while (iCount <= iValue)
18      {
19          iSum += iCount;
20          iCount++;
21      }
22
23      printf("1부터 %d까지의 합은 %d입니다.\n", iValue, iSum);
24
25      return 0;
26   }
```

프로그램 실행 결과

```
C:\windows\system32\cmd.exe
숫자를 입력하세요 : 10
1부터 10까지의 합은 55입니다.
계속하려면 아무 키나 누르십시오 . . .
```

예제의 16번 라인부터 21번 라인이 while문의 사용을 위한 문장이다. iCount의 값을 while문 밖에서 1로 지정한 16번 라인과, iCount의 값을 1씩 증가시키기 위한 20번 라인에 주의하자.

4.4 do ~ while문

do ~ while문은 while문과 같이 식이 참일 때 문장을 반복 실행한다. 그러나 do ~ while문은 반복 실행되는 문장이 최소 한 번은 반드시 실행한다는 것이 while문과 다르다. 다음의 형식을 살펴보자.

do ~ while문의 형식	
형식	프로그램 진행 과정
do { 문장 } while (식<상태검사>);	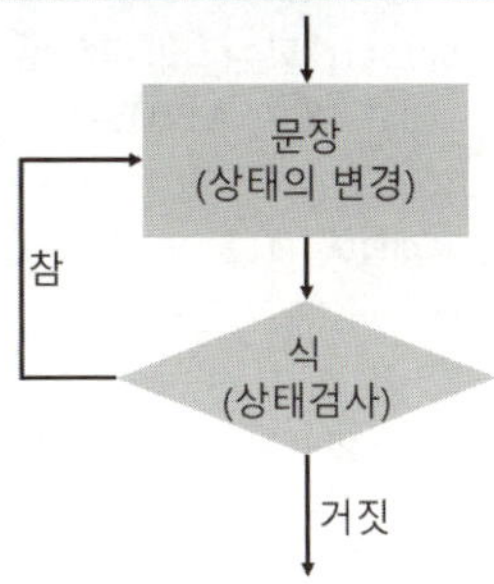

do ~ while문의 형식을 보면 do 아래에 어떠한 식도 없이 바로 문장이 위치한다. 따라서 식을 검사할 수 없으며, 문장을 바로 수행하게 된다. 문장 아래에 while (식〈상태검사〉);가 위치하며, 문장을 수행한 후 상태 검사를 수행하는 것을 알 수 있다. 이때 주의할 것은 while (식);과 같이 가장 마지막에 세미콜론(;)으로 끝을 맺음에 주의하자. 앞에서 for문과 while문의 경우 for (식1;식2;식3), while (식)과 같이 괄호를 닫았을 때 세미콜론을 붙이면 공문이 추가된다고 설명하였다. 그러나 do ~ while문의 형식은 기본 형식 자체가 do ~ while(식);과 같이 세미콜론으로 끝을 맺는다.

do ~ while문에서 사용 가능한 식은 상수, 변수, 연산식, 함수 호출 등 앞에서 for문과 while문에서 배웠던 것과 같이 값을 가질 수 있는 모든 것이 가능하다. 또한 반복 실행하는 문장에도 다른 반복문과 같이 단순문, 복합문, 또는 다른 제어문이 올 수 있다. do ~ while문 역시 while문과 형식이 비슷하기 때문에 초깃값 및 상태의 변경과 관련된 부분에 주의해야 한다. while문과 같이 초깃값은 do ~ while문을 사용하기 전에 지정하며, 상태의 변경은 do ~ while문에서 반복하는 문장 내에 포함한다. 다음의 예제는 for문과 while문을 이용하여 만들었던 구구단 출력 프로그램을 do ~ while문을 이용하여 만든 것이다.

```
1  /*
2     Example 4-15
3     do ~ while문을 이용한 구구단
4  */
5
6  #define _CRT_SECURE_NO_WARNINGS
7  #include <stdio.h>
8
9  int main(void)
10 {
11    int iValue, iCount;
12
13    printf("정수를 입력하세요 : ");
14    scanf("%d", &iValue);
15
16    iCount = 1;
17    do
18    {
19        printf("%d * %d = %d\n", iValue, iCount, iValue * iCount);
20        iCount++;
21    } while (iCount <= 9);
22
23    return 0;
24 }
```

프로그램 실행 결과

```
C:\windows\system32\cmd.exe
정수를 입력하세요 : 5
5 * 1 = 5
5 * 2 = 10
5 * 3 = 15
5 * 4 = 20
5 * 5 = 25
5 * 6 = 30
5 * 7 = 35
5 * 8 = 40
5 * 9 = 45
계속하려면 아무 키나 누르십시오 . . .
```

위의 예제에서 16번 라인의 iCount = 1; 문장과, 20번 라인의 iCount++; 문장에 주의하자. do ~ while문은 while문과 같이 초깃값 설정과 상태 변경 부분을 별도의 문장으로 처리해야 한다. 16번 라인에서 iCount에 1을 저장하고 상태를 평가하기 위한 식이 없기 때문에 17번 라인을 거쳐 19번 라인이 바로 실행된다. 19번 라인의 문장을 실행한 후 iCount를 2로 변경한다. 이후 21번 라인에서 iCount <= 9의 식이 참이면 17번 라인으로 다시 이동하여 이후의 문장을 수행하며, 식이 거짓이면 반복문을 종료한다. 반복문의 첫 실행에서 19번 라인을 통하여 iCount가 2로 변경되었으므로 21번 라인의 iCount <= 9의 식은 참이다. 지금까지의 과정을 계속 반복하여 5 * 1 = 5부터 5 * 9 = 45까지 출력한 후 19번 라인에서 iCount가 10으로 변경된다. iCount가 10일 때 21

번 라인의 iCount <= 9 식은 거짓이 되므로 반복문이 종료된다.

지금까지 본 for문, while문, 그리고 do ~ while문을 이용하여 구구단 출력 프로그램을 만들어 보았다. 이와 같이 세 가지 종류의 반복문은 같은 결과를 갖는 문장을 모두 만들 수 있으며, 상호 호환되도록 프로그램 작성이 가능하다. 그러나 do ~ while문의 경우 반복되는 문장이 반드시 한 번은 실행되기 때문에 일반적으로 키보드로부터 입력을 받고 그것을 확인하는 작업에서 많이 사용된다. 다음의 예제를 살펴보자.

```
/*
  Example 4-16
  do ~ while문을 이용한 구구단 프로그램 (단수 제한)
*/

#define _CRT_SECURE_NO_WARNINGS
#include <stdio.h>

int main(void)
{
  int iValue, iCount;

  do
  {
      printf("1에서 9사이의 숫자를 입력하세요 : ");
      scanf("%d", &iValue);
  } while (iValue < 1 || iValue > 9);

  iCount = 1;
  while (iCount <= 9)
  {
      printf("%d * %d = %d\n", iValue, iCount, iValue * iCount);
      iCount++;
  }

  return 0;
}
```

프로그램 실행 결과

```
C:\windows\system32\cmd.exe
1에서 9사이의 숫자를 입력하세요 : 0
1에서 9사이의 숫자를 입력하세요 : 10
1에서 9사이의 숫자를 입력하세요 : 5
5 * 1 = 5
5 * 2 = 10
5 * 3 = 15
5 * 4 = 20
5 * 5 = 25
5 * 6 = 30
5 * 7 = 35
5 * 8 = 40
5 * 9 = 45
계속하려면 아무 키나 누르십시오 . . .
```

앞의 while문을 이용하여 구구단을 출력하는 예제에서 13번 라인부터 17번 라인까지 do ~ while문이 추가되었다. 15번 문장에서 printf문을 이용하여 입력의 제한을 1부터 9까지로 알린 후 16번 문장을 이용하여 iValue 값을 입력받는다. 17번 라인의 iValue 〈 1 || iValue 〉 9 식은 16번 라인에서 입력받은 iValue의 값이 1보다 작거나 또는 9보다 클 때 참인 결과를 갖는다. 즉 iValue가 1 ~ 9 사이의 값을 입력하면 해당 식이 거짓이 되어 반복문을 종료하고, 1보다 작거나 9보다 클 경우 참이 되어 15번 라인부터 다시 입력받도록 문장을 수행한다. 따라서 반복문이 종료될 때 iValue에는 1 ~ 9 사이의 값이 저장된다. 프로그램 실행 결과 0과 10을 입력했을 때 숫자를 다시 입력받으며, 5를 입력했을 때 19번 라인으로 이동되어 구구단이 출력되는 것을 확인할 수 있다. 만약 13번 라인부터 17번 라인까지의 문장을 while문을 이용하여 작성하면 어떻게 될까? 숫자를 입력받기 전에 iValue 〈 1 || iValue 〉 9식을 검사하기 때문에 정상적인 동작을 수행할 수 없을 것이다. 이때는 iValue의 초깃값을 적절히 지정하여 while문의 식을 통과한 후 내부의 문장에서 입력받도록 해야 한다. 반면 위와 같이 do ~ while문을 사용하면 값을 입력받은 후 입력받은 값이 해당 범위에 있는지를 확인할 수 있다.

4.5 보조 제어문

보조 제어문은 조건문과 반복문 외에 문장의 순서를 제어할 수 있는 기능을 담당한다. 보조 제어문의 종류에는 switch문과 반복문의 강제 종료를 위한 break문, 반복문의 가장 위로 이동하여 문장을 수행하도록 하는 continue문, 그리고 조건문 또는 반복문과는 관계없이 프로그램의 특정한 위치로 강제 이동하여 이후의 문장을 수행하도록 하는 goto문이 있다.

4.5.1 break문

break문은 이미 switch문에서 접해본 문장이다. break문은 switch문 또는 반복문에서 사용할 수 있으며, 문장의 수행 도중 break문을 만나면 switch문 또는 반복문이 즉시 종료된다. 만약 break문이 중첩으로 이용된 반복문에서 사용될 경우 break문을 감싸고 있는 반복문만 빠져나온다. 다음의 예제를 살펴보자.

```
/*
    Example 4-17
```

```
3       break문
4    */
5
6    #include <stdio.h>
7
8    int main(void)
9    {
10      int iValue = 5, iCount;
11
12      for (iCount = 1; iCount <= 9; iCount++)
13      {
14          printf("%d * %d = %d\n", iValue, iCount, iValue * iCount);
15
16          if (iCount == 5)
17          {
18              break;
19          }
20      }
21
22      return 0;
23   }
```

프로그램 실행 결과

```
C:\windows\system32\cmd.exe
5 * 1 = 5
5 * 2 = 10
5 * 3 = 15
5 * 4 = 20
5 * 5 = 25
계속하려면 아무 키나 누르십시오 . . .
```

위의 예제는 break문을 이용하여 for문 실행 도중 반복 작업을 강제로 종료하는 예이다. 12번 라인의 for문의 형식은 (iCount = 1; iCount <= 9; iCount++)로 iCount 값이 1부터 9까지 증가하면서 실행되기를 원한다. 그러나 프로그램 실행 결과 5 * 5 = 25까지 출력한 후 프로그램이 종료되었다. 18번 라인의 break; 문장은 16번 라인의 if문이 참일 경우 실행되며, 거짓일 경우 실행되지 않는다. 따라서 iCount가 5일 때 18번 라인의 문장이 실행된다. 즉 iCount가 1부터 4까지는 14번 라인의 printf문을 이용하여 화면에 구구단을 출력하고 16번 라인에서 if문의 식이 거짓이 되어 17번 라인부터 19번 라인까지는 실행되지 않고 넘어간다. iCount가 5가 되면 printf문을 실행한 다음 16번 라인의 식이 참이 되어 18번 라인의 break; 문장을 실행한다. 컴퓨터는 break문을 만나면 더 이상 반복을 수행하지 않고 반복문을 종료하고, for문 밖으로 나온다.

break문이 반복문을 강제로 종료하기 때문에 종종 앞에서 배운 무한루프를 이용한 프로그램을 종료하기 위해 사용된다. 다음의 예제를 살펴보자.

```
1	/*
2	   Example 4-18
3	   break문을 이용한 무한루프 탈출
4	*/
5
6	#define _CRT_SECURE_NO_WARNINGS
7	#include <stdio.h>
8
9	int main(void)
10	{
11	   int iValue, iCount;
12
13	   while (1)
14	   {
15	      printf("1부터 9사이의 숫자를 입력하세요 : ");
16	      scanf("%d", &iValue);
17
18	      if (iValue >= 1 && iValue <= 9)
19	      {
20	         break;
21	      }
22	   }
23
24	   for (iCount = 1; iCount <= 9; iCount++)
25	   {
26	      printf("%d * %d = %d\n", iValue, iCount, iValue * iCount);
27	   }
28
29	   return 0;
30	}
```

프로그램 실행 결과

```
C:\windows\system32\cmd.exe
1에서 9사이의 숫자를 입력하세요 : 0
1에서 9사이의 숫자를 입력하세요 : 10
1에서 9사이의 숫자를 입력하세요 : 5
5 * 1 = 5
5 * 2 = 10
5 * 3 = 15
5 * 4 = 20
5 * 5 = 25
5 * 6 = 30
5 * 7 = 35
5 * 8 = 40
5 * 9 = 45
계속하려면 아무 키나 누르십시오 . . .
```

위의 예제는 앞에서 배웠던 1부터 9 사이의 숫자만 입력받아서 구구단을 출력하는 프로그램을 변경한 것이다. 앞에서는 원하는 범위의 숫자를 입력받기 위해서 do ~ while 문을 사용했으나, 본 예제에서는 while문을 이용해 무한루프로 작성했다. 13번 라인의

while문의 식이 1로 고정되어 있기 때문에 13번 라인부터 22번 라인까지는 무한히 반복하는 무한루프 문이다. 18번 라인에서 사용된 if문의 식이 (iValue >= 1 && iValue <= 9)로 되어있다. 이 식은 iValue가 1 이상이고 9 이하일 때 참인 결과를 갖는다. 즉 iValue가 1부터 9 사이의 값이면 20번 라인의 문장이 실행된다. 만약 프로그램 실행 결과와 같이 0 또는 10을 입력하면 식이 거짓이 되어 20번 라인의 문장을 실행하지 않고 다시 13번 라인으로 올라가 반복문을 실행한다. 5를 입력하면 20번 라인의 문장이 실행되며 break; 문장을 만나기 때문에 반복문이 종료되어 24번 라인 이하의 문장을 이용하여 구구단을 출력한다.

4.5.2 continue문

continue문은 break문과는 달리 switch문에서는 사용할 수 없으며 반복문 안에서만 사용할 수 있다. break문이 반복문을 종료하는 것과는 달리 continue문은 현재 실행하고 있는 반복문의 나머지 부분을 생략하고 반복문의 처음으로 돌아간다. for문과 while문, 그리고 do ~ while문의 형식이 다르기 때문에 반복문 내에서 continue문을 만났을 때 프로그램의 다음 실행 지점으로 돌아가는 위치에도 차이가 있다. continue문이 for문에서 사용될 경우 for문의 식3〈상태의 변경〉 부분으로 이동하며, while문이나 do ~ while문에서 사용될 경우 식〈상태검사〉 부분으로 이동한다. 다음의 예제를 살펴보자.

```
/*
    Example 4-19
    for문에서 continue문의 사용
*/

#define _CRT_SECURE_NO_WARNINGS
#include <stdio.h>

int main(void)
{
    int iValue, iCount;

    printf("숫자를 입력하세요 : ");
    scanf("%d", &iValue);

    for (iCount = 1; iCount <= 9; iCount++)
    {
        if (iCount == 5)
        {
```

```
20                  continue;
21              }
22
23              printf("%d * %d = %d\n", iValue, iCount, iValue * iCount);
24          }
25
26          return 0;
27      }
```

프로그램 실행 결과

```
C:\windows\system32\cmd.exe
숫자를 입력하세요 : 5
5 * 1 = 5
5 * 2 = 10
5 * 3 = 15
5 * 4 = 20
5 * 6 = 30
5 * 7 = 35
5 * 8 = 40
5 * 9 = 45
계속하려면 아무 키나 누르십시오 . . .
```

위의 예제는 구구단 출력 중에 continue문을 이용하여 계산을 생략하는 과정을 보인다. 프로그램 실행 결과를 살펴보면 5 * 5 = 25의 계산이 출력되지 않았다. 예제의 18번 라인에 if문을 이용하여 iCount가 5이면 20번 라인의 문장을 실행하고, iCount가 5가 아닌 값이면 20번 라인의 문장을 실행하지 않고 23번 라인으로 진행한다. 20번 라인의 continue문이 실행되면 더 이상 21번 이하의 라인이 실행되지 않으며, 다시 16번 라인의 식3〈상태의 변경〉 부분에 해당하는 iCount++가 실행된다. 즉 iCount가 1부터 4까지는 20번 라인의 문장이 실행되지 않고 23번 라인을 실행하여 구구단을 출력하며, iCount가 5가 되면 20번 라인을 실행하고 23번 라인을 생략한다. 다시 iCount가 6이 되면 20번 라인을 실행하지 않고 23번 라인을 이용하여 구구단을 출력한다.

continue문이 while문 또는 do ~ while문에서 사용될 경우 반복문의 나머지 문장을 건너뛰고 식〈상태검사〉 부분으로 이동한다고 이미 설명하였다. 이때 continue문 때문에 생략되는 문장에 while문의 반복 실행을 위한 상태를 변경하는 부분이 포함될 수 있음에 주의해야 한다. 다음의 예제를 살펴보자.

```
/*
   Example 4-20
   while문에서 continue문 사용 시 주의 사항
*/

#define _CRT_SECURE_NO_WARNINGS
```

```
7   #include <stdio.h>
8   
9   int main(void)
10  {
11      int iValue, iCount;
12  
13      printf("숫자를 입력하세요 : ");
14      scanf("%d", &iValue);
15  
16      iCount = 1;
17      while (iCount <= 9)
18      {
19          if (iCount == 5)
20          {
21              continue;
22          }
23  
24          printf("%d * %d = %d\n", iValue, iCount, iValue * iCount);
25          iCount++;
26      }
27  
28      return 0;
29  }
```

프로그램 실행 결과

```
C:\windows\system32\cmd.exe
숫자를 입력하세요 : 5
5 * 1 = 5
5 * 2 = 10
5 * 3 = 15
5 * 4 = 20
```

위의 프로그램 실행 결과를 보자. 5 * 4 = 20을 출력한 후 프로그램이 계속 멈춰있다. 이런 결과가 발생한 이유는 21번 라인의 continue문 때문이다. iCount가 1부터 4까지는 21번 문장이 실행되지 않고 24번 문장을 통하여 정상적으로 구구단이 출력된다. 구구단을 출력한 후 25번 라인을 이용하여 iCount의 값을 1 증가시킨다. 그러나 iCount가 5가 되면, 19번 라인의 if문의 식이 참이 되고 continue; 문장이 실행된다. 21번 라인을 만나면 24번 라인과 25번 라인도 건너뛰게 되며, iCount의 값은 변하지 않고 계속 5인 값을 갖는다. 따라서 19번 라인이 계속 참이 되어 반복문이 무한루프에 빠지게 된다. 이를 방지하기 위하여 while문에 continue문을 추가할 때는 continue문을 사용하기 전에 상태의 변경 부분 역시 추가해야 한다. 다음의 예제를 이용하여 위의 예제를 수정해 보자.

```
1  /*
2     Example 4-21
3     while문에서 continue문 사용 시 주의 사항
4  */
5
6  #define _CRT_SECURE_NO_WARNINGS
7  #include <stdio.h>
8
9  int main(void)
10 {
11    int iValue, iCount;
12
13    printf("숫자를 입력하세요 : ");
14    scanf("%d", &iValue);
15
16    iCount = 1;
17    while (iCount <= 9)
18    {
19        if (iCount == 5)
20        {
21            iCount++;
22            continue;
23        }
24
25        printf("%d * %d = %d\n", iValue, iCount, iValue * iCount);
26        iCount++;
27    }
28
29    return 0;
30 }
```

프로그램 실행 결과

```
C:\windows\system32\cmd.exe
숫자를 입력하세요 : 5
5 * 1 = 5
5 * 2 = 10
5 * 3 = 15
5 * 4 = 20
5 * 6 = 30
5 * 7 = 35
5 * 8 = 40
5 * 9 = 45
계속하려면 아무 키나 누르십시오 . . .
```

예제의 21번 라인에 continue문이 나오기 전에 iCount의 값을 변경하는 문장이 추가되었다. 이와 같이 수정하면 iCount가 5가 아닐 때는 26번 라인의 iCount++; 문장을 이용하여 iCount의 값이 변경되고, iCount가 5일 때는 22번 라인의 문장을 이용하여 변경되기 때문에 이전 예제와 같은 무한루프에 빠지지 않는다.

4.5.3 goto문

goto문은 프로그램 역사에서 가장 오래 된 명령문 중의 하나로 조건 없이 특정 위치로 실행 순서를 이동시키는 문장이다. 그러나 goto문은 프로그램의 해석과 유지보수에 어려움이 있기 때문에 고급 언어가 발전한 현재에는 자주 사용하지 않는다. 또한 이러한 이유 때문에 여러 소프트웨어 공학 전문가들은 가급적 goto문을 사용하지 않도록 권고하고 있다. 다음은 goto문의 형식이다.

goto문의 형식	문장 goto 레이블; 문장 레이블:

goto문은 레이블이라고 불리는 곳으로 문장의 순서가 강제적으로 이동한다. 레이블은 switch문의 case에서 사용하는 레이블과 같이 콜론(:)을 이용하여 끝을 맺는다. goto 레이블;이라는 형식의 문장으로 해당 레이블로 이동하며, goto문이 찾아가는 레이블은 프로그램의 어느 위치에 있어도 관계없다. 즉 goto문 앞에 레이블이 위치할 수도 있으며, goto문 뒤에 위치할 수도 있다. 다음의 예제를 살펴보자.

```
/*
   Example 4-22
   goto문
*/

#include <stdio.h>

int main(void)
{
   int iValue, iSum = 0;

   iValue = 1;

loop:

   iSum = iSum + iValue;
   if (iValue == 10)
   {
        goto end;
```

```
20          }
21
22          iValue = iValue + 1;
23          goto loop;
24
25      end:
26
27          printf("1부터 10까지의 합은 %d입니다.\n", iSum);
28
29          return 0;
30      }
```

프로그램 실행 결과

```
C:\windows\system32\cmd.exe
1부터 10까지의 합은 55입니다.
계속하려면 아무 키나 누르십시오 . . .
```

위의 예는 goto문을 사용하여 1부터 10까지의 합을 구하는 프로그램을 작성한 것이다. 예제의 14번 라인과 25번 라인에 loop:와 end: 레이블이 있다. 해당 레이블은 프로그램 실행 도중에는 아무런 영향을 미치지 않고 단지 goto문이 이동하는 위치를 나타낸다. 16번 라인에서 iSum에 저장된 0과 iValue에 저장된 1을 더한 결과를 iSum에 저장한다. 17번 라인의 if문에서 현재 iValue는 1이 저장되어 있기 때문에 식은 거짓이 된다. 따라서 22번 라인으로 이동하여 iValue의 값을 2로 변경한다. 23번 라인에서 goto loop; 문장을 이용하여 다시 14번 라인으로 이동한다. 16번 라인의 문장을 통하여 iSum에 이미 저장되어 있는 1과 iValue의 값 2를 더한 3을 저장한다. 이 과정을 iValue가 10일 때 까지 수행하여 iSum에는 1 + 2 + ... + 9 + 10이 저장된다. 10까지 더한 후 17번 라인의 iValue == 10 식이 참이 되어 19번 라인의 goto end; 문장을 실행한다. 19번 라인을 실행하면 25번 라인의 end: 레이블로 이동하며, 27번 라인을 통하여 결과를 출력한다.

연습문제

1. 다음의 문장 중에서 틀린 것들을 고르고 이유를 설명하시오.

① for문은 반복의 시작 조건과 끝 조건을 알고 있을 때 유용하게 사용할 수 있는 반복문이다.

② while문은 식의 값에 일치하는 정수 상수 또는 문자 상수 중의 하나로 분기하는 다중 분기문이다.

③ 반복문의 실행 중에 continue문을 만나면 반복문이 종료된다.

④ do ~ while문은 식과 관계없이 문장을 반드시 한 번 이상 실행할 필요가 있을 때 사용하는 반복문이다.

2. 다음 프로그램을 컴파일하면 문제가 발생한다. 그 이유는?

```
/*
   Problem 4-2
*/

#define _CRT_SECURE_NO_WARNINGS
#include <stdio.h>

int main(void)
{
   int iCount, iValue;

   printf(" 숫자를 입력하세요 : ");
   scanf("%d", &iValue);

   printf(" %d 단 \n", iValue);
   iCount = 1;
   do
   {
        printf("%d * %d = %d \n", iValue, iCount, iValue * iCount);
        iCount = iCount + 1;
   } while (iCount <= 9)

   return 0;
}
```

3. 다음 프로그램을 실행하면 정상적인 계산이 이루어지지 않는다. 그 이유는?

```
/*
  Problem 4-3
*/

#include <stdio.h>

int main(void)
{
  int iCount, iValue;

  printf("숫자를 입력하세요 : ");
  scanf("%d", &iValue);

  printf("%d 단 \n", iValue);

  for (iCount = 1; iCount <= 9; iCount + 1)
  {
      printf("%d * %d = %d\n", iValue, iCount, iValue * iCount);
  }

  return 0;
}
```

4. 다음 프로그램의 실행 결과는?

```
/*
  Problem 4-4
*/

#include <stdio.h>

int main(void)
{
  int iCount1, iCount2;

  for (iCount1 = 1; iCount1 <= 8; iCount1++)
  {
      for (iCount2 = 1; iCount2 <= iCount1; iCount2++)
      {
          if ((iCount1 < 6) && (iCount2 < 4))
          {
              printf(" ");
```

```
                }
                else
                {
                    printf("*");
                }
            }
            printf("\n");
        }

        for (iCount1 = 7; iCount1 >= 1; iCount1--)
        {
            for (iCount2 = 1; iCount2 <= iCount1; iCount2++)
            {
                if ((iCount1 < 6) && (iCount2 < 4))
                {
                    printf(" ");
                }
                else
                {
                    printf("*");
                }
            }
            printf("\n");
        }

        return 0;
    }
```

5. 다음 프로그램의 실행 결과는?

```
/*
   Problem 4-5
*/

#include <stdio.h>

int main(void)
{
   int iCount1, iCount2, iCount3 = 5;

   while (iCount3--)
   {
       for (iCount1 = 1; iCount1 <= 7; iCount1 += 2)
       {
```

```
            for (iCount2 = 1; iCount2 <= iCount1; iCount2++)
            {
                printf("*");
            }
            printf("\n");
        }

        for (iCount1 = 5; iCount1 >= 1; iCount1 -= 2)
        {
            for (iCount2 = 1; iCount2 <= iCount1; iCount2++)
            {
                printf("*");
            }
            printf("\n");
        }

    }
    printf("\n");

    return 0;
}
```

6. 다음 프로그램의 실행 결과는?

```
/*
    Problem 4-6
*/

#include <stdio.h>

int main(void)
{
    int iCount1, iCount2;

    for (iCount1 = 7; iCount1 >= 1; iCount1--)
    {
        if (iCount1 == 3) continue;
        for (iCount2 = 1; iCount2 <= iCount1; iCount2++)
        {
            printf("*");
        }
        printf("\n");
    }
```

```
    for (iCount1 = 7; iCount1 >= 1; iCount1--)
    {
        if (iCount1 == 3) break;
        for (iCount2 = 1; iCount2 <= iCount1; iCount2++)
        {
            printf("*");
        }
        printf("\n");
    }

    printf("\n");

    return 0;
}
```

7. for문과 if문을 이용하여 임의의 수를 입력하면 1부터 n까지의 곱 중에서 그 수를 넘지 않는 가장 큰 수를 구하는 프로그램을 작성하시오.
(예를 들어, 곱의 결과 값이 1000을 넘지 않는 가장 큰 수는 6이다.
1*2*3*4*5*6 〈 1000)

```
C:\windows\system32\cmd.exe
숫자를 입력하세요 : 1000

곱의 결과값이 1000을 넘지 않는 가장 큰 수는 6입니다.
계속하려면 아무 키나 누르십시오 . . .
```

8. 다음의 그림과 같이 출력되도록 프로그램을 작성하시오.

```
C:\windows\system32\cmd.exe
1
1 2
1 2 3
1 2 3 4
1 2 3 4 5
1 2 3 4
1 2 3
1 2
1
계속하려면 아무 키나 누르십시오 . . .
```

9. 1에서 200까지의 정수 중에서 5와 8의 공배수들 및 최소공배수를 구하는 프로그램을 작성하시오.

```
C:\windows\system32\cmd.exe
40은 5와 8의 최소 공배수 입니다.
80은 5와 8의 공배수 입니다.
120은 5와 8의 공배수 입니다.
160은 5와 8의 공배수 입니다.
200은 5와 8의 공배수 입니다.
계속하려면 아무 키나 누르십시오 . . .
```

10. 0이 입력될 때 까지 양의 정수를 계속 입력받고, 입력받은 수들의 최소, 최대, 합계, 평균을 구하는 프로그램을 작성하시오.

```
C:\windows\system32\cmd.exe
양의 정수를 입력하세요, 0입력하면 입력이 종료됩니다.
234
8954
1234
543
9823
0
입력하신 수 들 중 최소값은 234입니다.
입력하신 수 들 중 최대값은 9823입니다.
입력하신 수 들의 총 합은 20788입니다.
입력하신 수 들의 평균값은 3464.666748입니다.
계속하려면 아무 키나 누르십시오 . . .
```

제5장

함수

제 5장 함수

C언어를 이용하여 만드는 프로그램은 main 함수 내부에 문장들을 채워 넣는 형태로 컴퓨터에게 명령을 내린다. main함수 내에서 변수를 선언하고, 연산을 수행하며, 연산 결과를 출력하여 확인할 수 있다. 이 과정에서 변수에 값을 저장하기 위하여 scanf 함수를 사용하고, 결과를 출력하기 위하여 printf 함수를 사용한다. 이와 같이 C언어는 함수 기반의 언어이다. 지금부터 함수가 어떠한 의미를 갖는 지, 그리고 함수는 어떻게 사용해야 하는 지를 알아보도록 하자.

5.1 함수의 의미와 기본 구성

5.1.1 함수의 의미

프로그래밍 언어에서 함수란 특정 작업을 처리하기 위하여 독립적으로 구성할 수 있는 코드의 집합이다. 특히 C언어에서의 함수는 작업 수행의 기본 단위가 되며, 반드시 하나 이상의 함수를 프로그램에 포함해야 한다. C언어를 이용하여 만든 실행 파일은 반드시 main이라는 이름의 함수를 포함해야 하며, main은 프로그램의 시작 지점이 된다. C언어로 작성한 프로그램은 main 함수에서 시작하며, main 함수가 종료되면 프로그램이 종료된다. 따라서 C언어를 이용하여 프로그램을 만든다는 것은 main 함수를 만들고 main 함수 내에서 호출하기 위한 다른 함수를 만드는 것과 같다고 볼 수 있다. 지금까지는 printf, scanf와 같은 이미 만들어진 함수만을 사용했으나, 프로그램을 만드는 사람이 직접 함수를 만들어서 사용함으로써 프로그램을 작은 단위로 분할하여 설계할 수 있다. 함수의 주요 역할은 프로그램을 체계적으로 만드는 것에 있으며, 우리가 printf와 scanf와 같은 함수를 여러 프로그램에서 사용하듯이 구조적으로 잘 설계된 함수는 다른 프로그램에서도 쉽게 사용할 수 있다.

C언어에서의 함수는 크게 시스템 제공 함수와 사용자 정의 함수로 분류할 수 있다. 시스템 제공함수는 이미 C언어에서 프로그램을 작성하는 사람들의 편의를 위하여 미리 제공되는 함수이며 일반적으로 표준 함수 또는 표준 라이브러리라고 한다. 우리가 지금까지 화면에 출력하기 위해 사용했던 printf와 같은 함수는 대표적인 시스템 제공 함수 중 하나이다. 우리가 printf 함수의 내부 내용은 알지 못하더라도 함수를 사용할 수 있는 것과 같이 잘 만들어진 함수는 그 내부 처리 과정을 알 필요 없이 사용할 수 있다. 반면 사용자 정의 함수는 프로그램을 작성하는 사람이 필요에 따라 작업을 분류하기 위하여 만드는 것이다. 만일 원하는 기능을 하는 작업을 시스템에서 제공하지 않을 경우 사용자 정의 함수로 정의하여 사용해야 한다.

본 교재에서 지금까지 작성했던 프로그램은 main 함수 내에서 시스템 제공 함수만을 사용했기 때문에 프로그램이 겉으로 보기에는 main 함수로만 구성되어 있었다. 그러나 일반적으로 프로그램은 여러 개의 함수들로 구성되어 있으며 함수를 사용하면 다음과 같은 장점이 있다. 첫째, 반복적인 부분을 함수로 만들고, 해당 부분을 반복하여 호출함으로써 프로그램의 길이를 줄일 수 있다. 둘째, 프로그램을 함수 단위로 구성하여 작성하면 프로그램의 코드를 이해하는 데 도움을 준다. 복잡한 프로그램일수록 코드의 길이가 길어지며, 이때 특정 작업을 함수로 작성하여 이해도를 높일 수 있다. 셋째, 잘 작성된 함수는 다른 프로그램에서 다시 이용할 수 있다. 또한 이러한 함수들을 이용하여 자신만의 라이브러리를 만들 수도 있다. 마지막으로 프로그램을 함수 단위로 디버깅할 수 있기 때문에 프로그램의 오류를 찾기 쉽고 유지보수가 용이한 프로그램을 만들 수 있다.

5.1.2 함수의 기본 구성

사용자 정의 함수를 사용하기 위해서는 우선 함수를 직접 만들어야 한다. 함수를 만들기 위해서는 함수가 어떠한 작업을 하는 지 컴퓨터에게 알려야 하며, 이를 위하여 함수를 선언하고, 선언한 함수를 정의해야 한다. 함수의 선언은 생략 가능하지만, 함수의 정의는 반드시 필요하다. 함수의 선언이 생략될 경우 함수를 사용하기 전에 반드시 정의되어야 한다. 코드의 특정 부분에서 함수가 사용될 경우 이를 함수의 호출이라고 하며, 함수의 사용과 함수의 호출을 같은 용어로 이해해도 된다. 즉 사용자 정의 함수를 사용할 때는 함수를 선언하고, 정의한 후 만들어진 함수를 호출하는 과정을 거친다. 다음의 그림을 보면 함수의 사용 방법을 알 수 있을 것이다.

함수의 선언을 사용하는 경우

```
// 함수의 선언
// 접근지정자 반환형 함수명(가인수의 형과 이름);
int myAbs(int intValue);

int main(void)
{
   ...
   // 함수의 호출
   iResult = myAbs(-5);
   ...
}

// 함수의 정의
// 접근지정자 반환형 함수명(가인수의 형과 이름)
int myAbs(int intValue)
{
   ...
   ...
}
```

함수의 선언을 사용하지 않는 경우

```
// 함수의 정의
// 접근지정자 반환형 함수명(가인수의 형과 이름)
int myAbs(int intValue)
{
   ...
   ...
}

int main(void)
{
   ...
   // 함수의 호출
   iResult = myAbs(-5);
   ...
}
```

위의 그림 왼쪽은 함수의 선언을 사용한 것이고 오른쪽은 함수의 선언을 사용하지 않은 것이다. 왼쪽 그림에서 main 함수의 위에 함수의 선언이 위치해 있고, main 함수를 종료한 후 그 아래에 함수의 정의가 위치해 있다. 반면 오른쪽 그림에서는 main 함수 위에 함수의 정의가 위치해 있다. 그림의 양쪽에 있는 main 함수에서 iResult = myAbs(-5);라고 표기된 문장이 함수의 호출이다. 이 문장을 해석하면, myAbs라는 함수에 -5라는 값을 주고 나온 결과를 iResult 변수에 저장하라는 의미이다. myAbs라는 함수가 호출되기 전에 컴퓨터는 이 함수가 어떠한 역할을 하는 지 알 수 있어야 하며, 이를 위하여 main 함수 전에 myAbs가 어떤 역할을 하는지 코드에 적어 두어야 컴퓨터가 이를 알 수 있다. 이를 위해서 C언어에서는 위의 그림과 같이 함수를 사용하기 전에 사용하고자 하는 함수를 반드시 선언하거나 정의해야만 한다. 오른쪽 그림과 같이 myAbs 함수를 호출하기 전에 myAbs 함수 정의가 위치할 수도 있으며, 왼쪽 그림과 같이 main 함수 위에 함수를 한 줄로 선언하고 정의 부분은 main 함수 아래에 위치할 수도 있다. 어느 방법을 사용해도 결과는 같지만 main 함수가 프로그램의 시작 지점이기 때문에 대다수의 프로그래머들은 main 함수 위에 코드를 길게 남겨두기를 원하지 않는다. 따라서 보통은 왼쪽 그림의 방법을 많이 사용한다. 또한 함수의 선언을 이용하는 방법은 뒤에서 배우게 되는 파일을 분할하여 프로그램을 작성하는 방식에서도 활용할 수 있다.

5.2 함수의 선언

C언어에서는 변수를 사용하기 전에 반드시 변수의 선언을 통하여 컴파일러에게 사용할 변수에 저장할 수 있는 자료의 종류와 해당 변수에 접근하고자 하는 이름을 알린다. 함수를 사용할 때도 함수 호출이 있기 전에 반드시 그 함수가 어떤 작업을 수행하기 위한 함수인지 컴파일러가 알아야 한다. 함수를 호출하기 전에 함수의 정의가 있으면 컴파일러는 함수의 내용을 알 수 있기 때문에 호출하고자 하는 함수를 사용할 수 있다. 그러나 함수를 호출하기 전에 함수의 정의가 없으면 컴파일러는 함수의 내용을 알 수 없게 되고, 함수를 사용할 수 없게 된다. 따라서 함수의 호출 전에 함수의 정의가 없는 경우 호출되는 함수가 어떤 이름을 사용하는지, 결과로 어떤 값을 반환하는지, 그리고 함수를 호출하기 위하여 필요로 하는 값은 어떤 것인지를 호출 전에 알리는 작업이 필요하다. 이를 함수의 선언이라고 한다.

이와 같이 함수를 호출하기 전에 해당 함수의 내용을 알리는 방법은 크게 두 가지로 나눌 수 있다. 첫 번째로는 함수를 호출하기 전에 함수를 정의하여 함수에 대한 모든 내용을 알리는 방법이다. 두 번째는 함수의 정의 부분은 다른 곳에 두고, 함수의 선언 부분만을 main 함수 앞에 두어 사용되는 함수에 대한 개략적인 사용법만을 알린다.

보통 하나의 파일에 여러 함수와 main 함수가 함께 존재하는 단순한 프로그램에서는 함수의 정의 부분을 main 함수 위에 적기는 하지만, 대다수의 프로그래머들은 일반적으로는 함수의 선언을 이용한 방식을 선호한다. 함수의 선언을 먼저 적음으로써 가져올 수 있는 장점은 다음과 같다. 첫째, 프로그램에서 사용되는 함수에 대한 전반적인 사항을 파악하기 쉽다. 둘째, 함수를 main 함수와는 별도의 파일로 나누어 관리할 수 있기 때문에 프로그램의 유지보수에 편리함을 준다.

함수의 선언이란 함수를 사용하기 전에 함수의 머리 부분을 기술하는 단계이다. 이렇게 기술된 함수의 머리 부분을 함수의 원형이라고 한다. 수학에서의 함수 $f(x) = x^2 + 2x + 1$을 생각해 보자. 여기서 $f(x)$는 함수의 이름이다. 그리고 x의 값이 변화됨에 따라 결과 값이 바뀐다. 여기서 $f(x)$는 함수의 원형, $x^2 + 2x + 1$은 함수의 정의, 그리고 x에 1을 넣은 $f(1)$이 함수의 호출과 같다고 이해하면 된다. $f(1)$의 결과는 4가 나오듯이 프로그래밍 언어의 함수에도 반환되는 결과가 있을 수 있다. 이와 같이 함수에는 이름과, 필요로 하는 값, 그리고 함수 수행 후 가져오는 결과 값들이 있다. 프로그래밍 언어에서도 함수를 호출하기 전에 컴파일러가 알고 있어야 하는 것으로 함수를 호출할 때 필요로 하는 함수의 이름, 함수를 호출할 때 실제 함수 내에서 사용하게 될 자료에 대한 정보, 그리고 함수가 종료될 때 얻을 수 있는 결과 값의 자료형, 함수를 호출할 때 필요로 하는 이름 등이 필요하다. C언어에서 함수를 선언하기 위한 형식은 다음과 같다.

함수의 선언 형식	[기억장소 지정자] [반환형] 함수명([인수1자료형 인수1변수명,] [인수2자료형 인수2변수명,] [...]); 또는 [기억장소 지정자] [반환형] 함수명([인수1자료형,] [인수2자료형,] [...]);

함수의 선언 예1	int myAbs(int value);
	또는
	int myAbs(int);

함수를 선언할 때는 int myAbs(int value);와 같이 선언문 끝이 반드시 세미콜론(;)으로 끝난다는 것에 주의한다. 함수를 선언할 때는 두 가지 방법을 사용할 수 있으며, 첫 번째 방법은 인수의 목록을 변수 선언하듯이 변수의 자료형과 변수명이 함께 나오도록 선언하는 방법이다. 여기서 인수란 인자, 매개변수, 파라미터 등으로도 불리며, 함수를 호출할 때 함수에서 필요로 하는 값을 전달하는 역할을 한다. 예를 들어 int myAbs(int value);라고 선언하면, myAbs라는 함수를 실행할 때 정수형 값 하나를 필요로 하며, 그 값은 value에 저장될 것이다라고 선언하는 것과 같다. 두 번째 방법은 인수의 자료형만 쓰고 변수명은 적지 않는 방법이다. 예를 들어 int myAbs(int);라고 선언하면, myAbs라는 함수는 함수에서 정수형 값을 필요로 한다라고 선언하는 것이다. 둘 중 어느 방법을 사용해도 동일한 결과를 갖지만, 일반적으로 인수의 자료형과 변수명을 모두 적는 것을 많이 사용한다.

함수의 선언에서 기억장소 지정자는 함수가 사용될 수 있는 범위를 나타내며, 특별한 경우가 아니면 보통 생략한다. 함수의 반환형은 함수가 종료될 때 함수를 호출한 곳에서 얻을 수 있는 값이며, C언어에서 제공하는 모든 자료형이 가능하다. 예를 들어 int myAbs(int value);라고 선언된 함수는 함수가 종료될 때 정수형의 값을 결과로 반환한다. 다음의 예를 살펴보자.

함수의 선언 예2	void printValue(int value);
	또는
	void printValue(int);

만일 함수가 단순 출력과 같이 종료 후 값을 반환할 필요가 없을 때는 void라는 예약

어를 사용하여 반환값이 없음을 명시적으로 표현해야 한다. void printValue(int value);라고 선언된 함수는 출력 후 반환값이 없는 경우이다. 반환형은 생략 가능하지만, 생략될 경우 int가 생략된 것으로 간주한다. 따라서 가급적 반환형은 생략하지 않고 적어야 한다. 함수명은 함수를 다른 함수 또는 다른 변수와 구별하기 위한 식별자로 함수를 호출할 때 사용되는 이름이다. 따라서 함수명은 다른 변수명 또는 다른 함수명과 동일한 이름을 사용하지 못하며, 변수의 이름 생성 규칙과 동일하게 이름을 부여한다.

함수에서의 인수는 함수가 호출된 후 함수에서 사용되는 값을 전달하기 위한 임시 저장소이다. 함수의 인수는 함수 내에서 변수와 같은 역할을 한다. 앞의 수학 함수에서도 $f(1)$을 해야 값을 계산할 수 있듯이 프로그래밍 언어에서의 함수 역시 함수를 선언하거나 정의할 때 인수에 값이 포함되는 것이 아니며, 실제 함수를 호출하는 과정에서 값을 대입한다. 인수는 필요에 따라 한 개 이상이 들어갈 수도 있으며, 필요가 없을 경우 생략도 가능하다. 만일 함수를 호출할 때 값을 전달할 필요가 없는 경우 인수 위치에 void 예약어를 이용할 수 있다. 다음의 예를 보자.

함수의 선언 예3	int getValue(void);
	또는
	int getValue();

위와 같이 int getValue(void); 또는 int getValue();와 같이 함수를 선언하면 getValue 함수는 호출할 때 값이 필요 없으며, getValue 함수가 끝났을 때 정수형의 값을 반환받는다. 다음의 예와 같이 함수를 호출할 때 필요로 하는 값이 없으며, 함수 종료 시 반환받는 값도 없을 때는 반환값의 자료형과 인수 자료형 모두 void로 설정할 수도 있다.

함수의 선언 예4	void printGuGuDan(void);
	또는
	void printGuGuDan();

만일 인수가 두 개 이상이 포함되는 함수에서는 컴마 연산자(,)를 이용하여 각 인수를 구분한다. 이때 중요한 것은 사용하고자 하는 인수의 자료형이 같더라도 각 인수마다 인수의 자료형을 모두 적어야 한다. 예를 들어 두 개의 인수를 필요로 하는 함수를 선언하고자 한다면 다음과 같이 선언한다.

함수의 선언 예5	int getMax(int value1, int value2);
	또는
	int getMax(int, int);

int getMax(int value1, int value2);라고 선언된 함수는 함수를 호출할 때 두 개의 정수형 값을 필요로 하며, 함수를 호출한 결과로 정수형 값을 반환받을 수 있다. 이때 인수 value1과 value2 앞에 모두 int를 적어야 하는 것에 주의한다.

5.3 함수의 정의

함수의 정의 부분은 실제 함수를 호출할 때 작업이 수행되는 곳이다. 사용자 정의 함수를 호출하기 위해서는 반드시 함수가 정의되어야 하며, 함수의 정의는 다음과 같은 형식을 따른다.

함수의 정의 형식	[기억장소 지정자] [반환형] 함수명([인수1자료형 인수1변수명,] [인수2자료형 인수2변수명,][...])
	{
	    함수의 문장
	}

함수의 정의 예1	int myAbs(int value)
	{
	    ...
	    ...
	    return iAbs;
	}

함수의 정의 예2	void printValue(int value)
	{
	    ...
	    ...
	    return; // 생략 가능
	}

함수를 정의할 때의 형식은 함수의 머리부와 함수의 몸체로 구성된다. 함수의 머리부는 함수의 선언에서 사용하는 함수 원형과 비슷하며, 함수의 몸체는 중괄호로 둘러싸인 문장이다. 이때 함수의 몸체에 포함되는 문장이 단순문이더라도 반드시 중괄호로 문장을

둘러싸야 한다.

함수를 정의할 때 사용하는 함수의 머리부는 함수를 선언할 때 사용한 함수의 원형과 비슷하기는 하지만 주의할 사항이 있다. 첫째, 함수의 선언을 이용한 후 함수를 정의할 때는 반드시 함수의 선언에서 사용한 원형 부분이 일치해야 한다. 즉 기억장소 지정자, 반환형, 함수의 이름, 인수의 자료형 및 개수가 일치해야 한다. 둘째, 함수의 선언에서는 끝에 세미콜론을 붙였지만 함수의 정의에서는 머리부에 세미콜론을 붙이지 않는다. 셋째, 함수의 선언에서 인수를 사용할 때 변수명은 생략 가능했지만 함수의 정의에서는 반드시 인수에 변수명을 넣어야 한다. 이때 인수의 변수명이 함수의 선언과 함수의 정의가 일치할 필요는 없다. 함수를 선언할 때의 인수는 해당 함수를 사용할 때 어떠한 자료형이 필요하다라는 것만 알려주기 때문에 인수를 생략할 수 있지만, 함수를 정의할 때의 인수는 함수의 몸체 내에서 변수로 사용되며, 이름이 있어야 변수로 기능을 수행할 수 있기 때문에 생략할 수 없다.

만일 함수의 반환형이 void가 아닌 자료형일 경우 함수의 몸체 내에는 반드시 return을 이용한 문장이 포함되어야 한다. return문은 뒤에서 자세히 설명하지만 함수를 호출하는 곳으로 결과 값을 전달하고 함수를 종료하는 역할을 한다.

5.4 함수의 호출

선언 및 정의 과정을 마친 함수는 이제 프로그램 내에서 호출하여 사용할 수 있다. 함수를 호출할 때는 함수의 이름과 함께 소괄호 안에 함수의 인수에 해당하는 값을 넣는다. 예를 들어 앞에서 선언했던 myAbs 함수는 정수형 인수를 갖고 있기 때문에 iResult = myAbs(-5);와 같은 문장을 사용한다. 일반적으로 반환값을 갖는 함수의 경우 함수의 수행 결과 값을 저장하기 위한 변수와 함수명, 그리고 인수를 사용한다. 그러나 반환값이 있어도 결과 값을 저장하기 위한 변수를 사용하지 않아도 호출은 가능하며, 이때는 함수가 종료될 때 값 자체를 반환하지만 결과를 저장하지는 않는다. 예를 들어 printf 함수는 화면에 글자를 출력하기 위한 함수이며, 함수 실행 시 반환되는 값은 출력한 글자의 바이트 수이다. 그러나 printf 함수의 사용 목적이 화면에 출력하는 것이기 때문에 반환받은 값을 사용할 필요가 없어지며, 따라서 변수에 저장하지 않고 printf 함수만 호출하여 사용할 수 있다. 또한 함수가 void형의 반환값을 사용하여 결과 값을 반환받지 않을 경우에는 값을 저장할 수 없기 때문에 함수의 이름과 인수만을 적어서 호출한다. 다음의 예는 함수의 호출 방법을 나타낸다.

반환값이 있는 함수의 호출 형식	변수 = 함수명(인수); // 함수의 반환값을 변수에 저장하는 경우
	변수 = 함수명(); // 함수의 반환값을 변수에 저장하는 경우
	함수명(인수); // 함수의 반환값을 변수에 저장하지 않는 경우
	함수명(); // 함수의 반환값을 변수에 저장하지 않는 경우

반환값이 없는 함수의 호출 형식	함수명(인수); // 인수는 있으나 함수의 반환값이 없는 경우
	함수명(); // 인수가 없고 함수의 반환값도 없는 경우

함수의 호출 예	iResult = myAbs(-5);
	iValue = getValue();
	printValue(5);
	printGuGuDan();

함수를 호출할 때 주의할 사항이 하나 있다. 함수를 호출할 때는 반드시 함수의 이름과 인수의 개수가 일치해야 한다. 예를 들어 선언된 함수가 int myAbs(int value);와 같이 하나의 정수를 인수로 가질 때 iResult = myAbs(-5, -10);과 같이 두 개의 인수를 사용하여 호출할 경우 에러가 발생한다. 또는 iResult = myAbs();와 같이 인수가 없이 호출해도 에러가 발생한다. 또한 함수의 원형에 인수가 없는 함수가 정의되었다 하더라도 반드시 함수의 이름과 소괄호를 이용하여 호출해야 한다.

함수는 선언과 정의를 통해 해당 함수가 어떠한 기능을 수행하는지를 컴퓨터에게 알린다. 그리고 함수가 호출되면 프로그램의 실행 흐름이 함수의 정의 부분으로 이동한다. 따라서 함수가 호출되기 전까지는 이미 함수를 정의했어도 프로그램에는 전혀 영향을 미치지 않는다. 다음의 그림을 살펴보자.

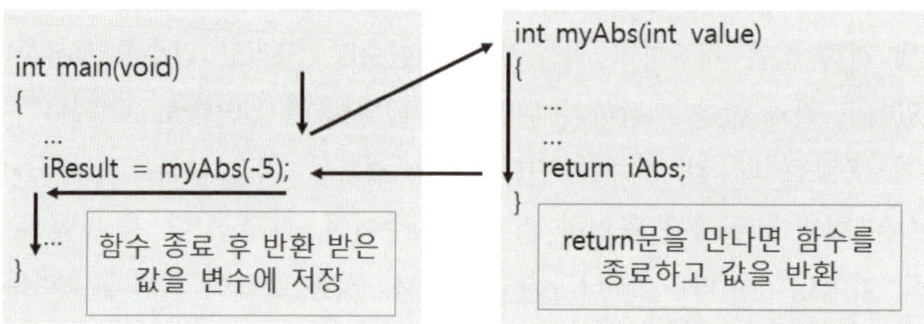

그림에서 보는 것과 같이 main 함수 또는 다른 함수에서 프로그램을 진행하는 동안 함수를 호출하면 호출한 함수의 정의 부분으로 프로그램 실행 위치가 이동한다. 이동한 함수의 안에 있는 문장을 실행하고 함수의 실행이 종료되면 다시 호출한 프로그램으로 돌아와 함수 호출 이후의 문장을 실행한다.

5.5 함수의 인수 및 반환값

$f(x)=x^2+2x+1$ 이라는 함수에서 $f(1)$과 같이 x에 1을 넣으면 4의 결과 값을 얻을 수 있다. 이와 같이 함수의 인수는 함수를 실행할 때 필요로 하는 값들을 전달하는 역할을 한다. 만일 인수를 필요로 하지 않는 경우에는 void 예약어를 사용하거나 인수 부분을 비워놓는다. 함수의 인수는 함수를 선언하거나 정의할 때는 값이 들어가지 않기 때문에 가인수 또는 형식인자라고 한다. 반면 함수를 호출할 때는 값이 들어가기 때문에 실인수 또는 실인자라고 한다. 함수를 호출할 때는 이러한 가인수와 실인수의 자료형이 반드시 일치해야 한다. 다음의 그림을 살펴보자.

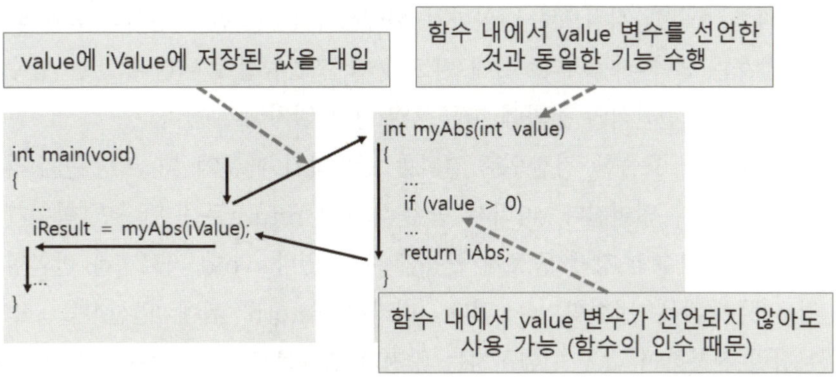

함수를 호출하면 함수의 실인수가 함수의 가인수에 복사된다. 만약 함수의 실인수가 상수 값이면 값 자체가 복사되며, 함수의 실인수가 변수이면 변수에 저장된 값이 복사된다. 프로그램 내에서 함수가 호출되면 함수의 정의 부분으로 프로그램의 실행 지점이 이동한다. 이때 함수의 정의에 있는 문장을 실행하기 전에 함수의 가인수가 함수 내에서 사용가능한 변수로 선언된다. 위의 그림에서 iResult = myAbs(iValue); 문장으로 myAbs 함수를 호출하였다. 함수를 호출하면 프로그램의 실행 지점은 myAbs 함수로 이동하고 int myAbs(int value)로 함수의 원형이 만들어 졌기 때문에 함수 내에서는 value 변수를 위한 공간을 메모리에 만든다. 그리고 value 변수에 iValue에 저장된 값을 복사한 후 myAbs 함수 내에 있는 문장들을 실행한다.

함수가 종료되면 함수를 호출한 곳으로 다시 프로그램의 실행 지점이 이동해야 한다. 함수 몸체를 위한 중괄호가 닫히면 함수는 종료되고 호출한 지점으로 실행 지점이 이동된다. 만약 함수의 결과를 호출한 곳으로 반환해야 한다면 중괄호를 닫기 전에 return 문을 이용하여 결과 값을 전달한다. 함수의 반환형이 void가 아닌 경우 값을 반환해야

하기 때문에 함수 몸체 내에 return문을 반드시 포함해야 한다. 다음은 return문의 형식이다.

return문의 형식	return; // 반환값이 없는 경우
	return 연산식; // 반환값이 있는 경우
	return (연산식); // 반환값이 있는 경우

return문의 예	return iAbs; return 0; return (value1 + value2);

함수의 결과를 호출한 지점으로 반환하기 위해서 return 뒤에 연산식을 사용하며, 연산식에서의 괄호는 생략 가능하다. 이때 반드시 함수의 원형에 나타나 있는 함수의 반환형과 return문 뒤의 연산식의 결과에 따른 자료형이 일치해야 한다.

return문은 함수를 호출한 지점으로 결과를 반환하기 때문에 더 이상 함수의 나머지 부분을 실행할 필요가 없어진다. 따라서 함수 내에서 return문을 만나면 함수가 종료되며, 이를 이용해서 함수의 강제 종료에 활용할 수도 있다. void 자료형을 반환형으로 사용하는 경우에는 값을 반환할 수 없다. 따라서 return 뒤에 연산식을 적지 않는 return; 문장만 사용하여 값을 반환하지는 않지만 함수를 강제로 종료시킬 수 있다.

5.6 함수 실습

지금까지 배운 내용들을 바탕으로 앞에서 만들었던 예제들을 함수를 이용한 프로그램으로 다시 만들어 보자.

```
/*
  Example 5-1
  입력한 숫자의 절댓값을 출력하는 프로그램
  (함수의 선언 미사용)
*/

#define _CRT_SECURE_NO_WARNINGS
#include <stdio.h>
```

```
9
10  int myAbs(int value)
11  {
12      int iAbs;
13
14      if (value > 0)
15      {
16          iAbs = value;
17      }
18      else
19      {
20          iAbs = -value;
21      }
22
23      return iAbs;
24  }
25
26  int main(void)
27  {
28      int iValue, iResult;
29
30      printf("정수를 입력하세요 : ");
31      scanf("%d", &iValue);
32
33      iResult = myAbs(iValue);
34
35      printf("%d의 절댓값은 %d입니다.\n", iValue, iResult);
36
37      return 0;
38  }
```

프로그램 실행 결과

```
C:\windows\system32\cmd.exe
정수를 입력하세요 : -5
-5의 절댓값은 5입니다.
계속하려면 아무 키나 누르십시오 . . .
```

위의 예제는 함수를 사용하여 입력받은 숫자의 절댓값을 출력하는 프로그램을 작성한 것이다. 10번 라인부터 24번 라인까지 myAbs 함수를 정의한다. int myAbs(int value)와 같이 함수의 머리부(원형)가 구성되었기 때문에 myAbs 함수는 정수를 인수로 갖고, 함수가 실행되면 정수의 값을 결과로 반환한다. 그러나 C언어에서 프로그램이 시작하는 지점은 main 함수이다. 따라서 예제의 26번 라인부터 프로그램이 시작되며, main 함수 위에서 정의한 myAbs 함수는 나중에 호출될 것이다.

28번 라인에서 입력받을 정수를 저장하기 위한 iValue 변수와, 절댓값 결과를 저장하기 위한 iResult 변수를 선언하였다. 30번 라인과 31번 라인을 거쳐서 iValue에 정숫값을 입력받으며, 33번 라인에서 myAbs 함수를 호출하였다. 이때 인수로 iValue를 전달하며 전달된 iValue 인수와 함께 함수의 정의 부분인 10번 라인으로 프로그램의 실행 지점이 이동한다. 인수가 int value로 되어 있기 때문에 myAbs 함수를 실행하기 전에 int value 변수가 선언되며, value 변수에는 33번 라인에서 실인수로 전달한 iValue에 저장된 값이 복사되어 저장된다. 위의 프로그램 실행 결과에서는 -5의 값을 iValue에 저장했다. 따라서 myAbs 함수에서 사용하는 value에는 scanf 함수로부터 입력받아 iValue에 저장된 -5의 값이 복사된다. 이후 14번 라인에서 value가 0보다 클 경우 16번 라인을 실행하며, 그렇지 않을 경우 20번 라인을 실행한다. value에 -5가 저장되어 있기 때문에 20번 라인을 실행하며, iAbs 변수에 -(-5)의 계산 값인 양수 5가 저장된다. 그리고 23번 라인에서 return iAbs; 문장을 통하여 5를 반환하며 함수를 종료한다.

23번 라인에서 myAbs 함수가 종료되면 다시 함수를 호출한 지점인 33번 라인으로 돌아온다. 함수의 반환값이 5이기 때문에 iResult에 5가 저장되고, 35번 라인을 통하여 결과 값을 출력한다.

```
1   /*
2      Example 5-2
3      입력한 숫자의 절댓값을 출력하는 프로그램
4      (함수의 선언 사용)
5   */
6
7   #define _CRT_SECURE_NO_WARNINGS
8   #include <stdio.h>
9
10  int myAbs(int value);
11
12  int main(void)
13  {
14     int iValue, iResult;
15
16     printf("정수를 입력하세요 : ");
17     scanf("%d", &iValue);
18
19     iResult = myAbs(iValue);
20
21     printf("%d의 절댓값은 %d입니다.\n", iValue, iResult);
22
23     return 0;
24  }
25
26  int myAbs(int value)
```

```
27  {
28      int iAbs;
29  
30      if (value > 0)
31      {
32          iAbs = value;
33      }
34      else
35      {
36          iAbs = -value;
37      }
38  
39      return iAbs;
40  }
```

프로그램 실행 결과

```
C:\windows\system32\cmd.exe
정수를 입력하세요 : -5
-5의 절댓값은 5입니다.
계속하려면 아무 키나 누르십시오 . . .
```

위의 예제는 앞에서 했던 예제에서 함수의 선언을 추가한 것이다. 10번 라인에서 myAbs 함수를 선언했기 때문에 함수의 정의는 26번 라인으로 이동하였다. 따라서 19번 라인에서 함수를 호출하면 26번 라인의 함수 정의 부분으로 프로그램의 실행 지점이 이동한다.

```
/*
    Example 5-3
    입력한 숫자의 절댓값을 출력하는 프로그램
    결과를 바로 반환
*/

#define _CRT_SECURE_NO_WARNINGS
#include <stdio.h>

int myAbs(int value);

int main(void)
{
    int iValue;

    printf("정수를 입력하세요 : ");
    scanf("%d", &iValue);

```

```
19      printf("%d의 절댓값은 %d입니다.\n", iValue, myAbs(iValue));
20
21      return 0;
22  }
23
24  int myAbs(int value)
25  {
26      if (value > 0)
27      {
28          return value;
29      }
30      else
31      {
32          return -value;
33      }
34  }
```

프로그램 실행 결과

```
C:\windows\system32\cmd.exe
정수를 입력하세요 : -5
-5의 절댓값은 5입니다.
계속하려면 아무 키나 누르십시오 . . .
```

위의 예제는 앞의 예제에서 함수 몸체 부분과 함수 호출 부분을 변형한 것이다. 앞의 예제에서는 iResult = myAbs(iValue)와 같이 함수를 호출한 결과를 iResult에 저장한 후 iResult의 값을 출력하였다. 그러나 본 예제에서는 printf문 내에서 함수를 직접 호출하여 출력한다. 19번 라인의 printf("%d의 절댓값은 %d입니다.\n", iValue, myAbs(iValue)); 문장에서 첫 번째 %d에는 iValue에 저장된 값이 출력된다. 그리고 두 번째 %d에는 myAbs(iValue)를 호출한 결과가 출력된다. 이와 같이 printf 문장을 이용하여 함수의 결과 값을 직접 출력할 수 있다.

24번 라인부터 시작하는 함수의 정의부를 살펴보자. 28번 라인에서 return value; 문장이 있고, 32번 라인에서 return -value; 문장이 있다. 만약 26번 라인의 value 〉 0 식이 참일 경우 value 값을 반환하고 함수가 종료되며, 식이 거짓일 경우 -value 값을 반환하고 함수가 종료된다. 이처럼 함수에서 값이 반환되면 더 이상 함수의 나머지 부분을 실행하지 않으며, 함수를 종료할 수 있는 위치는 여러 곳이 될 수 있다.

```
/*
    Example 5-4
    함수를 사용한 큰 수 찾기 프로그램
*/
```

```
5
6    #define _CRT_SECURE_NO_WARNINGS
7    #include <stdio.h>
8
9    int getMax(int v1, int v2);
10
11   int main(void)
12   {
13       int iValue1, iValue2;
14
15       printf("두 정수를 입력하세요 : ");
16       scanf("%d%d", &iValue1, &iValue2);
17
18       printf("둘 중에 큰 수는 %d입니다.\n", getMax(iValue1, iValue2));
19
20       return 0;
21   }
22
23   int getMax(int value1, int value2)
24   {
25       if (value1 > value2)
26       {
27           return value1;
28       }
29       else
30       {
31           return value2;
32       }
33   }
```

프로그램 실행 결과

```
C:\windows\system32\cmd.exe
두 정수를 입력하세요 : 5 9
둘 중에 큰 수는 9입니다.
계속하려면 아무 키나 누르십시오 . . .
```

위의 예제는 두 수 중에 큰 수를 출력하는 프로그램을 함수를 사용하여 만든 것이다. 9번 라인에서 int getMax(int v1, int v2);로 함수를 선언하였다. 그러나 23번 라인에서 정의된 함수의 머리 부분을 보면 int getMax(int value1, int value2)로 두 인수의 이름이 다르다. 이와 같이 함수의 선언부와 함수의 정의 부분에서 함수의 인수는 이름을 다르게 지정할 수 있다. 다만, 선언부에 인수의 개수와 자료형의 순서가 함수의 정의 부분에서 사용되는 인수의 개수 및 자료형의 순서가 일치하면 된다. 또한 int getMax(int, int);와 같이 함수의 선언부에서 인수를 사용할 때 변수명은 생략이 가능하다.

```
1    /*
2       Example 5-5
3       함수를 이용한 구구단 출력 프로그램
4    */
5
6    #define _CRT_SECURE_NO_WARNINGS
7    #include <stdio.h>
8
9    void printGuGuDan(int value);
10
11   int main(void)
12   {
13      int iValue;
14
15      printf("정수를 입력하세요 : ");
16      scanf("%d", &iValue);
17
18      printGuGuDan(iValue);
19
20      return 0;
21   }
22
23   void printGuGuDan(int value)
24   {
25      int iCount;
26
27      for (iCount = 1; iCount <= 9; iCount++)
28      {
29           printf("%d * %d = %d\n", value, iCount, value * iCount);
30      }
31   }
```

프로그램 실행 결과

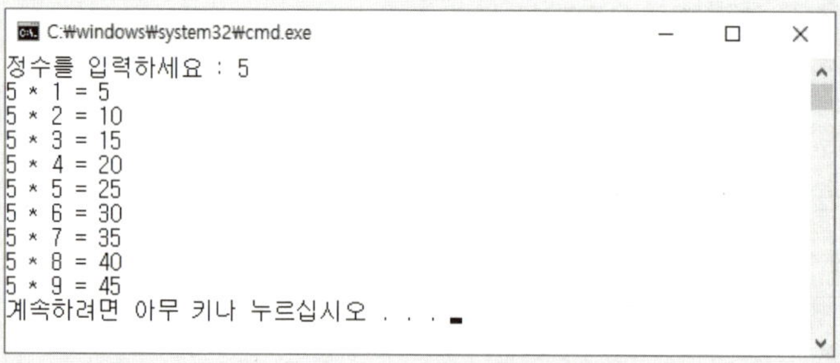

위의 예제는 정수를 입력받은 후 해당 정수의 구구단을 출력하는 예제이다. printGuGuDan 함수는 인수로 정수형을 사용하며, 인수에 해당하는 구구단을 출력한다. 구구단을 출력한 후 함수를 호출한 곳으로 결과 값을 전달할 필요가 없기 때문에 9번 라인의 함수 선언과 23번 라인의 함수 정의부에서 사용되는 함수의 반환형은 void로 지정되었다.

```c
/*
   Example 5-6
   함수를 이용한 구구단 출력 프로그램
*/

#define _CRT_SECURE_NO_WARNINGS
#include <stdio.h>

void printGuGuDan();

int main(void)
{
   printGuGuDan();

   return 0;
}

void printGuGuDan()
{
   int iCount1, iCount2;

   for (iCount1 = 1; iCount1 <= 9; iCount1++)
   {
        for (iCount2 = 1; iCount2 <= 9; iCount2++)
        {
             printf("%d * %d = %d\n", iCount1, iCount2, iCount1 * iCount2);
        }
   }
}
```

프로그램 실행 결과

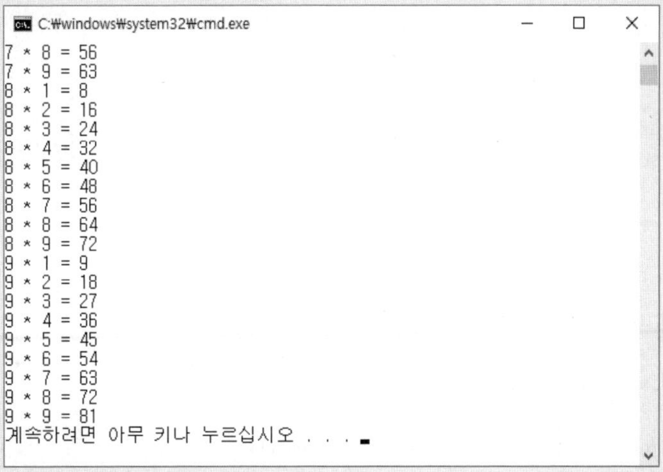

위의 예제는 함수를 이용하여 구구단 전체를 출력하기 위한 예제이다. 구구단 전체를 출력하기 때문에 함수 실행 시 따로 필요로 하는 값이 없으며, 인수는 void가 사용되었다. 또한 출력 후 함수를 호출한 곳에 값을 반환할 필요가 없기 때문에 반환형 역시 void가 사용되었다.

```
/*
   Example 5-7
   입력받은 숫자까지의 합을 구하는 프로그램
*/

#define _CRT_SECURE_NO_WARNINGS
#include <stdio.h>

int getValue();
int addAll(int value);

int main(void)
{
   int iValue;

   iValue = getValue();

   printf("1부터 %d까지의 합은 %d입니다.\n", iValue, addAll(iValue));

   return 0;
}

int getValue()
{
   int value;

   printf("정수를 입력하세요 : ");
   scanf("%d", &value);

   return value;
}

int addAll(int value)
{
   int iCount, iSum = 0;

   for (iCount = 1; iCount <= value; iCount++)
   {
        iSum += iCount;
   }
```

```
41
42        return iSum;
43    }
```

프로그램 실행 결과

```
C:\windows\system32\cmd.exe
정수를 입력하세요 : 10
1부터 10까지의 합은 55입니다.
계속하려면 아무 키나 누르십시오 . . .
```

위의 예제는 9번 라인에서 선언된 getValue 함수를 이용해서 숫자를 입력받고, 10번 라인에서 선언된 addAll 함수를 이용해서 입력받은 숫자까지의 합을 출력하는 프로그램이다. getValue 함수는 입력받은 숫자를 함수를 호출한 곳에 반환해야하기 때문에 int 자료형을 반환형으로 갖는다. 이때 함수를 호출할 때 함수로 전달해야 하는 값은 없으므로 인수는 사용하지 않았다. 16번 라인에서 getValue 함수를 호출하면 23번 라인의 정의 부분으로 프로그램의 실행 지점이 이동한다. 이후 27번 라인과 28번 라인을 통하여 숫자를 입력받고, 입력받은 숫자를 30번 라인의 return문을 사용하여 전달한다. 30번 라인이 실행되면, 입력받은 숫자를 16번 라인의 함수 호출부로 전달하며, 전달된 값은 iValue에 저장된다.

18번 라인에서 printf문에서 출력하는 두 번째 %d에는 addAll 함수의 반환값이 들어간다. 18번 라인에서 addAll 함수에 iValue에 저장된 값을 이용하여 호출하면, 33번 라인의 value 인수에 iValue에 저장된 값이 복사되고, 35번 라인부터 합 계산을 수행한다. 합 계산이 끝나면 42번 라인을 통하여 결과 값을 다시 18번 라인의 printf문으로 전달하며, 두 번째 %d를 이용하여 화면에 출력한다.

```
/*
   Example 5-8
   입력받은 숫자까지의 합을 구하는 프로그램
   함수 내에서 함수를 호출
*/

#define _CRT_SECURE_NO_WARNINGS
#include <stdio.h>

int getValue();
void addAll();

int main(void)
{
```

```
15        addAll();
16
17        return 0;
18    }
19
20    int getValue()
21    {
22        int value;
23
24        printf("정수를 입력하세요 : ");
25        scanf("%d", &value);
26
27        return value;
28    }
29
30    void addAll()
31    {
32        int iValue, iCount, iSum = 0;
33
34        iValue = getValue();
35
36        for (iCount = 1; iCount <= iValue; iCount++)
37        {
38            iSum += iCount;
39        }
40
41        printf("1부터 %d까지의 합은 %d입니다.\n", iValue, iSum);
42    }
```

프로그램 실행 결과

```
C:\windows\system32\cmd.exe
정수를 입력하세요 : 10
1부터 10까지의 합은 55입니다.
계속하려면 아무 키나 누르십시오 . . .
```

위의 예제는 앞에서 배운 합을 구하는 프로그램의 모든 작업을 addAll 함수에서 처리하도록 수정한 것이다. main 함수 내에는 15번 라인의 addAll 함수를 호출하고 17번 라인의 return; 문장을 이용하여 바로 종료된다. 15번 라인의 addAll 함수가 호출되면 30번 라인으로 이동한다. 이때 addAll 함수는 숫자 입력도 함수 내부에서 받고, 출력까지 수행하기 때문에 함수를 호출한 main 함수에서 전달 받을 값도 없으며, 결과 값을 반환할 필요도 없다. 따라서 반환값이 void 자료형이고, 인수가 없는 형태로 선언되었다. addAll 함수의 34번 라인에서 getValue 함수를 이용하여 숫자를 입력받는다. 이처럼 main 함수뿐만 아니라 프로그램 내의 어떤 함수라도 다른 함수를 호출하여 사용할 수 있다. 34번 라인에서 getValue 함수를 호출하면 20번 라인으로 프로그램 실행이 이동되고 값을 입력받는다. 입력받은 값은 다시 34번 라인으로 전달하며, 36번 라인부터 합을 계산한다. 합을 계산한 후 41번 라인을 통하여 화면에 출력한 후 함수가 종료된다. 함수가 종료되면 main 함수의 15번 라인과 17번 라인을 거쳐 프로그램이 종료된다.

5.7 재귀함수

함수는 함수의 몸체에서 자기 자신을 다시 호출할 수 있다. 이와 같이 자기 자신을 호출하는 함수를 재귀함수 또는 재귀호출함수라고 한다. 프로그램으로 구현하려는 알고리즘 자체가 재귀적인 특성을 갖는다면 재귀함수를 사용하여 프로그램을 쉽게 작성할 수 있다. 흔히 사용하는 수학 수식에서 재귀적 특성을 갖는 가장 대표적인 수식이 계승을 나타내는 팩토리얼 수식이다. 수식 n!은 1 * 2 * 3 * ... * (n - 2) * (n - 1) * n의 값을 갖는다. 이러한 팩토리얼 수식은 다음과 같은 재귀적인 특성을 갖는다.

$$
\begin{aligned}
n! &= 1 \times 2 \times 3 \times \cdots \times (n-2) \times (n-1) \times n \\
&= n \times (n-1) \times (n-2) \times \cdots \times 3 \times 2 \times 1 \\
&= n \times (n-1)!
\end{aligned}
$$

위의 그림과 같이 n!을 구하기 위해서는 (n-1)!이 필요하고 (n-1)!을 구하기 위해서는 다시 (n-2)!이 필요하다. 이러한 특성이 재귀적 특성이며 다음의 프로그램 코드를 이용하여 구할 수 있다.

```
int factorial(int count)
{
  if (count <= 1)
  {
      return 1;
  }
  else
  {
      return (count * factorial(count - 1));
  }
}
```

위의 프로그램 코드는 재귀함수 factorial의 정의 부분이다. 함수 몸체의 9번 라인을 살펴보자. 9번 라인에는 return (count * factorial(count - 1)); 문장을 이용해서 factorial 함수를 호출하고 있다. 즉 factorial 함수 내에서 factorial 함수를 호출한다.

```
int factorial(int count)
{
   if (count <= 1)
   {
      return 1;
   }
   else
   {
      return (count * factorial(count - 1));
   }
}
```

일반적으로 컴퓨터는 프로그램 내에서 함수를 실행할 때 함수를 실행하기 위한 코드를 메모리에 저장한 후 사용한다. iResult = factorial(5);와 같이 호출하는 경우를 생각해 보자. 처음 factorial 함수를 호출하면 해당 함수의 내용을 메모리에 저장하고, 저장된 함수에서 사용하는 인수 count에 5를 저장한다. 이후 함수의 코드를 실행하며 3번 라인에서 count <= 1 식이 거짓이 되어 9번 라인으로 프로그램의 실행 지점이 이동한다. 9번 라인에서 factorial(count - 1)로 factorial 함수가 다시 호출되면 factorial(4)가 호출된다. factorial(4)를 이용하여 함수가 다시 호출되면, 새로운 factorial 함수를 메모리에 올리고, 함수에서 사용하는 인수 count에 4를 저장한다. 이와 같이 count가 1이 될 때까지 함수를 계속 호출하게 된다. 마지막으로 count가 1일 때는 3번 count <= 1 식이 참이 되므로 5번 라인 return 1; 문장이 실행되어 factorial 함수가 더 이상 호출되지 않고 종료한다. factorial 함수가 더 이상 호출되지 않고 종료되면, 호출한 순서의 역방향으로 결과 값의 반환이 이루어지며, 결과적으로 5 * 4 * 3 * 2 * 1의 최종 결과를 얻을 수 있다. 다음의 그림을 참고하여 프로그램의 실행이 어떤 과정을 거치는지 확인하자.

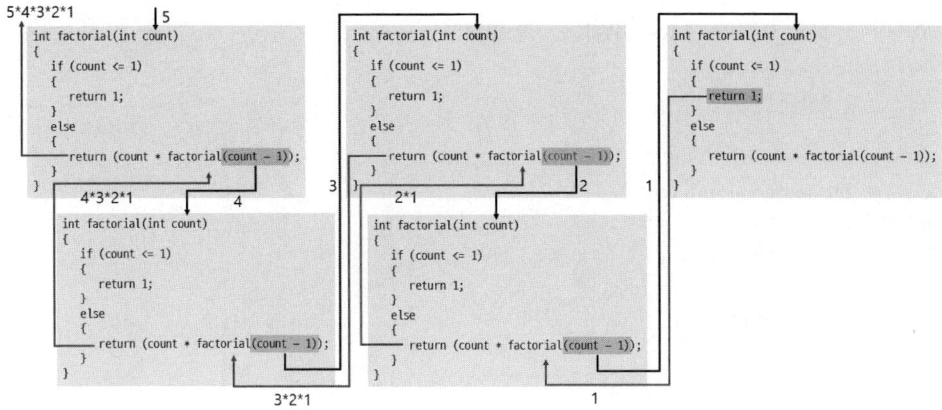

재귀함수를 사용하면 프로그램의 코드 길이는 줄어들어 간결한 프로그램의 작성이 가능하다는 장점이 있으나, 계속적인 함수의 호출로 인하여 메모리의 사용량이 많아지고, 프로그램의 실행 속도가 떨어지는 단점이 있다. 재귀함수에서 가장 중요한 부분은 탈출 조건을 반드시 명시해야 한다는 점이다. 탈출 조건이란 재귀함수에서 자신의 함수를 호출하지 않는 부분이며, 위의 예에서는 return 1; 문장이 재귀함수를 탈출하는 곳이다. 만약 return 1;이 없이 계속해서 자신의 함수를 호출하게 되면 함수가 무한히 반복하기 때문에 결과를 얻을 수 없게 된다. 다음의 예제를 이용하여 위에서 만든 factorial 함수의 결과를 확인해 보자.

```
/*
  Example 5-9
  Factorial 계산 프로그램
*/

#define _CRT_SECURE_NO_WARNINGS
#include <stdio.h>

int factorial(int count);

int main(void)
{
  int iValue, iResult;

  printf("숫자를 입력하세요 : ");
  scanf("%d", &iValue);

  iResult = factorial(iValue);

```

```c
    printf("%d! = %d\n", iValue, iResult);

    return 0;
}

int factorial(int count)
{
    if (count <= 1)
    {
        return 1;
    }
    else
    {
        return (count * factorial(count - 1));
    }
}
```

프로그램 실행 결과

5.8 파일 분할

프로그램을 만들 때 코드의 길이가 길어지면 프로그램의 분석이 어려워진다. 이럴 경우 일반적으로 비슷한 작업을 하는 코드를 묶어서 관리하면 프로그램을 효율적으로 관리할 수 있다. 따라서 비슷한 작업을 하는 코드를 함수로 만들고, 함수를 파일 단위로 나누어서 작성한다. C언어에서 사용하는 파일은 크게 소스 파일과 헤더 파일로 나눌 수 있다. 소스 파일은 파일의 확장자가 .c로 된 파일이며, 헤더 파일은 파일의 확장자가 .h 파일이다. .c로 된 소스 파일은 우리가 지금까지 프로그램 작성을 위해서 만들었던 파일이고, .h 파일은 stdio.h와 같이 #include를 이용하여 소스 내에 포함시켰던 파일이다. 소스 파일은 주로 프로그램에서 처리해야 하는 실제적인 동작을 기술하며, 헤더 파일은 주로 함수의 원형 즉 함수의 선언문이 포함되어 있다.

앞에서 보았던 절댓값 출력 프로그램을 파일을 나누어서 작성하는 경우 사용한 함수는 myAbs 함수와 main 함수이다. main 함수는 함수의 선언이 필요 없으며 프로그램의 시작 지점을 나타내기 때문에 main.c 파일에 저장한다. 이때 파일의 이름은 자유롭게 지정이 가능하다. myAbs 함수는 main 함수에서 사용하며, 함수를 사용하기 전에 선언문이 와야 한다. 함수의 선언문은 별도의 헤더 파일에 저장하며 여기서는 func.h 파일을 만들어 저장한다. 그리고 main.c 파일에서 func.h 파일을 #include문을 이용해서 추가한다. 이때 주의할 것은 사용자 정의 헤더 파일을 추가할 때는 #include "func.h"와 같이 큰따옴표(" ")를 사용해서 추가해야 한다. myAbs 함수의 실제 어떤 동작을 수행하는 함수의 정의문은 소스 파일에서 기술하며 여기서는 func.c 파일에 저장한다. 이렇게 main.c, func.h, func.c 세 개의 파일을 갖는 프로젝트를 만들면 프로그램 내에서 사용하는 함수의 특성에 따라 코드를 구분하여 체계적으로 관리가 가능하다. 다음의 표는 코드에서 파일 분할이 어떻게 이루어질 지를 보인다.

main.c

```
#define _CRT_SECURE_NO_WARNINGS
#include <stdio.h>
```

func.h

```
int myAbs(int value);
```

main.c

```
int main(void)
{
   int iValue, iResult;

   printf("정수를 입력하세요 : ");
   scanf("%d", &iValue);

   iResult = myAbs(iValue);

   printf("%d의 절댓값은 %d입니다.\n", iValue, iResult);

   return 0;
}
```

func.c

```
int myAbs(int value)
{
   int iAbs;

   if (value > 0)
   {
        iAbs = value;
   }
   else
   {
        iAbs = -value;
   }

   return iAbs;
}
```

이제 코드를 어떻게 분할해야 하는지 알았으니 실제 Visual Studio에서 코드를 분할하여 작업을 해 보자. 프로그램의 파일을 여러 단계로 작성하는 방법은 다음과 같다. 프로젝트에 파일을 추가하기 위해 그림과 같이 개발 환경의 솔루션 탐색기를 통하여 소스 파일에서 추가 - 새 항목을 선택한다. 소스 파일의 확장자는 반드시 .c로 지정한 후 파일을 선택한다. 만일 기본값인 .cpp 확장자를 사용할 경우 C언어 문법이 아니라 C++ 언어 문법을 지원하는 파일이 되니 주의한다. 헤더 파일을 추가하기 위해서는 역시 솔루션 탐색기의 헤더 파일에서 추가 - 새 항목을 선택한다. 헤더 파일의 확장자는 .h이다. 만일 솔루션 탐색기의 소스 파일 항목에서 헤더 파일을 추가하거나, 헤더 파일 항목에서 소스 파일을 추가한다고 하더라도 프로그램 코드 생성에는 문제가 없으나 솔루션 탐색기의 항목에서 보이는 것이 정리되지 않은 상태로 소스 파일 아래에 .h 파일이 위치할 것이다.

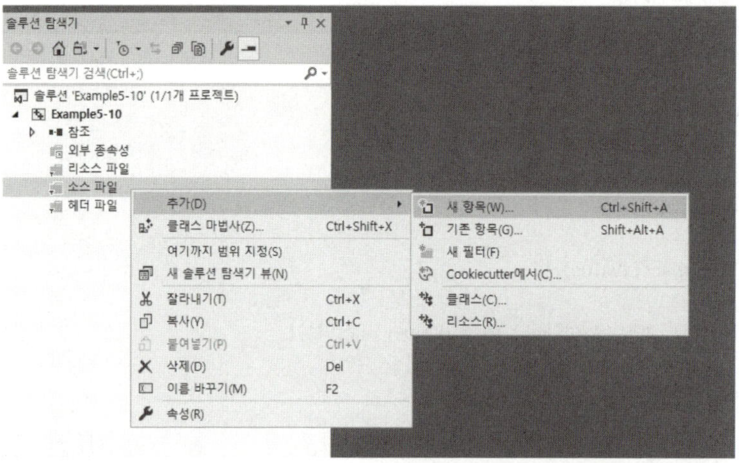

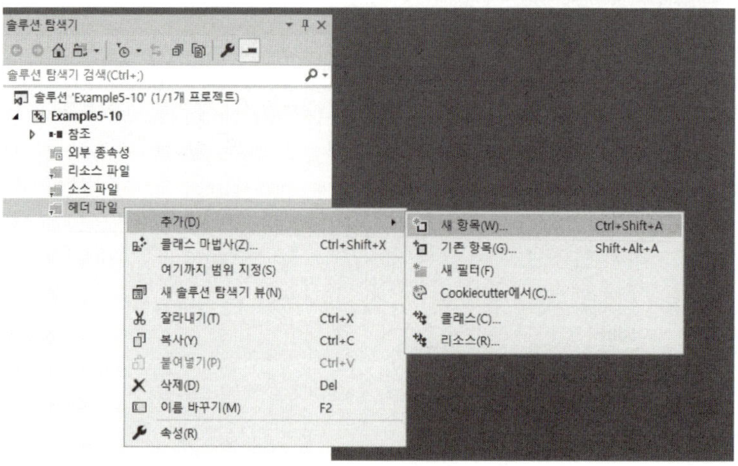

본 예제에서는 다음의 그림과 같이 main.c, func.h, func.c인 세 개의 파일로 구성한다. 다음과 같이 소스 파일 아래에 .c 파일들이 위치하고 헤더 파일 아래에 .h 파일이 위치하는지 확인한다. 만일 위치가 어긋나 있다면 위치를 바꿔준다.

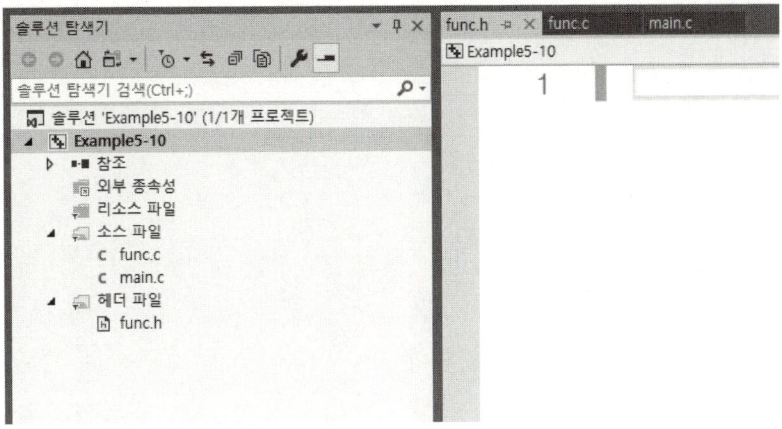

이후 코드 편집기 화면에서 해당 파일에 코드를 넣으면 프로그램이 완성된다. 다음의 코드를 각 파일에 넣어서 프로그램이 정상 동작 하는지 확인해 보자.

```
/*
  Example 5-10
  절댓값 계산 프로그램 (파일 분할)
  main.c
*/

#define _CRT_SECURE_NO_WARNINGS
#include <stdio.h>
#include "func.h"

int main(void)
{
  int iValue, iResult;

  printf("정수를 입력하세요 : ");
  scanf("%d", &iValue);

  iResult = myAbs(iValue);

  printf("%d의 절댓값은 %d입니다.\n", iValue, iResult);

  return 0;
```

```
}
```

```
/*
   Example 5-10
   절댓값 계산 프로그램 (파일 분할)
   func.h
*/

int myAbs(int value);
```

```
/*
   Example 5-10
   절댓값 계산 프로그램 (파일 분할)
   func.c
*/

int myAbs(int value)
{
   int iAbs;

   if (value > 0)
   {
        iAbs = value;
   }
   else
   {
        iAbs = -value;
   }

   return iAbs;
}
```

프로그램 실행 결과

```
C:\windows\system32\cmd.exe
정수를 입력하세요 : -5
-5의 절댓값은 5입니다.
계속하려면 아무 키나 누르십시오 . . .
```

예제의 8번과 9번 라인에 stdio.h 파일과 func.h 파일을 #include 전처리기 지시자를 이용하여 추가시킨 것에 주목하자. stdio.h 파일은 표준 입출력 함수를 사용하기 위한 헤더 파일로 C언어에서 이미 제공하고 있는 파일이기 때문에 표제괄호(〈 〉)를 사용하여 추가한다. 그러나 func.h 파일은 사용자 정의 헤더 파일로 큰따옴표(" ")를 이용하여 추가해야 한다. 프로그램의 시작 지점이 main 함수이기 때문에 컴퓨터는 프로그램을 실행하면 전체 소스 파일 중에서 main 함수가 포함되어 있는 파일을 찾는다. main 함수 실행 도중 함수 호출을 만나면 main 함수가 위치한 소스 파일의 include문에 있는 파일들을 조사하여 해당 함수의 위치를 알아낸다. 본 예제에서는 18번 라인에서 myAbs 함수를 호출하였고, 이 함수는 func.h 파일에 있다. func.h 파일에서 함수의 원형을 확인한 후 메모리에서 함수의 이름을 이용하여 함수가 실행되는 코드를 찾아간다. 본 예제에서는 func.c인 파일에 위치한 함수를 찾아간다. 이후의 프로그램 실행 과정은 하나의 파일에 함수가 정의되어 있는 것과 같다.

연습문제

1. 다음 괄호 부분을 채우시오.

① 함수가 종료될 때 값을 반환하기 위하여 (   )문을 사용한다.

② 함수의 반환형이 (   ) 자료형인 경우에는 함수가 종료된 후 반환되는 값이 없다는 것을 의미한다.

③ C언어는 (   ) 함수부터 프로그램이 실행된다.

④ 함수의 몸체는 문장들로 구성되어 있으며 (   )로 둘러싸여 있다.

2. 다음의 문장 중에서 틀린 것들을 고르고 이유를 설명하시오.

① 함수를 호출할 때 사용하는 인수를 가인수라고 하며, 함수를 선언하거나 정의할 때 사용하는 인수를 실인수라고 한다.

② 함수를 종료할 때 정숫값을 반환한다면 함수의 반환형은 int를 사용한다.

③ void 자료형은 값을 반환하지 않는 함수를 선언하고 정의하기 위하여 사용되는 자료형이다.

④ 인수가 없는 함수를 호출할 때는 함수의 이름만 사용한다.

3. 함수를 호출할 때 실인수와 가인수 사이에 일치해야 하는 것이 아닌 것은?

① 이름

② 자료형

③ 개수

④ 순서

4. 재귀함수의 특징이 아닌 것은?

① 함수가 자신을 다시 호출한다.

② 탈출 조건을 명시하는 부분이 필요하다.

③ 간결하게 프로그램을 작성할 수 있다.

④ 실행 속도가 빨라진다.

5. 다음 프로그램을 컴파일하면 경고 또는 오류가 발생한다. 그 이유는?

```
/*
  Problem 5-5
*/

#include <stdio.h>

int main(void)
{
   int iValue = -5;

   printf("실인수 : %d \n", iValue);
   printf("%d의 절대값은 %d입니다. \n", iValue, myAbs(iValue));

   return 0;
}

int myAbs(int intValue)
{
   int iAbs;

   printf(" 가인수 : %d \n", intValue);

   if (intValue >= 0)
   {
        iAbs = intValue;
   }
   else
   {
        iAbs = -intValue;
   }

   printf(" 반환값 : %d \n", iAbs);

   return iAbs;
}
```

6. 다음 프로그램을 컴파일하면 문제가 발생한다. 그 이유는?

```c
/*
   Problem 5-6
*/

#include <stdio.h>

void swap(int iValue3, int iValue4);

int main(void)
{
   int iValue1, iValue2;

   iValue1 = 5;
   iValue2 = 10;

   printf("[Before] iValue1 = %d, iValue2 = %d \n", iValue1, iValue2);

   swap(iValue1);

   printf("[After] iValue1 = %d, iValue2 = %d \n", iValue1, iValue2);

   return 0;
}

void swap(int iValue3, int iValue4)
{
   int iTemp;

   iTemp = iValue3;
   iValue3 = iValue4;
   iValue4 = iTemp;
}
```

7. x^n을 계산하는 프로그램을 함수를 이용하여 작성하시오.

```
C:\windows\system32\cmd.exe
밑 값을 입력하세요 : 3.5
지수 값을 입력하세요 : 7

3.500000의 7승은 6433.929688입니다.
계속하려면 아무 키나 누르십시오 . . .
```

8. n! = 1 * 2 * 3 * ... * (n-1) * n을 계산하는 프로그램을 재귀 호출을 이용하지 않는 함수를 이용하여 작성하시오.

```
C:\windows\system32\cmd.exe
숫자를 입력하세요 : 5

5! = 120
계속하려면 아무 키나 누르십시오 . . .
```

9. 1부터 30까지 6, 9, 9 게임의 결과를 출력하는 프로그램을 함수를 이용하여 작성하시오. (3, 6, 9 숫자가 한 번 들어갈 경우에는 "*", 3, 6, 9 숫자가 두 번 들어갈 경우에는 "**"을, 그 외의 경우에는 숫자를 표시하시오.)

```
C:\windows\system32\cmd.exe
3 6 9 게임

 1 =  1     2 =  2     3 =  *     4 =  4     5 =  5
 6 =  *     7 =  7     8 =  8     9 =  *    10 = 10
11 = 11    12 = 12    13 =  *    14 = 14    15 = 15
16 =  *    17 = 17    18 = 18    19 =  *    20 = 20
21 = 21    22 = 22    23 =  *    24 = 24    25 = 25
26 =  *    27 = 27    28 = 28    29 =  *    30 =  *
31 =  *    32 =  *    33 = **    34 =  *    35 =  *
36 = **    37 =  *    38 =  *    39 = **    40 = 40
41 = 41    42 = 42    43 =  *    44 = 44    45 = 45
46 =  *    47 = 47    48 = 48    49 =  *    50 = 50
계속하려면 아무 키나 누르십시오 . . .
```

10. 1부터 n까지 더하는 프로그램을 재귀함수를 이용하여 작성하시오.

```
C:\windows\system32\cmd.exe
숫자를 입력하세요 : 100

1에서 100까지 더한 결과 = 5050
계속하려면 아무 키나 누르십시오 . . .
```

11. 두 수를 입력받아 두 수의 최대 공약수를 구하는 프로그램을 재귀함수를 이용하여 작성하시오.

```
C:\windows\system32\cmd.exe
첫 번째 수를 입력하세요 : 64
두 번째 수를 입력하세요 : 24

64와 24의 최대 공약수는 8 입니다.
계속하려면 아무 키나 누르십시오 . . .
```

제6장

변수 범위

제 6 장 변수 범위

C언어에서 변수를 사용하기 위해서는 반드시 프로그램 내에서 변수를 선언해야 한다. 이때 변수가 선언되는 위치에 따라 변수를 사용할 수 있는 범위 및 메모리에 변수가 존재하는 기간이 달라진다. 지금까지는 변수를 사용할 때 main 함수 내부 또는 사용자 정의 함수 내부에서 선언했지만 함수의 외부에서도 변수를 선언할 수 있다. 변수가 함수 또는 블록의 내부에서 선언되면 내부변수 또는 지역변수라고 하며, 변수가 함수의 외부에서 선언되면 외부변수 또는 전역변수라고 한다. 함수에서 사용하는 인수는 내부변수와 동일한 특성을 가지며, 별도의 선언 과정을 필요로 하지 않는다. 일반적으로 내부변수는 함수의 내부에서만 사용이 가능하며, 외부변수는 여러 함수에서 공통으로 사용하기 위한 변수이다.

6.1 자동변수

자동변수는 내부변수의 일종으로 함수의 내부 또는 중괄호로 둘러싸인 블록의 내부에서 선언되며 이용된다. 자동변수는 선언된 지역 내에서만 유효하며, 선언된 지역을 빠져나가면 변수는 메모리에서 사라진다. 자동변수를 선언하기 위해서는 변수를 선언할 때 auto라는 기억장소 지정자를 사용하며, 일반적으로 auto는 생략한다. 즉 지금까지 우리가 main 함수 또는 사용자 정의 함수 내에서 선언하고 사용한 모든 변수는 자동변수이다. 자동변수의 선언 예를 다시 살펴보자.

<table>
<tr><td>자동변수의 선언 예</td><td><pre>int main(void)
{
    auto int iValue1;
    int iValue2;</pre></td></tr>
</table>

```
    {
        auto float fValue1;
        float fValue2;
    }
}
```

예시와 같이 변수를 선언할 때 기억장소 지정자 auto를 이용하여 선언하면 자동변수가 된다. 그러나 auto 예약어는 생략가능하기 때문에 보통은 int iValue2;와 같이 auto 예약어 없이 사용하는 것을 선호한다.

자동변수는 변수를 선언한 후 값을 변수에 대입하지 않으면 초기에 저장되어 있는 값이 없다. 따라서 값을 할당하지 않고 변수의 값을 출력하거나 다른 변수에 저장하고자 하면 프로그램 컴파일 시 오류를 발생시킨다. 다음의 예를 살펴보자.

```
/*
  Example 6-1
  자동변수 주의 사항 1
*/

#include <stdio.h>

int main(void)
{
  int iValue1, iValue2 = 10;

  printf("iValue1 = %d, iValue2 = %d\n", iValue1, iValue2);

  return 0;
}
```

프로그램 실행 결과

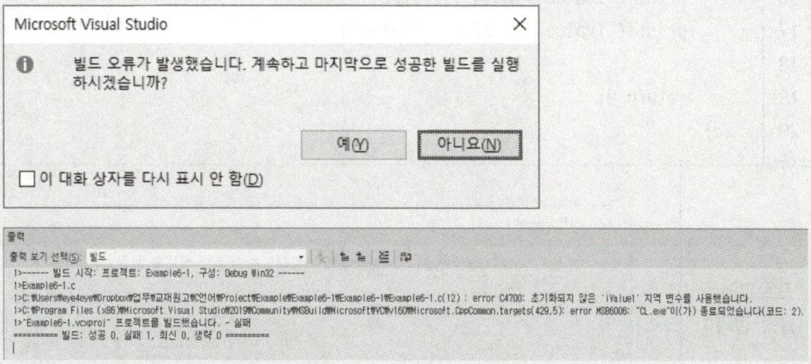

위의 예제의 10번 라인에서 iValue1과 iValue2 변수가 선언되었다. 그리고 iValue2의 값만 10으로 초기화하고 iValue1에는 어떠한 값도 저장하지 않았다. 따라서 12번 라인에서 printf문을 사용하여 iValue1의 값을 출력하려고 시도하면 오류가 발생한다.

함수 내에 위치하고 있는 자동변수는 함수의 실행 시 컴퓨터로부터 메모리 공간을 부여받으며, 함수가 종료되면 메모리 공간이 사라진다. 따라서 함수의 실행 동안에만 유효한 변수이다. 만일 조건문 또는 반복문에서 실행되는 문장이 복합문일 경우 반드시 중괄호를 이용하여 실행되는 영역을 구분해 주어야 한다. 이를 함수 내에서 영역이 구분되는 블록이라고 한다. 또는 특별한 목적에 의하여 중괄호를 이용하여 별도의 블록을 구분할 수 도 있다. 이때 블록의 내부에서 변수가 선언될 경우 블록의 실행 시에 메모리 공간이 할당되며, 블록이 종료되면 메모리 공간이 사라진다. 따라서 함수의 내부에서 선언된 자동변수는 함수의 내부에서만 사용 가능하며, 블록의 내부에서 선언된 자동변수는 블록의 내부에서만 사용이 가능하다. 다음의 예제를 살펴보자.

```
/*
   Example 6-2
   자동변수 주의 사항 2
*/

#include <stdio.h>

int main(void)
{
   int iValue = 10;

   {
        float fValue = 1.0f;
   }

   printf("iValue = %d\n", iValue);
   printf("fValue = %.2f\n", fValue);

   return 0;
}
```

프로그램 실행 결과

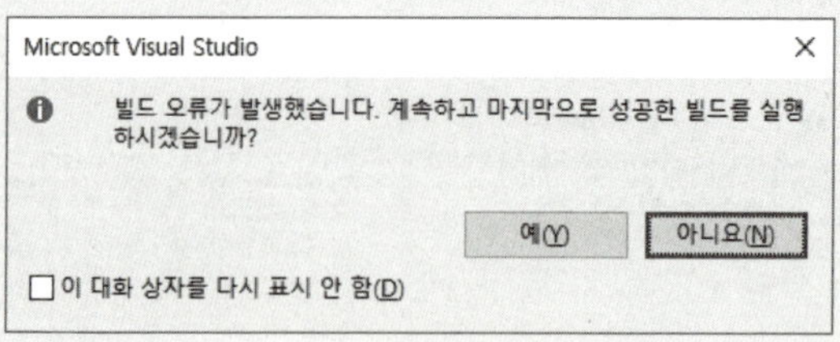

```
출력
출력 보기 선택(S): 빌드
1>------ 빌드 시작: 프로젝트: Example6-2, 구성: Debug Win32 ------
1>Example6-2c.cpp
1>C:₩Users₩eye4eye₩Dropbox₩업무₩교재원고₩C언어₩Project₩Example₩Example6-2₩Example6-2₩Example6-2c.cpp(17,28): error C2065: 'fValue': 선언되지 않은 식별자입니다.
1>"Example6-2.vcxproj" 프로젝트를 빌드했습니다. - 실패
========== 빌드: 성공 0, 실패 1, 최신 0, 생략 0 ==========
```

위의 예제 역시 오류 때문에 정상적으로 프로그램이 컴파일되지 않는다. 예제의 17번 라인에 printf문을 이용하여 fValue에 저장된 값을 출력한다. 그리고 fValue 변수는 13번 라인에서 선언되고 1.0f로 초기화되었다. 그러나 12번 라인과 14번 라인에 중괄호({ })를 이용하여 블록이 지정되어 있다. 따라서 fValue 변수는 중괄호 내부인 12번 라인부터 14번 라인에서만 사용이 가능하다. 이와 같이 함수 내에 있는 블록의 내부에서 선언된 자동변수는 블록이 종료되면 변수가 사라짐에 주의한다.

```
1   /*
2      Example 6-3
3      자동변수의 사용 범위
4   */
5
6   #include <stdio.h>
7
8   int main(void)
9   {
10     int iValue1 = 10, iValue2 = 20;
11
12     {
13         float fValue = 1.0f;
14
15         printf("[in block] iValue1 = %d, fValue = %.2f\n", iValue1, fValue);
16     }
17
18     printf("[out block] iValue1 = %d, iValue2 = %d\n", iValue1, iValue2);
19
20     return 0;
21  }
```

프로그램 실행 결과

```
C:₩windows₩system32₩cmd.exe
[in block] iValue1 = 10, fValue = 1.00
[out block] iValue1 = 10, iValue2 = 20
계속하려면 아무 키나 누르십시오 . . .
```

위의 예제를 통하여 내부변수를 사용할 수 있는 범위를 확인할 수 있다. 10번 라인에서 iValue1 변수와 iValue2 변수가 선언되었고, 10과 20의 값으로 각각 초기화되었다.

15번 라인은 12번 라인과 16번 라인의 중괄호로 둘러싸인 블록이다. 이 블록은 main 함수 내부에 있다. 따라서 main 함수 내부에서 선언된 변수 중 블록보다 먼저 선언된 변수는 모두 사용 가능하다. 따라서 15번 라인에서 iValue1의 값을 출력할 수 있다. 반면 fValue 변수는 블록 내부에서 선언되었기 때문에 블록 외부에서는 사용이 불가능하다. 또한 18번 라인 역시 main 함수의 내부에 해당하기 때문에 10번 라인에서 선언한 iValue1과 iValue2 변수 모두 사용할 수 있다.

하나의 영역에서 변수의 이름은 유일해야 한다. 그러나 함수 내에 중괄호로 별도의 블록을 지정할 경우 블록 내에서 선언되는 변수는 블록 외부에 이미 선언된 다른 내부변수의 이름을 사용할 수 있다. 다음의 예제를 살펴보자.

```c
/*
  Example 6-4
  함수 및 블록 내 자동변수의 사용 범위
*/

#include <stdio.h>

int main(void)
{
  int iValue = 10;

  {
      printf("[in block 1] iValue = %d\n", iValue);

      int iValue;
      iValue = 20;

      printf("[in block 2] iValue = %d\n", iValue);
  }

  printf("[out block] iValue = %d\n", iValue);

  return 0;
}
```

프로그램 실행 결과

```
C:\windows\system32\cmd.exe
[in block 1] iValue = 10
[in block 2] iValue = 20
[out block] iValue = 10
계속하려면 아무 키나 누르십시오 . . .
```

위의 예제에서 iValue 변수가 10번 라인과 15번 라인에서 두 번 선언되었다. 10번 라인에서 선언된 iValue 변수는 main 함수 내부에서 사용하기 위한 내부변수이며, 15번 라인에서 선언된 iValue 변수는 블록 내부에서 15번 라인 이후부터 사용하기 위한 내부변수이다. 이와 같이 중괄호로 둘러싸인 블록이 다를 경우 변수의 이름을 동일하게 하여 변수를 선언할 수 있다.

13번 라인에서 iValue의 출력 값은 10이다. 블록 내에서 iValue가 선언되지 않았기 때문에 13번 라인에서 출력에 사용되는 iValue 변수는 10번 라인에서 선언된 것이다. 즉 이때 iValue 변수는 블록 입장에서 보면 외부에서 선언된 변수가 된다. 15번 라인에서 다시 iValue 변수가 선언되었다. 이제 15번 라인부터 19번 라인까지 블록에서 사용되는 iValue 변수는 15번 라인에서 선언된 iValue 변수를 사용하며, 10번 라인에서 선언된 iValue 변수는 더 이상 블록 내부에서 사용할 수 없다. 즉 16번 라인에서 iValue에 20을 저장하면 15번 라인에서 선언한 iValue에 20을 저장한다. 따라서 10번 라인에서 선언한 iValue에는 10이 계속 저장되어 있고 21번 라인에서 출력을 통하여 확인할 수 있다.

블록 내의 자동변수가 블록 외부에서 선언된 변수와 이름이 동일하더라도 그 유효 기간이 블록 내에서만 유지되는 것과 같이 함수 내에서 선언된 변수는 함수의 실행 동안에만 유효한 변수가 된다. 또한 함수의 가인수로 사용되는 변수는 함수 내에서 내부변수와 동일한 유효기간을 갖는다. 따라서 함수를 호출한 곳에서 사용되는 변수와 이름이 같더라도 값을 유지할 수 있는 기간에 차이가 있다. 다음의 예제를 보자.

```
/*
   Example 6-5
   함수 내 자동변수의 사용 범위
*/

#include <stdio.h>

void func(int iValue);

int main(void)
{
   int iValue = 10;
   float fValue = 1.0f;

   func(iValue);

   printf("[main] iValue = %d, fValue = %.2f\n", iValue, fValue);
```

```
18
19      return 0;
20   }
21
22   void func(int iValue)
23   {
24      float fValue = 2.0f;
25
26      iValue = 20;
27
28      printf("[func] iValue = %d, fValue = %.2f\n", iValue, fValue);
29   }
```

프로그램 실행 결과

```
C:\windows\system32\cmd.exe
[func] iValue = 20, fValue = 2.00
[main] iValue = 10, fValue = 1.00
계속하려면 아무 키나 누르십시오 . . .
```

예제의 12번 라인과 13번 라인에서 iValue와 fValue 변수를 각각 선언한 후 초기화하였다. 이후 15번 라인에서 func 함수를 호출하면 프로그램의 실행 지점이 22번 라인의 함수 정의 부분으로 이동한다. 이때 func 함수에서는 가인수를 위하여 새로운 iValue 변수를 생성한 후 15번 라인에서 실인수로 받은 10의 값을 가인수 iValue에 저장한다. 즉 12번 라인에서 선언된 iValue 변수와 22번 라인의 가인수 iValue 변수는 이름만 같고 서로 다른 메모리 공간을 갖는다. 또한 func 함수 내의 24번 라인에서 fValue 변수를 선언한다. 이 변수 역시 13번 라인의 fValue 변수와 이름은 같지만 다른 메모리 공간을 갖는 변수이다. 따라서 26번 라인에서 iValue의 값을 변경하더라도 12번 라인의 iValue에는 영향을 미치지 않는다. 그리고 24번 라인에서 fValue의 값을 2.0으로 초기화하더라도 13번 라인의 fValue 변수에는 영향을 미치지 않는다. 실제 출력 결과 15번 라인의 함수 호출문이 실행되면, 22번 라인으로 이동하고, 28번 라인의 printf 문장이 먼저 호출되기 때문에 iValue의 값은 20, fValue의 값은 2.00이 출력된다. func 함수가 종료되면 다시 15번 라인으로 돌아가고 17번 라인의 printf 문장을 통하여 12번 라인에서 iValue에 저장한 10과 13번 라인에서 fValue에 저장한 1.00을 출력한다.

6.2 외부변수

외부변수는 함수의 밖에서 선언되며, 선언된 이후의 모든 함수에서 사용이 가능한 전역변수이다. 외부변수는 프로그램 시작 시 메모리 공간이 만들어지고 프로그램 종료 시 사라진다. 따라서 프로그램이 실행되는 동안 값이 계속 유지된다. 외부변수는 주로 함수 사이에 자료를 공유하기 위하여 사용되며 auto와 같은 기억장소 지정자를 사용하지 않는다. 자동변수와는 다르게 외부변수는 선언과 동시에 0으로 값이 초기화되며, 대입연산자를 이용하여 원하는 값으로 초기화할 수 있다. 다음의 예제를 살펴보자.

```
1   /*
2      Example 6-6
3      외부변수의 사용 및 초기화
4   */
5
6   #include <stdio.h>
7
8   int giValue1;
9   int giValue2 = 10;
10
11  int main(void)
12  {
13     printf("giValue1 = %d\n", giValue1);
14     printf("giValue2 = %d\n", giValue2);
15
16     return 0;
17  }
```

프로그램 실행 결과

위의 예제에서 외부변수 giValue1과 giValue2를 선언한 후 giValue2에는 10의 값으로 초기화하고 giValue1은 값의 초기화를 수행하지 않았다. 이와 같이 함수의 외부에서 선언된 변수는 변수 선언문 이후에 정의된 모든 함수에서 사용이 가능하다. 따라서 11번에서 정의된 main 함수에서 giValue1과 giValue2의 값을 출력할 수 있으며, 초기화하지 않은 giValue1의 출력 결과는 0이 출력되었다. 따라서 외부변수는 값을 초기화하지 않을 경우 자동으로 0으로 초기화하는 것을 확인할 수 있다. 또한 선언과 동시에 초기화할 경우 초기화된 값이 정상적으로 출력됨을 확인할 수 있다.

6.2.1 동일 파일 내의 외부변수 사용

파일 내에서 외부변수의 위치는 함수의 정의 이전에 선언되어야 한다. 만일 함수의 정의 이전에 외부변수의 선언이 없으면 해당 외부변수는 사용할 수 없다. 다음의 예를 살펴보자.

```
/*
   Example 6-7
   외부변수의 선언 위치
*/

#include <stdio.h>

int main(void)
{
   printf("giValue = %d\n", giValue);

   return 0;
}

int giValue = 10;
```

프로그램 실행 결과

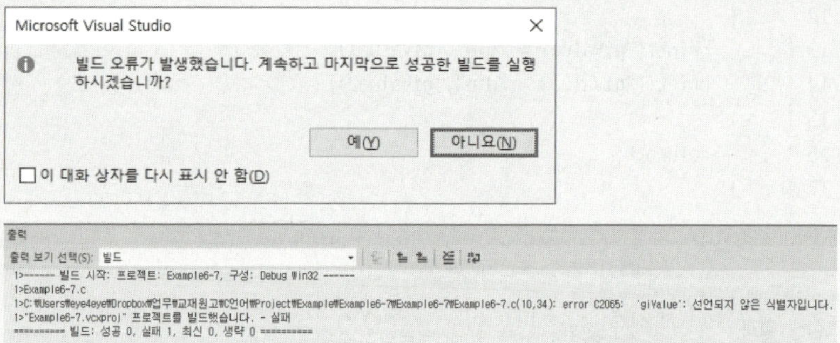

위의 예제와 같이 외부변수 giValue는 main 함수의 정의 부분 아래에 위치해있다. 외부변수가 프로그램이 실행될 때 선언되어 메모리에 존재하기는 하지만 main 뒤에 선언되었기 때문에 main 함수에서는 giValue 변수가 메모리 어디에 있는지를 확인할 수 없는 것이다.

함수의 정의 이후에 선언되는 외부변수는 외부변수를 사용하고자 하는 함수 내에서 기억장소 지정자 extern을 이용하여 변수를 선언해서 사용할 수 있다. 이때 extern을 이용해서 선언된 변수는 내부변수가 아니라 외부에 이미 선언된 변수를 갖다쓴다는 의미를 갖는다. 다음의 예를 살펴보자.

```
1   /*
2      Example 6-8
3      동일 파일에서 선언된 외부변수의 사용법
4   */
5
6   #include <stdio.h>
7
8   int main(void)
9   {
10     extern int giValue;
11
12     printf("giValue = %d\n", giValue);
13
14     return 0;
15  }
16
17  int giValue = 10;
```

프로그램 실행 결과

```
C:\windows\system32\cmd.exe
giValue = 10
계속하려면 아무 키나 누르십시오 . . .
```

위의 예제에서 10번 라인에 extern int giValue;라는 문장으로 변수 선언문이 사용되었다. 이 문장은 새로운 변수를 선언하기 위한 문장이 아니라 외부에서 선언된 giValue라는 변수를 가져다 사용하겠다는 의미를 갖는다. 이 변수는 17번 라인에서 선언되었으며, 10의 값으로 초기화되었다. 따라서 이미 10인 값을 갖고 있기 때문에 12번 라인에서 출력 결과 저장되어 있는 10을 출력함을 알 수 있다.

외부변수를 사용할 때 extern 예약어를 이용하면 파일 내의 어느 위치에 외부변수가 있더라도 그 변수를 사용할 수 있다. 그러나 코드의 길이가 길어지면 변수가 외부 어느 곳에 선언되어 있는 지 찾기 곤란할 때가 많다. 따라서 일반적으로 외부변수는 코드의 가장 위에서 선언하는 것이 좋다. 이 경우 앞의 예제에서 확인했듯이 해당 코드에서 이미 선언된 외부변수는 extern 예약어를 이용하지 않고 사용할 수 있다.

6.2.2 다른 파일 사이의 외부변수 참조

함수의 파일 분할에서도 확인했듯이 복잡한 프로그램은 기능에 따라 여러 개의 파일로 나누어서 작성할 수 있다. 이때 각각의 파일을 컴파일한 뒤, 컴파일한 결과를 링크하여 실행파일을 생성한다. 만약 다른 파일에서 외부변수로 선언된 자료를 사용하고자 할 경우 기억장소 지정자 extern을 이용하여 외부변수를 선언할 수 있다. 기억장소 지정자

extern은 동일 파일에서 선언된 외부변수가 함수의 정의 부분 뒤에 선언될 경우에 사용할 수도 있지만, 특정 파일에서 선언된 외부변수를 다른 파일에서 사용할 수 있는 방법을 제공한다. extern으로 선언된 변수는 다른 파일 또는 현재 파일의 다른 위치에서 외부변수로 선언되었다는 사실을 암시한다. 다음의 예제를 살펴보자.

```
/*
   Example 6-9
   다른 파일 사이의 외부변수 참조
   main.c
*/

#include <stdio.h>
#include "func.h"

extern int giValue1;
extern int giValue2;

int main(void)
{
   printf("giValue1 = %d, giValue2 = %d\n", giValue1, giValue2);

   func1();
   printf("giValue1 = %d, giValue2 = %d\n", giValue1, giValue2);

   func2();
   printf("giValue1 = %d, giValue2 = %d\n", giValue1, giValue2);

   return 0;
}
```

```
/*
   Example 6-9
   다른 파일 사이의 외부변수 참조
   func.h
*/

void func1();
void func2();
```

```
/*
   Example 6-9
   다른 파일 사이의 외부변수 참조
   func1.c
*/

```

```c
int giValue1 = 10;
extern int giValue2;

void func1()
{
  giValue2++;
}
```

```c
/*
  Example 6-9
  다른 파일 사이의 외부변수 참조
  func1.c
*/

extern int giValue1;
int giValue2 = 20;

void func2()
{
  giValue1++;
}
```

프로그램 실행 결과

```
C:\windows\system32\cmd.exe
giValue1 = 10, giValue2 = 20
giValue1 = 10, giValue2 = 21
giValue1 = 11, giValue2 = 21
계속하려면 아무 키나 누르십시오 . . .
```

위의 예제는 main.c, func.h, func1.c, func2.c의 네 개의 파일로 구성된 프로그램이다. 우선 func.h 파일을 살펴보자. func.h 파일에는 func1 함수와 func2 함수의 원형이 선언되어 있다. func1과 func2 함수는 반환값이 없고 인수도 없는 함수이다. 다음 func1.c 파일을 보자. func1.c 파일에는 외부변수 giValue1이 선언되었고 값을 10으로 초기화하였다. 그리고 giValue2 변수는 extern 예약어를 사용하여 func1.c 파일이 아닌 다른 곳에서 선언된 외부변수임을 알린다.

func1 함수 내부에서는 giValue2++; 문장을 사용하여 giValue2 변수의 값을 1만큼 증가시킨다. 다음 func2.c 파일을 보자. func2.c 파일에는 func1.c 파일과는 반대로 giValue2 변수를 외부변수로 선언하고 giValue1 변수가 다른 파일에서 선언된 변수임을 알린다. 그리고 func2 함수에서 giValue1의 값을 1만큼 증가시킨다. 이제 main.c 파일을 보자. main.c 파일에서는 giValue1과 giValue2 변수가 다른 파일에서 선언된 변수임을 알린다. 그리고 main 함수의 15번 라인에서 이 두 값을 출력한다. 출력 결과 giValue1의 값은 func1.c 파일에서 초기화한 10이 출력되고, giValue2의 값은

func2.c에서 초기화한 20의 값이 출력된다. 다음 17번 라인에서 func1 함수를 호출한다. func1 함수는 giValue2의 값을 1만큼 증가하는 함수이다. 따라서 18번 라인에서 출력 결과 giValue2의 값이 21로 바뀌어서 출력되었다. 이후 20번 라인에서는 func2 함수를 이용하여 giValue1의 값을 증가시키고 21번 라인에서 출력한다.

6.3 정적변수

변수를 선언할 때 기억장소 지정자 static을 이용하여 선언하면 정적변수를 만들 수 있다. 내부변수와 외부변수 모두 정적변수로 선언할 수 있지만 내부정적변수와 외부정적변수는 사용 목적이 다르기 때문에 주의해야 한다.

6.3.1 내부정적변수

내부정적변수는 함수의 내부에서 선언되고 함수의 내부에서만 사용할 수 있는 내부변수의 특성을 갖는다. 또한 블록의 내부에서 선언되면 블록의 내부에서만 사용할 수 있다. 일반적으로 사용하는 내부변수인 자동변수는 함수가 종료하면 변수가 위치하고 있는 메모리 공간이 사라진다. 그러나 내부정적변수는 함수가 종료되어도 메모리 공간이 사라지지 않고 보관된다. 즉 변수에 저장된 값이 함수가 종료되어도 남아있으며, 프로그램이 종료될 때 까지 값을 보관한다. 따라서 자동변수와는 다르게 프로그램에서 함수의 처음 실행 시에 단 한 번 변수의 선언이 이루어지며, 함수를 다시 실행할 경우 변수를 선언하지 않고 이전에 선언한 변수의 저장 공간을 동일하게 사용한다. 내부정적변수를 선언과 함께 초기화하는 경우 프로그램에서 함수를 처음 실행할 때만 초기화되며, 함수를 다시 실행할 때는 선언과 함께한 초기화는 무시된다. 그리고 자동변수와는 다르게 내부정적변수는 변수를 초기화하지 않으면 선언과 동시에 0의 값을 변수에 저장한다.

```
/*
    Example 6-10
    내부정적변수
*/

#include <stdio.h>

```

```
8    void func();
9
10   int main(void)
11   {
12      int iCount;
13
14      for (iCount = 1; iCount <= 10; iCount++)
15      {
16          func();
17      }
18
19      return 0;
20   }
21
22   void func()
23   {
24      int iAuto = 1;
25      static int iStatic = 1;
26
27      printf("iAuto = %d \t iStatic = %d\n", iAuto, iStatic);
28
29      iAuto = iAuto + 1;
30      iStatic = iStatic + 1;
31   }
```

프로그램 실행 결과

```
C:\windows\system32\cmd.exe
iAuto = 1         iStatic = 1
iAuto = 1         iStatic = 2
iAuto = 1         iStatic = 3
iAuto = 1         iStatic = 4
iAuto = 1         iStatic = 5
iAuto = 1         iStatic = 6
iAuto = 1         iStatic = 7
iAuto = 1         iStatic = 8
iAuto = 1         iStatic = 9
iAuto = 1         iStatic = 10
계속하려면 아무 키나 누르십시오 . . .
```

위의 예제는 자동변수와 내부정적변수의 차이점을 보여준다. 예제의 14번 라인부터 17번 라인까지 for문을 이용하여 func 함수를 10번 호출한다. iCount가 1일 때 func를 호출하면 22번 라인의 func 함수의 정의 부분으로 프로그램의 실행 지점이 이동한다. func 함수의 24번 라인에서 iAuto 변수를 자동변수로 선언하고 25번 라인에서 iStatic 변수를 내부정적변수로 선언한다. 자동변수인 iAuto 변수는 func 함수가 종료되면 사라지고 내부정적변수 iStatic 변수는 func 함수가 종료되더라도 메모리에 남아있을 것이다. 우선 27번 라인에서 printf 함수를 이용하여 iAuto와 iStatic에 저장되어 있는 값을 출력한다. 24번 라인과 25번 라인에서 모두 1로 초기화를 했기 때문에 두 변수 모두 1이 출력됨을 알 수 있다. 다음 29번 라인과 30번 라인에서 두 변수의 값을 1만큼 씩 증가시켰다. 그리고 31번 라인에서 함수는 종료한다. 함수 종료 시 iAuto 변수는 사라지고, iStatic 변수는 2의 값을 유지한 상태로 보관된다. 함수 종료 후 함수 호출 부분으로 프로그램 실행 지점이 이동하고, 16번 라인을 지나 14번 라인의 iCount++ 연산을 수행한다. iCount의 값이 2가 되고 iCount <= 10의 식이 참이므로 func 함수가 두 번째 호출된다. func 함수가 다시 호출되면 24번 라인의 변수 선언문이 실행된다. iAuto 변수가 다시 만들어지고 값이 1로 초기화된다. 다음 25번 라인을 실행해야 하지만 변수 선언문 앞에 static 기억장소 지정자가 있다. 따라서 iStatic 변수는 선언되지 않고 이미 저장되어 있는 2의 값을 그대로 사용한다. 따라서 27번 라인에서 printf 함수를 이용하여 출력한 결과 iAuto는 1, iStatic은 2가 출력된다. 같은 방법으로 29번 라인에서 iAuto와 iStatic 변수에 저장된 값을 1 증가시키므로, iAuto에는 2, iStatic에는 3이 저장된다. 그리고 이와 같은 과정을 10번 반복한다. 프로그램의 최종 실행 결과 iAuto는 계속 1이 출력되고 iStatic은 값을 1씩 증가하면서 출력됨을 확인할 수 있다. 따라서 자동변수는 함수가 호출될 때 마다 변수가 선언되고 초기화되며, 내부정적변수는 한 번만 선언되고 다시 호출될 때 마지막으로 저장한 값을 계속 사용함을 알 수 있다.

6.3.2 외부정적변수

외부변수를 선언할 때 static 기억장소 지정자를 이용하여 외부정적변수로 만들면, 그 변수는 동일 파일 내의 함수들만 사용 가능한 변수가 된다. 즉 extern 예약어를 사용하여 외부정적변수에 접근할 때 다른 파일에 있는 외부정적변수를 사용할 수 없으며 에러를 발생시킨다. 다음의 예제를 살펴보자.

```
/*
  Example 6-11
  외부정적변수
  main.c
*/

#include <stdio.h>
#include "func.h"

extern int giValue1;
extern int giValue2;

int main(void)
```

```
{
   printf("giValue1 = %d, giValue2 = %d\n", giValue1, giValue2);

   func1();
   printf("giValue1 = %d, giValue2 = %d\n", giValue1, giValue2);

   func2();
   printf("giValue1 = %d, giValue2 = %d\n", giValue1, giValue2);

   return 0;
}
```

```
/*
   Example 6-11
   외부정적변수
   func.h
*/

void func1();
void func2();
```

```
/*
   Example 6-11
   외부정적변수
   func1.c
*/

int giValue1 = 10;
extern int giValue2;

void func1()
{
   giValue2++;
}
```

```
/*
   Example 6-11
   외부정적변수
   func2.c
*/

extern int giValue1;
staic int giValue2 = 20;

void func2()
{
   giValue1++;
}
```

프로그램 실행 결과	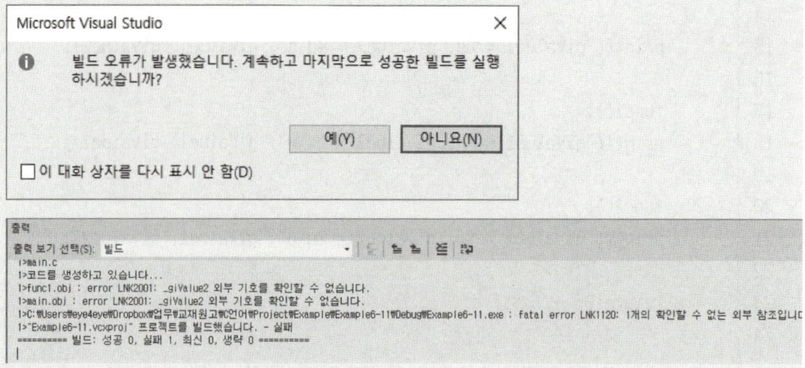

위의 예제는 앞에서 외부변수를 참조하기 위한 방법을 설명하기 위한 예제와 대부분의 프로그램 코드가 동일하다. 다른 부분은 func2.c 파일에서 8번 라인에서 선언된 giValue2 외부변수 앞에 static 기억장소 지정자를 이용하여 외부정적변수로 만든 것이다. 이와 같이 외부정적변수로 만든 giValue2 변수는 func2.c 파일 내에서만 사용 가능한 변수이다. 따라서 func1.c 파일의 8번 라인의 문장과 main.c 파일의 12번 문장 때문에 실행 파일을 생성하지 못하고 오류를 발생시킨다. 컴파일은 파일 단위로 이루어지기 때문에 해당 파일을 컴파일할 때는 외부에 있다는 것만 알린다. 따라서 컴파일 도중 오류는 발생하지 않는다. 반면 링크 작업은 컴파일된 파일들을 하나로 합하여 실행파일을 만들며, 정적전역변수로 만들어진 변수는 이때 사용할 수 없음을 알고 링크 오류를 발생시키고, 실행 파일을 만들 수 없게 된다.

6.4 레지스터변수

변수를 선언하면 컴퓨터는 메모리에 데이터를 저장할 공간을 만들고 접근할 수 있는 이름을 부여한다. 변수를 선언할 때 기억장소 지정자 register를 사용하면 그 변수는 메모리에 만들어지는 것이 아니라 중앙처리장치(CPU) 내의 레지스터에 만들어진다. 레지스터는 메모리보다 입출력 속도가 빠르기 때문에 프로그램의 고속 처리에 적합하며, 사용 빈도가 높은 변수를 레지스터 변수로 이용하면 프로그램의 실행 속도를 향상시킬 수 있다.

일반적으로 중앙처리장치의 레지스터는 가격 때문에 용량이 한정되어있다. 따라서 레지스터 변수에는 다음의 제약이 따른다. 첫째, 레지스터 변수의 처리 속도가 보통의 변수들 보다 속도가 빠르다고 하더라도 공간의 제약이 있기 때문에 많은 변수를 선언할 수 없다. 즉 레지스터 변수로 선언을 하더라도 레지스터의 공간이 부족하면 레지스터가 아닌 메인 메모리에 공간이 만들어 진다. 둘째, 중앙처리장치의 레지스터에 따라 선언 가능한 변수 자료형에 제한이 있을 수 있다. 일반적으로 정수형 및 문자형 자료는 사용이 가능하지만, 실수형의 경우 사용이 불가능할 수도 있다. 셋째, 외부변수는 프로그램의 실행 기간 동안 계속 값을 유지하기 위해서 공간을 차지하므로 레지스터 변수로 선언이 불가능하다. 보통은 함수 내에서 반복적으로 정보를 읽고 쓰는 변수를 레지스터 변수로 주로 선언한다.

```
1   /*
2      Example 6-12
3      레지스터 변수
4   */
5
6   #include <stdio.h>
7
8   int main(void)
9   {
10     register int iCount;
11     int iSum = 0;
12
13     for (iCount = 1; iCount <= 1000; iCount++)
14     {
15         iSum += iCount;
16     }
17
18     printf("1부터 1000까지의 합은 %d입니다.\n", iSum);
19
20     return 0;
21  }
```

프로그램 실행 결과

```
C:\windows\system32\cmd.exe
1부터 1000까지의 합은 500500입니다.
계속하려면 아무 키나 누르십시오 . . .
```

위의 예제는 10번 라인에서 정수형 변수 iCount를 선언할 때 레지스터 변수로 선언한 것이다. iCount 변수는 13번 라인에서 사용되는 for문에서 저장되는 값이 계속 변경되므로 레지스터 변수를 사용할 경우 속도를 조금이나마 높일 수 있다. 다만, 레지스터 변수는 내부변수와 동일한 특성을 갖기 때문에 코드를 이용해서 구분하는 것은 불가능하다.

레지스터 변수를 사용할 때의 주의사항 또 다른 한 가지는 레지스터로 선언된 변수는 8장에서 소개하는 포인터 변수에 의한 주소 참조가 불가능하다는 것이다. 따라서 주소 참조가 필요한 경우 레지스터 변수로 선언하지 말아야 한다. 예를 들어 우리가 지금까지 scanf 함수를 사용해서 값을 입력 받을 때 scanf("%d", &iValue); 문장과 같이 변수 앞에 &를 사용했다. 이와 같이 변수 앞에 &를 붙이면 변수가 위치하고 있는 주소가 되며, 레지스터 변수는 이와 같이 사용할 수 없다.

레지스터 변수의 잘못된 사용 예	register int iValue; scanf("%d", &iValue); // 레지스터 변수 앞에는 &를 사용할 수 없다.

6.5 함수의 사용 범위

함수는 보통 다른 함수의 밖에서 선언하고 정의한다. 따라서 함수의 사용 범위는 외부 변수의 사용 범위와 동일하다. 일반적으로 다른 파일에 포함되어 있는 함수는 선언과 정의를 분리한 후 헤더 파일에 선언부를 넣어서 #include 전처리기 지시자를 이용하여 사용하였다. 그러나 다른 파일에서 정의된 함수를 사용하기 위해 extern 예약어를 이용하면 헤더 파일을 포함하지 않더라도 함수를 호출할 수 있다. 또한 정적(static)으로 함수가 정의되면 함수가 정의된 파일에서만 이 함수를 호출할 수 있다. 그러나 특별한 경우가 아니면 헤더 파일과 소스 파일을 나눈 후 #include를 이용하여 프로그램을 작성하는 것이 좋다.

```
/*
  Example 6-13
  함수의 사용 범위
  main.c
*/

#define _CRT_SECURE_NO_WARNINGS
#include <stdio.h>

extern float calc(float fValue1, char cType, float fValue2);

int main(void)
```

```
{
    float fValue1, fValue2, fResult;
    char cType;

    printf("연산식을 입력하세요 (ex. 1.5 + 3.7) : ");
    scanf("%f %c %f", &fValue1, &cType, &fValue2);

    if ((cType == '+') || (cType == '-') || (cType == '*') || (cType == '/'))
    {
        fResult = calc(fValue1, cType, fValue2);
        printf("fResult = %.2f\n", fResult);
    }

    return 0;
}
```

```
/*
    Example 6-13
    함수의 사용 범위
    func.c
*/

#include <stdio.h>

float calc(float fValue1, char cType, float fValue2);

static float local_add(float fValue1, float fValue2);
static float local_subtract(float fValue1, float fValue2);
static float local_multiply(float fValue1, float fValue2);
static float local_divide(float fValue1, float fValue2);

float calc(float fValue1, char cType, float fValue2)
{
    float fResult;

    switch (cType)
    {
        case '+':
        fResult = local_add(fValue1, fValue2);
        printf(" %f + %f = %f \n", fValue1, fValue2, fResult);
        break;

        case '-':
        fResult = local_subtract(fValue1, fValue2);
        printf(" %f - %f = %f \n", fValue1, fValue2, fResult);
        break;

        case '*':
```

```c
            fResult = local_multiply(fValue1, fValue2);
            printf(" %f * %f = %f \n", fValue1, fValue2, fResult);
            break;

            case '/':
                fResult = local_divide(fValue1, fValue2);
                printf(" %f / %f = %f \n", fValue1, fValue2, fResult);
                break;
    }

    return fResult;
}

static float local_add(float fValue1, float fValue2)
{
    return fValue1 + fValue2;
}

static float local_subtract(float fValue1, float fValue2)
{
    return fValue1 - fValue2;
}

static float local_multiply(float fValue1, float fValue2)
{
    return fValue1 * fValue2;
}

static float local_divide(float fValue1, float fValue2)
{
    return fValue1 / fValue2;
}
```

프로그램 실행 결과

```
C:\windows\system32\cmd.exe
연산식을 입력하세요 (ex. 1.5 + 3.7) : 1.5 + 4.7
 1.500000 + 4.700000 = 6.200000
fResult = 6.20
계속하려면 아무 키나 누르십시오 . . .
```

위의 예제는 extern 예약어를 사용하여 다른 파일에 있는 외부함수를 사용하는 방법을 보인다. 우선 main.c 파일부터 살펴보자. main.c의 10번 라인에는 calc 함수가 extern 함수로 선언되어 있다. 이 문장은 함수를 새롭게 선언하는 것이 아니라 다른 파일에 있는 함수를 사용하겠다는 의미이며, 이 함수는 func.c 파일에 포함되어 있다. main 함수로 이동하여 변수를 선언한 후 계산하고자 하는 연산식을 입력받는다. 20번 라인에서는 연산식 중 cType 변수에 저장된 연산자를 확인한다. 연산자가 +, -, *, /

중 하나일 경우 식이 참이 되어 22번 라인의 문장을 실행한다. 연산자를 각각 비교하고 넷 중 하나가 참일 경우에 해당하기 때문에 논리연산자 ||(논리합, OR)가 사용되었음에 주의한다. 참일 경우 22번 라인을 수행하며, calc 함수를 호출한다. calc 함수는 func.c 파일에 정의되어 있기 때문에 해당 파일로 프로그램 실행 지점이 이동한다.

func.c 파일에는 calc 함수 및 local_add, local_subtract, local_multiply, local_divide 함수가 정의되어 있다. 이 중 local_로 시작하는 함수는 연산 결과를 가져오기 위한 함수이며, 모두 static 기억장소 지정자가 사용되었다. 따라서 local_로 시작하는 함수는 정적함수가 되며, 이 함수들은 func.c 파일에서만 사용할 수 있다. 즉 main.c 파일에서는 호출이 불가능하다. 그러나 calc 함수는 일반 함수이기 때문에 main.c 파일에서 호출했으며, calc 함수 내에서는 동일한 파일에 위치하고 있는 함수인 local_로 시작하는 함수를 호출할 수 있다. calc 함수에서는 인수로 전달받은 연산자를 확인하고, local_로 시작하는 함수를 호출하여 +, -, *, / 연산을 수행한 후 결과를 반환한다. calc 함수가 종료되면 다시 main.c 파일의 함수 호출부로 이동한 후 결과를 출력한다.

연습문제

1. 다음 괄호 부분을 채우시오.

① 다른 파일에서 외부변수로 선언된 자료를 이용하는 경우 기억장소 지정자 (　　　　)를 이용하여 외부변수로 선언해야 한다.

② 정적변수는 (　　　　)이라는 기억장소 지정자를 이용하여 내부변수 또는 외부변수로 모두 사용할 수 있다.

③ 함수에서 이후에 선언되는 외부 변수를 사용하기 위해서는 기억장소 지정자 (　　　　)를 이용하여 함수의 내부에서 동일 변수를 재선언해야 한다.

④ 레지스터 변수를 이용하기 위하여 기억장소 지정자 (　　　　)를 사용한다.

2. 다음의 문장 중에서 틀린 것들을 고르고 이유를 설명하시오.

① 함수의 가인수는 정적 변수와 동일하다.

② 외부 정적변수가 외부 변수와 다른 점은 동일 파일 내의 함수에서만 사용 가능하며, 다른 파일의 함수들은 사용 불가능하다.

③ 자동변수를 선언과 함께 초기화 하는 경우, 프로그램에서 함수를 처음 실행할 때에만 초기화된다. 이 후 함수를 실행할 때는 선언과 함께한 초기화는 무시된다.

④ 함수의 내부에서 선언된 자동변수는 함수의 내부에서만 사용 가능하며, 블록의 내부에서 선언된 자동변수는 블록의 내부에서만 사용 가능하다.

3. 다음의 특징을 갖는 변수의 선언 방법은?

함수의 내부 또는 블록(block)의 내부에서 선언되며, 자료형 앞에 auto라는 기억장소 지정자를 사용하며, auto는 생략할 수 있다.

① 자동변수

② 외부변수

③ 내부 정적변수

④ 외부 정적변수

4. 사용 빈도가 높은 변수를 이 방법으로 선언하면 프로그램의 수행 속도를 높일 수 있다. 이 방법은?

① 내부 정적변수
② 외부 정적변수
③ 레지스터 변수
④ 외부변수

5. 함수를 처음 실행할 때 선언과 함께 초기 값을 명시하지 않으면 0으로 초기화되지 않는 변수는?

① 자동변수
② 외부변수
③ 내부 정적변수
④ 외부 정적변수

6. 다음 프로그램을 컴파일하면 문제가 발생한다. 그 이유는?

```
/*
   Problem 6-6
*/

#include <stdio.h>

void function();

int main()
{
   function();
   printf("iValue1 = %d, iValue2 = %d \n", iValue1, iValue2);

   return 0;
}

void function()
{
   int iValue1 = 30;
   int iValue2 = 40;
}
```

7. 다음 프로그램을 컴파일하면 문제가 발생한다. 그 이유는?

```
/*
   Problem 6-7
*/

#include <stdio.h>

void function();

int main(void)
{
   function();
   printf(" Ivalue = %d \n", Ivalue);

   return 0;
}

int Ivalue;

void function()
{
   Ivalue = Ivalue + 10;
}
```

8. 다음 프로그램의 실행 결과는?

```
/*
   Problem 6-8
*/

#include <stdio.h>

void function();

int iValue1;

int main(void)
{
   int iValue2 = 20;
   int iValue3 = 30;

   iValue1 = 10;
```

```
    function();
    function();
    printf("\n[main] iValue1 = %d, iValue2 = %d, iValue3 = %d \n",
        iValue1, iValue2, iValue3);

    return 0;
}

void function()
{
    static int iValue2 = 200;
    int iValue3 = 300;

    printf("\n[function] iValue1 = %d, iValue2 = %d, iValue3 = %d \n",
        iValue1, iValue2, iValue3);

    iValue1 = iValue1 + 10;
    iValue2 = iValue2 + 10;
    iValue3 = iValue3 + 10;
}
```

제 7 장

배열

제 7 장 배열

지금까지의 프로그램은 변수를 이용하여 값을 저장하고, 저장된 값을 가져와서 연산을 수행하였다. 이때 변수에 저장된 값을 변경하면 이전에 저장된 값은 사라지고 새로운 값이 저장된다. 이처럼 변수 하나에 저장할 수 있는 값은 하나이다. 그러나 대규모의 프로그램은 많은 데이터를 사용하며, 이를 한 번에 저장하고 관리할 수 있는 방법을 필요로 한다. 예를 들어 한 반에 30명인 학급의 학생들에 대한 점수를 관리하는 프로그램을 만든다고 가정하자. 30명의 점수를 저장하기 위해서는 변수를 30개 선언해야 한다. 그러나 이 방법은 매우 비효율적이다. 만약 100명, 1,000명의 학생들에 대한 점수를 저장해야 한다면? 변수를 선언하는 것 자체가 큰 작업이 된다. C언어를 포함한 대부분의 프로그래밍 언어는 이러한 불편함을 해소할 수 있는 방법을 제공한다. 그 방법이 바로 배열이다. 이제부터 배열에 대한 내용을 배워보자.

7.1 배열의 의미

배열의 정의는 데이터 형식이 같고 같은 이름으로 참조되는 변수들의 집합이다. 즉 하나의 이름을 통하여 여러 개의 변수에 값을 저장하고, 저장된 값을 가져올 수 있다. 이와 같이 배열을 이용하면 같은 종류로 이루어진 대량의 데이터를 효율적으로 관리할 수 있다. 한 반에 30명인 학생들의 점수를 저장하기 위하여 변수를 30개 선언하는 것 보다 배열로 선언한 후 사용하는 것이 더 효율적이다. 우선 배열이 어떠한 형태인지를 보자.

학생 30명의 점수를 저장하기 위한 변수 선언	int iEngScore1; int iEngScore2; int iEngScore3;

	... int iEngScore29; int iEngScore30;
학생 30명의 점수를 저장하기 위한 배열 변수 선언	int iEngScore[30];

위와 같이 변수 여러 개를 한 번에 사용하기 위한 방법을 배열이라고 한다. 즉 변수들을 일렬로 줄지어 놓은 것과 같다. 따라서 변수들이 선과 같이 줄지어 있다고 해서 이를 1차원 배열이라고 한다.

7.2 1차원 배열

7.2.1 1차원 배열의 선언

프로그래밍 언어에서 데이터를 저장하고, 저장된 값을 가져와서 연산을 수행하기 위하여 변수를 사용한다. 배열 역시 데이터를 저장하기 위한 공간이고, 따라서 변수이다. 즉 배열은 같은 자료형 여러 개를 하나의 이름으로 사용하기 위한 변수이다. 배열이 변수이기 때문에 배열을 사용하기 전에 반드시 선언을 해야 한다. 다음은 배열 변수를 선언할 때 사용하는 형식이다.

1차원 배열의 선언 형식	자료형 배열명[배열의 크기];

1차원 배열의 선언 예	int iEngScore[30]; // 정수형 데이터 30개를 저장하기 위한 배열 변수
	float fAverage[30]; // 실수형 데이터 30개를 저장하기 위한 배열 변수

배열을 선언하는 방법은 배열의 이름 뒤에 대괄호([ ])를 이용하여 크기를 지정한다. 대괄호를 이용하여 배열의 크기를 지정하는 것을 제외하면 일반 변수의 선언과 동일하다. 배열의 크기는 반드시 양의 정수여야 하며, 이 숫자가 배열의 크기가 된다.

프로그램 내에서 배열을 선언하면 컴퓨터는 배열의 선언에 사용된 자료형의 크기에 배열의 크기를 곱한 전체 크기만큼의 공간을 메모리에 할당한다. 예를 들어 int iEngScore[30];과 같이 정수 자료형의 배열을 만들고 크기를 30으로 지정하면, 정수 자료형 크기인 4바이트 공간 30개에 해당하는 120바이트의 공간을 만든다. 이때 30개의 공간은 개별 접근이 가능하다. 다음의 그림을 보자.

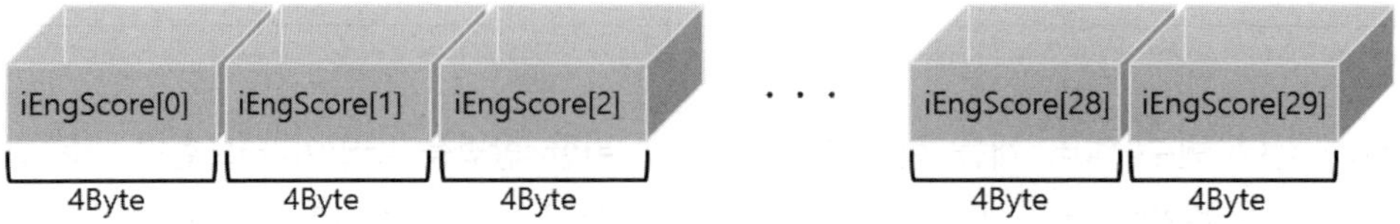

그림은 int iEngScore[30];의 문장으로 정수 자료형 30개를 저장하기 위한 배열을 선언했을 때의 메모리 공간을 나타낸다. 30개로 이루어진 공간은 iEngScore[0], iEngScore[1], ..., iEngScore[29]와 같이 개별로 접근이 가능하며 이를 배열의 요소(element) 또는 원소라고 한다. 배열의 요소는 첨자(index)라고 불리는 숫자를 이용하여 접근하며, 첨자의 하한값은 0이고 첨자의 상한값은 배열의 크기보다 1 작은 값이다. 첨자를 사용해서 각 요소에 접근할 때는 배열명[첨자]를 이용해서 접근이 가능하다. 예를 들어 배열로 선언한 30개의 요소 중에서 가장 앞에 위치하고 있는 요소에 접근하기 위해서는 iEngScore[0]과 같이 사용하고, 가장 마지막의 요소에 접근하기 위해서는 iEngScore[29]와 같이 사용한다. 즉 배열을 선언할 때도 대괄호를 사용하고, 배열의 각 요소에 접근할 때도 대괄호를 사용한다. 따라서 int iEngScore[30];으로 배열 변수를 선언하면 iEngScore[0]부터 iEngScore[29]까지 30개의 요소를 갖는 정수형 배열 변수를 iEngScore라는 이름으로 선언하라는 명령과 같다.

배열을 사용할 때 주의할 점은 배열의 선언에서 사용하는 대괄호 사이의 숫자와 배열 요소에 접근할 때의 대괄호 사이의 숫자의 의미가 다르다는 것이다. 배열을 선언할 때의 대괄호 사이의 숫자는 배열의 크기를 나타내며, 배열을 사용할 때의 대괄호 사이의 숫자는 배열의 요소 즉 배열 내에서 어디에 위치하고 있는 지를 표현하는 첨자가 된다. 또한 유효한 첨자의 범위를 초과할 경우 프로그램 실행 도중 에러가 발생하기 때문에 주의해야 한다. 예를 들어 int iEngScore[30];과 같이 배열 변수의 크기를 30으로 지정하면, 배열의 요소가 iEngScore[0]부터 iEngScore[29]이므로, 사용 가능한 첨자는 0에서 29가 된다. 이때 iEngScore[30] = 100;과 같이 첨자의 범위를 벗어나서 값을 저장하려고 한다면 오류를 발생시킨다.

배열 사용 시 주의사항	`int iEngScore[30];` // 정수형 변수 30개를 요소로 갖는 배열 선언 `iEngScore[3] = 90;` // 배열의 3번 요소에 90을 저장 `printf("%d", iEngScore[0]);` // 배열의 0번 요소에 저장된 값을 출력 `iEngScore[30] = 100;` // 에러 발생. // iEngScore 배열은 0 ~ 29의 첨자만 사용 가능

7.2.2 일차원 배열의 초기화

배열 역시 변수이기 때문에 반드시 값을 저장한 후 사용해야 한다. 값을 저장하는 방법 역시 일반 변수와 동일하며, 배열을 첨자를 사용하여 각 요소에 값을 저장해야 한다.

1차원 배열에서 각 요소에 값을 저장	`int iEngScore[5];` // 정수형 변수 5개를 요소로 갖는 배열 선언
	
	`iEngScore[0] = 90;`
	`iEngScore[1] = 100;`
	`iEngScore[2] = 80;`
	`iEngScore[3] = 85;`
	`iEngScore[4] = 70;`

이와 같이 배열의 요소에 값을 저장하기 위해서는 각 요소마다 개별적으로 값을 저장해야 한다. 그러나 모든 변수들은 변수의 선언과 동시에 초기화를 통하여 값을 저장할 수 있다. 배열 역시 배열 변수를 선언하면서 모든 요소에 값을 저장하기 위한 초기화를 수행할 수 있다. 일반 변수가 int iValue = 10;과 같은 문장으로 변수 선언과 초기화를 함께 수행하듯이 배열 변수 역시 배열을 선언할 때 저장될 값을 넣으면 된다. 다만 한 번에 넣어야 하는 값이 많기 때문에 중괄호({ })를 사용하여 저장할 값을 구분한다.

1차원 배열의 초기화 형식 1	`int iEngScore[5] = {90, 100, 80, 85, 70};`

int iEngScore[5] = {90, 100, 80, 85, 70};과 같이 배열 변수 선언과 초기화를 함께 수행하면 iEngScore[0]에는 90, iEngScore[1]에는 100, iEngScore[2]에는 80, iEngScore[3]에는 85, iEngScore[4]에는 70의 값으로 요소의 순서에 따라 차례로 저장

된다. 이때 저장하고자 하는 값들 사이에 int iEngScore[5] = {90, 100, , 85, 70};과 같이 값을 생략하면 오류가 발생한다. 또한 int iEngScore[5] = {90, 100, 80, 85, 70, 75};와 같이 배열의 크기 보다 더 많은 값으로 초기화하면 오류가 발생한다. 그러나 중괄호 안의 초기화하고자 하는 값의 개수가 배열의 크기보다 적은 경우는 가능하다.

1차원 배열의 초기화 형식 2	int iEngScore[5] = {90, 100}; int iEngScore[100] = {0}; int iEngScore[100] = {60};

배열의 크기보다 초깃값의 개수가 적은 경우 배열 요소의 앞에서부터 값을 채우고, 나머지 요소의 초깃값은 0이 채워진다. 예를 들어 int iEngScore[5] = {90, 100};과 같이 초기화를 하면 iEngScore[0]에는 90이 저장되고, iEngScore[1]에는 100이 저장되며, iEngScore[2], iEngScore[3], iEngScore[4]의 값은 모두 0이 된다. 이를 이용하면 배열의 크기가 크고, 많은 요소를 0으로 초기화해야 하는 경우 유용하게 이용할 수 있다. 예를 들어 int iEngScore[100] = {0};이라고 하면 iEngScore[0]부터 iEngScore[99]까지 모든 배열의 요소가 0으로 초기화되며, int iEngScore[100] = {100};이라고 하면 iEngScore[0]은 100이 되고 나머지 요소인 iEngScore[1]부터 iEngScore[99]까지의 값은 0으로 초기화된다.

1차원 배열의 초기화 형식 3	int iEngScore[] = {90, 100, 80, 85, 70}; // [ ] 내부에 5가 생략된 것으로 간주

배열을 선언할 때 중괄호를 이용하여 초기화할 경우 배열의 크기를 생략할 수 있다. 이때 생성되는 배열의 크기는 중괄호를 이용하여 초기화한 개수가 생략된 것으로 간주한다. 예를 들어 int iEngScore[] = {90, 100, 80, 85, 70};과 같이 크기를 지정하지 않고 초기화하면 초기화하고자 하는 값의 개수가 5개이기 때문에 [ ] 내부에 5가 생략된 것과 같다. 따라서 iEngScore 배열은 자동으로 크기가 5가 되며, iEngScore[0]부터 iEngScore[4]까지의 요소를 갖는다. 이때 주의할 점은 선언 시 크기를 지정하지 않은 경우에는 반드시 중괄호를 이용해서 초기화해야 한다. 또한 중괄호를 이용하여 초기화하는 방법은 선언 시에만 가능하다. 다음과 같은 경우에는 컴파일 시에 오류가 발생한다.

오류 발생 예	int iEngScore[] = {90, 100, , 85, 70};	// 초기화 시 중간 요소에 저장 값 생략
	int iEngScore[];	// 크기 지정하지 않은 경우 반드시 초기화
	int iEngScore[5]; iEngScore[5] = {90, 100, 80, 85, 70};	// 중괄호를 이용한 초기화는 선언 시에 가능

배열은 for문을 사용하여 각 요소에 쉽게 접근할 수 있다. for문의 특징은 초깃값과 최종값을 문장에서 지정할 수 있기 때문에 초깃값을 배열의 하한값, 종료값을 배열의 크기 또는 상한값으로 지정하여 각 요소에 쉽게 접근할 수 있는 방법을 제공한다. 다음의 예제를 보자.

```
/*
   Example 7-1
   일차원 배열
*/

#include <stdio.h>

int main(void)
{
   int iEngScore[] = { 90, 100, 80, 85, 70 };
   int iSum, iMax, iCount;
   float fAverage;

   iSum = 0;
   iMax = 0;

   for (iCount = 0; iCount < 5; iCount++)
   {
        iSum += iEngScore[iCount];
        if (iEngScore[iCount] > iMax)
        {
             iMax = iEngScore[iCount];
        }
   }

   fAverage = (float)iSum / 5;

   printf("평균점수 = %.2f\n", fAverage);
   printf("최고점수 = %d\n", iMax);

   return 0;
```

```
32    }
```

프로그램 실행 결과	C:\windows\system32\cmd.exe 평균점수 = 85.00 최고점수 = 100 계속하려면 아무 키나 누르십시오 . . .

위의 예제는 영어 점수의 평균과 최고 점수를 구하는 프로그램이다. 10번 라인에서 배열 변수를 이용하여 다섯 개의 점수를 저장하였다. 이와 같이 배열을 선언과 동시에 초기화할 경우 배열의 크기는 생략이 가능하다. 예제에서는 90, 100, 80, 85, 70 다섯 개의 값으로 초기화하였기 때문에 int iEngScore[5]와 같이 5의 크기를 갖는 배열 변수를 선언한 것과 같다. 다음 11번 라인과 12번 라인에서 계산에 필요한 변수를 선언하고, 14번 라인과 15번 라인에서 합을 위한 변수와 최고 점수를 저장하기 위한 변수에 0을 저장한다.

17번 라인부터 24번 라인의 for문을 이용하여 배열에 저장된 값을 가져와서 연산을 수행한다. for문의 식에 의하여 iCount가 0부터 5보다 작을 때 까지 즉 4까지 변화하면서 19번 라인부터 23번 라인의 문장을 실행한다. iCount 초깃값은 0이므로 iCount 〈 5는 참이 되어 19번 라인으로 이동한다. 19번 라인의 연산식은 iSum += iEngScore[0]이 되므로 iSum에 저장된 0값과 iEngScore[0]에 저장된 90을 더한 후 다시 iSum에 저장한다. 만약 14번 라인의 문장이 없으면 iSum에 저장된 값이 없기 때문에 연산식이 이루어지지 않음에 유의한다. 다음 20번 라인의 if문 내부의 iEngScore[0] 〉 0이 참이 되기 때문에 22번 라인의 문장을 수행한다. 따라서 iMax에 역시 90의 값이 저장된다.

if문이 끝나면 for문 내의 문장이 종료되고 다시 17번 라인의 iCount++ 식이 실행된다. iCount의 값이 1로 바뀌고 iCount 〈 5가 참이기 때문에 19번 라인의 문장을 다시 수행한다. iSum += iEngScore[1]의 식이 되므로 iSum에 저장된 90과 iEngScore[1]에 저장된 100을 더한 결과 190을 iSum에 저장한다. 다음 20번 라인의 if문에서의 식은 iEngScore[1]에 저장된 100과 iMax에 저장된 90을 비교한다. 100 〉 90의 식은 참이기 때문에 22번 라인을 통하여 iMax에 100의 값을 새롭게 저장한다. 이와 같은 방법을 iCount가 4가 될 때 까지 수행한다. iCount가 5가 되면 iCount 〈 5의 식이 거짓이 되어 반복문을 빠져나온다. 이후 26번 라인에서 평균을 계산하고 28번 라인과 29번 라인을 이용하여 출력한다. 26번 라인에서 평균을 계산할 때 (float)iSum과 같이 iSum 변수를 실수형으로 강제 형 변환 한 것에 주의한다. iSum은 정수형 변수이기 때문에 iSum / 5의 결과는 정수의 형태로 계산된다. 따라서 소수점 이하의 실수 형태로 계산하기 위해서는 iSum 또는 5 둘 중 하나의 변수를 실수로 만들어야 하며, 여기서는

(float)을 이용하여 iSum 변수를 실수로 강제 형 변환하였다.

for문에서 상태 검사를 위한 식 iCount 〈 5는 iCount 〈= 4 식을 이용하여 표현할 수도 있다. 그러나 많은 프로그래머들은 배열의 크기를 명시적으로 알 수 있는 iCount 〈 5의 식을 더 선호한다.

```
/*
   Example 7-2
   일차원 배열에 scanf 함수를 이용한 값 입력
*/

#define _CRT_SECURE_NO_WARNINGS
#include <stdio.h>

int main(void)
{
   int iEngScore[5];
   int iSum, iMax, iCount;
   float fAverage;

   iSum = 0;
   iMax = 0;

   for (iCount = 0; iCount < 5; iCount++)
   {
        printf("%d번째 값을 입력하세요 : ", iCount + 1);
        scanf("%d", &iEngScore[iCount]);
   }

   for (iCount = 0; iCount < 5; iCount++)
   {
        iSum += iEngScore[iCount];
        if (iEngScore[iCount] > iMax)
        {
             iMax = iEngScore[iCount];
        }
   }

   fAverage = (float)iSum / 5;

   printf("평균 = %.2f\n", fAverage);
   printf("최고 = %d\n", iMax);

   return 0;
}
```

프로그램 실행 결과

```
C:\windows\system32\cmd.exe
1번째 값을 입력하세요 : 7
2번째 값을 입력하세요 : 4
3번째 값을 입력하세요 : 5
4번째 값을 입력하세요 : 8
5번째 값을 입력하세요 : 6
평균 = 6.00
최고 = 8
계속하려면 아무 키나 누르십시오 . . .
```

위의 예제는 앞에서 평균 점수와 최고 점수를 계산하는 프로그램을 scanf 함수를 이용하여 값을 입력받아 계산하도록 변경한 것이다. 11번 라인에서 5의 크기를 갖는 정수형 배열 변수를 선언하였다. 이와 같이 배열을 초기화하지 않을 때에는 반드시 배열의 크기를 지정해야 한다. 앞의 예제와 다른 부분은 18번 라인부터 22번 라인까지이다. 18번부터 22번 라인은 for문 내의 scanf 함수를 이용하여 배열 각 요소에 값을 입력받는다. 배열의 요소는 실제 값이 저장되는 공간이다. 따라서 배열의 요소 자체는 일반 변수와 같다. 우리가 일반 변수를 scanf 함수에서 사용할 때 변수 앞에 &를 붙였듯이, 배열 요소를 scanf 함수에서 사용할 때에도 &를 붙여서 사용한다. &의 사용법에 대한 자세한 내용은 포인터 부분에서 설명한다.

18번 라인에서 iCount가 0을 초깃값으로 갖고 5보다 작을 때 까지 변화하면서 20번 라인과 21번 라인의 문장을 실행한다. 20번 라인의 printf 문장 출력에 iCount + 1로 된 것에 주의한다. 배열은 첨자가 0부터 시작하고 iEngScore[0]에 저장할 때 1번째, iEngScore[1]에 저장할 때 2번째라고 출력하기 위해서 iCount + 1로 지정하였다. 21번 라인의 scanf 함수에서 &iEngScore[iCount]라고 하면 iEngScore[0]부터 자료를 저장할 것이다. 이때 실제 자료가 저장되는 공간은 iEngScore[0], iEngScore[1]과 같은 배열의 요소이며, 일반 변수와 같은 방법과 동일한 방법으로 사용할 수 있다. scanf 함수에서 자료를 저장하기 위한 변수 앞에 &를 붙이듯이 본 예제에서도 &iEngScore[0]과 같이 만들기 위하여 &iEngScore[iCount]와 같이 사용하였다.

7.3 다차원 배열

7.3.1 다차원 배열의 선언

변수는 배열을 이용하여 여러 개의 값을 한 번에 저장할 수 있다. 배열 역시 변수이다. 따라서 배열 역시 다시 배열의 일부가 될 수 있다. 이와 같이 연속적인 저장 공간을 지원하는 배열을 2차원 이상으로 확장이 가능하다. 2차원 배열은 데이터 형식이 같고 같은 이름으로 참조되는 변수들의 2차원 집합이다. 예를 들어 한 반이 30명으로 구성된 학급 5개가 있다고 하자. 1차원 배열 5개를 선언하고 이용하는 것 보다 2차원 배열로 선언하고 이용하는 것이 더 효율적이다. 2차원 배열을 선언하기 위해서는 크기를 대괄호를 이용하여 두 번 지정한다. 또한 각 요소를 참조하기 위해서는 2개의 첨자를 이용한다.

학생 30명으로 이루어진 학급 5개의 선언	int iEngScore1[30]; int iEngScore2[30]; int iEngScore3[30]; int iEngScore4[30]; int iEngScore5[30];
학생 30명으로 이루어진 학급 5개를 사용하기 위한 2차원 배열	int iEngScore[5][30];

int iEngScore[5][30];으로 선언한 2차원 배열은 0부터 29까지 30개의 요소를 갖는 배열을 다시 0부터 4까지 5개 생성한 것이다. 즉 전체 요소의 개수는 150개이다.

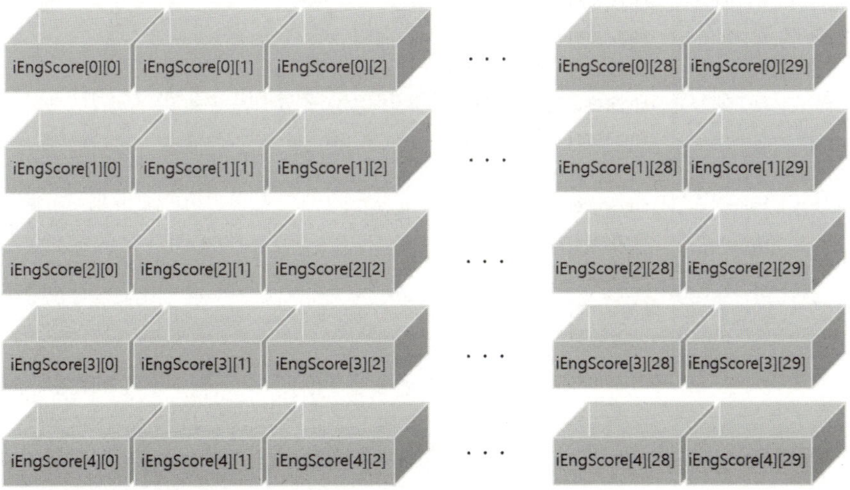

3차원 배열은 2차원 배열을 다시 배열로 만든 것이며, 1차원 배열에서 2차원 배열로

확장한 것과 동일한 방법을 사용한다. 예를 들어 A중학교가 3학년으로 구성되고 학년 당 5학급이 있으며, 한 학급 당 30명으로 구성된 학교에 대한 프로그램을 만들 때 3차원 배열은 다음과 같이 선언하고 이용할 수 있다.

3차원 배열의 예	int iEngScore[3][5][30];

7.3.2 다차원 배열의 초기화

다차원 배열은 1차원 배열과 같은 방법으로 각 요소에 값을 개별로 대입할 수도 있고 선언과 동시에 초기화도 가능하다. 2차원 배열에 값을 저장할 때는 각 차원에 맞는 첨자를 사용하여 배열의 요소에 접근한다. 이때 1차원 배열과 마찬가지로 첨자의 범위가 배열의 크기를 벗어나지 않도록 주의한다.

2차원 배열에 값 저장

```
int iEngScore[3][5];

iEngScore[0][0] = 90;
iEngScore[0][1] = 95;
iEngScore[0][2] = 85;
iEngScore[0][3] = 80;
iEngScore[0][4] = 70;

iEngScore[1][0] = 60;
iEngScore[1][1] = 55;
iEngScore[1][2] = 80;
iEngScore[1][3] = 80;
iEngScore[1][4] = 75;

iEngScore[2][0] = 90;
iEngScore[2][1] = 90;
iEngScore[2][2] = 80;
iEngScore[2][3] = 80;
iEngScore[2][4] = 70;
```

2차원 배열은 일반적으로 요소의 개수가 1차원 배열보다 많기 때문에 선언과 동시에 초기화 작업을 수행하는 것이 일반적이며, 1차원 배열에서 중괄호를 사용해서 초기화를 했듯이 2차원 배열에서는 중괄호를 중첩으로 이용하여 표현한다.

2차원 배열 초기화 예 1	int iEngScore[3][5] = {{90, 95, 85, 80, 70}, {60, 55, 80, 80, 75}, {90, 90, 80, 80, 70}};

1차원 배열과 같이 2차원 배열을 초기화할 때 중괄호 안에서 초기화하는 값의 개수가 배열의 크기보다 적은 경우 나머지 요소의 값은 0으로 초기화된다. 따라서 다음의 예시는 서로 같은 초깃값을 갖는다.

2차원 배열 초기화 예 2	int iEngScore[3][5] = {{90, 95, 0, 0, 0}, {60, 55, 80, 0, 0}, {90, 90, 80, 80, 0}}; int iEngScore[3][5] = {{90, 95}, {60, 55, 80}, {90, 90, 80, 80}};

2차원 배열에서 중첩된 중괄호는 생략할 수 있다. 그러나 이때 각 요소에 값이 할당되는 순서는 첨자 [0][0], [0][1], [0][2], ..., [1][0], [1][1], ...의 순서로 하나씩 값이 채워진다. 또한 중괄호를 생략할 수 있기 때문에 2차원 배열의 모든 요소를 0으로 초기화하기 위해서는 1차원 배열과 같은 방법으로 초기화할 수 있다.

2차원 배열 초기화 예 3	int iEngScore[3][5] = {90, 95, 85, 80, 70, 60, 55, 80, 80, 75, 90, 90, 80, 80, 70}; int iEngScore[3][5] = {0};

내부의 중괄호를 생략했을 때 배열의 요소의 개수보다 초기화한 값의 개수가 적을 경우 뒤의 요소의 값이 0이 된다. 따라서 다음의 초기화는 위의 예 2번과는 다른 값으로 초기화된다.

2차원 배열 초기화 예 4	int iEngScore[3][5] = {90, 95, 60, 55, 80, 90, 90, 80, 80};

int iEngScore[3][5] = {90, 95, 60, 55, 80, 90, 90, 80, 80}; 문장은 초기화 시 내부의 중괄호가 생략되어 있기 때문에 앞에서부터 차례대로 iEngScore[0][0]부터 iEngScore[0][4]까지의 값이 각각 90, 95, 60, 55, 80이 된다. 그리고 iEngScore[1][0]부터 iEngScore[1][3]까지의 값이 90, 90, 80, 80이 된다. 그리고 초기화 값이 지정되지 않은 iEngScore[1][4]부터 iEngScore[2][4]의 값은 0으로 초기화된다. 반면 int iEngScore[3][5] = {{90, 95}, {60, 55, 80}, {90, 90, 80, 80}}; 문장은 iEngScore[0][0]부터 iEngScore[0][4]까지의 값은 90, 95, 0, 0, 0이고, iEngScore[1] [0]부터 iEngScore[1][4]까지의 값은 60, 55, 80, 0, 0과 같이 되기 때문에 서로 다른 값이 저장된다. 따라서 2차원 배열을 초기화할 때는 가급적 내부의 중괄호를 명기하여 표현하는 것이 오류를 막을 수 있다. 또한 내부의 중괄호를 사용할 때는 중괄호 안에 초기화되는 값이 반드시 포함되어야 한다.

2차원 배열을 초기화할 때 1차원 배열과 같이 대괄호 내의 크기를 지정하지 않고 선언할 수 있다. 그러나 2차원 배열에서는 대괄호의 크기를 생략할 때 가장 첫 번째 대괄호의 크기만 생략할 수 있다. 같은 방법으로 3차원 배열의 초기화에서도 크기를 생략할 수 있으며, 이때 역시 첫 번째 크기만 생략 가능하고 두 번째와 세 번째 크기는 반드시 지정해야 한다. 또한 배열의 크기 선언 시 첫 번째 크기를 지정하지 않는 경우 반드시 선언과 동시에 초기화해야 한다.

2차원 배열 초기화 예 5	`int iEngScore[][5] = {{90, 95, 85, 80, 70}, {60, 55, 80, 80, 75}, {90, 90, 80, 80, 70}};`

잘못된 2차원 배열의 선언 및 초기화	`int iEngScore[3][5] = {{90, 95, 60}, { }, {90, 80, 80}};`
	`int iEngScore[3][] = {{90, 95, 85, 80, 70}, {60, 55, 80, 80, 75}, {90, 90, 80, 80, 70}};`
	`int iEngScore[][] = {{90, 95, 85, 80, 70}, {60, 55, 80, 80, 75}, {90, 90, 80, 80, 70}};`
	`int iEngScore[][5];`

1차원 배열이 for문을 이용하여 각 요소에 접근할 수 있는 것과 같이 다차원 배열은 중첩된 for문을 사용해서 각 요소에 접근할 수 있다. 다음의 예제를 통하여 확인하자.

```
/*
  Example 7-3
  2차원 배열
*/

#include <stdio.h>

int main(void)
{
  int iEngScore[2][5] = { { 90, 95, 85, 80, 70 }, { 60, 55, 80, 80, 75 } };
  int iSum, iMax, iCount1, iCount2;
```

```
12        float fAverage;
13
14        for (iCount1 = 0; iCount1 < 2; iCount1++)
15        {
16            iSum = 0;
17            iMax = 0;
18
19            for (iCount2 = 0; iCount2 < 5; iCount2++)
20            {
21                iSum = iSum + iEngScore[iCount1][iCount2];
22                if (iEngScore[iCount1][iCount2] > iMax)
23                {
24                    iMax = iEngScore[iCount1][iCount2];
25                }
26            }
27
28            fAverage = (float)iSum / 5;
29
30            printf("%d반의 평균점수 = %.2f\n", iCount1 + 1, fAverage);
31            printf("%d반의 최고점수 = %d\n", iCount1 + 1, iMax);
32        }
33
34        return 0;
35    }
```

프로그램 실행 결과

```
C:\windows\system32\cmd.exe
1반의 평균점수 = 84.00
1반의 최고점수 = 95
2반의 평균점수 = 70.00
2반의 최고점수 = 80
계속하려면 아무 키나 누르십시오 . . .
```

위의 예제 10번 라인에서 정수 자료 5개를 2개씩 구분하여 총 10개의 자료를 저장할 수 있는 2차원 배열을 선언하였다. iEngScore[0][0]부터 iEngScore[0][4]까지 5개의 자료를 저장하고 iEngScore[1][0]부터 iEngScore[1][4]까지 5개의 자료를 저장하여 총 10개의 자료를 저장할 수 있다. 숫자의 변화가 뒤의 첨자가 먼저 0부터 4까지 변화하며, 앞의 첨자가 0부터 1까지 변화한다. 이를 위하여 먼저 변화하는 것을 나중에 변화하는 것으로 감싼 형태의 중첩 for문을 사용한다. 즉 14번 라인에서 for문을 사용하여 iCount1이 0일 때 iCount2가 0부터 4까지 변화하며, 19번 라인의 for문은 14번 라인의 for문에 포함된 형태로 iCount1이 1일 때 iCount2가 0부터 4까지 변화하도록 반복문을 구성한다. 따라서 16번 라인부터 31번 라인까지는 앞의 예제에서 평균과 최곳값을 구하는 문장과 같으며, iCount1이 0일 때와 iCount1이 1일 때로 구분하여 총 2번 실행한다.

7.4 배열과 문자열

C언어에서 문자열 상수는 큰따옴표(" ")를 이용하여 표기한다. 그러나 이러한 문자열 상수의 값을 변수에 저장할 수 있는 방법을 배우지 않았다. C언어에서는 문자열 자료를 저장하기 위한 별도의 자료형이 존재하지 않는다. 따라서 문자열 데이터를 저장하기 위하여 문자형 배열 변수를 사용한다. 문자열이란 문자들의 집합을 말하며, 문자형 자료의 집합이고, 문자형 데이터 여러 개가 모인 것이다. 따라서 동일한 변수 여러 개를 하나로 관리하기 위한 배열, 즉 문자형 배열을 이용하면 문자형 여러 개를 저장할 수 있고, 문자열을 저장할 수 있다.

컴퓨터 프로그램에서는 문자 데이터 여러 개가 모인 것과 문자열을 구분하기 위하여 문자열의 끝에 널(NULL)이라는 문자를 자동으로 추가한다고 이미 설명하였다. 따라서 배열에 문자열을 저장할 경우 문자형 배열 마지막에 널 문자가 저장된다. 예를 들어 문자의 개수가 5개인 문자열을 배열을 이용하여 저장하려면 문자 배열은 널 문자를 포함하여 6개를 생성해야 한다.

문자열은 문자형 배열에 저장하기 때문에 선언과 함께 초기화할 수 있으며 배열의 초기화와 같은 방법으로 가능하다. 그러나 문자열이 큰따옴표(" ")로 둘러싸인 형태이기 때문에 큰따옴표를 이용한 초기화 역시 사용할 수 있다. 또한 배열의 크기를 지정하지 않고 문자열 상수를 사용하여 초기화하면 문자열의 개수와 널 문자가 합쳐진 크기가 배열의 크기가 된다. 다음의 예시는 모두 같은 크기를 갖는 문자 배열 변수를 만들며, 문자열을 배열에 저장한 것이다.

<table>
<tr>
<td>문자형 배열을 이용한
문자열의 초기화</td>
<td>char sNation[6] = {'K', 'O', 'R', 'E', 'A', '\0'};
char sNation[] = {'K', 'O', 'R', 'E', 'A', '\0'};
char sNation[6] = "KOREA";
char sNation[] = "KOREA";</td>
</tr>
</table>

문자열을 위한 문자형 배열을 선언한 후 배열의 각 요소에 값을 저장할 경우 각각의 요소에 문자를 대입해야 한다. 이 방법을 사용할 때 역시 반드시 문자열의 끝에 널 문자인 '\0'을 추가해야 하는 것을 기억하자.

<table>
<tr><td>문자형 배열에
문자열 값 저장</td><td>char sNation[6];
sNation[0] = 'K';
sNation[1] = 'O';
sNation[2] = 'R';
sNation[3] = 'E';
sNation[4] = 'A';
sNation[5] = '\0';</td></tr>
</table>

문자열을 사용할 때 값을 변환하기 위하여 각각의 요소에 하나씩 문자를 할당하는 것은 프로그램을 작성할 때 비효율적이다. 따라서 C언어에서는 시스템 제공 함수를 이용하여 문자열을 편하게 관리할 수 있는 방법을 제공한다. 시스템 제공 함수인 strcpy는 문자열을 복사할 수 있도록 하는 함수이며, 문자열 값을 문자 배열에 한 번에 대입할 수 있도록 한다. 만일 문자열 배열을 선언한 후 값을 저장할 때는 strcpy 함수를 사용하는 것을 권장한다. 문자열 처리에 대한 자세한 방법은 11장에서 배울 것이다.

연습문제

1. 다음 괄호 부분을 채우시오.

① 배열을 선언하는 형식은 변수의 이름 뒤에 (   )를 이용한다는 것을 제외하고는 일반 변수의 선언과 동일하다.

② C언어에서 배열 첨자의 하한값은 (   )이며, 배열 첨자의 상한값은 배열의 크기보다 (   )이 적은 값이다.

③ 3차원 배열에서 각 요소를 참조하기 위해서는 (   )개의 첨자를 이용한다.

④ 중괄호 안의 초깃값의 개수가 배열의 크기보다 적은 경우 나머지 요소의 초깃값은 (   )으로 간주한다.

2. 다음의 문장 중에서 틀린 것들을 고르고 이유를 설명하시오.

① 배열의 첨자는 정수만 허용된다.

② 배열의 선언 시 크기를 지정하지 않는 경우 선언과 동시에 초기화해야 한다.

③ 배열의 선언에서 대괄호 사이의 수는 배열의 크기를 의미하지만, 각각의 배열 요소를 참조하는 대괄호 사이의 수는 각각의 배열 요소를 표현하는 첨자가 된다.

④ 배열을 선언한 후 나중에 값을 할당할 때 전체 배열 요소의 값을 중괄호를 이용하여 할당할 수 있다.

3. 배열의 초기화에 대한 내용 중에서 틀린 것은?

① 배열을 선언하면서 동시에 초기화 할 수 있다.

② 배열의 선언 뒤 배열의 각 요소에 값을 대입하여 초기화 할 수 있다.

③ 배열을 선언하면서 초기화하는 방법은 중괄호를 이용하면 된다.

④ 배열을 초기화하지 않으면 자동으로 0으로 초기화 된다.

4. 1차원 문자 배열의 선언과 함께 문자열로 초기화하는 예 중에서 틀린 것을 고르고 이유를 설명하시오.

① char sNation[6] = {'K', 'O', 'R', 'E', 'A', '\0'};

② char sNation[6] = "KOREA";

③ char sNation[] = "KOREA";

④ char sNation[5] = "KOREA";

5. 다음의 프로그램을 컴파일하면 문제가 발생한다. 그 이유는?

```
/*
   Problem 7-5
*/

#include <stdio.h>

int main(void)
{
   int iEngScore[], iSum = 0, iAverage, iMaxScore = 0, iCount;

   iEngScore[0] = 90;
   iEngScore[1] = 95;
   iEngScore[2] = 85;
   iEngScore[3] = 80;
   iEngScore[4] = 70;

   for (iCount = 0; iCount < 5; iCount++)
   {
         iSum = iSum + iEngScore[iCount];
         if (iEngScore[iCount] > iMaxScore)
         {
               iMaxScore = iEngScore[iCount];
         }
   }

   iAverage = iSum / 5;

   printf(" 평균점수 = %d \n", iAverage);
   printf(" 최고점수 = %d \n", iMaxScore);

   return 0;
}
```

6. 다음의 프로그램을 컴파일하면 문제가 발생한다. 그 이유는?

```
/*
   Problem 7-6
*/

#include <stdio.h>

int main(void)
{
   int iEngScore[2][] = { { 90, 95, 85, 80, 70 }, { 60, 55, 80, 80, 75 } };
   int iSum, iAverage, iMaxScore, iCount1, iCount2;

   for (iCount1 = 0; iCount1 < 2; iCount1++)
   {
         iSum = 0;
         iMaxScore = 0;

         for (iCount2 = 0; iCount2 < 5; iCount2++)
         {
               iSum = iSum + iEngScore[iCount1][iCount2];
               if (iEngScore[iCount1][iCount2] > iMaxScore)
               {
                     iMaxScore = iEngScore[iCount1][iCount2];
               }

         }

         iAverage = iSum / 5;
         printf(" %d반의 평균점수 = %d \n", iCount1 + 1, iAverage);
         printf(" %d반의 최고점수 = %d \n\n", iCount1 + 1, iMaxScore);
   }

   return 0;
}
```

7. 20명으로 구성된 학생들의 성적을 입력받아 학점을 계산하고, 이를 이용하여 성적 분포도를 보여주는 프로그램을 작성하시오.

```
C:₩windows₩system32₩cmd.exe
1번째 학생 점수 입력 : 90
2번째 학생 점수 입력 : 80
3번째 학생 점수 입력 : 70
4번째 학생 점수 입력 : 65
5번째 학생 점수 입력 : 88
6번째 학생 점수 입력 : 93
7번째 학생 점수 입력 : 67
8번째 학생 점수 입력 : 86
9번째 학생 점수 입력 : 95
10번째 학생 점수 입력 : 60
11번째 학생 점수 입력 : 99
12번째 학생 점수 입력 : 78
13번째 학생 점수 입력 : 88
14번째 학생 점수 입력 : 76
15번째 학생 점수 입력 : 71
16번째 학생 점수 입력 : 81
17번째 학생 점수 입력 : 93
18번째 학생 점수 입력 : 75
19번째 학생 점수 입력 : 45
20번째 학생 점수 입력 : 95

성적 분포도

A학점 : ******
B학점 : *****
C학점 : *****
D학점 : ***
F학점 : *
계속하려면 아무 키나 누르십시오 . . .
```

제8장

포인터

제 8 장 포인터

C언어는 인간이 사용하는 언어와 비슷한 문법을 사용하여 사람이 해석하기 쉬운 고급 언어의 특징과 하드웨어를 직접 컨트롤 할 수 있는 저급 언어의 특징을 모두 갖고 있다. 이때 하드웨어를 직접 컨트롤 할 수 있는 저급 언어의 특징이 바로 포인터이다. 흔히들 C언어의 포인터 때문에 프로그래밍 언어에 능숙한 사용자도 C언어를 포기한다는 소문이 있다. 그러나 개념을 잘 파악해 두면 극복이 가능하다. 지금부터 포인터에 대한 내용을 공부하자.

8.1 포인터의 의미

컴퓨터는 프로그램을 실행하는 중에 필요한 값 및 실행 코드를 컴퓨터의 주기억장치로 사용하는 메모리에 저장한다. 이때 메모리의 어느 위치에 있는지 나타내는 것을 주소(address)라고 한다. 컴퓨터는 사용하는 주소를 바이트(byte) 단위로 관리하며, 1바이트마다 1씩 증가하도록 연속적인 번호를 부여한다. 레지스터 변수를 제외하고 프로그램에서 변수가 선언되면 변수의 자료 형태에 맞는 크기의 공간이 메모리에 만들어지고, 그 공간이 어디에 있는지 주소를 확인한다. 그리고 해당 주소에 변수의 이름을 부여한다. 메모리 주소는 보통 큰 값을 갖기 때문에 대부분 16진수를 사용하여 표현하며, 다음의 그림은 메모리 저장 장소의 기본 개념을 나타낸다.

주소는 변수의 이름과 함께 메모리 공간을 찾아갈 수 있는 또 다른 방법을 제공한다. 우리가 택시를 타고 서울 시청을 간다고 가정을 하자. 택시 기사에게 서울 시청으로 가주세요라고 편하게 이야기할 수 있다. 그러나 서울 시청의 주소인 서울특별시 중구 명동 세종대로 110으로 가주세요라고 이야기할 수도 있다(물론 택시 기사는 어리둥절해 하겠지만 불가능한 것은 아니다). 이와 같이 프로그램을 만들 때도 변수의 이름을 사용하여 자료에 접근할 수 있지만, 주소를 사용하여 자료에 접근할 수도 있다. 이를 위해 C언어에서는 포인터(pointer)라는 이름으로 주소를 이용해서 자료가 저장된 메모리의 위치로 직접 찾아갈 수 있는 방법을 제공한다. 포인터는 일반 변수와는 달리 메모리의 주소를 저장하기 위한 변수이고, 포인터 변수를 사용하여 다른 변수 또는 함수의 주소를 저장하여 사용할 수 있다.

8.2 주소 연산자

포인터 변수에 주소를 저장하기 위해서는 일단 변수의 주소를 가져와야 한다. 프로그램에서 변수가 선언되면 메모리의 특정 위치에 공간이 마련되고, 이름이 부여된다. 정수형 변수를 선언하기 위한 자료형 int는 4바이트의 데이터를 저장할 수 있는 공간이 메모리에 만들어지고 이름이 부여된다. 또한 문자형 변수를 선언하기 위한 char 자료형은 1바이트의 저장 공간이 메모리에 만들어지고 이름이 부여된다.

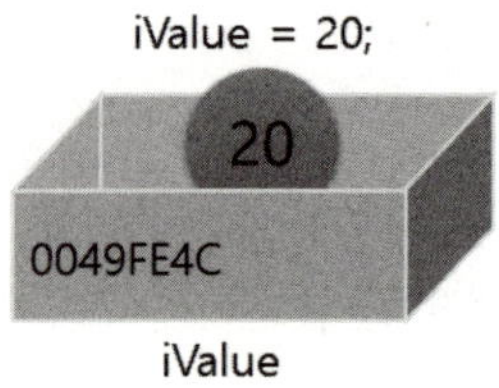

예를 들어 int iValue = 20;을 선언하면 메모리 공간에서 4바이트의 자료를 저장할 수 있는 공간을 마련하고, 그 공간에 iValue라는 이름을 부여한다. 그리고 해당 공간에 20의 값을 2진수로 변환하여 저장한다. 이때 변수 iValue가 사용하는 메모리 주소는 프로그램의 실행 환경에 따라 달라지며, 위의 그림에서는 0049FE4C라는 주소에 공간이 마련되었다.

이렇게 변수 이름 iValue와 0049FE4C라는 주소는 서로 연결되어 있다. 따라서 변수의 이름을 이용하여 메모리의 주소를 가져올 수 있는 방법이 필요하며, 이것이 주소 연산자 또는 참조 연산자 &이다. 주소 연산자 &가 변수의 이름 앞에 사용되면 변수가 저장된 메모리의 주소를 반환한다. 이때 &는 논리 연산자로 사용할 때 비트 논리곱(비트 단위 AND) 연산자로 사용되니 주의하길 바란다. 예를 들어 iValue의 주소는 &iValue를 사용해서 가져올 수 있으며, &iValue의 값은 16진수로 0049FE4C이다. 만약 printf 함수를 이용해서 변수의 주소 값을 출력하고자 할 때는 변환 문자 %p를 사용한다. 다음의 예제를 살펴보자.

```
/*
  Example 8-1
  주소 연산자
*/

#include <stdio.h>

int main(void)
{
  int iValue1, iValue2;

  iValue1 = 10;
  iValue2 = 20;

  printf("iValue1에 저장된 값은 %d입니다.\n", iValue1);
  printf("iValue1의 메모리 주소는 %p입니다.\n", &iValue1);

  printf("iValue2에 저장된 값은 %d입니다.\n", iValue2);
```

```
19        printf("iValue2의 메모리 주소는 %p입니다.\n", &iValue2);
20
21        return 0;
22    }
```

프로그램 실행 결과

```
C:\windows\system32\cmd.exe
iValue1에 저장된 값은 10입니다.
iValue1의 메모리 주소는 006FF830입니다.
iValue2에 저장된 값은 20입니다.
iValue2의 메모리 주소는 006FF824입니다.
계속하려면 아무 키나 누르십시오 . . .
```

위의 예제를 통하여 변수의 주소를 확인해 볼 수 있다. 예제의 10번 라인에서 iValue1과 iValue2 두 개의 정수형 변수를 선언한다. 그리고 iValue1 변수에는 10, iValue2 변수에는 20의 값을 저장한다. 15번 라인의 printf문 내의 변환 문자는 %d가 사용되었고, 16번 라인의 printf문 내의 변환 문자는 %p가 사용되었다. 따라서 15번 라인에서는 변수가 저장하고 있는 값이 출력되며, 16번 라인에서는 변수의 주소가 출력된다. 이때 16번 라인에서 출력하는 변수의 주소는 프로그램 실행할 때 마다 또는 실행하는 컴퓨터 마다 다른 값이 나올 수 있다.

8.3 포인터 변수의 선언

주소 연산자를 이용해서 가져온 변수의 주소 값을 사용하여 컴퓨터에게 명령을 내릴 수 있다. 즉 주소 자체가 데이터이고, 이러한 데이터는 변수에 저장해서 사용할 수 있어야 한다. 그러나 주소 값을 우리가 지금까지 사용했던 값과 같은 방법으로 사용하면 어떻게 될까? 주소 100번지에 200번지를 더해서 300번지를 가져올 수는 있겠지만 프로그램 실행 시에 큰 의미가 있어보이지는 않는다. 따라서 주소 값은 우리가 앞에서 배웠던 값과는 다르게 사용해야 한다. 이를 위하여 일반 변수와는 달리 주소를 저장하기 위한 새로운 변수를 필요로 한다. 바로 포인터 변수이다.

포인터 변수는 일반 변수와는 변수에 저장할 수 있는 값이 메모리의 주소인 특별한 변수이다. 따라서 포인터 변수는 일반 변수와는 구별해서 사용해야 하며, 변수의 선언 방법도 일반 변수와 다르다. 포인터 변수는 다음의 형식을 사용해서 선언할 수 있다.

포인터 변수의 선언 형식	자료형 *포인터변수명; 자료형 * 포인터변수명; 자료형* 포인터변수명;

포인터 변수의 선언 예	int *pInt; // pInt 변수는 int 자료형 변수의 주소를 저장
	int * pInt; // pInt 변수는 int 자료형 변수의 주소를 저장
	int* pInt; // pInt 변수는 int 자료형 변수의 주소를 저장
	float *pFloat; // pFloat 변수는 float 자료형 변수의 주소를 저장
	char *pChar; // pChar 변수는 char 자료형 변수의 주소를 저장

포인터 변수를 선언하기 위해서는 자료형과 변수 이름 사이에 포인터 연산자(*)를 붙여서 선언하고자 하는 변수가 포인터 변수임을 알리면 된다. 포인터 연산자(*)가 산술 연산자로 사용될 때는 곱셈을 나타내는 연산자이므로 주의해서 사용해야 한다. 포인터 변수를 선언할 때의 포인터 연산자(*)는 곱셈과는 아무 관계가 없다. 이때 포인터 연산자(*)의 위치는 변수 이름에 붙여서 사용해도 되고, 자료형에 붙여서 사용해도 되며, 둘 모두 띄어쓰기 한 상태로 사이에 위치해도 된다. 그러나 다음과 같은 이유 때문에 가급적 변수 이름에 붙여서 사용하는 것을 권장한다.

같은 자료형을 갖는 다수의 포인터 변수의 선언 형식	자료형 *포인터변수명1, *포인터변수명2;
같은 자료형을 갖는 다수의 포인터 변수의 선언 예	int *pInt1, *pInt2;

같은 자료형을 갖는 다수의 포인터 변수를 선언하고자 할 때는 각각의 변수 앞에 포인터 연산자(*)를 붙여야 한다. 만약 int *pInt1, pInt2;라고 변수를 선언하면 pInt1은 포인터 변수가 되고, pInt2는 일반 변수가 된다.

포인터 변수에서의 자료형은 포인터 변수가 저장할 수 있는 변수의 자료형과 같다. 즉 int *pInt;라고 포인터 변수를 선언하면, pInt 변수는 정수형(int) 변수의 주소만 저장할 수 있다. 이때 pInt에 float 자료형과 같은 다른 자료형의 주소를 저장하려고 하면 오류를 발생시킨다. float 자료형의 주소를 저장하기 위해서는 float *pFloat;과 같이 float 자료형의 주소를 저장하기 위한 포인터 변수를 선언해야 한다. int *pInt; 문장을 우리말로 해석하면 pInt 변수는 int 자료를 갖는 변수의 주소를 저장하기 위한 포인터 변수이다라는 말이 된다. 즉 포인터 변수를 선언할 때 사용하는 포인터 연산자(*)는 변수의 이름에 포함되지 않고, pInt 자체가 변수의 이름이 된다.

8.4 포인터 변수의 사용

8.4.1 포인터 변수에 주소 저장

포인터 변수를 선언하고 난 이후에는 변수의 주소를 포인터 변수에 저장할 수 있다. 포인터 변수를 사용할 때는 포인터 변수를 선언할 때 사용했던 포인터 연산자(*)를 생략하고 변수의 이름만 사용한다. 다음의 예를 살펴보자.

포인터 변수에 변수의 주소를 대입하는 형식	포인터변수 = &일반변수;
포인터 변수에 변수의 주소를 대입하는 예	int iValue; int *pInt; pInt = &iValue;

변수의 주소는 주소 연산자 &를 사용해서 가져올 수 있다. 만일 iValue라는 int 자료형으로 선언된 변수의 주소 값을 pInt라는 포인터 변수에 대입하고자 할 때는 pInt = &iValue; 문장을 사용하면 된다. 이때 pInt에 포인터 연산자(*)가 없음에 유의한다.

포인터 변수는 단순히 변수가 메모리에서 위치하고 있는 주소를 저장한다. 그러나 실제 프로그래밍에서 사용하는 것은 메모리 주소가 가리키는 위치에 저장된 값이다. 따라서 포인터를 사용해서 변수의 주소를 저장하는 이유는 주소를 이용해서 변수의 위치를 알고, 그 곳에 저장되어 있는 값을 가져오거나 또는 수정하려는 것이다. 이와 같이 포인터 변수를 사용해서 포인터 변수가 갖고 있는 주소에 어떤 값이 저장되어 있는지 알고자 할 때 포인터 연산자(*)를 다시 사용한다. 이때의 포인터 연산자(*)는 역참조 연산자 또는 간접 참조 연산자라고도 하며, 포인터 변수가 갖고 있는 주소에 실제 저장된 값을 가져올 수 있다. 즉 pInt가 iValue의 주소를 갖고 있다고 가정하면, *pInt는 iValue에 저장된 값을 나타낸다.

역참조 연산자의 사용 형식	일반변수 = *포인터변수; *포인터변수 = 일반변수 또는 상수;
역참조 연산자의 사용 예	iValue = *pInt; *pInt = iValue;

pInt = &iValue;라고 하여 포인터 변수를 사용할 때는 포인터 연산자(*)를 생략하고 사용했다. 이와 같이 포인터 변수 앞에 포인터 연산자(*)를 사용하지 않으면 포인터 변수 자체, 즉 주소를 저장하기 위한 변수로 사용한다는 의미를 갖는다. 반면에 *pInt라고 하면 포인터 변수를 이제 포인터 변수가 갖고 있는 주소에 위치한 값, 즉 변수에 저장된 값으로 사용한다는 의미가 된다. 그러면 int *pInt; 문장에서의 포인터 연산자(*)은 어떤 의미일까? 포인터 변수를 선언할 때의 포인터 연산자(*)은 지금 선언하고자 하는 변수가 주소를 저장하기 위한 포인터 변수임을 나타내는 용도로 사용된다. 이 세 가지 포인터 연산자의 의미에 대한 내용을 혼동하지 말자.

pInt에 iValue의 주소를 저장했을 때 일반 변수와 포인터 변수의 비교			
구분	변수의 선언	주소 참조	값 참조
일반변수	int iValue;	&iValue	iValue
포인터 변수	int *pInt;	pInt	*pInt

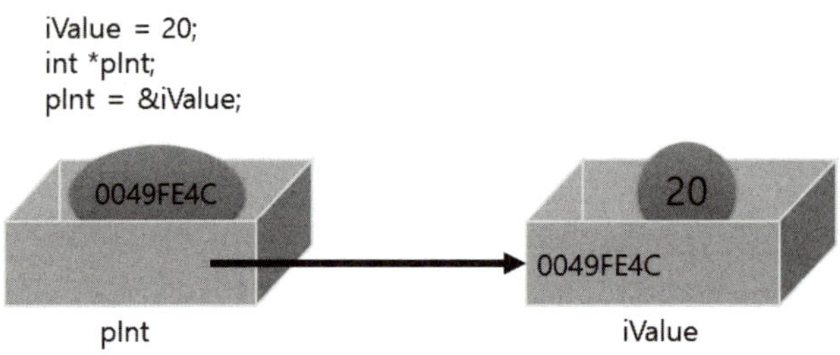

이제 예제를 통하여 포인터 변수에 주소를 저장하고, 주소를 이용하여 변수의 값을 읽어 보자.

```
/*
   Example 8-2
   포인터 변수의 사용
```

```
4     */
5
6     #include <stdio.h>
7
8     int main(void)
9     {
10        int iValue1, iValue2;
11        int *pInt;
12
13        iValue1 = 10;
14        iValue2 = 20;
15
16        printf("iValue1 = %d\n", iValue1);
17        printf("&iValue1 = %p\n", &iValue1);
18        printf("iValue2 = %d\n", iValue2);
19        printf("&iValue2 = %p\n\n", &iValue2);
20
21        pInt = &iValue1;
22        printf("pInt = &iValue1\n");
23        printf("pInt = %p\n", pInt);
24        printf("*pInt = %d\n\n", *pInt);
25
26        pInt = &iValue2;
27        printf("pInt = &iValue2\n");
28        printf("pInt = %p\n", pInt);
29        printf("*pInt = %d\n", *pInt);
30
31        return 0;
32    }
```

프로그램 실행 결과

```
C:\windows\system32\cmd.exe
iValue1 = 10
&iValue1 = 00EFF900
iValue2 = 20
&iValue2 = 00EFF8F4

pInt = &iValue1
pInt = 00EFF900
*pInt = 10

pInt = &iValue2
pInt = 00EFF8F4
*pInt = 20
계속하려면 아무 키나 누르십시오 . . .
```

예제의 10번 라인에서 int 자료형 변수 iValue1과 iValue2를 선언하고 11번 라인에서 int 자료형 변수의 주소를 저장할 수 있는 포인터 변수 pInt 변수를 선언하였다. 17번 라인에서 변수의 주소를 출력한 결과 iValue1의 주소는 00EFF900이고 19번 라인에서 출력한 iValue2의 주소는 00EFF8F4이다. 21번 라인에서 포인터 변수 pInt에

iValue1의 주소를 저장한다. 23번 라인에서 pInt에 저장된 값을 출력한 결과 17번 라인에서 출력한 iValue1의 주소와 동일하다. 따라서 pInt에 iValue1의 주소가 정상적으로 저장된 것을 확인할 수 있다. 19번 라인에서 *pInt를 이용하여 출력하면 iValue1에 저장된 10이 출력된다. 따라서 *pInt는 pInt가 갖고 있는 주소에 실제 저장된 값, 즉 iValue1에 저장된 값을 의미한다. 이후 24번 라인에서 pInt에 iValue2의 주소를 저장한다. 이제 pInt를 사용하면 iValue2의 주소를 알 수 있으며, *pInt를 사용하면 iValue2에 저장된 값을 알 수 있다.

```
/*
  Example 8-3
  포인터 변수를 사용한 일반 변수의 값 변경
*/

#include <stdio.h>

int main(void)
{
  int iValue;
  int *pInt;

  iValue = 10;
  printf("iValue = %d\n", iValue);
  printf("&iValue = %p\n\n", &iValue);

  pInt = &iValue;
  printf("pInt = &iValue\n");
  printf("pInt = %p\n", pInt);
  printf("*pInt = %d\n\n", *pInt);

  iValue = 50;
  printf("iValue = %d\n", iValue);
  printf("*pInt = %d\n\n", *pInt);

  *pInt = 100;
  printf("iValue = %d\n", iValue);
  printf("*pInt = %d\n\n", *pInt);

  return 0;
}
```

프로그램 실행 결과

```
C:\windows\system32\cmd.exe
iValue = 10
&iValue = 012FFCD4

pInt = &iValue
pInt = 012FFCD4
*pInt = 10

iValue = 50
*pInt = 50

iValue = 100
*pInt = 100

계속하려면 아무 키나 누르십시오 . . .
```

위의 예제에서는 pInt에 저장된 iValue의 주소를 사용해서 iValue에 저장된 값을 변경하는 것을 보인다. iValue에 10을 저장하고 iValue의 주소는 012FFCD4이다. 17번 라인에서 pInt에 iValue의 주소를 저장한다. 18번 라인부터 20번 라인까지 pInt에 저장된 주소와 해당 주소에 저장된 값을 확인한 결과 iValue와 같은 값임을 알 수 있다. 22번 라인에서 iValue에 저장된 값을 50으로 변경한다. 23번 라인과 24번 라인에서 변경된 50의 값을 출력한다. 26번 라인에서는 *pInt = 100; 문장을 사용하여 pInt가 갖고 있는 주소에 100을 넣는다. pInt가 갖고 있는 주소는 iValue의 주소이므로, iValue에 100을 넣는 것과 같다. 따라서 27번 라인과 28번 라인을 통해 출력한 결과 iValue에 저장된 값이 100으로 변경되었다.

C언어의 포인터 변수는 자신의 자료형과 일치하는 변수의 주소만 저장할 수 있다. 만약 자료형이 일치하지 않는 변수의 주소를 저장하면 오류를 발생시킨다. 다음의 예제를 보자.

```c
/*
   Example 8-4
   자료형이 일치하지 않는 변수의 주소 대입
*/

#include <stdio.h>

int main(void)
{
   int *pInt;
   float fValue = 1.23f;

   pInt = &fValue;

   printf("*pInt = %d\n", *pInt);
   printf("*pInt = %.2f\n", *pInt);
```

```
17
18        return 0;
19    }
```

프로그램 실행 결과

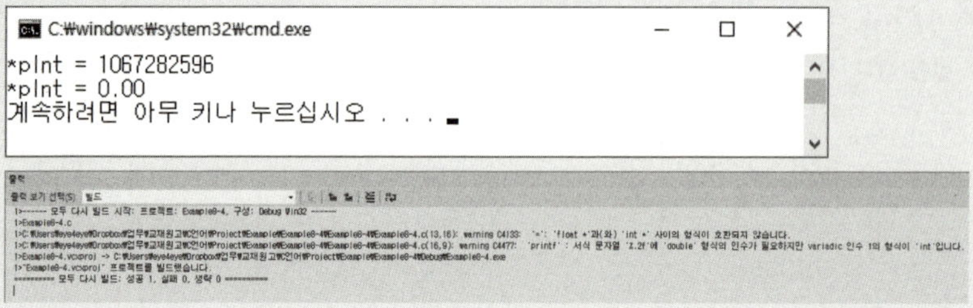

위의 예에서 pInt는 int 자료형 변수의 주소를 저장하기 위한 포인터 변수이고 fValue는 float 자료형 변수이다. 13번 라인에서 pInt에 fValue의 주소를 저장한다. 그러나 두 변수는 자료형이 일치하지 않기 때문에 오류를 발생한다. 프로그램 컴파일은 정상적으로 이루어지기는 하지만 출력 결과를 살펴보면 엉뚱한 값이 출력된 것을 확인할 수 있다. 또한 컴파일 시 float *과 int * 사이의 형식이 호환되지 않습니다라는 경고 메시지 역시 확인할 수 있다. 이와 같이 포인터 변수가 자신의 자료형에 일치하지 않는 변수의 주소를 저장할 경우 프로그램 실행 시에 심각한 오류를 발생할 수 있기 때문에 조심해야 한다. 다음의 예제를 통하여 각 변수의 자료형에 맞는 포인터 변수를 선언한 후 사용해 보자.

```
/*
   Example 8-5
   다양한 자료형의 포인터 변수 사용
*/

#include <stdio.h>

int main(void)
{
   int *pInt;
   float *pFloat;
   char *pChar;

   int iValue = 10;
   float fValue = 1.23f;
   char cValue = 'A';

   pInt = &iValue;
   pFloat = &fValue;
```

```
    pChar = &cValue;

    printf("iValue = %d, *pInt = %d\n", iValue, *pInt);
    printf("fValue = %.2f, *pFloat = %.2f\n", fValue, *pFloat);
    printf("cValue = %c, *pChar = %c\n", cValue, *pChar);

    return 0;
}
```

프로그램 실행 결과

```
C:\windows\system32\cmd.exe
iValue = 10, *pInt = 10
fValue = 1.23, *pFloat = 1.23
cValue = A, *pChar = A
계속하려면 아무 키나 누르십시오 . . .
```

위의 예제에서는 int, float, char 자료형 iValue, fValue, cValue 변수들과 이 변수들의 주소를 저장하기 위한 pInt, pFloat, pChar 변수를 각각 선언하였다. int 자료형 iValue 변수의 주소는 pInt 변수에, float 자료형 fValue 변수의 주소는 pFloat 변수에, 그리고 char 자료형 cValue 변수의 주소는 pChar 변수에 각각 저장한다.

포인터 변수는 자신의 자료형에 일치하는 변수의 주소만 저장할 수 있다. 그러나 컴퓨터에서 사용하는 주소는 0부터 시작해서 1씩 증가하는 정수형 값이기 때문에 정수형 변수의 주소와 실수형 변수의 주소가 저장되는 형태는 동일하다. 이런 특징 때문에 C언어에서는 자료형과 관계없이 모든 변수의 주소를 저장하기 위한 방법을 제공한다. 자료형과 관계없이 모든 주소를 저장하기 위한 포인터 변수를 선언하기 위해서는 void 예약어를 사용한다. void란 값이 없음을 나타낼 때 사용하는 C언어의 예약어로 이미 함수의 인수에서 값이 없거나, 함수의 반환값이 없을 때 사용한 바 있다. void * 즉 void 자료형 포인터는 포인터의 성질을 갖고 있다는 것만 나타내는 포인터 변수이다. 이러한 void 포인터는 어떤 자료형의 주소이든 저장이 가능하지만, 역참조 연산자를 사용하여 그 주소에 저장된 값을 가져올 때는 해당 자료형의 포인터로 강제형 변환해야 한다. 다음의 예제를 통하여 확인하자.

```
/*
   Example 8-6
   void 포인터
*/

#include <stdio.h>

```

```
8    int main(void)
9    {
10       void *pAny;
11       int iValue = 10;
12       float fValue = 1.23f;
13       char cValue = 'A';
14
15       pAny = &iValue;
16       printf("*pAny = %d\n", *(int *)pAny);
17
18       pAny = &fValue;
19       printf("*pAny = %.2f\n", *(float *)pAny);
20
21       pAny = &cValue;
22       printf("*pAny = %c\n", *(char *)pAny);
23
24       return 0;
25   }
```

프로그램 실행 결과

```
C:\windows\system32\cmd.exe
*pAny = 10
*pAny = 1.23
*pAny = A
계속하려면 아무 키나 누르십시오 . . .
```

예제의 10번 라인에서 void 포인터를 사용하여 pAny 변수를 선언하였다. 이제 pAny 변수는 자료형에 상관없이 모든 변수의 주소를 저장할 수 있다. 15번 라인에서 pAny 변수에 iValue의 주소를 저장한다. 그리고 16번 라인에서 pAny 변수가 갖고 있는 주소에 저장된 값을 출력한다. pAny 변수는 void 포인터이기 때문에 주소는 갖고 있지만 어떤 자료형의 주소인지 알 수 없다. 따라서 pAny가 갖고 있는 주소가 정수형 변수의 주소임을 나타내기 위해서 (int *)pAny와 같이 표현한다. 즉 (int *)pAny는 pAny가 갖고 있는 주소가 정수형 주소임을 알리기 위하여 강제 형 변환 한 것이다. (int *)pAny가 정수형 주소이기 때문에 해당 주소에 저장된 값을 출력하기 위해서 역참조 연산자를 다시 사용한다. 따라서 *(int *)pAny는 pAny가 갖고 있는 주소는 int 자료형의 주소이며, 가장 앞에 있는 역참조 연산자(*)은 해당 주소에 저장된 값이라는 의미가 된다. 따라서 16번 라인에서 출력한 결과 iValue에 저장된 10이 출력된다. 다음 18번 라인에서 pAny에 fValue의 주소를 저장한다. 이와 같이 pAny 변수는 void 포인터 변수이기 때문에 정수형 변수, 실수형 변수 상관없이 저장할 수 있다. 이제 pAny는 실수형 변수의 주소를 갖게 되지만, pAny 자체는 역시 void 포인터이기 때문에 어떤 자료형의 주소인지 알 수 없다. 따라서 pAny가 갖고 있는 주소가 실수형 변수의 주소임을 나타내기 위해 같은 방법으로 (float *)pAny와 같이 강제 형 변환을 한다. 이후의 수행 과정은 int 자료형의 주소를 저장할 때와 동일하다.

8.4.2 포인터 변수의 초기화

포인터 변수 역시 변수이기 때문에 변수의 선언과 함께 값을 저장하는 초기화 방법을 사용할 수 있다. 포인터 변수의 초기화는 일반 변수와 동일하게 포인터 변수를 선언할 때 변수의 주소 값을 대입하면 된다.

포인터 변수의 초기화 형식	자료형 *포인터변수명 = 변수의 주소; 자료형 *포인터변수명 = NULL;
포인터 변수의 초기화 예	int *pInt = &iValue; int *pInt = NULL;

만약 포인터 변수를 초기화할 때 저장하고자 하는 변수가 없을 때는 NULL을 대입하여 초기화할 수 있다. NULL은 일반 변수에서 0으로 의미하는 포인터 상수로 시스템에서 다음과 같이 정의되어 있다.

NULL의 정의	#define NULL ((void *) 0)

즉 #define에 대한 것은 나중에 배우겠지만 NULL은 정수 0을 void 자료형의 주소로 변경한 것이다. 실제로 NULL이 저장된 포인터 변수는 어떤 변수의 주소도 저장하지 않고 있다는 의미로 사용되며, 주로 포인터 변수에 저장된 주소가 있는지 없는지를 검사하는 경우에 사용한다.

포인터 변수의 저장 값 확인

```
if (pInt == NULL)
{
    // 포인터 변수에 주소가 저장되지 않음을 의미
}
else
{
    // 포인터 변수에 주소가 이미 저장되었음을 의미
}
```

8.5 포인터의 포인터

포인터 변수는 다른 변수의 주소를 저장하기 위한 변수이다. 포인터 변수 역시 변수이기 때문에 메모리에서 일정한 공간을 차지하고, 주소가 존재한다. 따라서 포인터 변수의 주소 역시 다른 변수에 저장이 가능하다. 이와 같이 포인터 변수의 주소를 저장하기 위한 변수를 포인터의 포인터 변수라고 한다. 그리고 이러한 포인터의 포인터를 다중 포인터라고 부른다. 포인터의 포인터는 다음과 같이 포인터 변수를 선언할 때 포인터 연산자(*)를 두 번 사용해서 선언한다. 이때도 역시 포인터의 포인터 변수는 포인터 변수와 자료형이 일치해야 한다. 그리고 다중 포인터 변수를 사용해서 일반 변수에 저장된 값을 가져오기 위해서는 역참조 연산자를 여러 번 사용해야 한다.

포인터의 포인터 변수 선언 형식	자료형 **포인터의포인터변수;

포인터의 포인터 변수 사용 예	int iValue;
	int *pInt = &iValue;
	int **ppInt = &pInt;

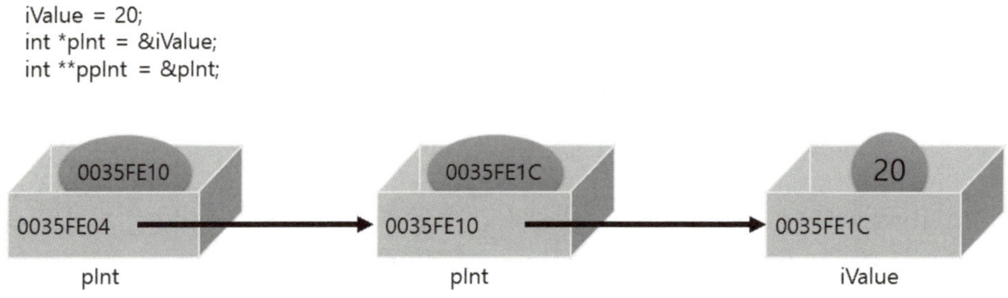

포인터의 포인터 변수 역시 다른 포인터 변수의 주소를 저장하기 위한 변수이기 때문에 역시 메모리에 위치한다. 따라서 포인터의 포인터의 포인터 변수 역시 만들 수 있다. 이때는 포인터 연산자(*)를 세 번 사용해서 만들 수 있다. 그리고 계속 확장도 가능하다. 그러나 포인터의 포인터의 포인터와 같이 주소 참조를 계속 확장해서 사용하는 것은 실제 변수에 저장된 값을 가져올 때 혼동을 줄 수 있기 때문에 꼭 필요한 경우가 아니라면 사용하지 않는 것이 좋다.

```c
1  /*
2     Example 8-7
3     포인터의 포인터
4  */
5
6  #include <stdio.h>
7
8  int main(void)
9  {
10    int iValue = 10;
11    int *pInt = &iValue;
12    int **ppInt = &pInt;
13
14    printf("&iValue = %p\n", &iValue);
15    printf("&pInt = %p\n", &pInt);
16    printf("&ppInt = %p\n\n", &ppInt);
17
18    printf("iValue = %d\n", iValue);
19    printf("pInt = %p\n", pInt);
20    printf("*pInt = %d\n", *pInt);
21    printf("ppInt = %p\n", ppInt);
22    printf("*ppInt = %p\n", *ppInt);
23    printf("**ppInt = %d\n\n", **ppInt);
24
25    **ppInt = 20;
26    printf("iValue = %d\n", iValue);
27    printf("*pInt = %d\n", *pInt);
28    printf("**ppInt = %d\n", **ppInt);
29
30    return 0;
31 }
```

프로그램 실행 결과

```
C:\windows\system32\cmd.exe
&iValue = 012FFC44
&pInt = 012FFC38
&ppInt = 012FFC2C

iValue = 10
pInt = 012FFC44
*pInt = 10
ppInt = 012FFC38
*ppInt = 012FFC44
**ppInt = 10

iValue = 20
*pInt = 20
**ppInt = 20
계속하려면 아무 키나 누르십시오 . . .
```

예제의 11번 라인에서 pInt 포인터 변수를 선언한 후 iValue 변수의 주소를 저장하고, 12번 라인에서 ppInt 포인터의 포인터 변수를 선언한 후 pInt의 주소를 저장하였다. 이와 같이 포인터의 포인터 변수는 포인터 변수의 주소 값을 저장할 수 있다. 14번 라인부터 16번 라인까지는 각 변수가 실제 위치하고 있는 주소를 출력한다. 19번 라인에서 pInt가 저장하고 있는 값을 확인한 결과 iValue의 주소와 같고, 21번 라인에서 ppInt가 저장하고 있는 값을 확인한 결과 pInt의 주소와 같다.

22번 라인에서 출력한 값을 살펴보자. ppInt에 역참조 연산자 한 개를 붙인 *ppInt의 값을 출력한다. pInt가 iValue의 주소를 저장하고 있을 때 *pInt는 iValue에 저장된 값이었다. ppInt가 pInt의 주소를 갖고 있으니 *ppInt는 pInt가 저장하고 있는 값이다. 그리고 pInt는 iValue의 주소를 저장하고 있다. 따라서 22번 라인에서 *ppInt를 출력한 결과 iValue의 주소값이 출력된 것을 확인할 수 있다. 23번 라인에서 출력한 값은 **ppInt이다. 이때 *ppInt는 iValue의 주소인 것을 확인했으니 **ppInt는 iValue의 주소에 저장된 값, 즉 iValue가 저장한 값이 된다. 따라서 iValue에 저장되어 있는 10이 출력된 것을 확인할 수 있다. 25번 라인에서 **ppInt의 값을 20으로 변경한다. **ppInt는 iValue에 저장된 값임을 알고 있다. 25번 라인의 문장은 iValue에 저장된 값을 20으로 변경한다.

연습문제

1. 다음 괄호 부분을 채우시오.

① 주소 연산자 또는 참조 연산자 "&"가 변수 앞에 사용되면 변수가 저장된 메모리의 (　　　　)를 나타낸다.

② 역참조 연산자 (　　　　)가 포인터 변수 앞에 사용되면 포인터 변수가 지시하는 자료를 나타낸다.

③ 정수형 포인터 변수는 (　　　　) 변수를 지시할 수 있다.

④ 포인터 변수에 저장할 초깃값이 없는 경우 일반적으로 (　　　　)을 대입한다.

2. 다음의 문장 중에서 틀린 것들을 고르고 이유를 설명하시오.

① 포인터 변수는 자신의 자료형에 일치하는 변수의 주소를 저장해야 한다.

② 다양한 자료형의 주소를 저장하기를 원하면 auto 포인터 변수로 선언하면 된다.

③ int* pInt1, pInt2;로 변수를 선언하면 pInt1과 pInt2 모두 포인터 변수로 선언된다.

④ 포인터 변수의 주소는 저장이 불가능하다.

3. 아래는 일반 변수와 포인터 변수와의 비교를 위한 표이다. 괄호 부분에 들어갈 적당한 내용을 선택하시오.

구분	변수의 선언	주소 참조	값 참조
일반변수	int iValue;	(ⓐ)	iValue
포인터 변수	int *pInt;	pInt	(ⓑ)

① ⓐ = iValue, ⓑ = pIntㄴ

② ⓐ = iValue, ⓑ = *pInt

③ ⓐ = &iValue, ⓑ = pInt

④ ⓐ = &iValue, ⓑ = *pInt

4. 다음 프로그램을 컴파일하고 실행하면 문제가 발생한다. 그 이유는?

```
/*
  Problem 8-4
*/

#include <stdio.h>

int main(void)
{
  int *pInt;
  float *pFloat;
  char *pChar;

  int iValue = 100;
  float fValue = 1.23;
  char cValue = 'a';

  pInt = &fValue;
  printf("*pInt value = %d \n", *pInt);

  pFloat = &iValue;
  printf("*pFloat value = %f \n", *pFloat);

  pChar = &cValue;
  printf("*pChar value = %c \n", *pChar);

  return 0;
}
```

5. 다음 프로그램의 실행 결과는?

```
/*
  Problem 8-5
*/

#include <stdio.h>

int main(void)
{
  int iValue1, iValue2, *pInt;


```

```
    iValue1 = 10;
    iValue2 = 20;

    printf(" 변수 iValue1에 저장된 값은 %d입니다. \n", iValue1);
    printf(" 변수 iValue2에 저장된 값은 %d입니다. \n", iValue2);
    printf("\n");

    pInt = &iValue1;
    *pInt = 100;

    printf(" 변수 iValue1에 저장된 값은 %d입니다. \n", iValue1);
    printf(" 변수 iValue2에 저장된 값은 %d입니다. \n", iValue2);
    printf("\n");

    pInt = &iValue2;
    *pInt = 200;

    printf(" 변수 iValue1에 저장된 값은 %d입니다. \n", iValue1);
    printf(" 변수 iValue2에 저장된 값은 %d입니다. \n", iValue2);
    printf("\n");

    return 0;
}
```

제9장

포인터와 배열

제 9 장 포인터와 배열

9.1 배열의 이름과 포인터

배열은 하나의 이름으로 동일한 자료 여러 개를 저장할 수 있는 자료형의 집합이다. 배열 역시 변수이기 때문에 메모리에 공간이 확보되고 그 공간에 접근할 수 있는 주소가 있다. 예를 들어 int iValue[5];라고 배열 변수를 선언하면 iValue[0]부터 iValue[4]까지 5개의 요소, 즉 자료를 저장할 수 있는 공간이 메모리에 만들어진다. 따라서 iValue[0], iValue[1] 등 배열의 각 요소에 접근할 수 있는 주소가 있으며, 각 요소의 주소는 &iValue[0], &iValue[1]과 같이 주소 연산자(&)를 사용해서 가져올 수 있다. 그러면 iValue라는 배열의 이름은 어떤 의미일까? 지금까지는 iValue라는 배열의 이름에 대해서는 신경을 쓰지 않았다.

C언어에서 배열의 이름은 다른 변수의 이름과는 달리 조금 특별한 의미를 갖는다. 일반적으로 변수의 이름은 다른 변수와 구별하기 위한 식별자로써 사용된다. 그리고 이것은 다른 저장 공간과의 구분을 의미한다. 그러나 C언어에서 배열의 이름은 첨자와 함께 사용해야만 다른 저장 공간과 구별하여 사용할 수 있다. 그리고 배열의 이름은 배열의 요소들을 전체로 묶어서 대표하는 데 사용하고, 공간의 개념이 아니다.

C언어에서 배열의 이름은 배열 요소를 대표한다. 그리고 해당 배열이 어느 위치에 있는지를 알린다. 위치를 알리는 용도로 사용되기 때문에 주소값이다. 따라서 C 언어에서 배열의 이름은 배열의 시작 주소가 된다. 즉 배열의 이름은 배열의 첫 번째 요소가 있는 메모리 주소와 같으며, int iValue[5];와 같이 배열을 선언할 경우 iValue라는 배열의 이름은 &iValue[0]과 같다.

```
/*
    Example 9-1
    배열의 이름과 주소의 관계
*/
```

```
5
6     #include <stdio.h>
7
8     int main(void)
9     {
10        int iValue[5] = { 10, 20, 30, 40, 50 };
11        int *pInt = iValue;
12
13        printf("pInt = %p\n", pInt);
14        printf("iValue = %p\n", iValue);
15        printf("&iValue[0] = %p\n", &iValue);
16
17        return 0;
18    }
```

프로그램 실행 결과

```
C:\windows\system32\cmd.exe
pInt = 00DEF838
iValue = 00DEF838
&iValue[0] = 00DEF838
계속하려면 아무 키나 누르십시오 . . .
```

예제의 10번 라인에서 int형 자료 5개를 저장할 수 있는 iValue 배열을 선언한다. 그리고 11번 라인에서 pInt 포인터 변수에 iValue를 저장한다. iValue라는 배열의 이름은 배열을 대표하는 이름이고, 이는 배열의 위치를 나타내는 주소이다. 이때 배열의 위치는 가장 앞의 요소인 iValue[0]의 위치이고 &iValue[0]과 같다. 따라서 13번 라인부터 15번 라인까지 pInt에 저장된 값, iValue의 값, iValue[0]의 주소 값을 출력한 결과 모두 같은 값이 출력된 것을 확인할 수 있다.

이제 배열의 이름이 주소를 나타낸다는 것을 확인하였다. 그러나 배열의 이름으로 사용하는 주소와 포인터 변수에는 차이가 있다. 예를 들어 int *pInt;라고 선언한 포인터 변수 pInt는 int 자료형 변수의 주소를 저장할 수 있는 포인터 변수이다. 따라서 대입 연산자를 사용해서 다른 변수의 주소를 저장하고, 해당 주소에 저장된 값을 변경할 수 있다. 그러나 배열의 이름 iValue는 int iValue[5];라고 선언된 배열의 위치를 나타내기 때문에 메모리에 그 위치가 정해져 있다. 따라서 &iValue[0]의 주소 자체는 변경할 수 없다. 따라서 iValue의 값, 즉 배열의 주소는 변경할 수 없으며, iValue = &iValue[1];과 같은 문장을 사용할 수 없다. 이와 같이 배열의 이름에 저장되어 있는 주소는 변경할 수 없기 때문에 포인터 상수라고 한다.

9.2 포인터 연산과 배열

이제 포인터 변수를 이용해서 연산을 수행해 보자. 포인터 변수 역시 변수이기 때문에 피연산자로 사용될 수 있다. 그러나 포인터 변수는 주소라는 특별한 값을 저장하기 위한 변수이기 때문에 일반 변수와는 달리 사용할 수 있는 연산자가 한정되어 있다. 다음의 표는 포인터 변수에서 사용할 수 있는 연산의 형태이다.

포인터 변수에서 사용 가능한 연산의 형태		
연산 형태	예	의미

포인터 + 정수	int iValue[5];
	int *pInt = iValue;
	pInt = pInt + 1;
		포인터에 저장하는 (자료형의 크기 * 정수)만큼 더한 주소 값

포인터 - 정수	int iValue[5];
	int *pInt = &iValue[4];
	pInt = pInt - 1;
		포인터에 저장하는 (자료형의 크기 * 정수)만큼 뺀 주소 값

포인터 - 포인터	int iValue[5];
	int *pInt = &iValue[4];
	int diff = pInt - iValue;
		주소의 차이 값 / 자료형의 크기
		정수의 결과 값

포인터++ ++포인터	int iValue[5]; int *pInt = iValue; ++pInt;	포인터에 저장하는 자료형의 크기만큼 더한 주소 값
포인터-- --포인터	int iValue[5]; int *pInt = &iValue[4]; --pInt;	포인터에 저장하는 자료형의 크기만큼 뺀 주소 값

포인터 변수에 사용 가능한 연산은 표에서 보는 것과 같이 (포인터 + 정수), (포인터 - 정수), (포인터 - 포인터)의 세 가지 연산만 할 수 있다. 포인터 사이의 덧셈은 허용하지 않으며, 곱셈 및 나눗셈 등 다른 모든 연산은 수행할 수 없다. 일반 변수에 덧셈 연산을 사용하여 +1을 수행하면 변수에 저장된 값이 1 증가한다. 그러나 포인터 변수에 덧셈 연산을 적용하면 증가하는 값이 자료형에 따라 달라진다. 포인터는 주소가 저장되어 있는 자료형이기 때문에 주소를 저장한 변수 자료형의 크기만큼 그 값이 변한다. 예를 들어 iValue라는 int형 변수의 주소를 pInt 정수형 포인터 변수에 저장하고, iValue의 주소가 100번지라고 가정하자. iValue는 100번지부터 4바이트의 공간을 차지하고 있다. 따라서 100번지, 101번지, 102번지, 103번지에 걸쳐서 위치한다. (pInt + 1)을 수행했을 경우 101번지를 가리키게 된다면 변수의 중간 부분을 가리키게 되고, 그 값에 의미가 없어진다. 따라서 (포인터 변수 + 정수) 연산은 컴퓨터 내부적으로 변수의 끝 다

음, 즉 여기서는 iValue가 103번지까지 위치하기 때문에 103번지의 다음인 104번지를 가리킬 수 있도록 연산한다. 같은 방법으로 포인터 변수가 short 변수의 주소를 갖는 pShort 포인터 변수의 경우 (pShort + 1)의 값은 2만큼 증가하며, char 변수의 주소를 갖는 pChar 포인터 변수의 경우 (pChar + 1)의 값은 1만큼 증가한다. 또한 (포인터 - 정수)의 경우 해당 포인터 자료형이 갖는 자료형의 크기만큼 비례하여 감소한다. 포인터++, ++포인터, 포인터--, --포인터 연산의 경우도 같은 결과를 갖는다. 포인터++ 연산은 주소를 증가한 후, 증가한 주소를 포인터 변수에 저장한다. 이제 결과를 프로그램을 통하여 확인하자.

```
/*
   Example 9-2
   포인터와 정수 연산
*/

#include <stdio.h>

int main(void)
{
   int iValue, *pInt;
   short sValue, *pShort;
   char cValue, *pChar;
   float fValue, *pFloat;
   double dValue, *pDouble;

   pInt = &iValue;
   pShort = &sValue;
   pChar = &cValue;
   pFloat = &fValue;
   pDouble = &dValue;

   printf("pInt = %p, pInt + 1 = %p\n", pInt, pInt + 1);
   printf("pShort = %p, pShort + 1 = %p\n", pShort, pShort + 1);
   printf("pChar = %p, pChar + 1 = %p\n", pChar, pChar + 1);
   printf("pFloat = %p, pFloat + 1 = %p\n", pFloat, pFloat + 1);
   printf("pDouble = %p, pDouble + 1 = %p\n", pDouble, pDouble + 1);

   return 0;
}
```

프로그램 실행 결과

```
C:\windows\system32\cmd.exe
pInt = 007CF908, pInt + 1 = 007CF90C
pShort = 007CF8F0, pShort + 1 = 007CF8F2
pChar = 007CF8DB, pChar + 1 = 007CF8DC
pFloat = 007CF8C0, pFloat + 1 = 007CF8C4
pDouble = 007CF8A4, pDouble + 1 = 007CF8AC
계속하려면 아무 키나 누르십시오 . . .
```

예제에서 int, short, char, float, double 자료형을 사용하여 일반 변수와 포인터 변수를 각각 선언한 후 포인터 변수에 해당 자료형을 갖는 변수의 주소를 대입하였다. 22번 라인에서 pInt 변수에 저장된 값과 (pInt + 1) 값을 출력한 결과 int 자료형의 크기인 4만큼의 차이가 나는 것을 확인할 수 있다. 23번 라인에서서는 pShort와 (pShort + 1)의 값을 출력한 결과 short 자료형의 크기인 2만큼의 차이가 나는 것을 확인할 수 있다. 이와 같이 (포인터 + 정수)의 연산은 포인터 변수에 저장하는 자료형의 크기에 따라 연산 결과가 차이난다.

포인터 변수 pInt와 int iValue[5]의 문장으로 5의 크기를 갖는 배열 변수를 선언하자. 포인터 상수 iValue를 pInt에 대입하면 pInt는 이제 iValue[0]의 주소를 갖는다. 그럼 (pInt + 1)은 어떻게 될까? 배열 변수는 동일한 자료 여러 개를 하나의 이름으로 관리하는 변수의 집합이다. 따라서 관리의 편의성 때문에 변수 공간은 연속적으로 구성된다. 즉 iValue[0] 요소가 위치하고, 그 다음 공간에 붙어서 iValue[1] 요소가 위치하는 형태이다. 만약 pInt가 iValue[0]의 주소를 갖고 있으면, (pInt + 1)은 int 자료형의 크기만큼 이동한 위치가 되고, 이는 iValue[1]의 주소가 된다. 우리는 앞에서 pInt에 포인터 상수 iValue를 대입하면 &iValue[0]과 같이 iValue[0]의 주소가 저장된다고 배웠다. 그럼 *pInt는 어떤 값에 해당하는지 생각해 보자. 포인터 변수 앞에 역참조 연산자(*)를 붙이면 포인터 변수가 갖고 있는 주소에 저장된 값이다. pInt에 iValue를 저장하면 &iValue[0]이 저장되는 것과 같고 *pInt는 이제 iValue[0]이 된다. 그럼 *(pInt + 1)은? (pInt + 1)이 iValue[1]의 주소이기 때문에 *(pInt + 1)은 iValue[1]에 저장된 값이 될 것이다. 이를 그림으로 표현하면 다음과 같다.

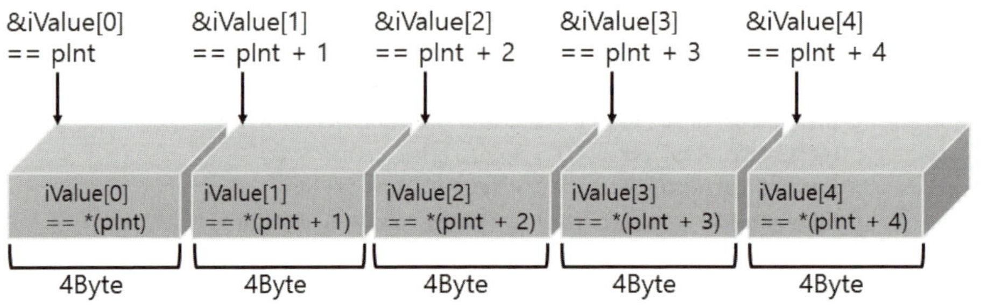

pInt는 iValue이고, 이는 iValue[0]의 주소인 &iValue[0]이다. (pInt + 1)은 iValue[1]의 주소이고 &iValue[1]과 같다. 이 관계를 일반화하면 배열의 범위 내에서 (pInt + iCount)는 iValue[iCount]와 같게 된다. 예제를 통해서 확인하자.

```
1   /*
2      Example 9-3
3      포인터와 배열
4   */
5
6   #include <stdio.h>
7
8   int main(void)
9   {
10     int iValue[5] = { 10, 20, 30, 40, 50 };
11     int *pInt = iValue;
12     int iCount;
13
14     for (iCount = 0; iCount < 5; iCount++)
15     {
16         printf("&iValue[%d] = %p, ", iCount, &iValue[iCount]);
17         printf("iValue[%d] = %d\n", iCount, iValue[iCount]);
18         printf("(pInt + %d) = %p, ", iCount, pInt + iCount);
19         printf("*(pInt + %d) = %d\n\n\n", iCount, *(pInt + iCount));
20     }
21
22     return 0;
23  }
```

프로그램 실행 결과

```
C:\windows\system32\cmd.exe
&iValue[0] = 0053FC00, iValue[0] = 10
(pInt + 0) = 0053FC00, *(pInt + 0) = 10


&iValue[1] = 0053FC04, iValue[1] = 20
(pInt + 1) = 0053FC04, *(pInt + 1) = 20


&iValue[2] = 0053FC08, iValue[2] = 30
(pInt + 2) = 0053FC08, *(pInt + 2) = 30


&iValue[3] = 0053FC0C, iValue[3] = 40
(pInt + 3) = 0053FC0C, *(pInt + 3) = 40


&iValue[4] = 0053FC10, iValue[4] = 50
(pInt + 4) = 0053FC10, *(pInt + 4) = 50


계속하려면 아무 키나 누르십시오 . . .
```

위의 예제는 배열 각 요소의 주소가 저장되어 있는 형태와 이를 포인터를 사용해서 관리하는 방법을 보여준다. 5개의 int 데이터를 저장할 수 있는 iValue 배열을 선언한 후 pInt 포인터 변수에 iValue, iValue[0]의 주소를 저장한다. 반복문을 사용해서 각 배열 요소에 접근하고, iCount가 0일 때 16번 라인의 문장 출력 결과는 iValue[0]의 주소를 출력한다. 그리고 18번 라인에서는 pInt에 저장된 값을 사용해서 iValue[0]의 주소를 출력한다. 이때 출력되는 주소는 0053FC00임을 알 수 있으며, 이 주소에 저장된 값은 10이다. iCount가 1일 때 같은 방법으로 iValue[1]의 주소와 값을 출력한다. iValue[1]의 주소는 0053FC04로 iValue[0]의 주소보다 4만큼 증가한 값이다. (pInt + 1)은 pInt 주소에 4를 더한 값이므로 (pInt + 1)의 값은 &iValue[1]의 주소와 같은 것을 확인할 수 있다. 그리고 *pInt, *(pInt + 1)과 같이 역참조 연산자(*)를 이용하면 배열의 각 요소를 (포인터 + 정수)의 연산을 통하여 접근할 수 있다.

이제 포인터 사이의 뺄셈에 대하여 생각해 보자. 우선 포인터는 (포인터 + 포인터) 연산은 수행할 수 없다. 예를 들어 첫 번째 변수의 주소가 100번지이고 다음 변수의 주소가 104번지일 때 100번지 + 104번지의 값은 204번지가 된다. 그러나 우리는 어떤 변수가 204번지에 위치하고 있는지, 그리고 204번지에 실제 변수가 존재하는지 알 수 없다. 따라서 (포인터 + 포인터) 연산은 수행할 수 없다. (포인터 - 포인터) 연산은 계산이 가능하다. 우리는 앞의 예제에서 iValue[0]의 주소가 0053FC00이고 iValue[1]의 주소가 0053FC04임을 확인한 바 있다. 따라서 (0053FC04 - 0053FC00)는 4 만큼의 주소 차이를 갖는다. 주소 차이 4는 int 자료형이 메모리에서 차지하고 있는 크기이다. 즉 (포인터 - 포인터) 연산의 결과는 두 개의 포인터가 같은 배열의 다른 요소를 가리키고 있을 때 유효하다. 이때의 결과는 두 요소가 얼마나 떨어져 있는지를 확인하고, 첨자의 차이를 결과로 갖는다. 따라서 (포인터 - 포인터)의 연산의 결과는 항상 정수의 값을 결과로 갖는다. 반면 앞에서 보았던 (포인터 + 정수), (포인터 - 정수)와 같은 연산의 결과는 주소 값을 결과로 갖는다. 다음의 예제를 보자.

```
/*
   Example 9-4
   포인터 사이의 뺄셈 연산
*/

#include <stdio.h>

int main(Void)
{
   int iValue[5], *pInt1, *pInt2;
   char sValue[10], *pChar1, *pChar2;

   pInt1 = &iValue[1];
   pInt2 = &iValue[4];

   pChar1 = &sValue[5];
   pChar2 = &sValue[9];
```

```
18
19        printf("pInt2 - pInt1 = %d\n", pInt2 - pInt1);
20        printf("pChar2 - pChar1 = %d\n", pChar2 - pChar1);
21
22        return 0;
23    }
```

프로그램 실행 결과

```
C:\windows\system32\cmd.exe
pInt2 - pInt1 = 3
pChar2 - pChar1 = 4
계속하려면 아무 키나 누르십시오 . . .
```

예제의 10번 라인과 11번 라인에서 int 및 char 자료형을 이용하여 배열 변수와 포인터 변수 두 개를 각각 선언하였다. 이때 포인터 변수 두 개를 선언하기 위하여 모든 포인터 변수 앞에 포인터 연산자(*)를 사용한 것에 주의한다. 13번 라인에서 pInt1에는 iValue[1]의 주소를 저장하고, 14번 라인에서 pInt2에는 iValue[4]의 주소를 저장한다. 19번 라인에서 (pInt2 - pInt1)의 연산을 수행한 결과 3인 값이 출력되었다. 즉 iValue[1], iValue[4]에서 첨자들의 값인 (4 - 1)의 결과와 같다. 16번 라인에서 pChar1에는 sValue[5]의 주소를 저장하고, 17번 라인에서는 pChar2에 sValue[9]의 주소를 저장한다. 20번 라인에서 (pChar2 - pChar1) 연산을 수행한 결과 두 배열 요소 (9 - 5)의 결과인 4를 출력한다.

포인터를 사용해서 배열의 각 요소에 접근할 때에는 연산자의 우선순위에 주의해야 한다. 포인터 연산자(*)는 단항 연산자이며, 단항 연산자는 산술 연산자보다 우선순위가 높다. 따라서 (*pInt + 1) 연산을 수행하면 *pInt가 먼저 계산되고, 이후에 +1을 계산한다. 즉 pInt가 갖고 있는 주소에 저장된 값을 가져온 후 그 값에 1을 더한 값이 결과가 된다. 만약 pInt에 배열 iValue[0]의 주소가 저장되어 있다면 iValue[0] + 1이 결과가 된다. 반면 *(pInt + 1)은 pInt의 주소에 1을 더한 주소, 즉 다음 요소에 있는 값이 결과가 된다. 따라서 이 경우에는 iValue[1]에 저장된 값을 결과로 얻을 수 있다.

```
/*
   Example 9-5
   포인터 연산자의 우선순위
*/

#include <stdio.h>

int main(void)
```

```
9     {
10        int iValue[5] = { 10, 20, 30, 40, 50 };
11        int *pInt = iValue;
12
13        printf("*pInt + 1 = %d\n", *pInt + 1);
14        printf("*(pInt + 1) = %d\n", *(pInt + 1));
15
16        return 0;
17    }
```

프로그램 실행 결과

```
C:\windows\system32\cmd.exe
*pInt + 1 = 11
*(pInt + 1) = 20
계속하려면 아무 키나 누르십시오 . . .
```

예제의 13번과 14번 라인을 주의해서 보자. 예제의 13번 라인에서는 (*pInt + 1)을 출력한다. 따라서 iValue[0]에 저장된 값 10을 가져온 후 1을 더한 11을 출력 결과로 갖는다. 반면 14번 라인에서는 *(pInt + 1)의 값을 출력한다. 따라서 (pInt + 1)의 연산을 먼저 수행하므로 iValue[1]의 주소를 가져오며, 이후 역참조 연산자(*)를 이용해서 iValue[1]에 저장된 20을 출력한다.

증가 및 감소 연산자가 역참조 연산자와 함께 사용될 경우 전치형과 후치형에 따라서 우선순위가 달라진다. 역참조 연산자는 전치형 증가 및 전치형 감소 연산자보다는 우선순위가 낮으나, 후치형 증가 및 후치형 감소 연산자보다는 우선순위가 높다. 예를 들어 *pInt++ 연산의 결과는 *pInt를 먼저 수행한 후 포인터에 ++연산을 수행한다. 즉 pInt가 갖고 있는 곳의 값을 가져온 후 pInt++를 수행하여 pInt의 주소를 1만큼 즉 변수의 크기만큼 증가시킨다. 반면 *++pInt는 ++pInt 연산을 먼저 수행하여 주소를 증가시킨 후 증가된 주소에 저장된 값이 연산의 결과가 된다. 다음의 예제로 확인해보자.

```
/*
   Example 9-6
   포인터 연산자의 우선순위
*/

#include <stdio.h>

int main(void)
{
   int iValue[5] = { 10, 20, 30, 40, 50 };
   int *pInt = iValue;
```

```
12
13        printf("*pInt++ = %d\n", *pInt++);
14        printf("*++pInt = %d\n", *++pInt);
15
16        return 0;
17    }
```

프로그램 실행 결과

```
C:\windows\system32\cmd.exe
*pInt++ = 10
*++pInt = 30
계속하려면 아무 키나 누르십시오 . . .
```

예제의 13번 라인에서 *pInt++를 출력한다. pInt에 저장된 값이 iValue[0]의 주소이다. 따라서 iValue[0]의 값을 먼저 가져온 후 pInt의 주소를 1만큼 증가시킨다. 즉 10을 출력한 후에 pInt는 이제 iValue[1]의 주소가 저장된다. 다음 14번 라인으로 넘어가서 *++pInt의 값을 출력한다. 13번에서 pInt에 저장된 값이 iValue[1]의 주소로 변경되었으므로 ++pInt를 먼저 수행하면 pInt에 저장된 값이 iValue[2]의 주소가 된다. 그 후 주소에 저장된 값을 가져오기 때문에 iValue[2]에 저장된 30의 값이 출력된다.

2차원 배열에서도 배열의 이름은 배열의 첫 번째 요소가 있는 메모리의 주소이다. 따라서 int iValue[2][3];으로 선언된 2차원 배열의 경우 iValue는 iValue[0][0]의 주소가 된다. 이때 iValue[0]의 의미는 무엇일까? 1차원 배열에서 첨자 부분이 없어진 이름은 배열의 첫 번째 요소의 주소였다. 2차원 배열에서 iValue[0]은 iValue[0][0]에서 첨자 부분이 없어진 것과 같다. 따라서 2차원 배열에서 iValue[0] 역시 iValue[0][0]의 주소가 되며, iValue[1]은 iValue[1][0]의 주소가 된다. 즉 iValue와 iValue[0]은 &iValue[0][0]과 같고, iValue[1]은 &iValue[1][0]과 같다.

```
/*
   Example 9-7
   2차원 배열과 포인터
*/

#include <stdio.h>

int main(void)
{
   int iValue[2][5];

   printf("iValue = %p\n", iValue);
```

```
13        printf("iValue[0] = %p\n", iValue[0]);
14        printf("&iValue[0][0] = %p\n\n", &iValue[0][0]);
15
16        printf("iValue[1] = %p\n", iValue[1]);
17        printf("&iValue[1][0] = %p\n", &iValue[1][0]);
18
19        return 0;
20    }
```

프로그램 실행 결과

```
C:\windows\system32\cmd.exe
iValue = 012FFA2C
iValue[0] = 012FFA2C
&iValue[0][0] = 012FFA2C

iValue[1] = 012FFA40
&iValue[1][0] = 012FFA40
계속하려면 아무 키나 누르십시오 . . .
```

위의 예제는 2차원 배열에서 포인터 상수의 값을 확인하기 위한 것이다. 12번 라인부터 14번 라인까지 출력 결과 iValue의 값, iValue[0]의 값, 그리고 iValue[0][0]의 주소가 모두 같은 값임을 확인할 수 있다. 그리고 16번과 17번 라인을 통하여 iValue[1]의 값과 iValue[1][0]의 주소가 같은 값임을 확인할 수 있다. 이때 iValue, iValue[0], iValue[1]은 모두 포인터 상수이고 프로그램 실행 도중 변하지 않는 값이다.

9.3 포인터의 배열

포인터 변수는 메모리의 주소를 저장하기 위한 변수이다. 따라서 동일한 자료형의 주소 여러 개를 하나의 이름으로 관리하기 위한 포인터 배열을 선언할 수 있다. 즉 포인터 배열은 포인터 변수를 배열의 요소로 사용한다.

포인터 배열의 선언 형식	자료형 *포인터배열변수명[배열의 크기];
포인터 배열의 선언 예	int *pArray[3];

int *pArray[3];과 같이 선언하면 pArray는 int 자료형 변수의 주소 3개를 저장할 수

있는 포인터 배열 변수가 된다. 포인터 배열을 선언한 후 초기화하는 방법은 일반적인 배열 변수를 초기화하는 방법과 동일하다.

포인터 배열의 초기화 예	int *pArray[3] = {&iValue1, &iValue2, &iValue3}; int *pArray[3] = {NULL};

```
1   /*
2       Example 9-8
3       포인터 배열
4   */
5
6   #include <stdio.h>
7
8   int main(void)
9   {
10      int iValue1 = 10, iValue2 = 20, iValue3 = 30, iCount;
11      int *pArray[3] = { &iValue1, &iValue2, &iValue3 };
12
13      printf("&iValue1 = %p, iValue1 = %d\n", &iValue1, iValue1);
14      printf("&iValue2 = %p, iValue2 = %d\n", &iValue2, iValue2);
15      printf("&iValue3 = %p, iValue3 = %d\n\n", &iValue3, iValue3);
16
17      for (iCount = 0; iCount < 3; iCount++)
18      {
19          printf("pArray[%d] = %p, ", iCount, pArray[iCount]);
20          printf("*pArray[%d] = %d\n", iCount, *pArray[iCount]);
21      }
22
23      return 0;
24  }
```

프로그램 실행 결과

```
C:\windows\system32\cmd.exe
&iValue1 = 00B6F754, iValue1 = 10
&iValue2 = 00B6F748, iValue2 = 20
&iValue3 = 00B6F73C, iValue3 = 30

pArray[0] = 00B6F754, *pArray[0] = 10
pArray[1] = 00B6F748, *pArray[1] = 20
pArray[2] = 00B6F73C, *pArray[2] = 30
계속하려면 아무 키나 누르십시오 . . .
```

예제의 11번 라인에서 포인터 배열을 선언한 후 pArray[0]에는 iValue1의 주소, pArray[1]에는 iValue2의 주소, 그리고 pArray[2]에는 iValue3의 주소를 저장한다. 이와 같이 동일한 자료형을 갖는 변수 여러 개를 하나의 이름으로 관리하기 위하여 포인터 배열을 선언한다. 17번 라인의 for문을 이용하여 pArray 포인터 배열의 각 요소에 저장되어 있는 값을 출력한다. iCount가 0일 때 pArray[0]에 저장된 주소와 *pArray[0]과 같이 역참조 연산자(*)를 사용하여 pArray[0]에 저장된 주소에 자리하고 있는 변수 iValue1에 저장된 값을 출력할 수 있다. 동일한 방법으로 iCount를 1과 2로 변경하면서 pArray[1]과 pArray[2]를 이용하여 iValue2, iValue3의 값을 확인할 수 있다.

9.4 포인터와 상수

앞에서 설명한 것과 같이 int iValue[5];와 같이 배열을 선언하면 배열의 이름인 iValue는 배열을 대표하는 이름이며, 배열의 첫 번째 요소의 주소이고, 포인터 상수라고 한다. 여기서 포인터 상수라는 것은 iValue가 주소를 나타내기는 하지만, iValue를 이용해서 다른 주소를 저장할 수 없다는 의미가 된다. 이와 같이 포인터 변수를 이용해서 한 번 주소를 저장하면 프로그램을 종료할 때 까지 저장된 주소를 바꿀 수 없게 포인터 변수를 만드는 것을 포인터 상수라고 한다.

일반 변수에도 프로그램 종료 시 저장된 값을 바꿀 수 없게 만들기 위한 상수 변수를 만들 수 있었다. 바로 const 예약어이다. const int iValue = 10;이라고 변수를 선언하면 이제 iValue에 저장되는 값은 프로그램이 종료될 때 까지 10의 값만 가질 수 있으며, 변경이 불가능하다. 이러한 const 예약어를 포인터에도 사용 가능하다. 그러나 포인터에서는 const를 사용하는 위치에 따라 의미가 달라지기 때문에 주의할 필요가 있다.

const와 포인터의 결합 사용 형태		
선언 형태	예	의미
const 자료형 *변수명	const int *pInt;	pInt 주소에 저장된 변수의 값을 *pInt를 사용하여 변경할 수 없다
자료형 *const 변수명	int *const pInt;	pInt는 항상 같은 주소만 가리킬 수 있다 따라서 pInt를 선언할 때 반드시 초기화해야 한다
const 자료형 *const 변수명	const int *const pInt;	pInt는 항상 같은 주소만 가리키며 *pInt를 사용하여 저장된 값을 변경할 수 없다.

const int *pInt;와 같이 선언된 pInt 변수는 pInt 주소에 저장된 변수의 값을 *pInt와 같이 역참조 연산자(*)를 사용해서 저장된 값을 가져올 수는 있지만, 변경할 수는 없

다. 즉, pInt가 저장하고 있는 주소가 가리키는 공간에는 상수의 값이 저장되었다는 의미가 된다. 이때 pInt에 저장되는 주소 자체는 바꿀 수 있기 때문에 다른 변수의 주소를 저장할 수 있다. 반면 int* const pInt;와 같이 선언된 변수는 pInt에 저장되는 주소가 항상 고정된 값이다. 즉 pInt에 저장되는 주소는 하나의 변수로 고정된다. 이때는 반드시 포인터 변수를 선언함과 동시에 변수의 주소로 초기화해야 한다. 그리고 const int* const pInt;와 같이 선언하면 위의 두 가지를 결합한 형태가 된다. const int *pInt;는 (const int)이므로 int 값이 고정이기 때문에 주소에 저장된 값이 상수이고, int* const pInt;는 (const pInt)이므로 pInt가 고정이기 때문에 pInt에 저장된 주소를 변경할 수 없다고 이해하는 것이 좋다. 다음의 예제로 확인해 보자.

```
/*
   Example 9-9
   포인터가 가리키는 변수를 상수화
*/

#include <stdio.h>

int main(void)
{
   int iValue;
   int *pInt1 = &iValue;
   const int *pInt2 = &iValue;

   *pInt1 = 10;
   printf("iValue = %d\n", iValue);

   *pInt2 = 20;
   printf("iValue = %d\n", iValue);

   return 0;
}
```

프로그램 실행 결과

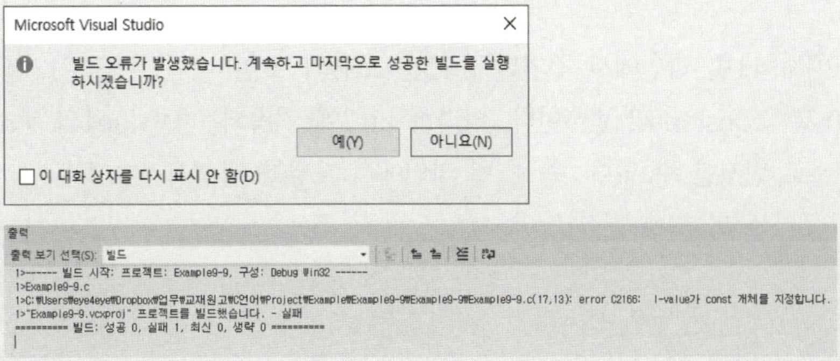

예제의 12번 라인에서 pInt2 변수는 const int *pInt2;와 같이 선언되었다. 따라서 pInt2를 사용해서 iValue에 저장된 값을 변경하지 못한다.

```
1   /*
2      Example 9-10
3      포인터에 저장된 주소를 상수화
4   */
5
6   #include <stdio.h>
7
8   int main(void)
9   {
10     int iValue1 = 10, iValue2 = 20;
11     int *ptr1 = &iValue1;
12     int *const ptr2 = &iValue1;
13
14     ptr1 = &iValue2;
15
16     *ptr2 = 30;
17     ptr2 = &iValue2;
18
19     return 0;
20  }
```

프로그램 실행 결과

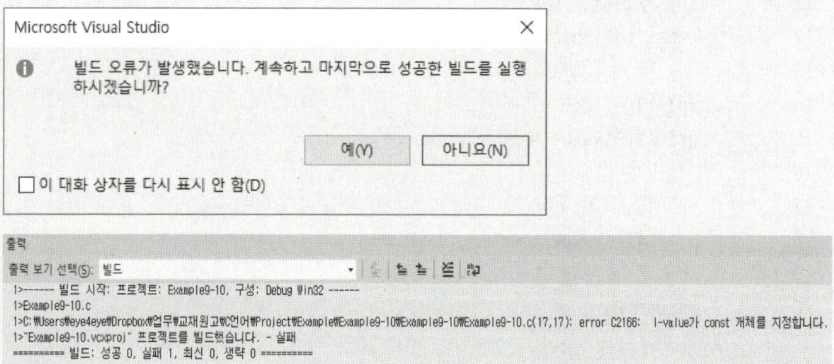

예제 11번 라인에서 선언된 ptr1은 보통의 포인터 변수이고, 12번 라인에서 선언된 ptr2는 const ptr2 변수이다. 따라서 ptr2에 저장되는 iValue1의 주소는 더 이상 다른 주소로 변경할 수 없다. 즉 17번 라인에서 오류를 발생시킨다.

9.5 문자열과 포인터

우리는 문자열을 문자형 배열에 저장한다고 배웠다. 그리고 배열의 이름은 배열의 첫 번째 요소의 주소를 나타내는 포인터라고 배웠다. 따라서 문자열을 포인터에 저장할 수 있다. 그러나 문자열을 배열에 저장할 때와 포인터에 저장할 때 메모리를 구성하는 방법이 다르기 때문에 주의해야 한다. 다음의 그림을 살펴보자.

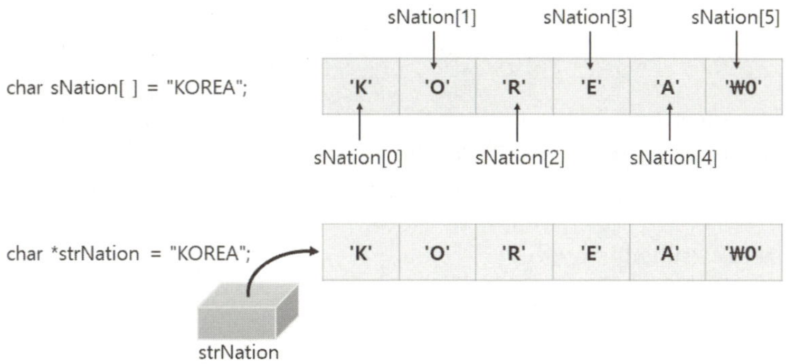

char sNation[] = "KOREA";와 같이 배열을 이용해서 저장할 경우에는 sNation이 배열이기 때문에 문자열의 길이만큼의 요소를 갖는 공간을 메모리에 만든다. 그 후 각 요소마다 하나의 문자를 저장한 후 마지막에 널 문자('\0')를 저장한다. 그러나 char *strNation = "KOREA";라고 선언하면 strNation은 포인터 변수이다. 따라서 다른 변수의 주소를 저장해야 한다. 컴퓨터는 이런 경우 "KOREA"라는 문자열을 메모리에 상수 문자열로 저장한 후, 그 주소를 strNation 포인터 변수에 저장한다.

만약 char sNation[] = "KOREA";라고 배열을 이용해서 선언할 경우 문자열을 바꾸기 위해서는 배열의 특성 때문에 각 요소별로 값을 변경해야 한다. 즉 sNation[]에 저장되는 문자열을 "SEOUL"로 변경하고자 한다면 sNation[0] = 'S', sNation[1] = 'E'와 같이 각 요소에 값을 넣어야 하며, sNation = "SEOUL";과 같이 사용할 수 없다. 이때는 나중에 배우게 될 strcpy 함수와 같은 시스템 제공함수를 사용해야 한다.

반면 char *strNation = "KOREA";라고 포인터를 이용해서 문자열을 선언할 경우 strNation 포인터가 가리키고 있는 곳은 상수의 주소이며, 포인터이다. 따라서 strNation[0] = 'S', strNation[1] = 'E'와 같이 각 요소를 통해서 값을 변경할 수 없다. 또한 *(strNation + 1) = 'S'와 같이 포인터를 이용한 값 변경도 기존에 "KOREA" 문자열이 저장된 곳이 상수였기 때문에 불가능하다. 그러나 strNation = "SEOUL";과 같이 사용할 수는 있다. 이런 경우 기존에 "KOREA"의 주소를 갖고 있던 strNation 포인터 변수가 이제는 "SEOUL"의 주소를 갖게 된다.

```
char *strNation = "KOREA";
...
...
strNation = "SEOUL";
```

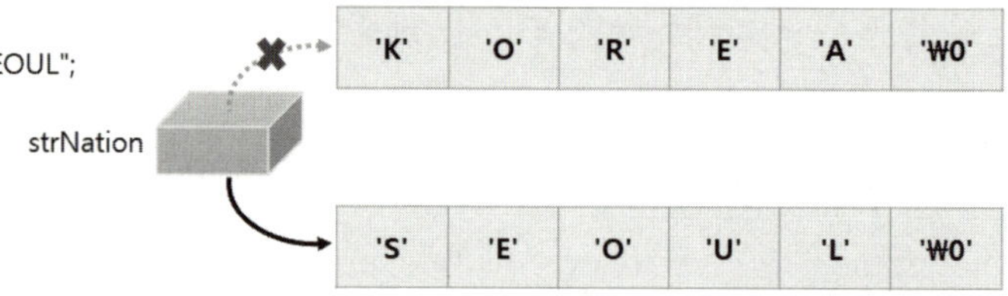


```c
/*
  Example 9-11
  배열과 포인터 변수를 사용한 문자열 관리
*/

#include <stdio.h>

int main(void)
{
  char sNation[] = "KOREA";
  char *strNation = "KOREA";

  printf("sNation = %s\n", sNation);
  printf("strNation = %s\n", strNation);

  sNation[0] = 'S';
  sNation[1] = 'E';
  sNation[2] = 'O';
  sNation[3] = 'U';
  sNation[4] = 'L';
  sNation[5] = '\0';

  strNation = "SEOUL";

  printf("sNation = %s\n", sNation);
  printf("strNation = %s\n", strNation);

  return 0;
}
```

프로그램 실행 결과

```
C:₩windows₩system32₩cmd.exe
sNation = KOREA
strNation = KOREA
sNation = SEOUL
strNation = SEOUL
계속하려면 아무 키나 누르십시오 . . .
```

예제의 10번 라인에서는 sNation 배열을 사용해서 문자열을 저장하고, 11번 라인에서는 strNation 포인터를 이용해서 문자열을 저장한다. 두 문자열을 출력하기 위해서 13번 라인과 14번 라인의 printf 함수에서 %s 변환 문자를 사용하였다. sNation은 배열 변수이기 때문에 문자열을 변경하기 위해서 16번 라인부터 21번 라인까지 각 요소마다 문자를 지정해서 변경하였다. 반면 strNation은 포인터 변수이기 때문에 메모리 주소를 저장한다. 따라서 "SEOUL" 상수 문자열을 메모리에 만들고 그 위치를 strNation에 새롭게 저장하는 방법으로 문자열 변경을 수행한다.

문자열은 문자형 배열 또는 문자형 포인터를 이용해서 관리할 수 있다는 것을 배웠다. 그렇다면 문자열 여러 개를 하나의 이름으로 관리하기 위해서는 어떻게 할까? 정답은 문자형 배열을 2차원으로 구성하거나, 포인터 배열을 사용하는 것이다. 그러나 두 가지 경우에 고려할 것이 있다. 문자형 배열을 2차원으로 구성할 경우 배열의 크기에 주의해야 한다. 다음의 예제를 살펴보자.

```
1   /*
2      Example 9-12
3      2차원 배열을 이용한 문자열 배열
4   */
5
6   #include <stdio.h>
7
8   int main(void)
9   {
10     char sNation[][8] = { "KOREA", "AMERICA", "ENGLAND" };
11     int iCount;
12
13     for (iCount = 0; iCount < 3; iCount++)
14     {
15         printf("sNation[%d] = %s\n", iCount, sNation[iCount]);
16     }
17
18     return 0;
19  }
```

프로그램 실행 결과

```
C:\windows\system32\cmd.exe
sNation[0] = KOREA
sNation[1] = AMERICA
sNation[2] = ENGLAND
계속하려면 아무 키나 누르십시오 . . .
```

예제의 10번 라인과 같이 2차원 배열을 사용하여 여러 개의 문자열을 저장할 수 있다.

이때 sNation[0]은 sNation[0][0]부터 sNation[0][7]까지의 8개의 요소를 갖고 있다. 따라서 sNation[0]은 "KOREA" 문자열이 저장되어 있는 배열이 된다. 또한 sNation[1]은 "AMERICA" 문자열이 저장되며, sNation[2]에는 "ENGLAND" 문자열이 저장된다. 이때 2차원 배열의 두 번째 첨자가 위치한 곳의 크기에 주의한다. 2차원 배열의 경우 $N \times M$의 형태가 맞춰져야 하기 때문에 하나의 문자열이 작은 크기를 갖더라도 다른 문자열을 모두 저장할 수 있는 형태로 크기가 지정되어야 한다. 저장하기 위한 세 개의 문자열 중 "KOREA"가 다른 두 문자열보다 짧다. 따라서 배열은 다음과 같은 형태로 구성된다.

sNation[0]	'K'	'O'	'R'	'E'	'A'	'₩0'		
sNation[1]	'A'	'M'	'E'	'R'	'I'	'C'	'A'	'₩0'
sNation[2]	'E'	'N'	'G'	'L'	'A'	'N'	'D'	'₩0'

위의 그림과 같이 sNation[0]의 경우 문자 2개의 공간인 2바이트가 사용되지 않았다. 따라서 메모리의 낭비가 발생할 수 있다. 반면 char *strNation[] = {"KOREA", "AMERICA", "ENGLAND"};와 같이 포인터 배열을 사용해서 선언할 경우에는 다음의 그림과 같이 구성된다.

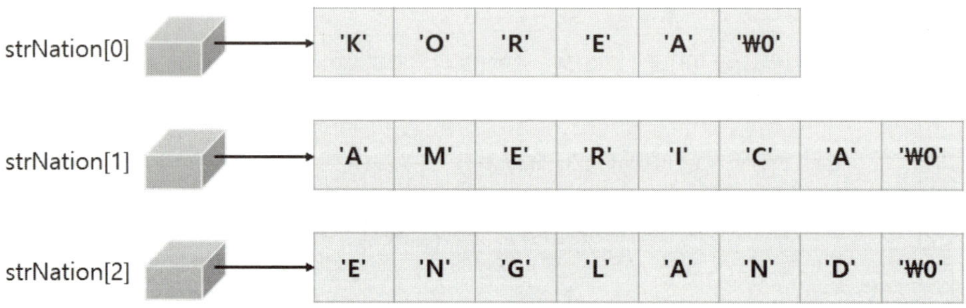

strNation[0]은 "KOREA"가 위치하고 있는 상수 문자열의 주소를 저장하며, strNation[1]은 "AMERICA"가 위치하고 있는 상수 문자열, strNation[2]는 "ENGLAND"가 위치하고 있는 상수 문자열의 주소를 저장하기 때문에 메모리의 낭비가 줄어든다. 다음의 예제로 확인하자.

```c
/*
   Example 9-13
   포인터 배열을 이용한 문자열 배열
*/

#include <stdio.h>

int main(void)
{
   char *strNation[] = { "KOREA", "AMERICA", "ENGLAND" };
   int iCount;

   for (iCount = 0; iCount < 3; iCount++)
   {
        printf("strNation[%d] = %s\n", iCount, strNation[iCount]);
   }

   return 0;
}
```

프로그램 실행 결과

```
C:₩windows₩system32₩cmd.exe
strNation[0] = KOREA
strNation[1] = AMERICA
strNation[2] = ENGLAND
계속하려면 아무 키나 누르십시오 . . .
```

연습문제

1. 다음 괄호 부분을 채우시오.

① 포인터 사이의 뺄셈 연산은 배열의 (   )의 차이와 같다.

② 여러 개의 주소를 하나의 이름으로 관리하기 위하여 (   )를 사용한다.

③ 배열의 이름은 배열의 (   )이다.

④ 문자열은 (   ) 또는 (   )를 이용하여 저장이 가능하다.

2. 다음 프로그램의 실행 결과는?

```
/*
   Problem 9-2
*/

#include <stdio.h>

int main(void)
{
   int iValue[10] = { 10, 20, 30, 40, 50, 60, 70, 80, 90, 100 };
   int *pInt = &iValue[7];

   printf("*pInt = %d \n", *pInt);
   printf("*pInt + 1 = %d \n", *pInt + 1);
   printf("*(pInt + 1) = %d \n", *(pInt + 1));

   printf("*pInt++ = %d \n", *pInt++);
   printf("*++pInt = %d \n", *++pInt);

   return 0;
}
```

3. 다음 프로그램의 실행 결과는?

```
/*
   Problem 9-3
*/
```

```c

#include <stdio.h>

int main(void)
{
    int iValue[10] = { 10, 20, 30, 40, 50, 60, 70, 80, 90, 100 };
    int *pInt = &iValue[3];
    int iCount;

    for (iCount = 0; iCount < 5; iCount++) {
        printf("iValue[%d] = %d \n", iCount, *(pInt + iCount));
    }

    return 0;
}
```

4. 스택은 한 쪽 끝에서만 자료를 넣거나 뺄 수 있는 선형 구조로 되어 있다. 스택에 자료를 넣는 것을 푸시(push)라고 하고 반대로 스택에 넣어둔 자료를 꺼내는 것을 팝(pop)이라고 한다. 이 때 꺼내지는 자료는 가장 최근에 보관한 자료부터 나오게 된다. 이처럼 나중에 넣은 값이 먼저 나오는 것을 LIFO(Lat Input First Output)구조라고 한다. 정숫값을 저장하는 스택을 프로그램하시오. 이 때 스택의 크기는 100으로 하시오.

```
C:₩windows₩system32₩cmd.exe
입출력을 결정하세요 입력(1), 출력(2), 프로그램 종료(3) : 1
Stack에 저장할 값을 입력하세요 : 10
입출력을 결정하세요 입력(1), 출력(2), 프로그램 종료(3) : 1
Stack에 저장할 값을 입력하세요 : 20
입출력을 결정하세요 입력(1), 출력(2), 프로그램 종료(3) : 1
Stack에 저장할 값을 입력하세요 : 30
입출력을 결정하세요 입력(1), 출력(2), 프로그램 종료(3) : 2
Stack으로부터 출력값은 30 입니다.
입출력을 결정하세요 입력(1), 출력(2), 프로그램 종료(3) : 2
Stack으로부터 출력값은 20 입니다.
입출력을 결정하세요 입력(1), 출력(2), 프로그램 종료(3) : 2
Stack으로부터 출력값은 10 입니다.
입출력을 결정하세요 입력(1), 출력(2), 프로그램 종료(3) : 2
Stack에 저장된 값이 없습니다.Stack으로부터 출력값은 -1 입니다.
입출력을 결정하세요 입력(1), 출력(2), 프로그램 종료(3) : 3
계속하려면 아무 키나 누르십시오 . . .
```

제 10 장

포인터와 함수

제 10 장 포인터와 함수

정의된 함수를 사용하기 위해서 함수를 호출하며, 함수를 호출할 때 함수 내에서 필요로 하는 값을 인수로 전달한다. 지금까지 사용했던 인수는 모두 변수이며, 변수를 통하여 값을 복사해서 전달하였다. 그러나 우리가 앞에서 배웠던 포인터 역시 변수이며, 메모리의 주소 값을 저장하고 있는 특별한 목적으로 사용하는 변수이다. 만약 이러한 포인터를 함수의 호출 시에 인수로 전달하면 어떻게 될까? 지금부터 알아보자.

10.1 함수의 인수 전달 방법

함수를 호출하면 비로소 함수가 실행된다. 함수가 호출되면 호출된 함수의 몸체에 있는 문장들이 실행되며, 함수의 실행이 끝나면 함수를 호출한 곳으로 프로그램의 실행 지점이 이동한다. 이때 함수 내부에서 문장을 수행하는 도중 전달해야 하는 값이 있을 경우 함수의 인수를 통하여 값을 전달하며, 함수를 호출한 곳에서 함수의 몸체로 값의 복사가 이루어진다. 이때 함수 호출 시 사용하는 실제의 값을 갖고 있는 변수 또는 상수 등이 실인수이며, 함수의 선언 및 정의 부분에서 사용한 인수가 가인수이다. 함수를 선언 및 정의할 때의 가인수와 함수를 호출할 때의 실인수는 자료형, 개수, 순서가 반드시 일치해야 한다.

우리는 지금까지 함수를 호출하면서 인수가 필요한 경우 변수를 통해서 값의 복사본을 전달하였다. 이와 같이 일반적인 변수를 통해서 인수의 값을 복사해서 전달하는 방법을 값에 의한 호출, 또는 값에 의한 전달 방법이라고 말한다. 그러나 C언어에는 일반적인 변수 외에 특별한 목적으로 사용되는 변수가 있으며, 바로 포인터 변수이다. 이러한 포인터 변수 역시 함수의 인수로 사용될 수 있다. 포인터 변수는 변수가 위치하고 있는 주소를 저장하기 위한 변수이기 때문에 함수를 호출할 때 포인터 변수를 인수로 사용하면 다른 변수의 주소를 전달할 수 있다. 이렇게 주소를 함수의 인수로 전달하면 변수에 저장된 값이 아니라 변수의 위치를 넘겨주게 되며, 변수 자체를 넘겨주는 것과 같은 의미가 된다. 이와 같이 포인터 변수를 사용하여 변수의 위치를 인수로 넘겨주는 방법을 참조에 의한 호출, 또는 참조에 의한 전달 방법이라고 한다.

10.1.1 값에 의한 호출 (Call by Value)

값에 의한 호출은 C언어에서 사용하는 기본적인 인수 전달 방법으로 함수의 인수를 일반 변수를 사용하여 처리한다. 이때 가인수에 실인수의 값이 복사되어 함수 내부에서 처리된다. 함수를 수행하는 과정에서 가인수의 값이 변경되어도 실인수에는 영향을 미치지 않는다. 즉, 가인수와 실인수가 서로 다른 메모리 영역을 가지며, 함수를 호출할 때 가인수의 메모리 영역에 실인수의 메모리 영역의 값이 복사된다. 따라서 서로 다른 메모리 영역을 사용하기 때문에 함수의 수행 과정에서 가인수의 값이 변경되어도 실인수의 값이 변경되지 않는다. 예제를 통하여 확인해보자.

```
/*
  Example 10-1
  값에 의한 호출
*/

#include <stdio.h>

void Swap(int value1, int value2);

int main(void)
{
  int iValue1 = 10, iValue2 = 20;

  printf("[MAIN #1] iValue1 = %d, iValue2 = %d\n\n", iValue1, iValue2);

  Swap(iValue1, iValue2);

  printf("[MAIN #2] iValue1 = %d, iValue2 = %d\n", iValue1, iValue2);

  return 0;
}

void Swap(int value1, int value2)
{
  int temp;

  printf("[SWAP #1] value1 = %d, value2 = %d\n", value1, value2);
```

```
28
29        temp = value1;
30        value1 = value2;
31        value2 = temp;
32
33        printf("[SWAP #2] value1 = %d, value2 = %d\n\n", value1, value2);
34    }
```

프로그램 실행 결과

```
C:\windows\system32\cmd.exe
[MAIN #1] iValue1 = 10, iValue2 = 20

[SWAP #1] value1 = 10, value2 = 20
[SWAP #2] value1 = 20, value2 = 10

[MAIN #2] iValue1 = 10, iValue2 = 20
계속하려면 아무 키나 누르십시오 . . .
```

예제의 8번 라인에서 Swap 함수를 선언하고 23번 라인에서 정의한다. Swap 함수는 int 자료형 두 개를 인수로 가지며, 함수를 종료할 때 반환하는 값은 없다. 이제 프로그램의 시작 지점인 10번 라인의 main 함수로 이동하자. main 함수의 12번 라인에서 int 자료형 iValue1 변수와 iValue2 변수를 선언하고 각각 10과 20의 값으로 초기화한다. 그리고 14번 라인에서 두 변수에 저장된 값을 출력한다. 16번 라인에서 iValue1과 iValue2를 실인수로 사용하여 Swap 함수를 호출하면, 함수의 정의 부분인 23번 라인으로 프로그램의 실행 지점이 이동한다. 이때 iValue1에 저장되어 있는 10이 인수 value1로 복사되며, iValue2에 저장되어 있는 20이 인수 value2로 복사된다. 따라서 27번 라인에서 출력되는 value1과 value2의 값은 iValue1과 iValue2에 저장된 값을 복사한 것이기 때문에 같은 값으로 출력된다. 이후 29번 라인에서 temp에 value1의 값 10을 저장하고, 30번 라인에서 value1에 value2의 값 20을 저장한다. 다음 31번 라인에서 value2에 temp의 값 10을 저장하면, 기존에 value1에 저장된 값 10과 value2에 저장된 값 20을 서로 바꾸어 value1에 20, value2에 10의 값이 저장된다. 따라서 33번 라인에서 출력한 결과 두 수에 저장된 값이 바뀐 것을 확인할 수 있다. 33번 라인을 수행한 후 함수가 종료되고, 함수를 호출한 곳으로 프로그램 실행 지점이 이동하기 때문에 16번 라인으로 돌아간다. 16번 라인을 지나 18번 라인에서 다시 iValue1과 iValue2에 저장된 값을 출력한 결과 기존에 저장된 값이 그대로 출력되었다. 다음의 그림을 통하여 다시 한 번 확인해 보자.

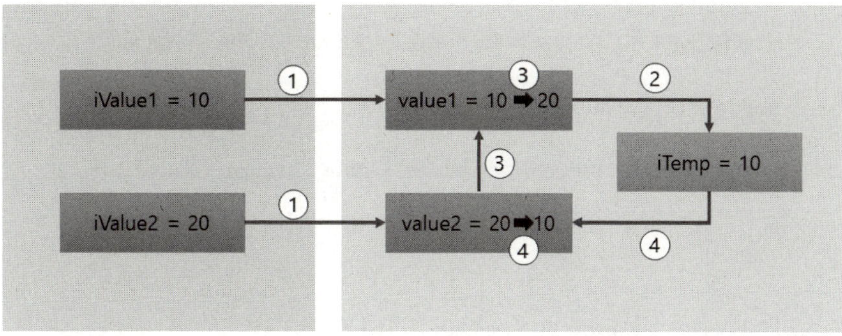

① 16번 라인, 23번 라인 ② 29번 라인 ③ 30번 라인 ④ 31번 라인

그림을 보면 알 수 있듯이 함수 내에서 가인수 value1과, value2에 저장되어 있는 값이 바뀌지만, 함수를 호출하는 부분의 실인수 iValue1과 iValue2에 저장되어 있는 값에는 영향을 미치지 않는다. 이와 같이 값에 의한 호출 방법은 가인수의 값이 변경되더라도 실인수의 값에는 영향을 미치지 않는다.

10.1.2 참조에 의한 호출 (Call by Reference)

참조에 의한 호출은 인수로 포인터 변수를 사용한다. 함수를 호출할 때 실인수의 값이 아닌 실인수의 주소를 가인수로 복사하기 때문에 실인수와 가인수가 같은 주소를 갖게 된다. 따라서 실인수와 가인수가 같은 공간을 사용하는 것이 가능해진다. 이때 서로 같은 메모리 공간을 사용하기 때문에 함수의 수행 과정에서 가인수에 저장된 주소를 이용하여 값을 변경하면 실인수에서 전달한 주소를 이용하여 값을 변경한 것과 동일한 효과를 갖는다. 예제를 통하여 확인해 보자.

```
/*
   Example 10-2
   참조에 의한 호출
*/

#include <stdio.h>

void Swap(int *pValue1, int *pValue2);

int main(void)
{
   int iValue1 = 10, iValue2 = 20;

```

```
14        printf("[MAIN #1] iValue1 = %d, iValue2 = %d\n\n", iValue1, iValue2);
15
16        Swap(&iValue1, &iValue2);
17
18        printf("[MAIN #2] iValue1 = %d, iValue2 = %d\n", iValue1, iValue2);
19
20        return 0;
21    }
22
23    void  Swap(int *pValue1, int *pValue2)
24    {
25        int temp;
26
27        printf("[SWAP #1] *pValue1 = %d, *pValue2 = %d\n", *pValue1, *pValue2);
28
29        temp = *pValue1;
30        *pValue1 = *pValue2;
31        *pValue2 = temp;
32
33        printf("[SWAP #2] *pValue1 = %d, *pValue2 = %d\n\n", *pValue1, *pValue2);
34    }
```

프로그램 실행 결과

```
C:\windows\system32\cmd.exe
[MAIN #1] iValue1 = 10, iValue2 = 20

[SWAP #1] *pValue1 = 10, *pValue2 = 20
[SWAP #2] *pValue1 = 20, *pValue2 = 10

[MAIN #2] iValue1 = 20, iValue2 = 10
계속하려면 아무 키나 누르십시오 . . .
```

위의 예제에서 사용된 Swap 함수는 8번 라인에서 보는 것과 같이 void Swap(int *pValue1, int *pValue2);의 형태로 두 개의 인수가 int 자료형 변수의 주소를 필요로 한다. 즉 16번 라인에서 함수를 호출할 때 Swap(&iValue1, &iValue2);와 같이 실인수로 정수형 변수의 주소를 사용한다. 함수를 호출하면 역시 함수의 정의 부분인 23번 라인으로 프로그램의 실행 지점이 이동한다. 이때 첫 번째 인수인 pValue1은 포인터 변수로 iValue1의 주소가 저장되며, 두 번째 인수인 pValue2 역시 포인터 변수로 iValue2의 주소가 저장된다. 27번 라인의 printf 함수를 보자. 이때 출력하고자 하는 값은 *pValue1과 *pValue2이다. *pValue1은 pValue1이 갖고 있는 주소에 실제 저장된 값이고, pValue1은 main 함수에서 선언된 iValue1의 주소를 갖고 있다. 따라서 *pValue1을 출력하면 iValue1에 저장된 값이 출력된다. 같은 방법으로 *pValue2를 출력하면 iValue2에 저장된 값이 출력된다.

예제의 29번 라인에서 temp에 *pValue1을 저장한다. temp에 pValue1이 갖고 있는 주소, 즉 iValue에 저장된 값 10을 저장한다. 다음 20번 라인에서 *pValue1 = *pValue2; 문장은 pValue1은 iValue1의 주소, pValue2는 iValue2의 주소를 갖고 있기 때문에 iValue1에 iValue2에 저장된 값 20을 저장하라는 문장이 된다. 다음 31번 라인에서 *pValue2에 temp의 값 10을 저장하면, iValue2에 10을 저장하게 된다. 즉 *pValue1에는 20, *pValue2에는 10이 저장되므로, main 함수에서 선언된 iValue1에 20이 저장되고 iValue2에는 10이 저장된다. Swap 함수가 종료되고 함수를 호출한 곳으로 돌아간 결과 iValue1과 iValue2에 저장된 값이 서로 바뀐 것을 확인할 수 있다. 그림을 통하여 다시 한 번 확인해 보자.

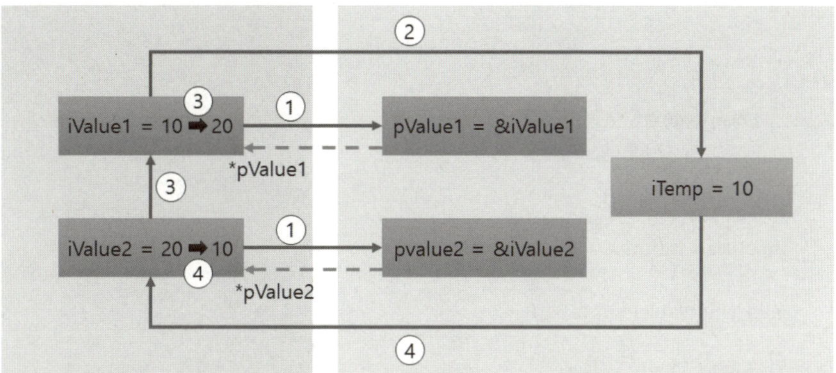

① 16번 라인, 23번 라인 ② 29번 라인 ③ 30번 라인 ④ 31번 라인

그림을 보면 알 수 있듯이 함수 내에서 가인수 pValue1과 pValue2는 main 함수에서 선언된 iValue1과 iValue2의 주소를 저장하고 있다. 따라서 함수 내에서 주소를 사용해서 main 함수에서 선언된 변수들에 직접 접근이 가능하다. 즉 참조에 의한 호출 방법을 사용하면 가인수에 저장된 실인수 변수의 주소를 사용해서 실인수 값을 직접 변경할 수 있다.

10.2 함수에서 1차원 배열 인수의 전달

지금까지 함수의 인수 전달 방식은 int, float 등의 변수를 사용하는 값에 의한 전달 방식과 변수의 주소를 전달하기 위하여 포인터 변수를 사용하는 참조에 의한 전달 방식을 사용했다. 그러나 배열 역시 변수이고 값을 저장하고 있기 때문에 함수의 인수로 전달될 수 있다. 예를 들어 배열 내부의 숫자를 크기 순서로 정렬한다거나, 배열 내부의 숫자들의 평균을 구한다거나 할 때 함수를 사용한다면 프로그램을 더욱 효율적으로 작성할 수 있다.

배열을 함수의 인수로 사용할 때는 배열 이름과 배열 각 요소를 구별할 필요가 있다. 우리는 int iValue[5] = {1, 2, 3, 4, 5};라고 배열을 선언하면 정수형 자료 5개를 저장하기 위한 배열을 만들고 iValue[0]에 1, iValue[1]에 2와 같이 각 요소에 값을 저장한다는 것을 알고 있다. 이때 각 요소는 일반 변수와 동일하다. 따라서 배열 각 요소를 전달한다는 것은 일반 변수를 전달하는 값에 의한 호출 방식과 동일하다. 다음의 예제를 살펴보자.

```
/*
   Example 10-3
   배열의 각 요소를 함수의 인수로 사용
*/

#include <stdio.h>

void printValue(int value);

int main(void)
{
   int iValue[5] = { 1, 2, 3, 4, 5 };
   int iCount;

   for (iCount = 0; iCount < 5; iCount++)
   {
      printValue(iValue[iCount]);
   }

   return 0;
}

void printValue(int value)
{
   printf("value = %d\n", value);
}
```

프로그램 실행 결과

```
C:\windows\system32\cmd.exe
value = 1
value = 2
value = 3
value = 4
value = 5
계속하려면 아무 키나 누르십시오 . . .
```

예제의 8번 라인에서 선언된 printValue 함수는 전달받은 인수를 출력한 후 종료하는 간단한 함수이다. 이때 인수로 사용되는 value는 정수형 값을 전달받는다. 17번 라인에서 함수를 호출할 때를 살펴보자. printValue(iValue[iCount]);와 같이 배열의 요소를 실인수로 전달한다. 즉 iCount가 0이면 iValue[0]을 printValue 함수의 인수로 전달하며, 이때 iValue[0]에 저장된 값은 1이다. 23번 라인의 함수 정의 부분으로 프로그램의 실행 지점이 이동하면, value 인수에 1이 복사되고, 25번 라인에서 1을 출력한다. 따라서 예제에서 보는 것과 같이 배열의 각 요소를 전달하는 것은 변수에 저장된 값을 복사해서 전달하는 값에 의한 호출 방식과 같다.

지금까지 배열의 개별 요소를 전달하는 것은 변수를 사용해서 값에 의한 호출을 하는 것과 같다는 것을 보았다. 그렇다면 배열 전체를 함수의 인수로 전달할 수는 없을까? 배열 전체를 전달하기 위하여 함수의 인수로 사용할 대는 일반 변수의 사용법과는 차이가 있다. 함수의 실인수로 배열을 전달하기 위해서는 배열의 이름을 사용하며, 함수의 선언 및 정의에서는 해당 인수가 배열임을 표기하기 위하여 배열의 이름 및 비어있는 대괄호를 이용한다. 다음의 예제를 살펴보자.

```
/*
   Example 10-4
   배열 인수를 이용한 배열 요소의 평균 계산
*/

#include <stdio.h>

float getAverage(int score[], int size);

int main(void)
{
   int iEngScore[5] = { 90, 95, 85, 80, 70 };
   float fAverage;

   fAverage = getAverage(iEngScore, 5);

   printf("average score = %.2f\n", fAverage);

   return 0;
}

float getAverage(int score[], int size)
{
   int iCount, iSum = 0;
   float fAverage;
```

```
26
27        for (iCount = 0; iCount < size; iCount++)
28        {
29            iSum += score[iCount];
30        }
31
32        fAverage = (float)iSum / size;
33
34        return fAverage;
35    }
```

프로그램 실행 결과

```
C:\windows\system32\cmd.exe
average score = 84.00
계속하려면 아무 키나 누르십시오 . . .
```

위의 예제는 함수를 사용해서 배열 요소들의 평균을 구하는 프로그램이다. 우선 8번 라인의 함수 선언부를 살펴보자. 함수에서 배열을 인수로 사용하기 위해서는 float getAverage(int score[], int size);와 같이 배열 인수에 배열의 이름 및 비어있는 대괄호를 사용한다. 이때 int score[5]와 같이 사용할 수 없다. int score[]와 같이 크기가 지정되지 않은 형태이기 때문에 배열의 크기는 다른 인수를 사용해서 지정해야 한다. 다음 17번 라인의 함수 호출 부분을 보자. fAverage = getAverage(iEngScore, 5);와 같이 함수 호출부에서 인수에 배열의 이름이 사용되었다. 이와 같이 함수의 실인수로 배열을 전달할 대는 배열의 이름만을 사용해서 전달한다. 만약 getAverage(iEngScore[5], 5);와 같이 전달하는 경우 iEngScore[5]가 5의 크기를 갖는 배열이 아니라 iEngScore라는 배열의 5번 요소의 의미가 되기 때문에 오류가 발생한다. 따라서 배열을 함수의 인수로 사용할 때 실인수에 배열의 이름만 적는다는 사실을 반드시 기억하자.

함수를 호출하면 22번 라인의 함수 정의 부분으로 이동한다. 그러나 여기서는 주의할 점이 있다. 우리가 배열을 이용해서 함수를 호출할 때 getAverage(iEngScore, 5);와 같이 사용했다. 여기서 iEngScore라는 것은 배열의 이름이다. 배열의 이름은 배열의 첫 번째 요소의 주소, 즉 포인터이다. 따라서 float getAverage(int score[], int size) 함수 선언 및 정의 부분에서 사용하는 score는 포인터를 의미한다. 즉 함수를 호출하면 score라는 이름의 포인터 인수를 만들고 해당 인수에 배열의 첫 번째 요소의 주소를 저장한다. 이때 int score[]로 사용된 요소는 int *score와 같이 포인터를 이용한 인수로 적어도 동일한 동작을 수행한다. 그러나 보통 배열을 인수로 전달할 때는 일반적인 참조에 의한 호출 방식과 구분하기 위하여 int score[]와 같이 사용하는 것을 더 선호한다. 따라서 score는 iEngScore[0]의 주소를 갖고 있으며, score[0]은 iEngScore[0]과 같다.

이후 getAverage 함수 내에서 score라는 이름으로 배열의 각 요소를 더한 후 평균을 구한다.

배열 전체를 함수의 인수로 사용할 때 배열의 이름을 이용하여 함수를 호출하며, 이는 배열의 주소를 전달하는 것과 같다. 따라서 배열이 함수의 인수로 사용될 때는 반드시 참조에 의한 호출이 이루어진다. 따라서 함수 내에서 인수로 전달된 배열의 요소 값을 변경하면 실인수로 사용되는 배열의 요소 값이 함께 변경된다. 다음의 예제로 확인하자.

```
/*
  Example 10-5
  함수에서의 배열 인수
*/

#include <stdio.h>

void change_score(int score[], int size);

int main(void)
{
  int iCount, iEngScore[5] = { 90, 95, 85, 80, 70 };

  printf("Before function called\n");
  for (iCount = 0; iCount < 5; iCount++)
  {
      printf("iEngScore[%d] = %d\n", iCount, iEngScore[iCount]);
  }

  change_score(iEngScore, 5);

  printf("\nAfter function called\n");
  for (iCount = 0; iCount < 5; iCount++)
  {
      printf("iEngScore[%d] = %d\n", iCount, iEngScore[iCount]);
  }

  return 0;
}

void change_score(int score[], int size)
{
  score[0] = 60;
  score[1] = 61;
  score[2] = 62;
  score[3] = 63;
  score[4] = 64;
```

```
38    }
```

프로그램 실행 결과

```
C:\windows\system32\cmd.exe
Before function called
iEngScore[0] = 90
iEngScore[1] = 95
iEngScore[2] = 85
iEngScore[3] = 80
iEngScore[4] = 70

After function called
iEngScore[0] = 60
iEngScore[1] = 61
iEngScore[2] = 62
iEngScore[3] = 63
iEngScore[4] = 64
계속하려면 아무 키나 누르십시오 . . .
```

예제의 31번 라인에서 정의된 change_score 함수를 보자. change_score 함수에서는 인수로 전달받은 배열의 요소 값을 변경한다. 함수 내에서는 score[0]의 값을 변경하였으나, 함수가 종료된 후 실인수인 iEngScore[0]을 출력한 결과 변경한 값이 적용되었다. 즉 score와 iEngScore는 서로 같은 공간을 가리키는 같은 변수이다.

함수의 인수로 배열을 전달할 때 참조에 의한 호출로 인수가 전달된다. 즉, 함수 내에서 전달받은 배열의 요소 값을 변경하면 원 배열의 요소 값이 변경된다. 즉, 배열을 함수의 인수로 사용하면 배열의 주소만 전달되는 것이다. 따라서 함수에 선언된 배열의 인수는 포인터라고 생각할 수 있다. 즉 배열을 이용하여 인수를 전달하는 방법을 포인터를 이용하여 전달하는 방법으로 사용할 수 있다. 이때 함수의 정의 시 가인수를 배열 대신에 포인터 변수를 이용한다. 실인수로 배열의 이름이 사용되면 이는 포인터 상수로 배열의 첫 번째 요소의 주소가 된다. 따라서 가인수에서 포인터 변수가 이용 가능한 것이다. 다음의 예제를 살펴보자.

```
/*
   Example 10-6
   배열 실인수에 포인터 가인수의 사용
*/

#include <stdio.h>

float getAverage1(int score[], int size);
float getAverage2(int score[], int size);
float getAverage3(int score[], int size);

int main(void)
{
```

```
    int iEngScore[5] = { 90, 95, 85, 80, 70 };
    float fAverage;

    fAverage = getAverage1(iEngScore, 5);
    printf("average score = %.2f\n", fAverage);

    fAverage = getAverage2(iEngScore, 5);
    printf("average score = %.2f\n", fAverage);

    fAverage = getAverage3(iEngScore, 5);
    printf("average score = %.2f\n", fAverage);

    return 0;
}

float getAverage1(int score[], int size)
{
    int iCount, iSum = 0;
    float fAverage;

    for (iCount = 0; iCount < size; iCount++)
    {
        iSum += score[iCount];
    }

    fAverage = (float)iSum / size;

    return fAverage;
}

float getAverage2(int *score, int size)
{
    int iCount, iSum = 0;
    float fAverage;

    for (iCount = 0; iCount < size; iCount++)
    {
        iSum += *(score + iCount);
    }

    fAverage = (float)iSum / size;

    return fAverage;
}

float getAverage3(int *score, int size)
{
    int iCount, iSum = 0;
```

```
62         float fAverage;
63 
64         for (iCount = 0; iCount < size; iCount++)
65         {
66             iSum += score[iCount];
67         }
68 
69         fAverage = (float)iSum / size;
70 
71         return fAverage;
72     }
```

프로그램 실행 결과

```
C:\windows\system32\cmd.exe
average score = 84.00
average score = 84.00
average score = 84.00
계속하려면 아무 키나 누르십시오 . . .
```

위의 예제에서 getAverage1 함수는 배열을 인수로 사용한 함수이고, getAverage2 함수와 getAverage3 함수는 포인터를 인수로 사용한 함수이다. 이때 main 함수에서 함수를 호출한 것을 보면 모두 같은 형태로 배열의 이름만 사용해서 호출한 것을 확인할 수 있다. 이와 같이 함수에서 배열을 인수로 사용할 때 포인터를 사용하는 것과 배열의 이름과 대괄호만을 사용하는 것에 차이는 없다. 또한 각 함수의 정의 부분을 살펴보자. 51번 라인에서 score 인수는 포인터로 선언되어 있기 때문에 값을 참조하기 위하여 역참조 연산자(*)를 사용하였다. 반면 66번 라인에서는 배열과 같은 방식을 사용해서 값을 가져왔다. 따라서 배열을 함수의 인수로 전달할 때 포인터를 사용하더라도 함수 내부에서는 배열처럼 사용할 수 있다.

10.3 함수에서 다차원 배열 인수의 전달

다차원 배열도 1차원 배열처럼 함수의 인수로 사용될 수 있다. 그러나 1차원 배열과 다른 점은 함수의 정의 시에 반드시 첫 번째 크기를 제외한 나머지 크기는 지정해야 한다. 예를 들어 void getAverage(int score[][5], int size);와 같이 함수를 선언하거나 정의할 때 가인수에서 배열의 이름 및 첫 번째 대괄호 내의 크기는 생략하며, 두 번째 이후의 대괄호 내의 크기는 반드시 지정한다. 이때도 생략하는 함수의 크기는 별도의 인수를 사용해서 알린다. 다음의 예를 살펴보자.

```
1	/*
2	  Example 10-7
3	  다차원 배열 인수의 전달
4	*/
5
6	#include <stdio.h>
7
8	float getAverage(int score[][5], int size);
9
10	int main(void)
11	{
12	  int iEngScore[2][5] = { {90, 95, 80, 75, 70}, {60, 55, 90, 100, 75} };
13	  float fAverage;
14
15	  fAverage = getAverage(iEngScore, 2);
16
17	  printf("average = %.2f\n", fAverage);
18
19	  return 0;
20	}
21
22	float getAverage(int score[][5], int size)
23	{
24	  float fAverage;
25	  int iCount1, iCount2, iSum = 0;
26
27	  for (iCount1 = 0; iCount1 < size; iCount1++)
28	  {
29	      for (iCount2 = 0; iCount2 < 5; iCount2++)
30	      {
31	          iSum += score[iCount1][iCount2];
32	      }
33	  }
34
35	  fAverage = (float)iSum / (size * 5);
36
37	  return fAverage;
38	}
```

프로그램 실행 결과

```
C:\windows\system32\cmd.exe
average = 79.00
계속하려면 아무 키나 누르십시오 . . .
```

예제의 8번 라인에서 선언된 함수 float getAverage(int score[][5], int size)를 보면 2차원 배열을 인수로 사용한다. 이때 2차원 배열 인수인 score는 score[][5]와 같이 첫 번째 크기만을 생략할 수 있다. []에서 생략된 크기는 15번 라인의 getAverage(iEngScore,

2)와 같이 두 번째 인수인 size에 넣어서 함수를 호출한다. getAverage 함수의 몸체 27번 라인에서 인수로 전달한 size가 배열을 반복하기 위한 반복문의 조건으로 사용되었다. 또한 35번 라인에서 인수로 전달한 iEngScore의 크기를 알아야 평균을 구할 수 있기 때문에 size를 사용하여 전체 요소의 개수를 구하고 평균을 계산할 수 있다.

10.4 함수 포인터

컴퓨터는 프로그램을 실행할 때 데이터의 저장이 필요할 경우 변수를 이용해서 메모리에 공간을 만든다. 그리고 해당 공간에 값을 저장하고, 값을 가져오고 연산을 수행해서 원하는 결과를 계산한다. 그렇다면 이러한 수행 과정을 컴퓨터는 어떻게 알 수 있을까? 이 모든 작업 과정 역시 메모리에 저장된다. 그리고 C언어에서 작업의 기본 단위가 되는 것이 바로 함수이다. 따라서 함수의 실행 과정 역시 메모리에 저장되며 포인터 변수를 사용하여 해당 메모리 주소를 저장할 수 있다. 이와 같이 함수의 주소를 저장하기 위한 포인터 변수가 바로 함수 포인터 변수이다. 함수 포인터 변수 역시 변수이기 때문에 반드시 사용하기 전에 선언해야 하며, 다음과 같은 형식으로 선언할 수 있다.

함수 포인터의 선언 형식	자료형 (*함수포인터명)([인수1자료형,] [인수2자료형,] [...]);

함수 포인터 변수의 선언 예	int (*fp)(int); // 정수형 인수 하나와 정수 값을 반환하는 함수의 주소 저장
	void (*fp)(int, int); // 정수형 인수 두 개와, 반환 값이 없는 함수의 주소 저장
	void (*fp)(); // 인수가 없고 반환값이 없는 함수의 주소 저장

함수 포인터의 선언 형식에서 사용하는 자료형은 함수의 반환형을 의미하며, 반드시 괄호와 함께 포인터 연산자를 사용한 후 함수 포인터 이름을 선언한다. 또한 인수를 포함하는 함수의 주소를 저장할 때는 함수의 인수 자료형을 개수와 형태를 맞춰서 지정한다. 예를 들어 int (*fp)(int);라고 선언된 함수 포인터 변수 fp는 int 자료형 인수 1개를 갖고 함수를 종료할 때 반환하는 자료가 int인 함수의 주소를 저장할 수 있다. 함수의 주소를 함수 포인터에 저장하면 함수를 호출할 때 필요로 하는 인수와 함께 함수 포인터 이름을 사용하여 해당 함수를 호출할 수 있다. 다음의 예제를 통하여 함수 포인터를 확인해 보자.

```
/*
  Example 10-8
  함수 포인터
*/

#define _CRT_SECURE_NO_WARNINGS
#include <stdio.h>

int add(int value1, int value2);
int sub(int value1, int value2);

int main(void)
{
  int iValue1, iValue2, iResult;
  int (*calc)(int, int);
  char cOp;

  printf("덧셈 또는 뺄셈 연산식을 입력하세요 (ex. 10 + 20): ");
  scanf("%d %c %d", &iValue1, &cOp, &iValue2);

  switch (cOp)
  {
  case '+':
      calc = add;
      break;
  case '-':
      calc = sub;
      break;
  default:
      printf("덧셈 또는 뺄셈만 가능합니다.\n");
      return -1;
  }

  iResult = calc(iValue1, iValue2);

  printf("result = %d\n", iResult);

  return 0;
}

int add(int value1, int value2)
{
  return value1 + value2;
}

int sub(int value1, int value2)
{
  return value1 - value2;
```

49	}

프로그램 실행 결과	C:₩windows₩system32₩cmd.exe 덧셈 또는 뺄셈 연산식을 입력하세요 (ex. 10 + 20): 10 + 20 result = 30 계속하려면 아무 키나 누르십시오 . . . C:₩windows₩system32₩cmd.exe 덧셈 또는 뺄셈 연산식을 입력하세요 (ex. 10 + 20): 10 - 20 result = -10 계속하려면 아무 키나 누르십시오 . . . C:₩windows₩system32₩cmd.exe 덧셈 또는 뺄셈 연산식을 입력하세요 (ex. 10 + 20): 10 * 20 덧셈 또는 뺄셈만 가능합니다. 계속하려면 아무 키나 누르십시오 . . .

예제의 9번 라인과 10번 라인에서 add 함수와 sub 함수가 선언되어 있다. 이 두 함수는 모두 int 자료형 변수 두 개를 인수로 가지며, 함수 수행 종료 후 int 자료형 값을 반환한다. 이제 15번 라인을 살펴보자. 15번 라인에는 int (*calc)(int, int);와 같이 함수 포인터 변수 calc가 선언되었다. calc 함수 포인터 변수는 int 자료형 인수 두 개를 가지며, int 자료형 값을 반환하는 함수의 주소를 저장할 수 있다. 따라서 9번 라인과 10번 라인에서 선언한 add 함수와 sub 함수의 주소를 저장할 수 있다. 연산식을 19번 라인을 이용하여 입력 받은 후 입력받은 연산자가 덧셈일 경우 calc 함수 포인터 변수에 add 함수의 주소를 저장하며, 뺄셈일 경우 sub 함수의 주소를 저장한다. 만일 덧셈과 뺄셈 모두 아니면 calc 변수에 저장할 함수의 주소가 없기 때문에 34번 라인 이후의 문장은 실행할 수 없다. 따라서 switch문의 default 레이블을 사용하여 메시지를 출력하고 main 함수 자체를 종료하기 위하여 return문을 사용한다. 덧셈과 뺄셈 둘 중 하나인 경우 34번 라인으로 계속 진행한다. 34번 라인을 실행하면 calc(iValue1, iValue2); 문장을 이용하여 add 함수 또는 sub 함수를 호출한다. 즉 함수명과 함께 함수에서 필요로 하는 인수를 전달하여 함수를 호출하는 것과 같이 함수명 대신에 이제 함수 포인터 변수명을 사용하면 함수를 호출한 것과 동일한 결과를 구할 수 있다.

연습문제

1. 다음 괄호 부분을 채우시오.

① (　　　　　)에 의한 함수 호출은 C언어의 기본적인 인수 전달 방법으로 가인수 값에 실인수 값이 복사되어 함수에서 처리된다.

② 배열이 함수의 인수로 전달될 때, 함수의 정의 시 가인수에서 배열은 배열의 이름 및 (　　　　　)를 사용한다.

③ 참조에 의한 호출 방법은 함수의 인수로 (　　　　　)를 사용한다.

④ 함수의 인수로 다차원 배열을 사용할 때 (　　　　　)만 생략할 수 있다.

2. 다음의 문장 중 틀린 것들을 고르고 이유를 설명하시오.

① 값에 의한 호출 방법을 이용하여 함수의 인수를 전달할 때, 가인수의 값이 변경되면 실인수의 값이 함께 변경된다.

② 포인터 배열은 함수의 인수로 사용할 수 없다.

③ 배열을 함수의 인수로 전달할 때는 값에 의한 인수 전달 방법이 사용된다.

④ 함수의 주소는 저장할 수 없다.

3. 다음 프로그램을 컴파일하면 문제가 발생한다. 그 이유는?

```
/*
   Problem 10-3
*/

#include <stdio.h>

void calc_score(int iEngScore[], int iValue);

int main(void)
{
   int iEngScore[5] = { 90, 95, 85, 80, 70 };

   calc_score(iEngScore[5], 5);

   return 0;
```

```
/*
   Problem 10-3
*/

#include <stdio.h>

void calc_score(int iEngScore[], int iValue);

int main(void)
{
   int iEngScore[5] = { 90, 95, 85, 80, 70 };

   calc_score(iEngScore[5], 5);

   return 0;
}

void calc_score(int iEngScore[], int iValue)
{
   int iCount, iSum = 0, iAverage, iMaxScore = 0;

   for (iCount = 0; iCount < iValue; iCount++)
   {
        iSum = iSum + iEngScore[iCount];
        if (iEngScore[iCount] > iMaxScore)
        {
             iMaxScore = iEngScore[iCount];
        }
   }

   iAverage = iSum / 5;
   printf(" 평균점수 = %d \n", iAverage);
   printf(" 최고점수 = %d \n", iMaxScore);
}
```

4. 다음은 10개의 정수를 입력받은 후 오름차순 정렬하여 출력하는 프로그램이다. 프로그램을 완성하시오.

```
C:\windows\system32\cmd.exe
1 번째 숫자를 입력하세요 : 10
2 번째 숫자를 입력하세요 : 34
3 번째 숫자를 입력하세요 : 7
4 번째 숫자를 입력하세요 : 65
5 번째 숫자를 입력하세요 : 42
6 번째 숫자를 입력하세요 : 95
7 번째 숫자를 입력하세요 : 2
8 번째 숫자를 입력하세요 : 88
9 번째 숫자를 입력하세요 : 27
10 번째 숫자를 입력하세요 : 123
2       7       10      27      34      42      65      88      95      123
계속하려면 아무 키나 누르십시오 . . .
```

```
/*
   Problem 10-4
*/

#define _CRT_SECURE_NO_WARNINGS
#include <stdio.h>

void getValues(int array[], int size);      // 숫자를 입력받아서 배열에 저장하는 함수
void sortArray(int array[], int size);      // 배열을 정렬하는 함수
void printArray(int array[], int size);     // 배열을 출력하는 함수

int main(void)
{
   int arr[10];

   getValues(/* 인수 호출부를 완성하시오.*/);
   sortArray(/* 인수 호출부를 완성하시오.*/;
   printArray(/* 인수 호출부를 완성하시오.*/);

   return 0;
}

void getValues(int array[], int size)
{
   // 코드를 완성하시오.
}

void sortArray(int array[], int size)
{
   // 코드를 완성하시오.
}

void printArray(int array[], int size)
{
   // 코드를 완성하시오.
}
```

제 11 장

문자, 문자열, 수학 함수

제 11 장 문자, 문자열, 수학 함수

C언어의 특징 중 하나는 간결함을 지향하는 언어이기 때문에 꼭 필요한 기능만이 포함되어 있고, 확장 기능은 외부 함수를 호출하여 사용한다. 특히 복잡한 수학 계산이나 문자열의 처리와 관련된 사항도 외부 함수를 호출해야만 한다. 그러나 이러한 확장 기능 중에서 프로그램을 작성할 때 많이 사용되는 것들은 국제 표준화 위원회에서 C 표준 라이브러리로 제정하여 C언어 컴파일러를 배포할 때 함께 배포한다.

11.1 문자 입출력

문자와 문자열은 프로그램 내에서 자주 사용되는 데이터이다. C언어에서의 문자는 작은따옴표(' ')로 둘러싸서 표기하며, 문자열은 큰따옴표(" ")를 사용하여 표기한다. 이러한 문자 또는 문자열의 입력 및 출력은 지금까지 scanf 함수를 사용하여 키보드로부터 입력받고, printf 함수를 사용하여 화면에 출력하였다. 그러나 이 두 함수뿐만 아니라 다른 입출력 함수들을 사용할 수도 있으며, C언어에서 문자 입출력을 위해 자주 쓰이는 함수는 다음과 같다.

C언어의 대표적인 문자 입출력 함수		
함수명	의미	사용 헤더 파일
int getchar(void)	하나의 문자를 읽은 후 ASCII 코드 반환	stdio.h
void putchar(int c)	변수 c에 저장된 문자를 출력	stdio.h
int getch(void)	하나의 문자를 읽은 후 ASCII 코드 반환 (버퍼를 사용하지 않음)	conio.h
void putch(int c)	변수 c에 저장된 문자를 출력 (버퍼를 사용하지 않음)	conio.h
scanf("%c", &c)	하나의 문자를 읽어서 변수 c에 저장	stdio.h
printf("%c", c)	변수 c에 저장된 문자를 출력	stdio.h

11.1.1 getchar() 함수와 putchar() 함수

getchar 함수는 키보드로부터 문자 하나를 입력받기 위하여 사용하는 함수이며, putchar 함수는 콘솔 화면에 문자 하나를 출력하기 위하여 사용하는 함수이다. getchar 함수는 키보드에서 문자를 읽은 후, 읽은 문자의 ASCII 코드 값을 반환하지만, 반환값이 char 자료형이 아닌 int 자료형을 사용한다. 또한 putchar 함수에서는 출력하고자 하는 문자를 int 인수를 이용하여 전달한다. 문자를 읽거나 출력할 때 int 자료형을 사용하는 이유는 문자가 없을 때 EOF(End Of File)라는 상수를 사용하기 때문이며, 입력이 끝났다는 약속으로 지정해 놓은 것이다. EOF는 함수의 호출이 실패하거나, 윈도우즈의 콘솔 화면에서 CTRL + Z 키를 함께 누른 경우(화면에는 ^Z로 표기)에 해당하며, C언어 내부에서는 -1로 정의되어 있다. 따라서 char 자료형을 사용하는 경우 컴파일러에 따라서 char가 unsigned char로 사용되는 컴파일러가 있기 때문에 -1은 char 자료형으로 표현하지 못할 수 있다. 따라서 반환형과 인수에 int 자료형을 사용한다.

getchar 함수와 putchar 함수는 버퍼라고 불리는 내부 저장 공간을 사용한다. 따라서 getchar 함수의 경우 엔터키를 누르기 전까지 실제 문자의 입력이 이루어지지 않는다. 사용자가 키보드를 입력하면, 입력한 문자는 버퍼로 들어가며, 엔터키가 눌려지면 버퍼에 저장된 문자들이 프로그램으로 전달된다. 즉 엔터키가 눌릴 때 까지 계속 버퍼에 문자가 쌓이며, 엔터키를 누르면 버퍼에 쌓았던 문자들을 차례로 가져오게 된다. 만일 버퍼를 사용하지 않고 바로 프로그램으로 문자를 전달하고자 한다면 뒤에 배우는 getch 함수를 사용해야 한다. 예제를 살펴보자.

```
/*
  Example 11-1
  getchar 함수와 putchar 함수를 이용한 프로그램
*/

#include <stdio.h>

int main(void)
{
  char ch;

  while ((ch = getchar()) != EOF)
  {
      putchar(ch);
  }

```

```
17        return 0;
18    }
```

프로그램 실행 결과

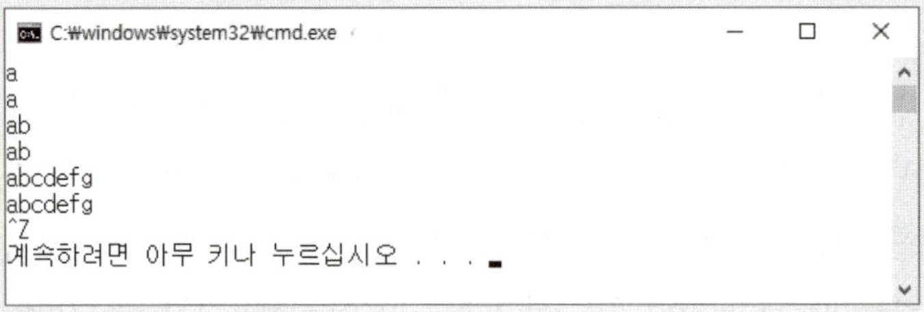

위의 예제는 getchar 함수를 이용해서 문자를 입력받고 putchar 함수를 이용해서 콘솔 화면에 문자를 출력하는 간단한 예이다. 예제의 10번 라인에서 char 자료형 변수 ch가 선언되었다. getchar 함수의 반환형과 putchar 함수의 인수는 모두 int 자료형을 사용하지만, 실제 프로그래밍 언어에서의 문자는 char 자료형을 사용한다. 또한 char 자료형 역시 넓은 의미에서 정수형이며, Visual Studio에서는 EOF에 해당하는 -1을 char 자료형에 저장할 수 있기 때문에 10번 라인에서 ch는 char 자료형으로 선언하였다.

예제의 12번 라인을 살펴보자. while 반복문의 식이 (ch = getchar()) != EOF로 표현되어 있다. 우선 괄호 때문에 ch = getchar()가 먼저 실행된다. 프로그램이 처음 실행되면 공백인 화면이 나오며 키보드로부터 입력받는 상태가 된다. getchar 함수는 버퍼를 사용하기 때문에 엔터키를 입력하면 엔터키를 입력하기 전까지 입력했던 문자를 하나씩 getchar 함수를 이용하여 읽는다. 프로그램 실행 결과 화면에서 처음 a 문자를 입력하고 엔터를 누르면 ch에 a의 ASCII 코드가 입력되고, ch에 저장한 ASCII 코드와 EOF를 비교한다. a의 ASCII 코드 값은 EOF와 다르기 때문에 해당 식은 참이 되고 14번 라인으로 이동한다. 14번 라인에서 putchar 함수를 이용하여 a를 출력한다. 따라서 실행 결과 a가 두 줄로 출력된 것처럼 보인다. 첫 번째 줄에서의 a는 키보드로부터 입력할 때의 a이며, 두 번째 줄에서의 a는 putchar 함수를 이용하여 출력할 때의 a이다.

같은 방법으로 ab를 입력한 후 엔터키를 누르면 버퍼에 ab를 차례로 저장하고, 화면에 ab를 표시한다. 이후 엔터키를 누르면 getchar 함수를 이용하여 a를 받은 후 a의 ASCII 코드를 ch 변수에 저장하고 EOF와 비교한다. 식이 참이기 때문에 putchar 함수를 이용하여 a를 출력하고, 다음 b도 같은 방식으로 입력받은 후 화면에 출력한다. 마지막 줄에 표시된 ^Z는 CTRL 키와 Z 키를 같이 누르면 표시되는 것으로 EOF를 나타낸다. 따라서 ^Z가 화면에 표시된 상태에서 엔터키를 누르면 ch에 EOF가 저장되며, while문에서 사용하는 식이 거짓이 되어 반복문을 종료한다.

11.1.2 getch() 함수와 putch() 함수

getch 함수와 putch 함수는 conio.h 헤더 파일에 포함되어 있는 함수이며, C언어에서 제공하는 표준 함수는 아니다. conio.h 헤더 파일에는 여러 비표준 함수들이 포함되어 있기 때문에 Visual Studio에서 사용하기 위해서 #define _CRT_NONSTDC_NO_WARNINGS을 프로그램에 추가해야 한다. getch 함수와 putch 함수는 Visual Studio에서만 사용 가능한 함수이기는 하지만, 버퍼를 사용하지 않고 화면에 키의 입력을 보여주지 않는 용도로 사용하는 경우가 많기 때문에 소개한다.

getch 함수는 getchar 함수와는 다르게 버퍼를 사용하지 않고, 입력할 때 화면에 입력 내용이 표시되지도 않는다. 버퍼를 사용하지 않기 때문에 키보드에서 키를 누름과 동시에 값이 변수에 저장되고, 화면에 입력 내용이 표시되지 않기 때문에 사용 시 현재 입력이 제대로 되는지 확인이 불가능하므로 주의해서 사용해야 한다. 만약 getch 함수와 같이 버퍼를 사용하지 않는 입력을 받지만 화면에 표시되길 원하는 경우 getche 함수를 사용할 수도 있다.

```
/*
   Example 11-2
   getch 함수와 putch 함수를 이용한 프로그램
*/

#define _CRT_NONSTDC_NO_WARNINGS
#include <conio.h>

int main(void)
{
   char ch;

   while ((ch = getch()) != 'q')
   {
       putch(ch);
   }

   return 0;
}
```

프로그램 실행 결과

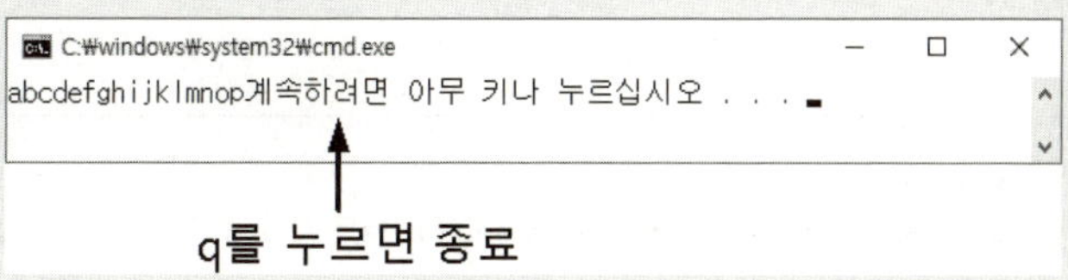

예제의 6번 라인에 #define _CRT_NONSTDC_NO_WARNINGS이 사용된 것에 주의한다. getch 함수와 putch 함수는 Visual Studio에서만 사용 가능한 함수이며, 비표준 함수이기 때문에 6번 라인이 없으면 오류가 발생한다. 만약 6번 라인의 전처리기 구문 없이 버퍼가 필요 없는 문자 입력을 원한다면 getch 함수 대신 _getch 함수를 사용하면 된다. 13번 라인에서 반복문을 사용하여 문자를 입력받는다. 프로그램을 처음 실행하면 화면에 아무런 글씨도 보이지 않으며, 키보드에서 키를 입력하면 화면에 출력된다. 그러나 이것은 키보드의 입력이 출력되는 것이 아니라 15번 라인의 putch 함수가 실행되면서 출력되는 것이다. getch 함수는 버퍼를 사용하지 않고 화면에 출력도 하지 않기 때문에 키를 눌러도 어떠한 문자도 화면에 표시되지 않는다. 단지 키를 눌렀을 때 해당 문자에 대한 ASCII 코드를 반환하며, ch 변수에 저장한다. 위의 실행 화면과 같이 처음 a를 눌렀을 때 ch에 a의 ASCII 코드 값이 저장되고, q와 비교한다. 두 문자는 같지 않기 때문에, 즉 ASCII 코드 값이 같지 않기 때문에, while 반복문의 식은 참이 되고 15번 라인의 문장을 실행해서 화면에 해당 문자를 출력한다. 계속해서 b를 입력하면 getch를 이용해서 b의 ASCII 코드를 ch 변수에 저장하고 식을 비교한 후 15번 라인의 문장 실행을 결정한다. 만일 입력하는 문자가 q이면 while문에서의 식은 거짓이 되고 반복을 종료한다.

```
1   /*
2     Example 11-3
3     getche 함수의 사용
4   */
5
6   #define _CRT_NONSTDC_NO_WARNINGS
7   #include <conio.h>
8
9   int main(void)
10  {
11    char ch;
12
13    while ((ch = getche()) != 'q')
14    {
15        putch(ch);
16    }
17
18    return 0;
19  }
```

프로그램 실행 결과

```
C:\windows\system32\cmd.exe
aabbccddeeffgghhiijjkkllmmnnooppq계속하려면 아무 키나 누르십시오 . . .
```

위의 예제는 앞의 예제에서 getch 함수 대신 누른 키를 화면에 출력하는 getche 함수를 사용한 것이다. 결과의 차이를 보면 알 수 있듯이 getche 함수를 사용하면 화면에 출력되는 문자가 두 개씩인 것을 확인할 수 있다. 즉 키를 누를 때 getche 함수 때문에 a가 화면에 나오고 다시 putch 함수 때문에 a가 화면에 나오므로 동일한 문자가 두 개씩 출력되는 것처럼 보인다.

11.2 문자열 입출력

문자열은 문자들의 집합이며, 문자형 배열 변수에 저장한다. 그러나 일반적인 문자형 배열과 문자열을 구분하기 위하여 배열에 널 문자인 '\0'이 포함되었는지의 유무를 통하여 구분한다. 문자형 배열은 널 문자가 포함되지 않은 배열이며, 문자열은 배열의 마지막 또는 문자열의 끝에 널 문자를 포함한다. 문자열은 하나 또는 그 이상의 문자들의 집합이며, 하나의 문자라도 큰따옴표로 둘러싸면 문자열이 되고, 작은따옴표로 둘러싸면 문자가 된다. 즉 "A"라고 표현하면 문자 하나로 보이지만 큰따옴표로 표기하였기 때문에 문자열이며, 실제 'A' 문자와 '\0' 널 문자가 결합된 형태이다. 반면 'A'라고 표기하면 작은따옴표로 둘러싸여있기 때문에 하나의 문자인 문자형이다.

프로그램을 사용하는 것은 사람이기 때문에 문자열을 통하여 사람이 인식할 수 있는 기능을 표기한다. 따라서 문자열 입출력과 관련된 사항은 프로그램을 작성할 때 꼭 필요하다. C언어에서는 보통 문자열의 입출력을 위하여 scanf 함수와 printf 함수를 사용한다. 그러나 특별한 경우에는 다른 함수를 사용하는 것이 프로그램 작성에 도움이 되는 경우가 많다. C언어에서의 대표적인 문자열 입출력 함수는 다음과 같다.

C언어의 대표적인 문자열 입출력 함수	
함수명	의미
int scanf("%s", s)	문자열을 읽어서 문자 배열 s[]에 저장
int printf("%s", s)	문자 배열 s[]에 저장되어 있는 문자열 출력
char *gets(char *s)	한 줄의 문자열을 읽어서 문자 배열 s[]에 저장
int puts(const char *s)	문자 배열 s[]에 저장되어 있는 한 줄의 문자열 출력

11.2.1 scanf() 함수와 printf() 함수

scanf 함수와 printf 함수에서 변환 문자 %s를 사용하면 문자열을 입력하거나 출력할 수 있다. 그러나 scanf 함수를 사용하여 문자열을 입력받을 때는 저장하고자 하는 변수 앞에 &가 붙지 않음에 주의해야 한다. 예를 들어 키보드로부터 숫자를 입력받아 정수형 변수에 대입하고자 할 때는 다음과 같은 형식으로 scanf를 사용한다.

scanf 함수를 사용한 정수 입력 방법	int iValue; printf("정수를 입력하세요 : “); scanf("%d", &iValue);

scanf 함수의 두 번째 인수 iValue 앞에 &가 붙었다. 여기서 &는 변수의 주소를 가져오기 위한 주소 연산자이다. 따라서 두 번째 인수는 주소이다. 만약 문자열을 입력하려면 어떻게 사용해야 할까? 문자열은 문자형 배열에 저장한다. 이때 배열의 이름이 배열의 주소이다. 따라서 scanf 함수를 사용해서 문자열을 입력받을 때는 변수 앞에 주소 연산자(&)를 사용하지 않는다. scanf 함수를 사용하여 문자열을 입력받는 형식은 다음과 같다.

scanf 함수를 사용한 문자열 입력 형식	scanf("%s", 배열의이름);
scanf 함수를 사용한 문자열 입력 예	char sName[10]; scanf("%s", sName);

위의 예와 같이 문자열을 입력받을 때 배열 앞에 &를 붙이지 않는다. 이때 입력할 문자열의 길이와 배열의 크기에 주의해야 한다. 영어 한 문자는 1바이트의 크기를 가지며, 한글 한 문자는 2바이트의 크기를 갖는다. 예를 들어 "대한민국"이라는 문자열을 입력한다고 가정하면, 대한민국이라는 4개의 문자는 8바이트의 공간을 필요로 하고, 문자열의 끝을 나타내는 널 문자를 저장하기 위한 공간이 추가로 필요하기 때문에 최소 9바이트의 크기로 배열을 선언해야 한다.

printf 함수를 사용해서 문자열을 출력하는 것은 일반 변수와 동일하다. 배열의 이름을 이용해서 출력하며, 배열이 함수의 인수로 사용될 경우 배열의 이름만 적는 것을 기억하면 된다. 다음의 형식을 보자.

printf 함수를 사용한 문자열 출력 형식	printf("%s", 배열의이름);
printf 함수를 사용한 문자열 출력 예	char sName[] = "KOREA"; printf("%s", sName);

printf 함수 내에서 %s 변환 문자를 만나면, 컴퓨터는 출력하고자 하는 인수가 주소인지를 확인한다. 그리고 해당 주소에 저장된 문자를 출력하고 다음 주소로 이동한 후 출력한다. 즉 위의 예에서 보면 sName[0]에 있는 'K' 문자를 출력하고 다음 sName[1]에 있는 'O' 문자를 출력한다. 이와 같이 계속 문자를 출력하다가 널 문자 '\0'을 만나면 문자열의 출력을 종료한다.

```
/*
  Example 11-4
  scanf 함수와 printf 함수를 이용한 문자열 입출력
*/

#define _CRT_SECURE_NO_WARNINGS
#include <stdio.h>

int main(void)
{
  char sName[100];

  printf("이름을 입력하세요 : ");
  scanf("%s", sName);

  printf("%s님 반갑습니다.\n", sName);

  return 0;
}
```

프로그램 실행 결과

```
C:\windows\system32\cmd.exe
이름을 입력하세요 : 홍길동
홍길동님 반갑습니다.
계속하려면 아무 키나 누르십시오 . . .
```

```
C:\windows\system32\cmd.exe
이름을 입력하세요 : 홍 길 동
홍님 반갑습니다.
계속하려면 아무 키나 누르십시오 . . .
```

예제의 6번 라인의 #define _CRT_SECURE_NO_WARNINGS는 scanf 함수를 사용하기 위한 전처리기 구문이다. 14번 라인에서 scanf 함수에서 변환 문자 %s를 이용하여 문자열을 입력받는다. 이때 두 번째 인수 sName 앞에 &가 없음에 유의한다. sName에 저장된 문자열을 출력할 때 역시 printf 함수에서 %s와 함께 배열의 이름만을 사용한다. 프로그램 실행 결과를 살펴보면 차이가 있다. "홍길동"이라고 띄어쓰기 없이 입력했을 때는 입력한 값이 정상적으로 출력된다. 그러나 "홍 길 동"과 같이 입력할 때 띄어쓰기를 할 경우 저장된 값을 출력해 보면 띄어쓰기 전까지인 "홍"만 출력되는 것을 볼 수 있다. 이런 결과가 발생한 이유는 scanf 함수의 동작 특성 때문이다. 우리는 앞에서 정수 두 개를 입력받고자 할 때 scanf("%d%d", &iValue1, &iValue2);와 같이 변환 문자 두 개와 변수 두 개를 사용하여 입력받았다. 그리고 실제 콘솔 창에서는 10 20과 같이 스페이스바를 사용해서 두 개의 입력을 구분하였다. 즉 scanf 함수는 공백 문자를 사용해서 입력받고자 하는 자료를 나눈다. 따라서 "홍 길 동"과 같이 입력하면 "홍", "길", "동"을 별도로 입력하기 위한 세 개의 변수가 필요할 것이다.

11.2.2 gets() 함수와 puts() 함수

앞에서 보았듯이 scanf 함수를 사용하면 입력 시 공백을 사용할 수 없다. 즉 한 번에 하나의 단어만 입력받을 수 있다. 그러나 문자열은 "Republic of Korea"와 같이 문자열 내에 공백을 포함할 수도 있다. 이와 같이 여러 단어를 입력받으려고 한다면 scanf 함수 내에서 변환 문자와 저장하기 위한 변수를 여러 개 사용해야 한다. 그러나 이러한 방법은 매우 불편하다.

gets 함수를 사용하면 scanf 함수의 이러한 불편한 점을 해결할 수 있다. gets 함수는 한 줄 전체를 입력받을 때 사용하는 함수이며, 엔터키를 입력할 때 까지 키보드로 입력한 내용을 문자열 변수에 저장한다. 즉 여러 개의 단어를 각각 배열 변수에 입력할 때는 scanf 함수를 사용하고, 하나의 문자열 변수에 여러 단어를 하나의 문장으로 입력할 때는 gets 함수를 사용한다.

puts 함수는 printf 함수와 같이 문자열을 화면에 출력한다. 그러나 printf 함수가 다양한 자료를 변환 문자를 사용해서 출력하는 반면에 puts는 변환 문자를 사용하지 않고 하나의 문자열만 출력할 수 있다. 이때 띄어쓰기 등은 관계없이 모두 문자열로 인식하여 출력한다.

scanf 함수와 printf 함수가 변환 문자를 사용하여 여러 형태의 자료를 사용할 수 있기 때문에 내부가 복잡한 반면 gets 함수와 puts 함수는 단순 문자열 처리만 가능하기 때문에 속도가 빠르고, 처리가 간단하다. 따라서 gets 함수와 puts 함수를 사용하는 것이 더 좋을 경우도 있다. 그러나 gets 함수를 사용할 때는 주의할 점이 있다. gets 함수는 입력되는 문자열의 크기를 검사하지 않고 사용자가 입력하는 대로 저장한다. 따라서 문자 배열의 크기보다 더 큰 문자열의 저장도 이루어질 수 있으며, 이때 주변에 있는 다른 자료들이 입력한 문자열로 바뀔 수 있다.

```
1   /*
2      Example 11-5
3      gets 함수와 puts 함수를 이용한 프로그램
4   */
5
6   #include <stdio.h>
7
8   int main(void)
9   {
10     char sName[100];
11     char sAddress[100];
12
13     puts("이름을 입력하세요 : ");
14     gets(sName);
15
16     puts("주소를 입력하세요 : ");
17     gets(sAddress);
18
19     puts(sName);
20     puts(sAddress);
21
22     return 0;
23  }
```

프로그램 실행 결과

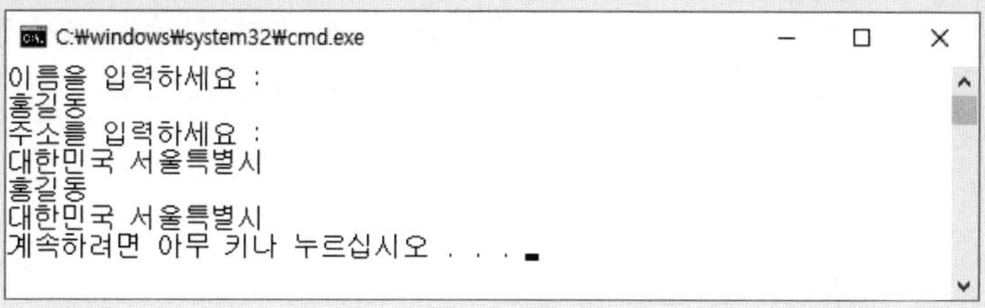

위의 예제는 gets 함수와 puts 함수를 사용하여 문자열을 입력받아 출력하는 간단한 예제이다. 13번 라인과 16번 라인의 puts 함수는 큰따옴표를 사용하여 문자열 상수를 출력한다. 그리고 14번 라인과 17번 라인의 gets 함수를 사용하여 문자열을 입력받는다. 이때 17번 라인의 gets를 이용하여 sAddress 배열에 문자열을 입력하는 것을 보면 "대한민국 서울특별시"와 같이 띄어쓰기를 사용하여 입력하였다. 그리고 19번 라인 및

20번 라인에서 출력 결과를 살펴보면 입력한 문자열이 띄어쓰기를 포함하여 정상적으로 출력되는 것을 확인할 수 있다.

11.3 문자 및 문자열 처리

11.3.1 문자 처리 함수

프로그램을 만들다 보면 입력받은 문자가 영문자인지, 숫자인지, 소문자인지, 대문자인지 등을 확인하는 다양한 문자 관련 작업을 필요로 하는 경우가 있다. 이를 위하여 C 언어에서는 ctype.h 헤더 파일에 문자를 처리하기 위한 함수를 제공한다. 다음의 표는 C언어에서 제공하는 문자 처리 함수의 종류를 나타낸다.

C언어의 문자 처리 함수 (ctype.h)		
구분	함수명	의미
문자 검사	isalpha(c)	영문자 검사 (a~x, A~Z)
	isupper(c)	영문 대문자 검사 (A~Z)
	islower(c)	영문 소문자 검사 (a~z)
	isdigit(c)	숫자 검사 (0~9)
	isxdigit(c)	16진수 숫자 검사 (0~9, a~f, A~F)
	isspace(c)	공백 문자 검사 (' ', '\n', '\t', '\f', '\v', '\r')
	ispunct(c)	구두점 문자 검사 (빈칸이나 영문, 숫자 제외한 출력문자)
	isalnum(c)	영문과 숫자 검사 (a~z, A~Z, 0~9)
	isprint(c)	출력 가능 검사
	isgraph(c)	그래픽 문자 검사
	iscntrl(c)	제어문자 검사 ('\a', '\b', '\n', '\t', '\f', '\r', '\v')
	isascii(c)	아스키 코드 검사
문자 변환	toupper(c)	영문 대문자로 변환
	tolower(c)	영문 소문자로 변환

문자 처리 함수는 크게 해당 문자가 영문자인지, 대문자인지, 소문자인지 등을 검사하기 위한 문자 검사 관련 함수와, 영문자를 모두 대문자로 변환하거나, 소문자로 변환하거나 ASCII 코드 값으로 변환하기 위한 변환 관련 함수로 구분된다. 검사 관련 함수는

보통 함수의 이름이 isalpha, isupper와 같이 is...로 시작하고, 문자 변환 관련 함수는 to...로 시작한다. 이때 문자 검사를 위한 함수의 반환값은 인수로 전달하는 문자를 검사한 참과 거짓의 결과이다. 예를 들어 isalpha 함수는 인수로 받은 문자가 알파벳이면 1을 반환하고, 알파벳이 아니면 0을 반환한다. 그리고 문자 변환을 위한 함수의 반환값은 변환된 문자의 ASCII 코드 값을 반환한다. 예를 들어 toupper('a')라고 함수를 실행하면 'a' 문자의 대문자인 'A'의 ASCII 코드를 반환한다.

```c
/*
  Example 11-6
  문자 검사
*/

#include <stdio.h>
#include <ctype.h>

int main(void)
{
  char cValue;

  puts("문자를 입력하세요. 종료하려면 ctrl + z를 누르세요 : ");

  while ((cValue = getchar()) != EOF)
  {
      if (isupper(cValue) != 0)
      {
          printf("입력하신 %c는 영문 대문자입니다.\n", cValue);
      }
      else if (islower(cValue) != 0)
      {
          printf("입력하신 %c는 영문 소문자입니다.\n", cValue);
      }
      else if (isdigit(cValue) != 0)
      {
          printf("입력하신 %c는 숫자입니다.\n", cValue);
      }
      else if (ispunct(cValue) != 0)
      {
          printf("입력하신 %c는 구두 문자입니다.\n", cValue);
      }
  }

  return 0;
}
```

프로그램 실행 결과

```
C:\windows\system32\cmd.exe
문자를 입력하세요. 종료하려면 ctrl + z를 누르세요 :
a
입력하신 a는 영문 소문자입니다.
A
입력하신 A는 영문 대문자입니다.
1
입력하신 1는 숫자입니다.
!
입력하신 !는 구두 문자입니다.
^Z
계속하려면 아무 키나 누르십시오 . . .
```

위 프로그램은 입력받은 문자가 어떤 문자인지 확인하기 위한 예제이다. 문자 검사를 위한 is...함수를 사용하기 위하여 7번 라인에서 #include 〈ctype.h〉를 이용하여 ctype.h를 프로그램에 추가한다. 예제의 15번 라인에서 EOF가 입력될 때까지 문자를 받는다. 입력한 문자가 영어 대문자일 경우 17번 라인에서 if문의 식이 참이기 때문에 19번 라인을 수행하고, 영어 소문자일 경우 21번 라인에서 if문의 식이 참이기 때문에 23번 라인의 문장을 실행한다.

```
/*
   Example 11-7
   toupper 함수를 사용한 대문자 변경
*/

#include <stdio.h>
#include <ctype.h>

int main(void)
{
   char cValue;

   puts("알파벳 문자를 입력하세요. 종료하려면 ctrl + z를 누르세요 : ");

   while ((cValue = getchar()) != EOF)
   {
        if (islower(cValue) != 0)
        {
             cValue = toupper(cValue);
        }

        putchar(cValue);
   }

   return 0;
}
```

프로그램 실행 결과

```
C:\windows\system32\cmd.exe
알파벳 문자를 입력하세요. 종료하려면 ctrl + z를 누르세요 :
abcdeFGHiJKL
ABCDEFGHIJKL
1234abcdef
1234ABCDEF
^Z
계속하려면 아무 키나 누르십시오 . . .
```

위의 예제는 문자를 입력받은 후 알파벳 소문자일 경우 대문자로 변경하는 프로그램이다. 15번 라인에서 getchar 함수를 이용하여 문자를 엔터키를 누를 때까지 입력받는다. 엔터키를 누르면 입력했던 문자를 하나씩 getchar 함수를 이용하여 cValue 변수에 저장한다. cValue에 저장된 문자가 islower 즉 소문자이면 cValue 변수에 toupper 함수를 이용하여 대문자로 변경하여 저장한다. 만일 소문자가 아니면 19번 라인의 문장은 실행되지 않으며 22번 라인의 putchar 함수를 이용하여 문자를 출력한다.

11.3.2 문자열 처리 함수

프로그램을 만들 때 두 개의 문자열을 결합하거나, 비밀번호 검사를 위하여 두 개의 문자열을 비교하는 등 문자열 관련 작업이 자주 요구된다. 이러한 문자열 관련 작업은 string.h 헤더 파일에 있는 문자열 처리 관련 함수를 사용하여 해결한다. 문자열 처리 작업에 자주 사용되는 함수는 다음과 같다.

C언어의 대표적인 문자열 입출력 함수		
함수명	의미	사용 헤더 파일
size_t strlen(s)	문자열 s의 길이 반환 size_t는 sizeof 연산자로 반환되는 자료형 일반적으로 unsigned int가 사용되지만 시스템에 따라 다를 수 있음	string.h
char *strcpy(s1, s2)	s2를 s1에 복사	string.h
char *strcat(s1, s2)	s2를 s1의 끝에 붙여서 결합	string.h
int strcmp(s1, s2)	s1과 s2를 비교	string.h
char *strncpy(s1, s2, n)	s2의 최대 n개의 문자를 s1에 복사	string.h
char *strncat(s1, s2, n)	s2의 최대 n개의 문자를 s1의 끝에 붙여 넣음	string.h
int strncmp(s1, s2, n)	최대 n개의 문자까지 s1과 s2를 비교	string.h
char *strchr(s, c)	문자열 s안에서 문자 c를 찾아 위치 반환 찾는 문자가 없을 경우 NULL	string.h
char *strtok(s1, s2)	문자열 s1을 문자열 s2를 이용하여 토큰으로 분리	string.h

int sscanf(s, "변환문자", ...)	문자열 s로부터 지정된 형식으로 수치를 읽어 변수에 저장	stdio.h
int sprintf(s, "형식 지정자", ...)	int sprintf(s, "변환 문자", ...)	stdio.h

(1) strlen() 함수

strlen 함수의 형식	size_t strlen(const char *s);

strlen 함수는 인수로 전달받은 s 문자열 중에서 널 문자를 제외한 문자열의 길이를 반환하는 함수이다. 이때 인수에 const char *와 같이 const를 사용하는 이유는 strlen 함수 내에서 s 문자열이 변경되지 않음을 의미한다. strlen 함수의 반환값은 size_t 형태로 자료의 크기를 반환한다. size_t 형태는 시스템마다 자료형의 크기가 다르기 때문에 사용되며 일반적으로 unsigned int 자료형과 같다. 배열에 저장되는 문자열은 sizeof 연산자를 사용하여 크기를 구할 수 있지만, 보통 배열의 전체 크기보다 문자열의 크기는 작을 수 있다. 따라서 문자열의 길이를 구하기 위해서는 strlen 함수를 사용해야 한다.

```c
/*
   Example 11-8
   strlen 함수를 이용한 문자열 길이 계산
*/

#include <stdio.h>
#include <string.h>

int main(void)
{
   char sValue[50] = "KOREA";

   printf("sValue = %s\n", sValue);
   printf("sizeof(sValue) = %d\n", sizeof(sValue));
   printf("strlen(sValue) = %d\n", strlen(sValue));

   return 0;
}
```

프로그램 실행 결과

```
C:\windows\system32\cmd.exe
sValue = KOREA
sizeof(sValue) = 50
strlen(sValue) = 5
계속하려면 아무 키나 누르십시오 . . .
```

위의 예제는 배열의 크기와 문자열의 길이를 비교한 프로그램이다. strlen 함수를 사용하기 위해서 예제의 7번 라인에#include <string.h>와 같이 전처리기를 사용하여 헤더 파일을 추가한다. 11번 라인에서 sValue 배열의 크기는 50이며, 배열에 "KOREA" 문자열을 저장한다. "KOREA" 문자열은 총 다섯 개의 문자로 이루어져 있으며, 보이지는 않지만 널 문자 '\0'이 생략되어 있어서 배열의 여섯 개의 요소를 차지하고 있다. 그러나 sizeof 연산자를 사용하면 배열의 전체 크기가 나오기 때문에 14번 라인에서 50이 출력되고, strlen 함수를 사용하면 널 문자를 제외한 크기가 나오기 때문에 15번 라인에서 5가 출력되는 것을 확인할 수 있다. 여기서 sizeof는 연산자이고 strlen은 함수임에 주의한다.

(2) strcpy() 함수와 strncpy() 함수

C언어에서 문자열 복사를 위해 사용하는 함수는 strcpy 함수와 strncpy 함수가 있다. strcpy 함수는 첫 번째 인수의 문자열에 두 번째 인수의 문자열을 복사한다. 따라서 첫 번째 인수의 문자열이 완전히 두 번째 인수의 문자열로 바뀐다. 반면 strncpy 함수는 복사되는 최대 문자의 개수를 지정하여 사용한다. 즉 첫 번째 인수의 문자열에 두 번째 인수의 문자열을 세 번째 인수로 지정하는 개수만큼만 복사한다. 다음은 strcpy 함수와 strncpy 함수의 사용 형식이다.

strcpy 함수의 사용 형식	`char *strcpy(char *s1, const char *s2);`
strncpy 함수의 사용 형식	`char *strncpy(char *s1, const char *s2, size_t n);`

strcpy 함수와 strncpy 함수에서도 s2 문자열은 const char *와 같이 상수로 지정되었다. 따라서 함수 내에서 s2 문자열의 내용은 변경하지 않는다. 그러나 s1은 char *로 지정되었으며, 이는 함수 내에서 s1의 값을 변경한다는 의미이다. 반환값으로 갖는 char *는 문자형 포인터로 문자열의 주소를 나타내며, 이때는 변경된 문자열 s1의 주소를 반환한다. 그러나 이미 인수로 사용되는 s1에 변경된 문자열의 주소가 포함되어 있기 때문에 반환값은 일반적으로 사용하지 않는다.

```
1   /*
2      Example 11-9
3      strcpy 함수와 strncpy 함수
4   */
5
6   #define _CRT_SECURE_NO_WARNINGS
7   #include <stdio.h>
8   #include <string.h>
9
10  int main(void)
11  {
12     char sValue1[50] = { 0 };
13     char sValue2[50] = { 0 };
14
15     strcpy(sValue1, "KOREA");
16     printf("sValue1 = %s\n", sValue1);
17
18     strncpy(sValue1, "AMERICA", 3);
19     printf("sValue1 = %s\n", sValue1);
20
21     strncpy(sValue2, "KOREA", 3);
22     printf("sValue2 = %s\n", sValue2);
23
24     return 0;
25  }
```

프로그램 실행 결과

```
C:\windows\system32\cmd.exe
sValue1 = KOREA
sValue1 = AMEEA
sValue2 = KOR
계속하려면 아무 키나 누르십시오 . . .
```

예제의 6번 라인에서 #define _CRT_SECURE_NO_WARNINGS가 사용되었음에 주의하자. strcpy 함수와 strncpy 함수는 scanf 함수와 같이 포인터를 이용해서 문자열을 변경하기 때문에 보안 오류가 발생할 수 있으며, Visual Studio에서는 위의 define 문을 반드시 적어야 한다. 우선 예제의 12번 라인과 13번 라인에서 문자열을 저장할 수 있는 sValue1 배열과 sValue2 배열을 선언한 후 0으로 초기화한다. 이와 같이 0으로 초기화할 경우 배열의 모든 요소에 '\0'인 널 문자가 저장된다. 15번 라인에서 strcpy 함수를 사용해서 sValue1 배열에 "KOREA" 문자열을 저장한다. 다음 18번 라인에서 sValue1 배열에 strncpy 함수를 이용하여 "AMERICA" 문자열 중 세 개의 문자만을 복사한다. 따라서 앞의 세 글자가 "AME"로 변경되고 네 번째와 다섯 번째 글자는 변경되지 않았다. 마지막으로 21번 라인에서 sValue2 변수에 "KOREA" 문자열 중 세 개의 문자만을 복사한 후 출력한다.

이와 같이 strcpy 함수는 문자열 전체를 복사하고 strncpy 함수는 문자열 중 일부만을 복사할 때 사용한다. 그러나 strncpy 함수의 경우 단어의 개수를 지정하여 복사하기 때문에 문자열의 끝을 나타내는 널 문자의 복사가 이루어지지 않을 수 있다. 따라서 이미 저장되어 있는 문자열에 strncpy 함수를 이용하여 복사를 수행할 때 복사할 문자열이 이미 존재하는 문자열보다 길이가 작을 경우 기존의 문자열 중 일부가 남을 수 있다. 또한 널 문자를 복사하지 않기 때문에 문자 배열이 초기화되지 않을 경우 문자열의 끝을 표기하지 못하기 때문에 오류를 발생시킬 수도 있다. 다음의 예제를 살펴보자.

```
1   /*
2     Example 11-10
3     strncpy 함수의 주의점
4   */
5
6   #define _CRT_SECURE_NO_WARNINGS
7   #include <stdio.h>
8   #include <string.h>
9
10  int main(void)
11  {
12    char sValue[50];
13
14    strncpy(sValue, "KOREA", 3);
15    printf("sValue = %s\n", sValue);
16
17    return 0;
18  }
```

프로그램 실행 결과

```
C:\windows\system32\cmd.exe
sValue = KOR儆儆儆儆儆儆儆儆儆儆儆儆儆儆儆儆儆儆儆儆儆儆儆怯쩧??
계속하려면 아무 키나 누르십시오 . . .
```

위의 예제의 수행 결과를 보자. 12번 라인에서 배열을 선언할 때 초기화를 수행하지 않았다. 이와 같이 내부 변수를 초기화하지 않을 경우 임의의 값이 저장된다. 다음 14번 라인에서 strncpy 함수를 사용하여 sValue에 세 개의 문자만 복사한다. 따라서 sValue[0]에는 K, sValue[1]에는 O, sValue[2]에는 R이 복사되고 sValue[3]에는 어떠한 문자가 저장되는지 모른다. 그 후 15번 라인에서 printf 함수를 사용해서 sValue를 출력하면 KOR까지는 정상 출력되고, 이후에 널 문자를 만나지 못하기 때문에 출력이 계속 진행된다. 따라서 이상한 문자들이 출력되다가 메모리에서 널 문자를 만날 때 출력이 종료되는 현상이 발생한다.

strcpy 함수와 strncpy 함수에서 마지막으로 주의할 사항은 문자열을 포인터 변수에 저장할 경우이다. 문자열을 포인터 변수에 저장할 때는 문자열 상수가 메모리에 만들어지고 상수인 문자열의 주소를 포인터에 저장하게 된다. 따라서 strcpy 함수를 사용해서 문자열을 복사하게 한다면, 상수인 문자열에 문자들을 복사하려고 시도한다. 즉 상수의 값을 바꾸려고 하는 것이다. 따라서 이런 경우 오류를 발생시키기 때문에 주의해야 한다.

```
1   /*
2      Example 11-11
3      strcpy 함수와 포인터를 사용한 문자열
4   */
5
6   #define _CRT_SECURE_NO_WARNINGS
7   #include <stdio.h>
8   #include <string.h>
9
10  int main(void)
11  {
12     char *sName = "KOREA";
13
14     printf("sName = %s\n", sName);
15
16     strcpy(sName, "SEOUL");
17     printf("sName = %s\n", sName);
18
19     return 0;
20  }
```

프로그램 실행 결과

```
C:\windows\system32\cmd.exe
sName = KOREA
계속하려면 아무 키나 누르십시오 . . .
```

위의 예제에서 sName은 "KOREA" 문자열의 주소를 저장하는 포인터 변수이다. 16번 라인에서 strcpy 함수를 사용하여 sName에 저장된 문자열을 "SEOUL"로 변경한 후 다시 출력한다. 그러나 17번 라인의 printf 함수는 실행되지 않고 프로그램이 강제 종료되었다. 이와 같이 상수인 문자열에 strcpy 함수와 strncpy 함수를 사용하면 프로그램이 정상적으로 진행되지 않으니 주의가 필요하다.

(3) strcat() 함수와 strncat() 함수

strcat 함수와 strncat 함수는 두 개의 문자열을 연결하여 하나의 문자열로 만들 때 사용하는 함수이다. strcat 함수는 첫 번째 인수의 배열에 두 번째 인수인 문자열 전체를 연결하며, strncat 함수는 문자열의 개수를 지정하여 연결한다.

strcat 함수의 사용 형식	`char *strcat(char *s1, const char *s2);`
strncat 함수의 사용 형식	`char *strncat(char *s1, const char *s2, size_t n);`

strcat 함수와 strncat 함수는 첫 번째 배열에 두 번째 문자열을 이어서 저장하기 때문에 사용에 주의해야 한다. 문자열을 연결하여 저장할 때 첫 번째 인수의 배열에 충분한 공간이 없을 때에도 문자열의 복사 작업을 시도하기 때문에 다른 변수의 메모리 영역을 침범할 수 있다. 따라서 전체 문자열의 길이를 항상 확인할 필요가 있다. 그리고 이 두 함수 역시 Visual Studio에서 사용할 때는 #define _CRT_SECURE_NO_WARNINGS을 추가해야 정상적으로 컴파일할 수 있다.

```
/*
  Example 11-12
  strcat 함수와 strncat 함수를 사용한 문자열 연결
*/

#define _CRT_SECURE_NO_WARNINGS
#include <stdio.h>
#include <string.h>

int main(void)
{
  char sValue[50] = "Korea";

  printf("sValue = %s\n", sValue);

  strcat(sValue, " Seoul");
  printf("sValue = %s\n", sValue);

  strncat(sValue, " Excellent", 5);
  printf("sValue = %s\n", sValue);
```

```
21
22        return 0;
23    }
```

프로그램 실행 결과

```
C:₩windows₩system32₩cmd.exe
sValue = Korea
sValue = Korea Seoul
sValue = Korea Seoul Exce
계속하려면 아무 키나 누르십시오 . . .
```

위의 예에서 sValue의 크기는 50개의 문자(널 문자를 제외하고 49개의 문자를 갖는 문자열)를 저장할 수 있는 배열 변수이다. 16번 라인에서 "KOREA"가 저장되어 있는 sValue 문자열에 strcat 함수를 사용하여 "SEOUL"을 연결한다. 이제 sValue에는 "KOREA SEOUL"이 저장된다. 이후 19번 라인에서 sValue에 "Excellent" 중에서 5개의 글자인 "Exce"를 연결한다.

(4) strcmp() 함수와 strncmp() 함수

strcmp 함수의 사용 형식	`int strcmp(const char *s1, const char *s2);`
strncmp 함수의 사용 형식	`int strncmp(const char *s1, const char *s2, size_t n);`

strcmp 함수와 strncmp 함수는 두 개의 문자열이 같은가를 비교하는 함수이다. 이때 비교에 사용되는 값은 문자열을 구성하고 있는 문자들의 ASCII 코드의 값을 비교한다. strcmp 함수에서의 문자열 비교는 문자열의 첫 번째 문자부터 시작해서 끝날 때 까지 비교하며, 만일 비교하는 문자의 개수를 제한하고 싶을 때는 strncmp 함수를 사용한다.

두 함수는 비교하고자 하는 문자열이 같을 때는 0 값을 반환하고, 첫 번째 문자열이 두 번째 문자열보다 사전적으로 앞에 있을 경우(ASCII 코드 값이 작을 경우) 음수를 반환한다. 만일 첫 번째 문자열이 두 번째 문자열보다 사전적으로 뒤에 있을 때는 양수를 반환한다.

```
1   /*
2      Example 11-13
3      strcmp 함수와 strncmp 함수를 사용한 문자열 비교
4   */
5
6
7   #include <stdio.h>
8   #include <string.h>
9
10  int main(void)
11  {
12     char sValue1[50] = "Korea";
13     char sValue2[50] = "Kor";
14
15     printf("sValue1 = %s, sValue2 = %s\n", sValue1, sValue2);
16
17     if (strcmp(sValue1, sValue2) == 0)
18     {
19         printf("sValue1과 sValue2는 문자열이 서로 같습니다.\n");
20     }
21     else
22     {
23         printf("sValue1과 sValue2는 문자열이 서로 같지 않습니다.\n");
24     }
25
26     if (strncmp(sValue1, sValue2, 3) == 0)
27     {
28         printf("sValue1과 sValue2는 앞의 세 문자열이 서로 같습니다.\n");
29     }
30     else
31     {
32         printf("sValue1과 sValue2는 앞의 세 문자열이 서로 같지 않습니다.\n");
33     }
34
35     return 0;
36  }
```

프로그램 실행 결과

```
C:\windows\system32\cmd.exe
sValue1 = Korea, sValue2 = Kor
sValue1과 sValue2는 문자열이 서로 같지 않습니다.
sValue1과 sValue2는 앞의 세 문자열이 서로 같습니다.
계속하려면 아무 키나 누르십시오 . . .
```

예제의 11번 라인의 sValue1 배열에는 "KOREA" 문자열을 저장하고 12번 라인의 sValue2에는 "KOR" 문자열을 저장한다. 17번 라인에서 strcmp 함수를 사용해서 두 문자열을 비교하면 서로 같지 않기 때문에 strcmp(sValue1, sValue2) == 0 식은 거짓

이 된다. 따라서 23번 라인의 문장이 실행된다. 반면 26번 라인에서 strncmp(sValue1, sValue2, 3) == 0 식을 이용해서 3개의 문자만을 비교하면 두 문자열은 같은 문자열로 간주하기 때문에 해당 식은 참이 된다. 따라서 28번 라인의 문장이 실행된다.

(5) strchr() 함수와 strstr() 함수

strchr 함수의 사용 형식	char *strchr(const char *s, int c);
strstr 함수의 사용 형식	char *strstr(const char *s1, const char *s2);

strchr 함수는 문자열 내에서 특정 문자의 위치를 찾는 함수이며, strstr 함수는 문자열 내에서 특정 문자열의 위치를 찾는 함수이다. 문자열의 첫 번째 문자부터 차례로 검색하면서 해당 문자 또는 문자열의 위치를 반환한다. 반환하는 값은 모두 문자 또는 문자열의 시작 주소이며, 찾지 못할 경우 NULL 값을 반환한다. 이때 동일한 문자 또는 문자열이 여러 개 있을 때는 가장 앞의 위치만을 반환한다. 반환받은 주소와 문자열의 첫 번째 요소의 주소를 포인터의 뺄셈 연산하면 해당 문자 또는 문자열의 위치가 배열 내에서 몇 번 요소에 위치하는지 알 수 있다.

```
/*
  Example 11-14
  strchr 함수와 strstr 함수를 사용한 위치 검색
*/

#include <stdio.h>
#include <string.h>

int main(void)
{
  char sValue[50] = "Republic of Korea";
  char *location;
  int iPosition;

  printf("sValue = %s\n", sValue);

  location = strchr(sValue, 'c');

  if (location == NULL)
```

```
20        {
21            printf("sValue에서 c가 발견되지 않았습니다.\n");
22        }
23        else
24        {
25            iPosition = location - sValue;
26            printf("sValue에서 c가 %d번째 위치에서 발견되었습니다.\n", iPosition);
27        }
28
29        location = strstr(sValue, "Kor");
30
31        if (location == NULL)
32        {
33            printf("sValue에서 Kor이 발견되지 않았습니다.\n");
34        }
35        else
36        {
37            iPosition = location - sValue;
38            printf("sValue에서 Kor이 %d번째 위치에서 발견되었습니다.\n", iPosition);
39        }
40
41        return 0;
42    }
```

프로그램 실행 결과

```
C:\windows\system32\cmd.exe
sValue = Republic of Korea
address of sValue = 0053F7B0
sValue에서 c가 7번째 위치에서 발견되었습니다.
address of location = 0053F7B7
sValue에서 Kor이 12번째 위치에서 발견되었습니다.
address of location = 0053F7BC
계속하려면 아무 키나 누르십시오 . . .
```

예제의 11번 라인에서 문자열 배열 sValue에 "Republic of Korea" 문자열을 저장한다. 문자열이 저장되어 있는 sValue의 주소는 결과 화면에서 보는 것과 같이 0053F7B0 번지이다. 17번 라인에서 strchr(sValue, 'c');를 이용하여 문자 'c'의 위치를 찾는다. 찾은 결과 주소는 0053F7B7이다. 따라서 0053F7B7 - 0053F7B0의 결과는 7이기 때문에 해당 문자는 7번째 위치에 있는 것을 확인할 수 있다. 이때 위치는 0부터 시작한 상대적인 값임에 유의한다. 같은 방식으로 29번 라인에서는 strstr 함수를 사용하여 "Kor"의 문자열의 위치를 찾는다.

(6) strtok() 함수

strtok 함수의 사용 형식	char *strtok(char *s1, const char *s2);

strtok 함수는 문자열을 특정 구분자를 이용하여 토큰(token)이라 불리는 단어 단위로 문자열을 분리하는 함수이다. 예를 들어 "Republic of Korea"라는 문자열은 공백 문자를 구분자로 하여 "Republic", "of", "Korea"라는 세 개의 단어로 분리가 가능하다. 이때 구분자로 사용되는 두 번째 인수는 공백 하나를 구분자로 하더라도 문자형 ' '가 아닌 " "와 같이 문자열을 이용한다. strtok 함수에서 주의할 점은 첫 번째 인수인 s1에 저장된 문자열을 변경한다는 것이다. 토큰을 하나 얻을 때 마다 토큰의 끝에 널 문자를 추가하며, strtok 함수를 이용하여 토큰을 분리하는 기본 방식은 다음과 같다.

strtok 함수를 사용한 토큰 분리 방법

```
char sValue[] = “Republic of Korea”;
char *token;
token = strtok(sValue, " ");

while (token != NULL)
{
      printf("%s", token);
      token = strtok(NULL, " ");
}
```

token = strtok(sValue, " ");으로 첫 토큰을 추출한다. 문자열 sValue의 처음 토큰 뒤에 NULL저장한 후, 첫 토큰의 주소를 반환하여 token 포인터 변수에 저장한다. 계속적으로 토큰을 추출하기 위해서는 NULL을 첫 번째 인자로 다시 strtok(NULL, " ") 함수를 호출하여 그 다음 토큰을 반환받을 수 있다. 이 함수의 두 번째 인자는 구분자로 구성되는 문자열이며 다른 구분자 문자가 필요하면 포함할 수 있다. strtok 함수 역시 #define을 사용하여 프로그램 코드에 _CRT_SECURE_NO_WARNINGS를 추가해야 Visual Studio에서 정상적으로 컴파일할 수 있다.

```
/*
   Example 11-15
   strtok 함수를 이용한 문자열 분리
```

```c
*/

#define _CRT_SECURE_NO_WARNINGS
#include <stdio.h>
#include <string.h>

int main(void)
{
   char sValue[] = "Republic of Korea";
   char *token;

   printf("sValue = %s\n", sValue);

   token = strtok(sValue, " ");

   while (token != NULL)
   {
        printf("%s\n", token);
        token = strtok(NULL, " ");
   }

   return 0;
}
```

프로그램 실행 결과

```
C:\windows\system32\cmd.exe
sValue = Republic of Korea
Republic
of
Korea
계속하려면 아무 키나 누르십시오 . . .
```

(7) 문자열의 숫자 변환 및 숫자의 문자열 변환

프로그램을 작성하다 보면 문자열을 숫자로 바꾸거나 숫자를 문자열로 바꿔야 하는 상황이 발생한다. 예를 들어 3.14는 숫자지만 "3.14"는 문자열이다. 3.14는 소수점을 갖는 값으로 float 자료형이나 double 자료형 변수에 저장되며, "3.14"는 문자열로 문자형 배열 변수에 저장된다. 다음의 sscanf 함수와 sprintf 함수는 문자열을 숫자로 또는 숫자를 문자열로 변경하는 방법을 제공한다.

sscanf 함수의 형식	int sscanf(const char *s1, "변환 문자", 변수의 주소);
sprintf 함수의 형식	int sprintf(char *s1, "변환 문자", 변수);

sscanf와 sprintf 함수는 scanf와 printf 함수 앞에 s를 붙인 것으로 그 사용법은 scanf와 printf와 거의 동일하다. 단지 차이점이 있다면 첫 번째 인수가 추가되었다는 것이다. sscanf 함수는 키보드에서 입력받는 대신에 문자열에서 입력을 받고, sprintf 함수는 화면에 출력하는 대신에 문자열로 출력한다. 즉, sscanf 함수는 함수의 형식 중 첫 번째 인수인 s1로부터 입력을 받아서 변환 문자를 이용하여 해당 형식으로 변환한 후 세 번째 인수인 변수에 그 값을 대입한다. sprintf 함수는 변환 문자를 이용하여 세 번째 인수인 변수를 변환한 후 첫 번째 인수인 s1 문자열에 그 값을 대입한다. sscanf와 sprintf 함수 역시 #define문을 이용하여 프로그램에 _CRT_SECURE_NO_WARNINGS를 추가해야 정상적으로 컴파일할 수 있다.

```c
/*
Example 11-16
sscanf와 sprintf 함수를 이용한 문자열과 숫자의 변환
*/

#define _CRT_SECURE_NO_WARNINGS
#include <stdio.h>

int main(void)
{
   char *today = "19 6 2019";
   int day, month, year;
   char sDate[20];

   sscanf(today, "%d %d %d", &day, &month, &year);
   sprintf(sDate, "%d년 %d월 %d일", year, month, day);

   printf("today = %s\n", today);
   printf("day = %d\n", day);
   printf("month = %d\n", month);
   printf("year = %d\n", year);
   printf("sDate = %s\n", sDate);

   return 0;
}
```

프로그램 실행 결과

```
C:₩windows₩system32₩cmd.exe
today = 19 6 2019
day = 19
month = 6
year = 2019
sDate = 2019년 6월 19일
계속하려면 아무 키나 누르십시오 . . .
```

예제의 11번 라인에 today 포인터 변수에 문자열의 주소를 저장한다. 문자열 안에는 띄어쓰기로 구분되어 있는 숫자 값이 저장되어 있다. 따라서 15번 라인의 sscanf 함수는 우리가 scanf 함수를 이용해서 키보드로 입력할 때 띄어쓰기로 각 변수를 구분하는 것과 같다. 즉 today 포인터 변수가 가리키는 문자열 "19 6 2019"를 이용하여 "%d %d %d"로 구분하여 입력받는다. 따라서 19는 day 변수에 저장되고, 6은 month 변수에 저장되며, 2019는 year 변수에 저장된다. 16번 라인에서 sprintf 함수를 사용하여 sDate 배열에 숫자를 문자열로 변환하여 저장한다. printf 함수는 콘솔 화면에 출력하는 반면에 sprintf 함수는 화면 대신 첫 번째 인수인 sDate에 저장하는 것이다.

프로그램을 작성하다 보면 형식을 이용하지 않고 문자열을 정수나 실수로 변환하는 경우도 필요하다. 이를 위해서 C언어에서는 전용 함수 atoi 함수와 atof와 같은 함수를 제공하고 있다. 이 함수들은 stdlib.h 헤더 파일에 포함되어 있기 때문에 주의해야 한다.

atoi 함수의 형식	int atoi(const char *s);
atof 함수의 형식	double atof(const char *s);

atoi 함수는 인수로 전달받는 문자열을 정수 int 자료형의 형태로 변환하여 반환하며, atof 함수는 인수로 전달받은 문자열을 실수 double 자료형의 형태로 변환하여 반환한다.

11.4 시스템 제공 수학 함수

C언어에는 수학 계산을 위한 다양한 함수를 제공하고 있다. 계산에 필요한 다음의 몇 가지 수학 관련 함수를 소개한다.

C언어의 대표적인 수학 관련 함수			
구분	함수	의미	사용 헤더 파일
삼각함수	double sin(double x)	x의 사인값을 반환	math.h
	double cos(double x)	x의 코사인 값을 반환	math.h
	double tan(double x)	x의 탄젠트 값을 반환	math.h

역삼각함수	double asin(double x)	x의 아크 사인 값을 반환	math.h
	double acos(double x)	x의 아크 코사인 값을 반환	math.h
	double atan(double x)	x의 아크 탄젠트 값을 반환	math.h
쌍곡선 함수	double sinh(double x)	x의 하이퍼볼릭 사인 값을 반환	math.h
	double cosh(double x)	x의 하이퍼볼릭 코사인 값을 반환	math.h
	double tanh(double x)	x의 하이퍼볼릭 탄젠트 값을 반환	math.h
지수, 대수함수	double exp(double x)	e^x 값을 반환	math.h
	double log(double x)	$\log_e x$ 값을 반환	math.h
	double log10(double x)	$\log_{10} x$ 값을 반환	math.h
거듭제곱 및 기타 함수	double pow(double x, double y)	x^y 값을 반환	math.h
	double sqrt(double x)	$\sqrt{x}$ 값을 반환	math.h
	double ceil(double x)	x보다 작지 않은 가장 작은 정수 반환	math.h
	double floor(double x)	x보다 크지 않은 가장 큰 정수 반환	math.h
	double abs(double x)	x의 절댓값 반환	stdlib.h
	double fmod(double x, double y)	x를 y로 나눈 나머지 반환 (실수형)	math.h
난수 함수	rand()	난수 생성	stdlib.h
	srand(unsigned int seed)	난수 생성기에 대한 시드 값을 설정	stdlib.h

위의 함수들은 함수를 호출하면 결과를 반환하기 때문에 헤더 파일을 추가하고 호출하기만 하면 된다. 그러나 위의 함수들 중 난수를 발생시키기 위한 rand 함수는 사용에 주의할 필요가 있다. 다음의 예제를 살펴보자.

```
/*
  Example 11-17
  rand 함수를 이용한 난수 발생
*/

#include <stdio.h>
#include <stdlib.h>

int main(void)
{
  int iCount;

  for (iCount = 0; iCount < 5; iCount++)
  {
      printf("%d\n", rand());
```

```
16         }
17
18         return 0;
19     }
```

프로그램 실행 결과

```
C:\windows\system32\cmd.exe
41
18467
6334
26500
19169
계속하려면 아무 키나 누르십시오 . . .
```

```
C:\windows\system32\cmd.exe
41
18467
6334
26500
19169
계속하려면 아무 키나 누르십시오 . . .
```

예제의 15번 라인에서 for문을 사용하여 rand 함수를 총 5번 호출하였다. rand 함수는 0에서 C언어 내부적으로 설정되어 있는 RAND_MAX(=32767) 범위 안에 있는 값을 임의로 선택하여 값을 반환한다. 프로그램 실행 결과 총 다섯 개의 숫자를 임의로 생성하였다. 그러나 프로그램을 두 번째 실행했을 때 실행 결과를 보면 임의의 숫자 다섯 개를 발생하긴 했지만, 앞에서 실행했던 것과 같은 순서 같은 값의 숫자가 다섯 개 생성되었다. 이와 같이 rand 함수만을 사용하면 고정된 패턴의 숫자를 발생시킨다. 따라서 보통은 다음의 예제와 같이 난수를 발생시킬 때마다 난수의 기준이 되는 값을 초기화해야 한다. 이를 위한 함수가 srand 함수이다.

```
/*
  Example 11-18
  srand를 이용한 난수 초기화
*/

#include <stdio.h>
#include <stdlib.h>
#include <time.h>

int main(void)
{
  int iCount;

  srand((unsigned int)time(NULL));

```

```
16        for (iCount = 0; iCount < 5; iCount++)
17        {
18            printf("%d\n", rand());
19        }
20
21        return 0;
22    }
```

프로그램 실행 결과

```
C:\windows\system32\cmd.exe
225
17658
20836
11186
16661
계속하려면 아무 키나 누르십시오 . . .
```

```
C:\windows\system32\cmd.exe
215
18181
12
4532
18485
계속하려면 아무 키나 누르십시오 . . .
```

예제의 8번 라인에 있는 #include 〈time.h〉는 14번 라인에서 호출하는 time(NULL) 함수를 위한 헤더 파일이다. time 함수는 인수로 NULL을 이용하여 호출하면 1970년 1월 1일 0시 이후부터 현재까지 몇 초가 흘렀는지를 반환한다. 이 갓을 srand 함수의 인수로 전달하면 이제 rand 함수를 호출할 때 마다 해당 시간을 기준으로 난수를 발생하게 된다. 시간은 멈추지 않고 계속해서 흐르기 때문에 time 함수로 구한 초를 기반으로 난수가 호출되는 값을 초기화하는 것이다. 즉 rand 함수를 호출하면서 시간을 기반으로 하는 무작위 숫자를 발생시킬 수 있다. 실제 프로그램 실행 결과 여러 번 프로그램을 호출하더라도 항상 무작위의 숫자를 발생시킬 수 있다.

연습문제

1. 다음 괄호 부분을 채우시오.

① C언어에서의 문자열은 별도의 자료형이 제공되지 않기 때문에 (   )을 이용한다.

② 문자열의 길이 계산, 문자열의 복사 등 문자열의 처리를 위한 함수를 제공하기 위해서는 (   ) 헤더 파일을 추가해야 한다.

③ 문자 처리 함수 중 (   )로 시작하는 함수들은 문자에 대한 검사를 하는 것이 일반적이다.

④ C언어에서 수학 계산을 위한 함수는 (   ) 헤더 파일을 포함해야 사용 가능하다.

2. 다음의 문장 중에서 틀린 것들을 고르고 이유를 설명하시오.

① "KOREA"라는 문자열을 저장하기 위해서 크기가 5인 문자형 배열을 선언하면 된다.

② 문자열은 문자를 앞뒤로 인용부호(큰따옴표)로 둘러싸서 표기한다.

③ strlen 함수를 이용하면 문자열이 저장된 배열의 크기를 알 수 있다.

④ 포인터 배열을 이용하여 문자열 배열을 저장할 수 있다.

3. 다음의 프로그램을 컴파일하면 문제가 발생한다. 그 이유는?

```
/*
  Problem 11-3
*/

#define _CRT_SECURE_NO_WARNINGS
#include <stdio.h>
#include <string.h>

int main(void)
{
  char s[20];
  char *pChar;
```

```
        s = "KOREA";
        strcpy(pChar, "SEOUL");

        printf("%s\n", s);
        printf("%s\n", pChar);

        return 0;
    }
```

4. 문자열을 역순으로 출력하는 프로그램을 작성하시오.

```
C:\windows\system32\cmd.exe
처음 문자열 : hello
바뀐 문자열 : olleh
계속하려면 아무 키나 누르십시오 . . .
```

5. 문자열을 입력받은 후 문자열에 포함된 모든 문자를 대문자로 변환하여 출력하는 프로그램을 작성하시오.

```
C:\windows\system32\cmd.exe
문자열을 입력하세요 : korea
KOREA
계속하려면 아무 키나 누르십시오 . . .
```

6. strlen 함수는 문자열의 길이를 구하는 함수이다. strlen 함수를 사용하지 않고 문자열의 길이를 구하는 프로그램을 작성하시오.

```
C:\windows\system32\cmd.exe
문자열을 입력하세요 : korea
입력하신 korea 문자열의 길이는 5입니다.
계속하려면 아무 키나 누르십시오 . . .
```

7. strstr 함수는 문자열 내에서 특정 문자열을 찾기 위한 함수이다. strstr 함수를 사용하지 않고 그림과 같이 주어진 문자열에서 해당되는 문자열이 포함되어 있는지 확인하는 프로그램을 작성하시오.

```
C:\windows\system32\cmd.exe
문장 : My name is john.

찾을 단어를 입력하세요 : is
is는 문장에 포함되어 있습니다.

계속하려면 아무 키나 누르십시오 . . .
```

```
C:\windows\system32\cmd.exe
문장 : My name is john.

찾을 단어를 입력하세요 : are
are는 문장에 포함되어 있지 않습니다.
계속하려면 아무 키나 누르십시오 . . .
```

8. 다음과 같이 로또 번호를 자동으로 만들어주는 프로그램을 작성하시오.

```
C:\windows\system32\cmd.exe

Lotto 번호

32      41      28      40      13      38
계속하려면 아무 키나 누르십시오 . . .
```

제12장

사용자 정의 자료형

제 12 장 사용자 정의 자료형

우리는 지금까지 프로그램을 작성할 때 C언어에서 제공하고 있는 int, float, char와 같은 기본 자료형을 이용하여 변수를 만들고 데이터를 처리하였다. 이러한 기본 자료형을 이용하여 데이터를 처리할 수 있기는 하지만 실세계의 다양한 자료를 표현하는 것에 한계가 있다. 실세계의 다양한 자료는 하나의 형태에 국한되지 않고 여러 가지의 형태가 복합적으로 나타나는 것이 일반적이다. 이를 위해서 C언어에서는 기본 자료형을 조합하여 새로운 자료형을 만들 수 있는 방식을 지원하고 있으며, 이를 사용자 정의 자료형이라고 한다. 이러한 사용자 정의 자료형은 크게 구조체, 공용체, 열거형으로 구분할 수 있으며, 이 중 구조체가 가장 많이 사용된다.

12.1 구조체의 의미와 구조체 자료형

12.1.1 구조체의 의미

C언어에서 제공하는 기본 자료형을 사용하여 변수를 선언하면 해당 변수에는 한 가지 종류의 자료만 저장할 수 있다. 예를 들어 int 자료형을 이용하여 int iValue;와 같이 변수를 선언하면 iValue 변수에는 정수만 저장할 수 있다. 그러나 우리가 프로그램을 작성하다 보면 하나의 자료형만 사용하는 것 보다는 여러 개의 자료형을 복합적으로 사용하는 것이 필요하게 된다. 예를 들어 간단한 도서 관리 프로그램을 만든다고 가정하자. 도서 관리 프로그램에는 책의 제목, 출판사, 책의 가격, 페이지 수 등이 포함될 수 있다. 책의 제목이나 출판사의 경우 문자열로 표현해야하기 때문에 문자형 배열이 필요하며, 책의 가격, 페이지 수 등은 정수 자료형이 필요할 것이다. 도서 관리에 필요한 책이 수 만권이 된다면 문자형 배열 여러 개, 정수형 배열 여러 개가 필요할 것이다. 이것을 각각의 변수로 따로 만들어 관리하면 관리가 복잡해진다. 이를 새로운 사용자 정의

자료형으로 만들고, 만든 자료형을 이용하여 배열을 구성하면 어떨까? 이를 위하여 기존의 자료형을 묶어서 새로운 자료형을 만드는 것을 사용자 정의 자료형 또는 유도 자료형이라고 하며, 사용자 정의 자료형 중에서 대표적인 것이 구조체이다. 즉 구조체는 여러 개의 자료형을 하나의 자료형으로 관리할 수 있도록 만든 새로운 자료형이다.

12.1.2 구조체 자료형

구조체는 하나의 자료형을 사용하여 여러 종류의 자료를 저장하기 위한 사용자 정의 자료형이다. 따라서 구조체를 사용하기 위해서는 새로운 자료형을 만들어야 한다. 즉 벽돌을 만들기 위해서 벽돌의 틀인 거푸집을 만드는 것과 같이 새로운 자료를 위한 틀을 만든다고 이해하면 된다. 구조체 자료형은 다음과 같은 형식으로 만들 수 있다.

<table>
<tr><td>구조체 자료형의
정의 형식</td><td><pre>struct 구조체명
{
    자료형 멤버명1;
    자료형 멤버명2;
    자료형 멤버명3;
    ...
};</pre></td></tr>
</table>

구조체 자료형의 정의 형식에서 struct는 구조체 자료형을 만들기 위한 예약어이며, 구조체명은 새로운 자료형의 이름이다. 이 구조체명은 기본 자료형인 int, float 등과 동등한 자격을 갖는다. 따라서 구조체명을 이용하여 변수, 배열, 포인터 등을 선언할 수 있다. 구조체 내부의 멤버는 구조체가 포함하고 있는 자료형들의 집합이며, 중괄호를 사용해서 구조체 내부의 블록을 표시한다. 구조체는 하나 이상의 자료형을 멤버로 가질 수 있으며, 보통은 두 개 이상의 자료형으로 이루어진다. 각각의 멤버는 세미콜론으로 끝을 맺음으로써 구성한다. 구조체의 멤버는 기본 자료형뿐만 아니라 배열, 포인터, 또는 다른 구조체 자료형이 올 수 있다. 구조체의 정의는 변수의 선언과는 다른 의미이며, 새로운 자료형을 사용하겠다고 알리는 문장이다. 구조체 자료형을 선언할 때 마지막에 세미콜론이 사용되는 것에 주의한다. 다음의 예는 학생의 점수를 저장하기 위한 score라는 구조체 자료형을 정의한 것이다.

구조체 자료형의 정의 예	struct score
	{
	    char name[10];
	    int iMath;
	    int iEng;
	    float fAverage;
	};

위와 같이 score 자료형을 정의하면, name, iMath, iEng, fAverage라는 멤버를 갖는 score 자료형이 만들어진다. 즉 score 자료형 내에는 10의 크기를 갖는 문자형 배열 name과, int 자료형 iMath, int 자료형 iEng, 그리고 float 자료형을 갖는 fAverage 멤버가 있다. 그러나 아직까지는 형태만 만들어 놓은 것일 뿐 실제 데이터의 저장은 불가능하다.

12.2 구조체 변수

새로운 구조체 자료형을 정의한 후, 새로운 자료형에 맞는 변수를 사용하기 위해서는 기본 자료형과 마찬가지로 변수를 선언해야 한다. 그러나 구조체 자료형을 이용하여 변수를 선언하는 방법은 기본 자료형의 변수 선언과 비슷하기는 하지만 차이가 있으며, 구조체 변수를 사용하는 것에도 기본 자료형과 차이가 있다.

12.2.1 구조체 변수의 선언

이미 정의한 구조체 자료형을 사용해서 구조체 변수를 선언할 때는 기본 자료형을 이용해서 변수를 선언하는 것과 거의 비슷하지만, 변수의 선언 앞에 struct를 붙이는 것이 다르다. 구조체 자료형을 이용한 변수의 선언 방법은 다음과 같다.

구조체 자료형을 이용한 변수의 선언 형식 1	struct 구조체명 구조체변수명;
구조체 자료형을 이용한 변수의 선언 예 1	struct score student;

위의 예와 같이 score 구조체를 사용해서 student 구조체 변수를 선언하면, student 변수 안에는 score 구조체 정의에서 사용한 name, iMath, iEng, fAverage 변수를 멤버로 사용할 수 있다. 즉 student 내에 멤버 자리하고 있는 것이다.

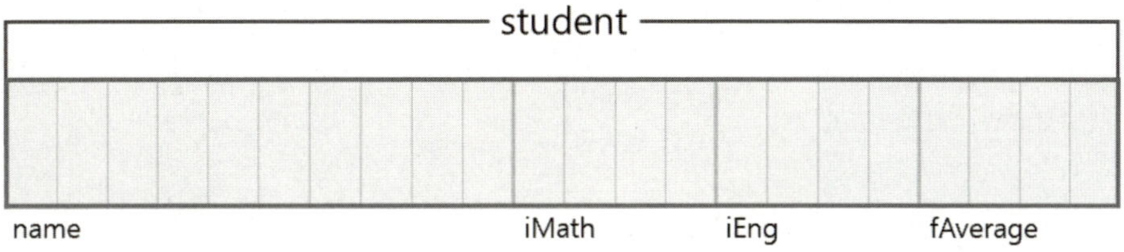

보통의 경우 새로운 구조체 자료형을 정의한 후, 정의된 구조체 자료형을 이용하여 구조체 변수를 선언하기는 하지만, 다음과 같이 구조체 자료형을 정의하면서 동시에 구조체 변수를 선언할 수도 있다.

구조체 자료형을 이용한 변수의 선언 형식 2	struct 구조체명
	{
	    자료형 멤버명1;
	    자료형 멤버명2;
	    자료형 멤버명3;
	    ...
	} 구조체변수명;

구조체 자료형을 이용한 변수의 선언 예 2	struct score
	{
	    char name[10];
	    int iMath;
	    int iEng;
	    float fAverage;
	} student;

일반적으로 구조체 자료형은 함수의 밖에서 정의된다. 만일 함수 안에서 구조체 자료형이 정의되면, 정의된 함수 내에서만 해당 구조체 자료형이 사용될 수 있다. 프로그램을 만들 때는 함수 단위로 작업을 나눠서 작업을 수행하기 때문에 여러 함수들에서 해당 구조체 자료형이 공통적으로 사용되어야 한다. 따라서 구조체 자료형은 일반적으로 함수 밖에서 정의한다. 그러나 구조체 자료형의 변수가 프로그램 내에서 단 한번만 선언

되고 재사용되지 않는다면 다음과 같이 구조체명을 생략한 후 구조체 변수를 선언할 수도 있다. 그러나 이러한 방법은 해당 구조체를 이용하여 다시는 변수를 선언할 수 없기 때문에 특별한 경우가 아니면 사용을 하지 않아야 한다.

구조체 자료형을 이용한 변수의 선언 형식 3	struct
	{
	    자료형 멤버명1;
	    자료형 멤버명2;
	    자료형 멤버명3;
	    ...
	} 구조체변수명;

구조체 자료형을 이용한 변수의 선언 예 3	struct
	{
	    char name[10];
	    int iMath;
	    int iEng;
	    float fAverage;
	} student;

12.2.2 구조체 변수의 사용

구조체 변수를 선언한 후에는 이제 구조체 변수에 자료를 저장할 수 있다. 그러나 구조체 변수를 사용해서 자료를 저장할 때는 멤버 단위로 자료를 저장해야 한다. 우리는 배열을 사용할 때 배열 내에 자료를 저장하기 위해서는 배열의 각 요소를 첨자를 사용해서 접근한 후에 자료를 저장하였다. 구조체 변수 역시 내부에 다수의 멤버가 있으며, 이 멤버들을 각각 접근할 수 있어야 한다.

구조체 내부의 각 멤버에 접근하기 위해서는 구조체 멤버 연산자(.)를 사용한다. 구조체 멤버 연산자는 구조체 변수 내부의 멤버를 지정하며, "구조체변수명.멤버명 = 값"의 형식으로 구조체 멤버 변수에 값을 대입할 수 있고, "구조체변수명.멤버명"의 형식을 사용하여 값을 가져올 수 있다.

```
/*
   Example 12-1
   구조체 변수의 사용
*/
```

```
5
6      #define _CRT_SECURE_NO_WARNINGS
7      #include <stdio.h>
8      #include <string.h>
9
10     struct score
11     {
12        char name[10];
13        int iMath;
14        int iEng;
15        float fAverage;
16     };
17
18     int main(void)
19     {
20        struct score student;
21
22        strcpy(student.name, "Kim");
23        student.iMath = 90;
24        student.iEng = 80;
25        student.fAverage = (float)(student.iMath + student.iEng) / 2;
26
27        printf("Name = %s\n", student.name);
28        printf("Math = %d\n", student.iMath);
29        printf("English = %d\n", student.iEng);
30        printf("Average = %.2f\n", student.fAverage);
31
32        return 0;
33     }
```

프로그램 실행 결과

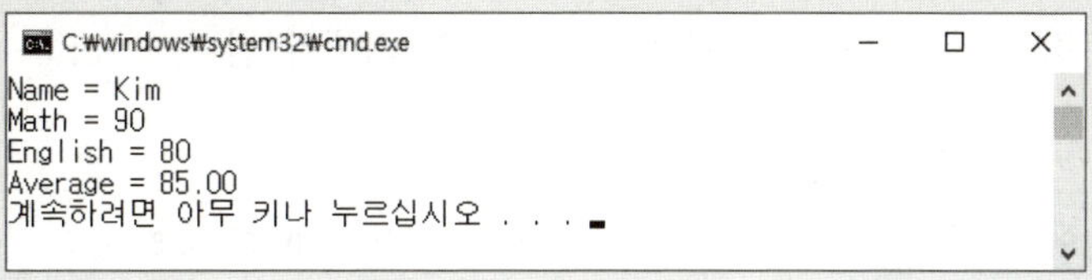

위의 예제는 score 구조체 자료형을 정의한 후, 정의한 구조체 자료형을 사용하여 student 변수를 만들고 멤버에 데이터를 저장한 후 출력하는 프로그램이다. 10번 라인에서 16번 라인까지 구조체 자료형을 정의하는 문장이다. score 구조체는 name, iMath, iEng, fAverage 총 네 개의 멤버로 구성된 자료형이다. main 함수의 20번 라인에서 score 자료형을 이용하여 구조체 변수 student를 선언한다. 이때 struct score student;와 같이 구조체 변수를 선언할 때 제일 앞에 struct가 사용된 것에 주의한다. 22번 라인에서 student 구조체 변수에 있는 name 멤버에 문자열을 저장하기 위하여 strcpy

함수가 사용되었다. student 내에 있는 name 멤버에 접근하기 위하여 student.name과 같이 구조체 멤버 연산자가 사용되었다. student.name은 문자형 배열이며 student.name[0]부터 student.name[9]까지 총 10개의 요소로 구성된 배열 변수이다. 배열 변수에 문자열을 저장할 때는 22번 라인과 같이 strcpy 함수를 사용한다. 23번 라인부터 24번 라인까지 각 멤버에 값을 저장한 후, 27번 라인부터 30번 라인까지 저장된 값을 출력한다. 예제와 같이 구조체 변수를 만들고 각 멤버에 값을 저장하면 다음의 그림과 같이 student 변수의 각 멤버에 값이 개별로 저장된다.

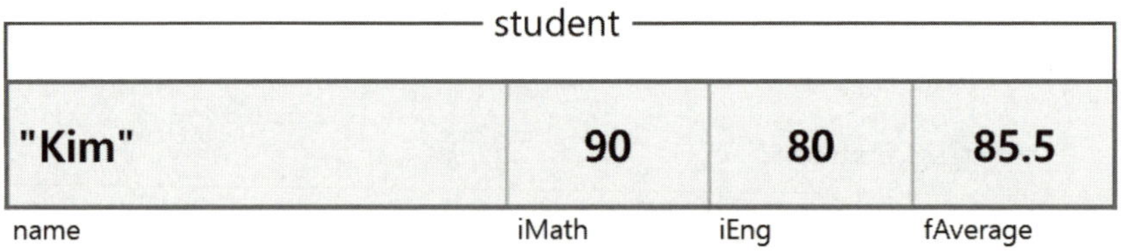

12.2.3 구조체 변수의 초기화

구조체 변수 역시 변수를 사용하기 전에 선언해야 하며, 값을 대입한 후 사용해야 한다. 또한 일반 변수와 같이 구조체 변수를 선언과 동시에 값을 대입하는 초기화 과정을 수행할 수 있다. 구조체 변수의 초기화는 배열의 초기화와 유사하게 선언과 동시에 중괄호를 이용하여 각 멤버에 저장되는 값을 초기화할 수 있다. 이때 초기화하는 값은 구조체 자료형을 정의할 때의 멤버 순서와 일치하게 초기화하며, 배열과 마찬가지로 중간에 있는 멤버의 값을 생략하면 오류가 발생하므로 주의해야 한다.

구조체 변수의 초기화 예	struct score student = { "Kim", 90, 80, 0.0f };

```
/*
   Example 12-2
   구조체 변수의 초기화
*/

#include <stdio.h>
#include <string.h>

struct score
```

```
10     {
11        char name[10];
12        int iMath;
13        int iEng;
14        float fAverage;
15     };
16
17     int main(void)
18     {
19        struct score student = { "Kim", 90, 80, 0.0f };
20
21        student.fAverage = (float)(student.iMath + student.iEng) / 2;
22
23        printf("Name = %s\n", student.name);
24        printf("Math = %d\n", student.iMath);
25        printf("English = %d\n", student.iEng);
26        printf("Average = %.2f\n", student.fAverage);
27
28        return 0;
29     }
```

프로그램 실행 결과

```
C:\windows\system32\cmd.exe
Name = Kim
Math = 90
English = 80
Average = 85.00
계속하려면 아무 키나 누르십시오 . . .
```

예제의 19번 라인에서 student 구조체 변수를 선언함과 동시에 초기화한다. 다만 평균에 해당하는 fAverage 멤버는 값을 계산해야 되기 때문에 선언한 이후 21번 라인에서 따로 계산하였다.

12.3 구조체의 배열과 포인터

12.3.1 구조체의 배열

구조체 역시 자료형이기 때문에 배열 변수를 선언하여 사용할 수 있다. 즉 다수의 구조체 변수를 하나의 이름으로 관리하고자 할 때 구조체 배열 변수를 선언하며, 구조체 배열을 선언하는 형식은 다음과 같다.

구조체 배열 변수의 선언 형식	struct 구조체명 구조체배열변수명[배열의 크기];
구조체 배열 변수의 선언 예	struct score student[10];

위의 예와 같이 struct score student[10]; 문장으로 구조체 배열 변수 student를 선언하면 student[0]에서 student[9]까지 총 10개의 요소를 갖는 구조체 변수를 선언한다. 이때 구조체 배열 변수에서 각각의 멤버에 접근하기 위해서는 배열에서의 요소 접근 방법과, 구조체에서의 멤버 접근 방법과 동일하다. 즉 구조체 배열의 각 요소에 첨자를 이용하여 접근하고, 해당 요소에 구조체 멤버 연산자를 사용하면 된다. 따라서 "구조체배열변수명[첨자].멤버명 = 값"의 형식으로 데이터를 저장하고, "구조체배열변수명[첨자].멤버명"의 형태로 값을 가져올 수 있다. 또한 구조체 배열 변수를 선언할 때 선언과 동시에 초기화할 수도 있으며, 이때는 다음의 예와 같이 중괄호를 중첩으로 표기해서 초기화한다.

구조체 배열 변수의 초기화 예	struct score student[2] = { { "Kim", 90, 80, 0.0f }, { "Lee", 80, 80, 0.0f } };

```
/*
   Example 12-3
   구조체 배열 변수의 사용
*/

#define _CRT_SECURE_NO_WARNINGS
#include <stdio.h>
#include <string.h>

struct score
{
   char name[10];
   int iMath;
   int iEng;
   float fAverage;
};

int main(void)
{
   int iCount;
```

```
21      struct score student[3] = { {"Kim", 90, 80, 0.0f}, {"Lee", 80, 70, 0.0f} };
22
23      strcpy(student[2].name, "Park");
24      student[2].iMath = 95;
25      student[2].iEng = 70;
26
27      for (iCount = 0; iCount < 3; iCount++)
28      {
29          student[iCount].fAverage = (float)(student[iCount].iMath + student[iCount].iEng) / 2;
30
31          printf("Name = %s\n", student[iCount].name);
32          printf("Math = %d\n", student[iCount].iMath);
33          printf("English = %d\n", student[iCount].iEng);
34          printf("Average = %.2f\n\n", student[iCount].fAverage);
35      }
36
37      return 0;
38  }
```

프로그램 실행 결과

```
C:\windows\system32\cmd.exe
Name = Kim
Math = 90
English = 80
Average = 85.00

Name = Lee
Math = 80
English = 70
Average = 75.00

Name = Park
Math = 95
English = 70
Average = 82.50

계속하려면 아무 키나 누르십시오 . . .
```

예제의 21번 라인에서 student 배열을 선언하고, student[0] 요소와 student[1] 요소를 초기화한다. 23번 라인에서 25번 라인까지 student[2] 요소의 name, iMath, iEng 멤버에 값을 대입한다. 이후 27번 라인에서 iCount의 값을 변화하면서 student 배열의 fAverage 값을 계산한 후 각 요소 내에 있는 멤버를 출력한다.

12.3.2 구조체의 포인터

구조체 자료형을 사용하여 만든 구조체 변수 역시 메모리에 위치하고 있으며, 주소를 이용하여 접근할 수 있다. 구조체 변수의 주소를 저장하기 위해서는 구조체 포인터 변수를 선언해야 하며, 동일한 구조체 자료형 변수의 주소를 저장할 수 있다. 구조체 포인터 변수의 선언 형식은 다음과 같다.

구조체 포인터 변수의 선언 형식	struct 구조체명 *구조체포인터변수명;

구조체 변수의 주소를 얻는 방법은 일반 변수와 같이 주소 연산자(&)를 사용하면 된다. 이를 구조체 포인터 변수에 대입하면 주소를 사용해서 구조체에 접근이 가능하다. 그리고 역참조 연산자(*)를 사용하면 구조체 포인터 변수를 이용하여 구조체 변수의 멤버를 참조하거나 값을 변경할 수 있다. 다음의 형식을 살펴보자.

구조체 포인터 변수의 사용 형식	구조체포인터변수 = &구조체변수; 구조체변수 = *구조체포인터변수 (*구조체포인터변수).멤버명 = 값;
구조체 포인터 변수의 사용 예	struct score student, *ptr; ptr = &student; (*ptr).iMath = 90;

위의 예와 같이 구조체 포인터 변수 ptr이 구조체 변수 student의 주소를 저장하면, *ptr은 student와 같다. 따라서 student.iMath와 같이 구조체 멤버 연산자를 사용해서 멤버에 접근할 수 있는 것과 같이 *ptr에 구조체 멤버 연산자를 사용해서 멤버에 접근이 가능하다. 그러나 구조체 멤버 연산자(.)의 연산자 우선순위는 역참조 연산자(*)의 우선순위보다 높다. 따라서 *ptr.iMath와 같이 사용하면 *(ptr.iMath)와 같은 의미가 되고, 포인터 변수에 구조체 멤버 연산자를 적용한 것과 같게 되므로 오류가 발생한다. 만일 ptr.iMath로 접근이 가능하다고 가정해도 iMath 자체는 포인터 변수가 아닌 일반 변수이기 때문에 일반 변수 앞에 역참조 연산자(*)를 사용한 것과 같은 결과가 된다. 이 역시 문제를 발생시킨다. 따라서 구조체 포인터를 사용해서 구조체의 멤버에 접근하기 위해서는 (*ptr).iMath와 같이 괄호를 사용해서 접근해야 한다.

```
/*
  Example 12-4
  구조체 포인터 변수의 사용
*/

#define _CRT_SECURE_NO_WARNINGS
#include <stdio.h>
```

```c
#include <string.h>

struct score
{
   char name[10];
   int iMath;
   int iEng;
   float fAverage;
};

int main(void)
{
   struct score student, *ptr;

   strcpy(student.name, "Kim");
   student.iMath = 90;
   student.iEng = 80;
   student.fAverage = (float)(student.iMath + student.iEng) / 2;

   printf("Name = %s\n", student.name);
   printf("Math = %d\n", student.iMath);
   printf("English = %d\n", student.iEng);
   printf("Average = %.2f\n\n", student.fAverage);

   ptr = &student;

   (*ptr).iMath = 75;
   (*ptr).fAverage = (float)((*ptr).iMath + (*ptr).iEng) / 2;

   printf("Name = %s\n", (*ptr).name);
   printf("Math = %d\n", (*ptr).iMath);
   printf("English = %d\n", (*ptr).iEng);
   printf("Average = %.2f\n\n", (*ptr).fAverage);

   return 0;
}
```

프로그램 실행 결과

C:\windows\system32\cmd.exe

```
Name = Kim
Math = 90
English = 80
Average = 85.00

Name = Kim
Math = 75
English = 80
Average = 77.50

계속하려면 아무 키나 누르십시오 . . .
```

예제의 32번 라인에서 구조체 포인터 변수 ptr에 student 변수의 주소를 저장한다. 이제 (*ptr)을 이용해서 student의 멤버에 접근이 가능하다. (*ptr).iMath = 75; 문장을 이용해서 student 구조체 변수 내에 있는 iMath 멤버의 값을 변경한 후, 다른 계산을 수행하고 출력한다.

(*ptr)과 같이 역참조 연산자를 이용해서 구조체의 멤버에 접근이 가능하지만 항상 이렇게 사용하는 것은 편하지 않다. C언어에서는 이를 위하여 구조체 포인터에서 해당 주소에 있는 구조체의 멤버에 직접 접근할 수 있는 방법을 제공한다. 구조체 멤버 참조 연산자(->)를 사용하면 구조체 포인터 변수를 사용해서 구조체의 멤버에 직접 접근할 수 있다. 즉 구조체 멤버 참조 연산자를 사용하여 ptr->iMath라고 표현하는 것은 (*ptr).iMath를 사용하는 것과 동일하다.

```
1   /*
2      Example 12-5
3      -> 연산자를 사용한 구조체 포인터 변수의 사용
4   */
5
6   #define _CRT_SECURE_NO_WARNINGS
7   #include <stdio.h>
8   #include <string.h>
9
10  struct score
11  {
12     char name[10];
13     int iMath;
14     int iEng;
15     float fAverage;
16  };
17
18  int main(void)
19  {
20     struct score student, *ptr;
21
22     strcpy(student.name, "Kim");
23     student.iMath = 90;
24     student.iEng = 80;
25     student.fAverage = (float)(student.iMath + student.iEng) / 2;
26
27     printf("Name = %s\n", student.name);
28     printf("Math = %d\n", student.iMath);
29     printf("English = %d\n", student.iEng);
30     printf("Average = %.2f\n\n", student.fAverage);
31
```

```
    ptr = &student;

    ptr->iMath = 75;
    ptr->fAverage = (float)(ptr->iMath + ptr->iEng) / 2;

    printf("Name = %s\n", ptr->name);
    printf("Math = %d\n", ptr->iMath);
    printf("English = %d\n", ptr->iEng);
    printf("Average = %.2f\n\n", ptr->fAverage);

    return 0;
}
```

프로그램 실행 결과

```
C:\windows\system32\cmd.exe
Name = Kim
Math = 90
English = 80
Average = 85.00

Name = Kim
Math = 75
English = 80
Average = 77.50

계속하려면 아무 키나 누르십시오 . . .
```

구조체의 멤버에 포인터가 있을 경우 구조체 포인터의 역참조 연산 및 구조체 멤버의 역참조 연산은 혼동하기 쉽다. 구조체의 멤버를 참조하는 연산자(->)와 구조체 멤버 연산자(.)는 우선순위가 가장 높은 연산자이기 때문에 역참조 연산자(*)를 이용한 해석에 주의해야 한다. 다음의 표는 구조체 변수 및 포인터 변수를 이용하는 네 가지 구문의 구별 예이다.

구조체 변수 및 포인터 변수의 예	
구문	의미
(*ptr).name	포인터 ptr이 가리키는 구조체의 멤버 name 즉 student.name
ptr->name	포인터 ptr이 가리키는 구조체의 멤버 name 즉 student.name
*student.name	구조체 변수 student의 멤버인 name이 가리키는 변수 이 경우 name 문자열의 첫 글자 즉 *(student.name)과 같으며 student.name[0]
*ptr->name	구조체 포인터 ptr이 가리키는 구조체 변수 student의 멤버인 name이 가리키는 변수 이 경우 name 문자열의 첫 글자 즉 *(ptr->name)과 같으며, *(student.name)과 같음, 따라서 student.name[0]

12.4 구조체의 복사

구조체 변수 역시 대입 연산자(=)를 사용해서 자신이 저장하고 있는 데이터를 다른 변수로 복사할 수 있다. 그러나 구조체 변수는 새로운 구조체 자료형으로 만든 변수이기 때문에 동일한 구조체 자료형을 사용해서 생성한 변수들 사이의 복사만 가능하다. 또한 구조체 내에 배열 멤버를 갖고 있을 경우 배열의 내용까지 함께 복사된다.

```
/*
   Example 12-6
   구조체 변수의 복사
*/

#define _CRT_SECURE_NO_WARNINGS
#include <stdio.h>

struct score
{
   char name[10];
   int iMath;
   int iEng;
   float fAverage;
};

int main(void)
{
   struct score student1 = { "Kim", 90, 80, 0.0f };
   struct score student2;

   student1.fAverage = (float)(student1.iMath + student1.iEng) / 2;
   student2 = student1;

   printf("Name = %s\n", student1.name);
   printf("Math = %d\n", student1.iMath);
   printf("English = %d\n", student1.iEng);
   printf("Average = %.2f\n\n", student1.fAverage);

   printf("Name = %s\n", student2.name);
   printf("Math = %d\n", student2.iMath);
   printf("English = %d\n", student2.iEng);
   printf("Average = %.2f\n\n", student2.fAverage);

   strcpy(student2.name, "Lee");
   printf("Name = %s\n", student2.name);
   printf("Math = %d\n", student2.iMath);
```

```
38        printf("English = %d\n", student2.iEng);
39        printf("Average = %.2f\n\n", student2.fAverage);
40
41        return 0;
42    }
```

프로그램 실행 결과

```
C:\windows\system32\cmd.exe
Name = Kim
Math = 90
English = 80
Average = 85.00

Name = Kim
Math = 90
English = 80
Average = 85.00

Name = Lee
Math = 90
English = 80
Average = 85.00

계속하려면 아무 키나 누르십시오 . . .
```

예제의 23번 라인에서 student2 구조체 변수에 student1 구조체 변수에 저장된 값을 복사한다. 이때 student1 구조체의 name 멤버는 문자열을 저장하기 위한 char 자료형 배열이다. 우리가 이전에 문자열을 배열에 저장할 때는 값을 복사하기 위하여 strcpy 함수를 사용하였다. 그러나 구조체 변수를 복사할 때 멤버가 문자열을 저장하기 위한 배열이어도 23번 라인과 같이 직접 복사가 가능하다. 그러나 student2.name = student1.name과 같이 개별 멤버를 복사하는 것은 불가능하다. 즉 student2 = student1;과 같이 사용하는 것은 두 변수가 모두 구조체이기 때문에 직접 복사가 이루어지는 것이며, student2.name = student1.name과 같이 사용하는 것인 두 멤버가 모두 배열이기 때문에 직접 복사가 불가능하다.

12.5 함수와 구조체

구조체 자료형 역시 기본 자료형과 마찬가지로 함수의 인수로 사용할 수 있으며, 함수의 반환값으로 사용할 수도 있다. 이때 구조체 자료형이 함수의 인수로 사용되면 값에 의한 호출이 이루어지며, 실인수의 내용이 가인수로 복사된다. 또한 구조체 자료형을 이용한 인수를 참조에 의한 호출로 전달하기 위하여 구조체 포인터 또는 구조체 배열을 인수로 사용할 수도 있다.

```
/*
Example 12-7
함수에서 구조체 인수의 사용
*/

#include <stdio.h>

struct score
{
    char name[10];
    int iMath;
    int iEng;
    float fAverage;
};

void display1(struct score st);
void display2(struct score *pSt);

int main(void)
{
    struct score student = { "kim", 90, 95, 0.0f };

    display1(student);
    display2(&student);
    display1(student);

    return 0;
}

void display1(struct score st)
{
    printf("Name = %s \n", st.name);
    printf("Math = %d \n", st.iMath);
    printf("English = %d \n\n", st.iEng);
    st.iMath = 100;
}

void display2(struct score *pSt)
{
    printf("Name = %s \n", pSt->name);
    printf("Math = %d \n", pSt->iMath);
    printf("English = %d \n\n", pSt->iEng);
    pSt->iMath = 50;
}
```

프로그램 실행 결과

```
C:\windows\system32\cmd.exe
Name = kim
Math = 90
English = 95

Name = kim
Math = 90
English = 95

Name = kim
Math = 50
English = 95

계속하려면 아무 키나 누르십시오 . . .
```

위의 예제에서 display1 함수는 구조체 인수를 값에 의한 호출 방법으로 사용한 것이고, display2 함수는 참조에 의한 호출 방법으로 사용한 것이다. 23번 라인에서 student 구조체 변수를 실인수로 사용하여 display1 함수를 호출한다. 30번 라인의 함수 정의문으로 프로그램의 실행 지점이 이동되고, 인수로 사용하는 st 구조체 변수에 student 구조체 변수가 저장하고 있는 값이 복사된다. 따라서 32번 라인부터 34번 라인까지 student 구조체 각 멤버에 저장된 값이 출력된다. 이후 35번 라인에서 st의 iMath 멤버를 변경하지만 값에 의한 호출이기 때문에 main 함수의 student에는 영향이 없다. display1 함수 종료 후 main 함수로 돌아가며, 24번 라인의 display2 함수가 호출된다. display2 함수는 참조에 의한 호출이기 때문에 38번 라인의 pSt 인수에 student 구조체 변수의 주소가 복사된다. 따라서 43번 라인에서 iMath 멤버의 값을 변경하면, student의 iMath 값이 변경되는 것을 확인할 수 있다.

구조체 배열 역시 함수의 인수로 전달할 수 있으며, 배열의 경우 참조에 의한 호출 방식이 적용된다. 배열이 함수의 인수로 사용되면 함수에서 배열을 변경한 것이 함수를 호출한 곳의 배열 변수에 적용된다. 다음의 예제를 살펴보자.

```
/*
Example 12-8
함수에서 인수로 사용되는 구조체와 배열의 차이
*/

#include <stdio.h>

struct sScore
{
   int iValue;
};

```

```
struct aScore
{
    int iValue[5];
};

void change_Value1(struct sScore score[], int iValue);
void change_Value2(struct aScore score);

int main(void)
{
    int iCount;
    struct sScore score1[5] = { { 90 }, { 95 }, { 85 }, { 80 }, { 70 } };
    struct aScore score2 = { 90, 95, 85, 80, 70 };

    for (iCount = 0; iCount < 5; iCount++) {
        printf("sScore[%d].iValue = %d\n", iCount, score1[iCount].iValue);
    }
    printf("\n");
    for (iCount = 0; iCount < 5; iCount++) {
        printf("aScore.iValue[%d] = %d\n",
            iCount, score2.iValue[iCount]);
    }

    change_Value1(score1, 5);
    change_Value2(score2);

    printf("\n\n");
    for (iCount = 0; iCount < 5; iCount++) {
        printf("sScore[%d].iValue = %d\n", iCount, score1[iCount].iValue);
    }
    printf("\n");
    for (iCount = 0; iCount < 5; iCount++) {
        printf("aScore.iValue[%d] = %d\n",
            iCount, score2.iValue[iCount]);
    }


    return 0;
}

void change_Value1(struct sScore score[], int iValue)
{
    score[0].iValue = 60;
    score[1].iValue = 61;
    score[2].iValue = 62;
    score[3].iValue = 63;
    score[4].iValue = 64;
}
```

```
61
62  void change_Value2(struct aScore score)
63  {
64      score.iValue[0] = 60;
65      score.iValue[1] = 61;
66      score.iValue[2] = 62;
67      score.iValue[3] = 63;
68      score.iValue[4] = 64;
69  }
```

프로그램 실행 결과

```
C:\windows\system32\cmd.exe
Name = kim
Math = 90
English = 95

Name = kim
Math = 90
English = 95

Name = kim
Math = 50
English = 95

계속하려면 아무 키나 누르십시오 . . .
```

위의 예제에서 sScore 구조체 자료형은 내부에 정수 자료형 하나를 멤버를 갖고 있으며, aScore 구조체 자료형은 내부에 5의 크기를 갖는 정수형 배열을 멤버로 갖고 있다. 그리고 함수 change_Value1은 sScore 구조체 배열을 인수로 가지며, change_Value2는 aScore 구조체를 인수로 갖는다. 24번 라인에서 sScore 구조체 자료형을 이용하여 크기가 5인 구조체 변수 score1을 선언하고, 25번 라인에서 aScore 구조체 자료형을 이용하여 구조체 변수 score2를 선언한다. sScore 구조체 자료형 내부에는 정수형 멤버 하나만 있기 때문에 score1[5]라고 신인된 score1 배열 변수는 정수 데이터 다섯 개를 저장할 수 있다. 또한 aScore 구조체 자료형 내부에는 5의 크기를 갖는 정수형 배열을 멤버로 갖고 있기 때문에 score2 변수에도 역시 정수 데이터 다섯 개를 저장할 수 있다. 그러나 change_Value1 함수를 호출할 때는 배열을 이용하여 인수를 전달하였고, change_Value2 함수를 호출할 때는 값에 의한 호출 방식을 사용하였다. 따라서 change_Value1 함수의 인수로 사용된 score1 변수는 change_Value1 함수 내부에서 변경한 값이 main 함수에 적용되었다. 이와 비교하여 구조체 내부에 배열을 두고 구조체 변수를 함수의 인수로 사용한 change_Value2 함수의 경우 함수 내에서 구조체 내의 배열 값을 변경하더라도 main 함수의 실인수는 변경되지 않는다.

함수에서 여러 종류의 자료를 반환하기 위하여 구조체 자료형을 반환형으로 사용할 수 있다. 구조체 자료형을 반환하기 위해서는 함수의 반환형에 struct 예약어와 함께 구조체 자료형의 이름을 적어주면 된다. 다음의 예제를 살펴보자.

```
/*
  Example 12-9
  함수의 반환형으로 사용되는 구조체
*/

#define _CRT_SECURE_NO_WARNINGS
#include <stdio.h>

struct score
{
  char name[10];
  int iMath;
  int iEng;
  float fAverage;
};

struct score getStudent();

int main(void)
{
  struct score student;

  student = getStudent();
  student.fAverage = (float)(student.iMath + student.iEng) / 2;

  printf("\n\n");
  printf("Name = %s\n", student.name);
  printf("Math = %d\n", student.iMath);
  printf("English = %d\n", student.iEng);
  printf("Average = %.2f\n\n", student.fAverage);

  return 0;
}

struct score getStudent()
{
  struct score student;

  printf("Enter Name : ");
  scanf("%s", student.name);
  printf("Enter Math Score :");
  scanf("%d", &student.iMath);
  printf("Enter English Score : ");
  scanf("%d", &student.iEng);

```

```
46          return student;
47      }
```

프로그램 실행 결과

```
C:\windows\system32\cmd.exe
Enter Name : Kim
Enter Math Score :90
Enter English Score : 80


Name = Kim
Math = 90
English = 80
Average = 85.00

계속하려면 아무 키나 누르십시오 . . .
```

위의 예제는 getStudent 함수를 사용하여 score 구조체 자료형 변수의 각 멤버에 값을 입력 받는 것을 보인다. struct score getStudent()와 같이 score 구조체 자료형의 값을 반환하기 위하여 함수 반환형 가장 앞에 struct가 사용되었다. student 변수를 선언하고 23번 라인에서 getStudent 함수를 호출한다. 35번 라인의 getStudent 함수로 프로그램이 이동하고, student 변수를 만든다. 이때 37번 라인에서 선언하는 student 변수와, 21번 라인에서 선언된 student 변수는 이름만 동일하고 서로 다른 변수임에 주의한다. getStudent 함수 내부에서 scanf 함수를 이용하여 student의 name, iMath, iEng 멤버에 값을 대입한다. 그리고 46번 라인에서 값을 대입받은 student 변수를 반환한다. 프로그램 실행 지점은 함수를 호출한 23번 라인으로 돌아가고, 23번 라인의 student 변수에 getStudent 함수를 실행한 후 반환받은 값을 대입한다.

12.6 구조체를 포함하는 구조체

우리는 지금까지 구조체 자료형을 정의할 때 내부 멤버로 기본 자료형을 사용하였다. 그러나 구조체 자료형 역시 자료형이므로, 다른 구조체 자료형의 멤버로 사용될 수 있다. 이렇게 다른 구조체 자료형을 포함하는 구조체가 가능하며, 이때 멤버로 정의한 다른 구조체의 자료형은 이미 정의되어 있어야 한다. 예를 들어 삼각형을 표시하는 triangle 구조체를 정의하기 위해서는 삼각형의 세 점이 포함되어야 한다. 이때 삼각형의 세 점을 x 좌표, y좌표로 정의하기 위하여 새로운 point 구조체를 정의하고, triangle 구조체에서 point 구조체를 멤버로 가지면 된다. 이때 구조체 내의 멤버 역시 구조체이므로, 그 내부에 또 다른 멤버가 존재하게 된다. 즉 triangle 내부에 point가 있고 point 내부에 x와

y가 있는 구조이다. 이와 같이 구조체 변수 내의 멤버에서 다시 멤버를 접근하기 위해서는 구조체 멤버 연산자를 두 번 이용하면 접근이 가능하다. 다음의 예제를 보자.

```c
/*
Example 12-10
구조체를 포함하는 구조체
*/

#include <stdio.h>

struct point
{
   int x;
   int y;
};

struct triangle
{
   struct point point1;
   struct point point2;
   struct point point3;
};

int main(void)
{
   struct triangle triangle1 = { { 1, 1 }, { 10, 1 }, { 5, 5 } };

   printf("triangle1.point1.x = %d \n", triangle1.point1.x);
   printf("triangle1.point1.y = %d \n", triangle1.point1.y);
   printf("triangle1.point2.x = %d \n", triangle1.point2.x);
   printf("triangle1.point2.y = %d \n", triangle1.point2.y);
   printf("triangle1.point3.x = %d \n", triangle1.point3.x);
   printf("triangle1.point3.y = %d \n", triangle1.point3.y);

   return 0;
}
```

프로그램 실행 결과

```
C:\windows\system32\cmd.exe
triangle1.point1.x = 1
triangle1.point1.y = 1
triangle1.point2.x = 10
triangle1.point2.y = 1
triangle1.point3.x = 5
triangle1.point3.y = 5
계속하려면 아무 키나 누르십시오 . . .
```

위의 예제에서 삼각형을 표현하기 위하여 triangle 구조체 자료형을 만든다. triangle 구조체 자료형에는 세 점을 의미하는 point 자료형 멤버 point1, point2, point3를 멤버로 갖는다. 즉 triangle 내부에 point1, point2, point3가 있고, point1 내부에 x와 y가 있는 형태이다. 따라서 각 점에 접근하기 위해서는 triangle1.point1.x와 같이 구조체 멤버 연산자를 여러 번 사용해야 한다.

12.7 자기 참조 구조체

구조체 자료형을 정의할 때 다른 구조체 자료형을 멤버로 사용할 수 있다. 그러나 다른 구조체 자료형을 멤버로 사용하기 위해서는 해당 구조체가 이미 정의되어 있어야 한다. 따라서 구조체 내부에 자기 자신의 구조체 자료형은 멤버로 사용하고자 하는 자기 자신 구조체의 정의가 완료되지 않았기 때문에 사용할 수는 없다. 그러나 포인터는 단순히 주소만을 저장하기 때문에 자신의 구조체 자료형을 지시하는 포인터 변수는 구조체 자료형의 멤버로 사용될 수 있다. 이를 자기 참조 구조체라고 한다. 다음의 예를 보자.

<table>
<tr><td>구조체 정의가
잘못된 예</td><td><pre>struct list
{
    int iValue;
    struct list listValue;
};</pre></td></tr>
<tr><td>자기 참조 구조체를 이용한
구조체 정의 예</td><td><pre>struct list
{
    int iValue;
    struct list *pList;
};</pre></td></tr>
</table>

위의 잘못된 예를 보자. list 내부에 struct list를 사용하여 자기 자신의 구조체를 멤버로 사용하고자 한다. 그러나 아직 list는 정의가 끝나지 않았기 때문에 멤버로 사용할 수 없다. 아직 얼마나 멤버가 더 있을지 모르기 때문이다. 반면 아래의 자기 참조 구조체를 이용한 예를 보자. list 내부에 struct list *의 형태로 주소를 저장하고자 한다. 이때 구조체의 주소는 구조체 제일 첫 번째 멤버의 주소이기 때문에 뒤에 멤버가 얼마든지 추가되어도 관계없다. 따라서 자신의 구조체 포인터를 멤버로 갖는 자기 참조

조 구조체는 사용이 가능하다. 이러한 자기 참조 구조체는 stack, queue, list 등의 자료 구조에 많이 사용된다. 여기서는 간단한 list 형태의 소개만 하도록 한다.

```c
/*
Example 12-11
자기 참조 구조체의 사용
*/

#include <stdio.h>

struct score {
  char name[10];
  int iMath;
  int iEng;
  struct score *next;
};

int main(void)
{
  struct score student1 = { "Kim", 90, 95 };
  struct score student2 = { "Lee", 80, 85 };
  struct score student3 = { "Park", 70, 60 };
  struct score *pStudent;

  student1.next = &student2;
  student2.next = &student3;
  student3.next = NULL;

  for (pStudent = &student1; pStudent; pStudent = pStudent->next) {
      printf("Name = %s \n", pStudent->name);
      printf("Math = %d \n", pStudent->iMath);
      printf("English = %d \n\n", pStudent->iEng);
  }

  return 0;
}
```

프로그램 실행 결과

```
C:\windows\system32\cmd.exe
Name = Kim
Math = 90
English = 95

Name = Lee
Math = 80
English = 85

Name = Park
Math = 70
English = 60

계속하려면 아무 키나 누르십시오 . . .
```

예제의 17번 라인부터 18번 라인까지 총 3개의 구조체 변수를 선언하였다. 이후 student1의 next 멤버에는 student2 구조체 변수의 주소를 저장하며, student2 구조체 변수의 next 멤버에는 student3 구조체 변수의 주소를 저장한다. 마지막으로 student3 구조체 변수의 next 멤버에는 NULL 값을 저장하였다. 26번 라인의 for문을 보면 pStudent 포인터 변수에 student1 구조체 변수의 주소를 저장한다. 다음 식2는 pStudent로 되어 있으며, 참과 거짓만을 판단한다. 현재 pStudent 포인터 변수에는 student1의 주소가 저장되어 있기 때문에 참의 결과를 갖는다. 따라서 문장이 실행되며 pStudent가 가리키고 있는 student1의 멤버를 출력한다. 이후 식3의 pStudent = pStudent->next인 상태의 변경 부분으로 이동한다. pStudent에는 student1의 주소가 저장되어 있기 때문에 pStudent->next는 22번 라인에 의해서 student2의 주소가 된다. 따라서 식3에서는 pStudent에 student2의 주소를 저장한다. 이후 다시 식2의 참과 거짓을 판단하고 다시 참이기 때문에 문장을 반복 수행하여 student2의 멤버 값들을 출력한다. 이를 student3까지 반복을 계속하며, 마지막에 pStudent에 저장되는 값은 student3.next에 저장된 값인 NULL이 저장된다. NULL은 참과 거짓을 판단할 때 거짓이 되기 때문에 반복문을 종료한다.

12.8 typedef

구조체 변수를 선언할 때 항상 구조체 자료형 앞에 struct 예약어를 써서 선언하는 것은 그리 효율적이지 않은 작업이다. 따라서 조금은 더 편하게 변수를 선언하기 위한 방법이 필요하며, C언어에서는 기존 자료형 이름을 새로운 자료형 이름으로 사용할 수 있는 방법을 제공한다. typedef 예약어를 사용하면 새로운 자료형의 이름을 정의할 수 있으며, 다음과 같은 형식을 사용한다.

typedef를 이용한 새로운 자료형 이름 정의 형식	`typedef 기존자료형 새로운자료형;`
typedef를 이용한 새로운 자료형 이름 정의 예 1	`typedef int Integer;` `Integer iValue;          // int iValue; 문장과 같음`
typedef를 이용한 새로운 자료형 이름 정의 예 2	`typedef int *Intptr;` `Intprt p1, p2;           // int *p1, *p2; 문장과 같음`

typedef int Integer;라는 문장은 이제부터 Integer를 int와 같이 사용하겠다는 의미이다. 따라서 int iValue;를 사용하여 변수를 선언할 수도 있으며, Integer iValue;를 사용하여 변수를 선언할 수도 있다. 또한 typedef int *Intptr;이라고 하면 이제부터 Intptr이라고 사용하면 int *와 같다는 의미가 된다. 이때 주의할 점은 int *p1, p2;와 같이 선언할 경우 p1은 포인터 변수, p2는 일반 변수가 되지만, Intptr p1, p2;라고 하면 p1과 p2 모두 포인터 변수가 된다는 점이다.

typedef가 가장 유용하게 사용되는 것이 구조체 자료형을 재정의하는 것이다. typedef를 이용해서 구조체 자료형의 동의어를 정의하면, 이를 이용하여 구조체 변수를 선언할 수 있다. 예를 들어 typedef struct score Score;의 문장으로 struct score의 동의어를 Score로 정의하면 구조체 변수를 선언할 때 struct score student 대신에 Score student로 선언할 수 있다.

<table>
<tr><td>typedef를 이용한
새로운 자료형 이름
정의 예 3</td><td><pre>struct score
{
    char name[10];
    int iMath;
    int iEng;
    float fAverage;
};
typedef struct score Score;
Score student1, student2;</pre></td></tr>
</table>

위의 예와 같이 구조체 자료형을 정의하고 난 이후에 새로운 구조체 자료형을 재정의해도 되지만, 구조체명 없이 구조체 자료형을 정의하면서 동시에 typedef 및 동의어를 이용하면 다음과 같이 간단하게 새로운 구조체 자료형의 동의어가 완성된다.

<table>
<tr><td>typedef를 이용한
새로운 자료형 이름
정의 예 4</td><td><pre>typedef struct
{
    char name[10];
    int iMath;
    int iEng;
    float fAverage;
} Score;
Score student1, student2;</pre></td></tr>
</table>

```c
/*
  Example 12-12
  typedef를 이용한 새로운 구조체 자료형의 정의
*/

#define _CRT_SECURE_NO_WARNINGS
#include <stdio.h>

struct score
{
  char name[10];
  int iMath;
  int iEng;
  float fAverage;
};

typedef struct score Score;

Score getStudent();

int main(void)
{
  Score student;

  student = getStudent();
  student.fAverage = (float)(student.iMath + student.iEng) / 2;

  printf("\n\n");
  printf("Name = %s\n", student.name);
  printf("Math = %d\n", student.iMath);
  printf("English = %d\n", student.iEng);
  printf("Average = %.2f\n\n", student.fAverage);

  return 0;
}

Score getStudent()
{
  Score student;

  printf("Enter Name : ");
  scanf("%s", student.name);
  printf("Enter Math Score :");
  scanf("%d", &student.iMath);
  printf("Enter English Score : ");
  scanf("%d", &student.iEng);

  return student;
```

```
}
```

프로그램 실행 결과

```
C:\windows\system32\cmd.exe
Enter Name : Kim
Enter Math Score :90
Enter English Score : 80


Name = Kim
Math = 90
English = 80
Average = 85.00

계속하려면 아무 키나 누르십시오 . . .
```

12.9 공용체와 열거형

지금까지 서로 다른 자료형을 하나의 이름으로 관리하기 위한 사용자 정의 자료형 구조체를 살펴보았다. 이제 남은 사용자 정의 자료형은 공용체와 열거형이 있으며, 이 두 자료형은 구조체와 비슷한 형태이기는 하지만 사용 목적이 다르다.

12.9.1 공용체

공용체는 서로 다른 자료형들을 동일한 저장 공간을 사용하여 저장하는 방법을 제공하는 사용자 정의 자료형이다. 공용체를 정의하는 방법은 구조체 정의 형식과 동일하지만, 정의를 위한 예약어를 struct 대신 union을 사용한다. 다음은 공용체 자료형의 정의 형식이다.

<table>
<tr><td>공용체 자료형의
정의 형식</td><td><pre>union 공용체명
{
    자료형 멤버명1;
    자료형 멤버명2;
    자료형 멤버명3;
    ...
};</pre></td></tr>
<tr><td>공용체 자료형의
정의 예</td><td><pre>union data
{
    char c;
    int i;
};</pre></td></tr>
</table>

	typedef union data Data;
공용체 자료형의 사용 예	union data value; Data value;

공용체는 정의 방법과 사용 방법이 구조체와 동일하다. 그러나 사용 목적은 크게 다르다. 공용체는 이름 그대로 각 멤버들이 공간을 공유하는데 그 목적이 있다. 공용체의 멤버는 모든 멤버가 동일한 저장 공간을 사용하기 때문에 동시에 여러 멤버의 값을 저장하여 사용할 수 없다. 따라서 마지막에 저장한 하나의 멤버의 자료만을 저장하며, 멤버들 중 가장 큰 크기의 자료형만큼의 저장 공간만을 확보한다. 다음의 그림을 보자.

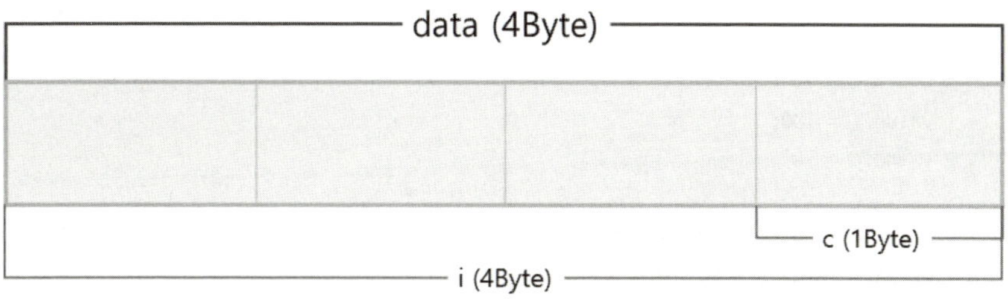

공용체 자료형 data는 char 자료형 c와 int 자료형 i를 갖고 있다. 따라서 둘 중 더 큰 자료형은 int이기 때문에 data의 전체 크기는 int 자료형의 크기는 4바이트가 된다. 전체 4바이트 중에서 char 멤버인 c는 data 공용체의 공간 중 가장 앞의 1바이트만을 사용하고, int 멤버는 전체 공간을 모두 사용한다. 공용체 변수 역시 선언과 동시에 초기화가 가능하지만, 공간을 공유하기 때문에 각각의 멤버를 모두 초기화할 수는 없다. 따라서 공용체 중에서 하나의 멤버만 초기화할 수 있으며, 첫 번째 멤버의 초기화만 가능하다. 다음의 예제를 보자.

```
/*
   Example 12-13
   공용체 자료형의 사용
*/

#include <stdio.h>

union data
```

```
9      {
10         char c;
11         int i;
12     };
13
14     typedef union data Data;
15
16     int main(void)
17     {
18         Data value = { 'a' };
19
20         printf("value.c = %c\n", value.c);
21         printf("value.i = %d\n\n", value.i);
22
23         value.c = 'A';
24         value.i = 100;
25
26         printf("value.c = %c\n", value.c);
27         printf("value.i = %d\n\n", value.i);
28
29         value.i = 100;
30         value.c = 'A';
31
32         printf("value.c = %c\n", value.c);
33         printf("value.i = %d\n\n", value.i);
34
35         return 0;
36     }
```

프로그램 실행 결과

```
C:\windows\system32\cmd.exe
value.c = a
value.i = 97

value.c = d
value.i = 100

value.c = A
value.i = 65

계속하려면 아무 키나 누르십시오 . . .
```

예제의 14번 라인과 같이 공용체 자료형 역시 typedef를 사용하여 재 정의할 수 있다. 이제 union data 대신에 Data를 사용하여 변수의 선언이 가능하다. 18번 라인에서 Data 자료형 변수 value를 선언한 후 'a' 값으로 초기화한다. 이와 같이 공용체 초기화는 가장 앞의 멤버만 초기화할 수 있기 때문에 Data value = { 'a', 100 };과 같이 두 개 이상의 값을 적을 경우 오류가 발생한다. Data value = { 'a' };와 같이 선언 및 초기화를 하면 value.c에 'a'의 ASCII 코드 값이 저장되고, value.i 역시 같은 값이 저장된다. 두 값을 출력한 결과 a와 97이 출력되는 것을 확인할 수 있다. 다음 23번 라인과 24번 라인에서 value.c와 value.i의 값을 변경한다. value.c에 'A'를 저장한 후 value.i에 100을 저장하기 때문에 value.c에 저장한 'A'는 없어지고, 마지막에 value.i에 저장한 값만 유지한다. 따라서 두 값을 출력한 결과 value.c에는 ASCII 코드 100에 해당하는 d가 출력되고, value.i의 값은 100이 정상적으로 출력된다. 같은 방법으로 29번 라인과 30번 라인에서 저장하는 순서를 변경한 결과 더 나중에 저장한 value.c의 'A'의 ASCII 코드에 해당하는 65가 저장되는 것을 출력으로 확인할 수 있다. 이와 같이 공용체 변수의 멤버는 동일한 저장 공간을 사용하기 때문에 멤버의 내용을 변경하면 다른 멤버의 내용이 함께 변경된다. 즉 다른 멤버에 저장했던 데이터가 사라지는 것과 같다. 즉 공용체 변수는 마지막에 저장한 멤버의 값만이 의미가 있기 때문에 사용할 때 주의해야 한다.

12.9.2 열거형

열거형은 구조체 및 공용체와 같이 새롭게 정의하는 사용자 정의 자료형으로, 내부에 정수 상수의 값만 가질 수 있는 특별한 자료형이다. 열거형 자료형을 정의하는 방식은 구조체 및 공용체와 유사하며, enum 예약어를 이용하여 정의한다. 또한 typedef를 이용하여 열거형 자료형의 동의어를 재 정의할 수 있으며, 이를 이용하여 열거형 변수를 선언할 수 있다.

그러나 열거형은 구조체 및 공용체와는 다르게 내부의 멤버가 상수의 값만을 갖는다. 따라서 멤버 앞에 자료형을 사용하지 않고 이름만을 사용한다. 다음의 형식과 예를 살펴보자.

열거형 자료형의 정의 및 변수 선언 형식	`enum 열거형명 {열거상수1, 열거상수2, ... };`
	`enum 열거형명 변수명;`
	
	`enum 열거형명 {열거상수1, 열거상수2, ... } 변수명;`

typedef를 사용한 열거형 자료형의 정의 및 변수 선언	`typedef enum {열거상수1, 열거상수2, ... } 새로운자료형` `새로운자료형 변수명;`

열거형 자료형의 정의 및 변수 선언 예 1	`enum color { BLACK, BLUE, YELLOW };`
	`typedef enum color Color;`
	
	`enum color color1;`
	`Color color1;`

위와 같이 color 자료형 변수 color1을 선언하면, color1 변수는 정수형 상수 BLACK, BLUE, YELLOW의 값만을 가질 수 있다. 이때 BLACK은 0, BLUE는 1, YELLOW는 2의 상수 값으로 고정된다. 즉 열거형을 정의할 때 멤버에 값을 지정하지 않을 경우 자동으로 대응되는 값은 0부터 시작해서 1씩 증가한다. 만약 열거 상수가 다른 값을 갖고자 할 때는 열거형 자료형을 정의할 때 해당 값을 지정할 수 있다.

열거형 자료형의 정의 및 변수 선언 예 2	enum color { BLACK = 2, BLUE, YELLOW }; enum color color1;

위의 예에서는 color 자료형의 내부 멤버 BLACK에 2의 값을 지정했다. 따라서 BLACK의 값은 2가 되며, BLUE의 값은 BLACK보다 1 증가한 3, YELLOW의 값은 BLUE보다 1 증가한 4가 자동으로 대입된다.

열거형 자료형의 정의 및 변수 선언 예 3	enum color { BLACK = 2, BLUE = 4, YELLOW = 7 }; enum color color1;

위와 같이 열거형을 정의할 때 열거 상수 멤버 각각 값을 지정하면 BLACK은 2, BLUE는 4, YELLOW는 7의 값을 개별적으로 설정할 수도 있다.

이러한 열거형은 구조체 및 공용체의 정의 방법과 유사하기는 하지만 사용 목적 및 방법에는 차이가 있다. 구조체와 공용체의 경우 자료를 저장하기 위한 공간을 만들기 위하여 사용하지만, 열거형은 내부 멤버와 상수를 일대일로 대응시키기 위한 것에 그 목적이 있다. 즉 enum color { BLACK, BLUE, YELLOW };와 같이 열거형을 정의하면, 이제부터 프로그램 내에서 BLACK은 무조건 0인 상수가 되고, BLUE는 1, YELLOW는 2가 된다.

```
/*
   Example 12-14
   열거형의 사용
*/

#define _CRT_SECURE_NO_WARNINGS
#include <stdio.h>

```

```
9     enum color {BLACK, BLUE, YELLOW};
10    typedef enum color Color;
11
12    int main(void)
13    {
14      Color color1;
15
16      printf("Select color [BLACK = %d], [BLUE = %d], [YELLOW = %d] : ", BLACK, BLUE, YELLOW);
17      scanf("%d", &color1);
18
19      switch (color1) {
20      case BLACK:
21          printf("BLACK\n");
22          break;
23      case BLUE:
24          printf("BLUE\n");
25          break;
26      case YELLOW:
27          printf("YELLOW\n");
28          break;
29      default:
30          printf("Error \n");
31      }
32
33      return 0;
34    }
```

프로그램 실행 결과

```
C:\windows\system32\cmd.exe
Select color [BLACK = 0], [BLUE = 1], [YELLOW = 2] : 1
BLUE
계속하려면 아무 키나 누르십시오 . . .
```

예제의 16번 라인을 보자. printf 내부의 변환 문자 %d가 세 개 있으며, 출력하고자 하는 값은 BLACK, BLUE, YELLOW이다. 실제 출력된 것을 살펴보면, 해당 %d의 위치에 0, 1, 2가 출력된 것을 볼 수 있다. 즉 9번 라인에서 enum을 이용해서 열거형을 선언하면, 선언된 멤버 BLACK, BLUE, YELLOW가 이제 0, 1, 2의 값을 갖는 상수가 된다. 14번 라인에서 Color 열거형을 이용하여 선언된 color1 변수에는 변수이기 때문에 값이 저장될 수 있으며 가능한 값은 BLACK의 0, BLUE의 1, YELLOW의 2 값이다. 그러나 C언어에서는 열거형 내에 정수의 값은 모두 저장 가능하며, 실제 내부의 멤버가 BLACK(0), BLUE(1), YELLOW(2)만 있다고 하더라도 다른 값을 저장할 수 있다. 따라서 29번 라인과 같이 default 문을 사용하여 사용하지 않는 값에 대한 처리를 하도록 한다. 참고로 C++언어에서는 열거형을 이용하여 변수를 선언하면, 선언된 변수에 열거형 자료형을 정의할 때 멤버로 지정한 값만 저장이 가능하다. 만일 C++에서 0, 1, 2 외에 다른 값을 저장하려고 하면 오류가 나면서 프로그램이 종료된다.

연습문제

1. 다음 괄호 부분을 채우시오.

① 구조체 변수 내에는 다수의 멤버들이 있으며, 각 멤버에 접근하기 위해서는 멤버 연산자 (   )를 이용한다.

② C언어는 (   )를 이용하여 새로운 자료형의 이름을 정의할 수 있다.

③ (   )는 멤버들이 저장 공간을 서로 공유하는 사용자 정의 자료형이다.

④ 구조체 변수가 함수의 인수로 사용되면 (   ) 호출이 되며, 실인수의 내용이 가인수로 복사된다.

2. 다음의 문장들 중에서 틀린 것들을 고르고 이유를 설명하시오.

① 구조체 변수들 사이에는 대입 연산자를 이용하여 내용을 복사할 수 있다. 구조체 변수가 함수의 인수로 사용되면 값에 의한 호출이 되며 실인수의 내용이 가인수로 복사된다.

② 구조체 자료형을 정의할 때 자신의 구조체 자료형을 멤버로 사용할 수 있다.

③ 자신의 구조체 자료형을 지시하는 포인터 변수는 구조체 자료형의 멤버로 사용할 수 있다.

④ 구조체 자료형을 정의할 때 다른 구조체 자료형을 멤버로 사용할 수 있다.

3. 구조체에 대한 설명 중 틀린 것은?

① 구조체는 하나의 변수명으로 여러 개의 상이한 자료를 한꺼번에 다룰 때 유용하다.

② 구조체를 이용하면 기존의 자료형을 묶어서 새로운 자료형을 정의할 수 있다.

③ 구조체 자료형은 반드시 함수 밖에서 정의되어야 한다.

④ 새롭게 정의된 자료형을 이용하여 변수를 선언하고 이용할 수 있다.

4. 공용체에 대한 설명 중 틀린 것은?

① 서로 다른 자료형들이 동일한 저장 공간을 이용하는 방법을 제공한다.

② 공용체는 멤버들 중 가장 큰 크기의 자료형의 크기를 공용체의 저장 공간으로 확보하고 멤버들이 함께 이용한다.

③ 하나의 멤버 값을 변경해도 나머지 멤버의 값은 절대로 변경되지 않는다.

④ 공용체 변수의 초기화는 선언과 동시에 가능하며 주의할 점은 첫 번째 멤버의 초기화만 가능하다.

5. 다음 프로그램을 컴파일하면 문제가 발생한다. 그 이유는?

```
/*
  Problem 12-5
*/

#include <stdio.h>
#include <string.h>

struct studentScore {
   char name[20];
   int iMathScore;
   int iEnglishScore;
   int iAverageScore;
};

int main(void)
{
   struct studentScore student, *ptr;

   ptr = &student;

   strcpy(student.name, "kim");
   student.iMathScore = 90;
   student.iEnglishScore = 80;

   printf("이름 : %s \n", student.name);
   printf("수학 점수 : %d \n", student.iMathScore);
   printf("영어 점수 : %d \n\n", student.iEnglishScore);

   ptr.iMathScore = 75;

   printf("이름 : %s \n", student.name);
   printf("수학 점수 : %d \n", student.iMathScore);
   printf("영어 점수 : %d \n\n", student.iEnglishScore);

   return 0;
}
```

6. 다음 프로그램을 컴파일하면 문제가 발생한다. 그 이유는?

```
/*
  Problem 12-6
*/

#include <stdio.h>

struct triangle {
  struct point point1;
  struct point point2;
  struct point point3;
};

struct point {
  int x;
  int y;
};

int main(void)
{
  struct triangle triangle1 = { { 1, 1 }, { 10, 1 }, { 5, 5 } };

  printf(" triangle1.point1.x = %d \n", triangle1.point1.x);
  printf(" triangle1.point1.y = %d \n", triangle1.point1.y);
  printf(" triangle1.point2.x = %d \n", triangle1.point2.x);
  printf(" triangle1.point2.y = %d \n", triangle1.point2.y);
  printf(" triangle1.point3.x = %d \n", triangle1.point3.x);
  printf(" triangle1.point3.y = %d \n", triangle1.point3.y);

  return 0;
}
```

7. 밑변과 높이로 이루어진 삼각형의 유도 자료형을 정의하시오.

8. 문제 7.의 자료형을 이용하여 삼각형의 면적을 계산하는 프로그램을 작성하시오. 밑변과 높이는 scanf 함수를 이용하여 입력받도록 프로그램을 작성하시오.

```
C:\windows\system32\cmd.exe
밑변의 길이를 입력하시오 : 4
높이를 입력하시오 : 9
삼각형의 넓이는 18.000000입니다.
계속하려면 아무 키나 누르십시오 . . .
```

9. 다음의 프로그램을 완성하시오.

```
/*
   Problem 12-9
*/

#define _CRT_SECURE_NO_WARNINGS
#include <stdio.h>

// 이곳의 프로그램을 완성하시오.

int main(void)
{
   enum color color1;

   printf(" Select color [BLACK=0], [WHITE=1], [BLUE=2] : ");
   scanf("%d", &color1);
   switch (color1) {
   case BLACK:
        printf(" BLACK을 선택하였습니다. \n");
        break;
   case WHITE:
        printf(" WHITE를 선택하였습니다. \n");
        break;
   case BLUE:
        printf(" BLUE를 선택하였습니다. \n");
        break;
   default:
        printf("Error \n");
   }

   return 0;
}
```

10. 다음의 구조체를 이용하여 복소수의 덧셈, 뺄셈, 곱셈을 계산하는 프로그램을 작성하시오.

```
struct complex
{
   float real;
   float img;
}
```

```
C:\windows\system32\cmd.exe
복소수의 덧셈
( 2.00 +  3.00i ) + ( 4.00 +  5.00i ) = ( 6.00 +  8.00i )
복소수의 뺄셈
( 2.00 +  3.00i ) - ( 4.00 +  5.00i ) = (-2.00 -  2.00i )
복소수의 곱셈
( 2.00 +  3.00i ) * ( 4.00 +  5.00i ) = (-7.00 + 22.00i )
계속하려면 아무 키나 누르십시오 . . .
```

11. 신장과 체중을 이용하여 3명의 학생들의 BMI를 계산하는 프로그램을 완성하시오.

```
struct StudentStatus{
   char strName[20];
   float Height;
   float Weight;
   float BMI;
   char strStatus[10];
};
비만도를 측정하는 BMI지수는 아래와 같이 계산된다.
   BMI = 체중(kg)/ (신장 (m) X 신장 (m))
   BMI 20미만 (저체중)
        20 - 25미만 (정상)
        25 - 30미만 (과체중)
        30이상 (비만)
```

```
C:\windows\system32\cmd.exe

  비만 상태

    BMI 20미만 (저체중)
    BMI 20 - 25미만 (정상)
    BMI 25 - 30미만 (과체중)
    BMI 30이상 (비만)

  이름: Kim
  키: 170.000
  몸무게: 95.000
  BMI: 32.872
  상태: 비만

  이름: Lee
  키: 180.000
  몸무게: 75.000
  BMI: 23.148
  상태: 정상

  이름: Park
  키: 180.000
  몸무게: 90.000
  BMI: 27.778
  상태: 과체중
계속하려면 아무 키나 누르십시오 . . .
```

제13장

전처리기와 동적 할당

제 13장 전처리기와 동적 할당

13.1 전처리기 지시자

C언어는 컴파일러를 사용하여 프로그래머가 작성한 소스 파일을 컴파일하여 목적 파일로 만들고, 목적 파일을 링커를 사용하여 링크 작업을 수행한 후 실행 파일을 생성한다. 그러나 실제 프로그램 개발 과정에서는 소스 코드를 컴파일하기 전에 소스 코드에 전처리기라는 작업 과정을 거쳐서 컴파일할 소스 코드를 관리한다. 예를 들어 우리가 이미 사용하고 있던 #include 〈stdio.h〉와 같은 전처리기는 프로그래머가 작성한 소스 코드의 가장 위에 stdio.h라는 헤더 파일에 들어 있는 내용을 추가한다.

전처리기는 이름에서 예상할 수 있듯이 C언어에서 컴파일러가 프로그램을 컴파일하기 전에 미리 처리해야 하는 부분을 말한다. 이러한 전처리기는 보통 컴파일러에 포함되어 있으며, 프로그램의 컴파일 전에 자동으로 실행된다. 따라서 컴파일러의 요소 중 하나로 취급되기도 한다. 모든 전처리기는 "#"이라는 문자로 시작하고 컴파일 전에 처리해야하기 때문에 코드의 가장 윗부분에 넣는 것이 일반적이지만 특별한 목적으로 프로그램의 중간에 삽입할 수도 있다.

대표적인 전처리기에는 include, define 등이 있으며, 이를 전처리기 지시자라고 한다. 전처리기 지시자는 반드시 "#"기호와 함께 사용해야 하고, "#"기호와 include 등 전처리기 지시자 사이에는 공백이 없이 "#include"와 같이 사용해야 한다. 다음의 표는 전처리기에 많이 사용되는 지시자 들이다. 본 교재에서는 전처리기에서 가장 많이 사용하는 매크로 기능과 조건부 컴파일에 대해서 설명한다.

구조체 변수 및 포인터 변수의 예	
구문	의미
#define	매크로 정의
#include	파일 포함
#undef	매크로 정의 해제

#if	조건이 참일 경우
#else	조건이 거짓일 경우
#endif	조건 처리 문장 종료
#ifdef	매크로가 정의되어 있는 경우
#ifndef	매크로가 정의되어 있지 않은 경우
#line	행 번호 출력
#pragma	시스템에 따라 의미가 다름

13.2 매크로

전처리기 지시자인 #define을 사용하면 소스 코드에서 지정된 기호상수를 정의한 문자열로 대체할 수 있다. 일반적으로 기호상수는 대문자를 사용하여 표현하며, 전처리기 지시자를 이용하여 문자열을 기호상수로 대체하는 방법은 다음과 같다.

#define 전처리기 지시자의 사용 형식	`#define 기호상수 문자열`
#define 전처리기 지시자의 사용 예	`#define PI 3.141592`

전처리기 지시자 #define을 이용하여 만든 기호상수는 컴파일러가 프로그램을 컴파일하기 전에 전처리기에 의하여 문자열로 변경된다. 위의 예와 같이 #define PI 3.141592라고 전처리기를 지정하면, 프로그램의 전체 소스 코드에서 PI가 보이면 모두 3.141592로 바꾼 후에 프로그램을 컴파일한다. 이와 같이 전처리기 지시자 #define은 시스템에 따라 변할 수 있는 상수의 값을 한 번에 수정할 수 있으며, 수정되는 한 부분만 검사하면 되기 때문에 신뢰성을 높여준다. 예를 들어 원의 넓이를 계산하는 프로그램을 만든다고 가정하자. 처음 프로그램을 작성할 때 원의 넓이를 계산하기 위하여 원주율 π의 값을 3.14로 사용하였다. 이후 더 정밀한 값을 계산하기 위하여 π를 3.141592로 변경하고자 한다. 만일 3.14가 프로그램의 여러 곳에서 사용되었으면, 전체를 모두 3.141592로 변경해야 한다. 이때 3.14를 전처리기 #define을 이용하여 지정했다면, 전처리기 지시자 부분만 변경하면 소스 코드 전체에 모두 적용할 수 있다.

```
1   /*
2      Example 13-1
3      #define의 사용
4   */
5
6   #define _CRT_SECURE_NO_WARNINGS
7   #include <stdio.h>
8
9   #define PI 3.141592
10
11  double getCircum(int radius);
12  double getArea(int radius);
13
14  int main(void)
15  {
16     int iRadius;
17
18     printf("반지름을 입력하세요 : ");
19     scanf("%d", &iRadius);
20
21     printf("반지름이 %d인 원의 둘레는 %.2f입니다.\n", iRadius, getCircum(iRadius));
22     printf("반지름이 %d인 원의 넓이는 %.2f입니다.\n", iRadius, getArea(iRadius));
23
24     return 0;
25  }
26
27  double getCircum(int radius)
28  {
29     return 2 * PI * radius;
30  }
31
32  double getArea(int radius)
33  {
34     return PI * radius * radius;
35  }
```

프로그램 실행 결과

```
C:\windows\system32\cmd.exe
반지름을 입력하세요 : 5
반지름이 5인 원의 둘레는 31.42입니다.
반지름이 5인 원의 넓이는 78.54입니다.
계속하려면 아무 키나 누르십시오 . . .
```

예제의 9번 라인에서 전처리기 #define PI 3.141592가 사용되었다. 이와 같이 전처리기 지시자 #define을 사용하여 생성한 기호 상수는 컴파일하기 전에 전처리기에 의하여 문자열로 자동으로 변경된다. 따라서 프로그램 내의 PI는 모두 3.141592로 변경된다. 프로그램 코드 내부를 살펴보면 PI가 29번 라인과 34번 라인에서 사용되는 것을 알 수 있다. 따라서 해당 라인의 PI는 이제 3.141592로 바뀌어서 계산된다. 실제 컴파일러가 소스 코드를 컴파일할 때는 전처리기를 처리한 이후에 작업이 진행되기 때문에 컴파일러의 입장에서 보면 코드는 다음과 같이 변경될 것이다.

```
#define _CRT_SECURE_NO_WARNINGS
#include <stdio.h>          // 이 부분도 원래는 stdio.h 헤더 파일의 내용으로 대체된다

double getCircum(int radius);
double getArea(int radius);

int main(void)
{
   int iRadius;

   printf("반지름을 입력하세요 : ");
   scanf("%d", &iRadius);

   printf("반지름이 %d인 원의 둘레는 %.2f입니다.\n", iRadius, getCircum(iRadius));
   printf("반지름이 %d인 원의 넓이는 %.2f입니다.\n", iRadius, getArea(iRadius));

   return 0;
}

double getCircum(int radius)
{
   return 2 * 3.141592 * radius;
}

double getArea(int radius)
{
   return 3.141592 * radius * radius;
}
```

예제에서 사용되는 getCircum 함수는 원의 둘레를 구하기 위한 함수이고, getArea 함수는 원의 넓이를 구하기 위한 함수이다. 이 두 함수 몸체에 있던 PI가 이제 3.141592로 변경된다. 즉 전처리기 지시자가 정의한 기호상수 PI는 소스 코드에서 PI라는 글자를 만나면 무조건 대체된 값으로 자동으로 치환된다.

전처리기 지시자 #define 뒤에 나오는 문자열을 기호상수라고 하며, 기호상수 뒤에 오는 치환 문자열에는 앞에서 보았던 3.141592와 같은 일반 상수뿐만 아니라, 상수의 연산, 이미 정의된 기호상수 등이 올 수 있다. 만약 어떤 수의 제곱을 나타내는 기호상수를 만든다고 하면 다음과 같이 사용할 수 있다.

<table>
<tr><td>어떤 수의 제곱을 구하는 기호상수의 예</td><td><pre>#define SQUARE2 2*2
#define SQUARE3 3*3

int main(void)
{
     ...
     printf("%d, %d\n", SQUARE2, SQUARE3);
     ...
}</pre></td></tr>
</table>

그러나 위와 같은 방법은 원하는 제곱 계산에 대하여 기호상수를 모두 만들어야 하는 단점이 있다. 이를 위해서 C언어에서는 기호상수에 인수를 포함하여 정의할 수 있으며, 이를 매크로라고 한다. 매크로는 함수의 인수와 비슷한 형태로 기호상수 뒤에 소괄호를 이용하여 인수를 지정하여 사용할 수 있다. 만약 여러 인수가 필요한 경우 함수의 인수와 같이 콤마(,)를 이용한다. 그러나 함수와 매크로의 다른 점은 인수의 자료형을 사용하지 않는다는 것이다. 다음은 인수를 이용한 매크로의 정의 방법이다.

<table>
<tr><td>인수를 이용한 매크로의 정의 형식</td><td><pre>#define 기호상수(인수) 문자열</pre></td></tr>
<tr><td>인수를 이용한 매크로의 정의 예</td><td><pre>#define SQUARE(X) ((X)*(X))
#define PRODUCT(X, Y) ((X)*(Y))
#define AREA_CIRCLE(R) (PRODUCT((R), (R))*PI)</pre></td></tr>
</table>

#define SQUARE(X) ((X)*(X))와 같은 매크로의 정의에 의해서 SQUARE(2)는 프로그램 내에서 ((2)*(2))로 변환된다. 따라서 계산 결과 4를 구할 수 있다. 그런데 매크로의 정의에서 왜 이렇게 괄호를 많이 사용했을까? 인수를 이용한 매크로를 정의할 때 이렇게 괄호를 많이 사용한 이유가 있다. 다음의 예를 보자.

<table>
<tr><td>인수를 이용한 매크로의 잘못된 정의</td><td><pre>#define SQUARE(X) (X*X)</pre></td></tr>
</table>

#define SQUARE(X) (X*X)와 같이 정의하면 그냥 보아서는 아무런 문제가 없는 것

처럼 보인다. 그러나 X에 연산식이 들어가면 우리가 원하는 값을 계산하지 못할 수 있다. 예를 들어SQUARE(3+4)로 호출하면 어떻게 될까? 우리가 원하는 결과 값은 3 + 4를 계산한 후 7 * 7의 결과인 49를 원할 것이다. 그러나 SQUARE(3+4)는 매크로의 정의를 사용하면 (3+4*3+4)의 식으로 치환된다. 그리고 덧셈 보다 곱셈을 먼저 계산하기 때문에 3+12+4의 결과인 19가 계산된다. 만약 SQUARE(X)를 ((X)*(X))로 정의한다면 ((3+4)*(3+4))의 식으로 치환되기 때문에 전혀 문제가 없다.

```
/*
   Example 13-2
   인수를 사용하는 매크로
*/

#define _CRT_SECURE_NO_WARNINGS
#include <stdio.h>

#define SQUARE(X) ((X)*(X))

int main(void)
{
   int iValue, iResult;

   printf("숫자를 입력하세요 : ");
   scanf("%d", &iValue);

   iResult = SQUARE(iValue);

   printf("%d의 제곱은 %d입니다.\n", iValue, iResult);

   return 0;
}
```

프로그램 실행 결과

```
C:\windows\system32\cmd.exe
숫자를 입력하세요 : 5
5의 제곱은 25입니다.
계속하려면 아무 키나 누르십시오 . . .
```

#define문을 이용하여 기호상수를 정의하거나 매크로를 정의하면, 이제 코드 내의 해당 기호상수는 모두 치환된다. 그러나 특별한 경우에 이미 정의되어 있는 기호상수 또는 매크로를 해제할 필요도 있다. 만약 이미 정의되어 있는 기호상수를 해지할 때에는 #undef 전처리기 지시자를 이용하여 기호상수를 해지할 수 있다. 또한 다음의 예와 같이 매크로로 정의되어 있는 기호상수를 해지할 때에는 인수는 적지 않는다.

기호상수 해지 형식	#undef 기호상수
기호상수 해지 예	#undef PI #undef SQUARE

13.3 조건부 컴파일

조건부 컴파일이란 특정 조건이 만족되는 경우에만 컴파일러가 지정된 소스 블록을 컴파일하는 것이다. 조건부 컴파일을 사용하기 위하여 블록을 설정할 때는 #ifdef와 #ifndef를 사용해서 처리할 수 있다. #ifdef는 #ifdef 다음에 있는 기호상수를 검사하여 기호상수가 정의되어 있으면 #ifdef와 #endif 사이에 있는 문장들을 컴파일한다. 반대로 #ifndef는 기호상수가 정의되어 있지 않으면 #ifndef와 #endif 사이에 있는 문장들을 컴파일한다. 조건부 컴파일을 위한 #ifdef와 #ifndef 전처리기 지시자는 if ~ else 조건문과 같은 방법으로 #ifdef(또는 #ifndef)와 #endif 사이에 #else를 이용하여 기호상수의 조건을 만족하지 않을 때의 문장을 처리할 수도 있다.

조건부 컴파일의 정의 형식 1	#ifdef(또는 #ifndef) 기호상수 문장 #endif

조건부 컴파일의 정의 형식2	#ifdef(또는 #ifndef) 기호상수
	    문장1
	#else
	    문장2
	#endif

```
/*
   Example 13-3
   #ifdef 지시자를 이용한 조건부 컴파일
*/

#define _CRT_SECURE_NO_WARNINGS
#include <stdio.h>

```

```c
#define PRINT

int main(void)
{
   int iValue1, iValue2, iCount, iSum = 0;

   printf("두 수를 입력하세요 : ");
   scanf("%d%d", &iValue1, &iValue2);

   for (iCount = iValue1; iCount <= iValue2; iCount++)
   {
        iSum += iCount;

#ifdef PRINT
        printf("%d부터 %d까지의 합은 %d입니다.\n", iValue1, iCount, iSum);
#endif
   }

   printf("%d부터 %d까지의 합은 %d입니다.\n", iValue1, iValue2, iSum);

   return 0;
}
```

프로그램 실행 결과

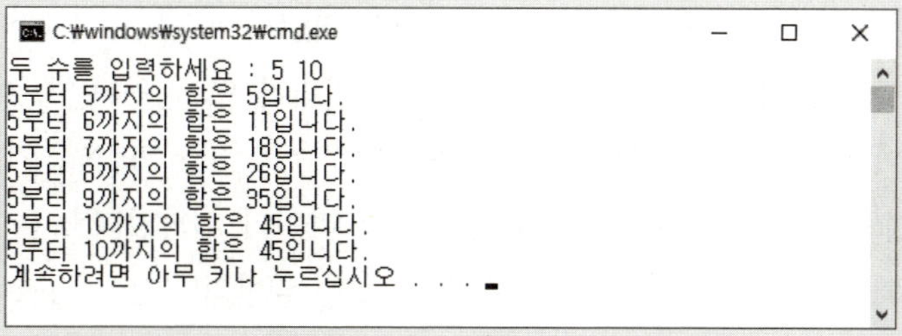


```c
/*
   Example 13-4
   #ifdef 지시자를 이용한 조건부 컴파일
*/

#define _CRT_SECURE_NO_WARNINGS
#include <stdio.h>

// #define PRINT

int main(void)
{
   int iValue1, iValue2, iCount, iSum = 0;

```

```
15         printf("두 수를 입력하세요 : ");
16         scanf("%d%d", &iValue1, &iValue2);
17
18         for (iCount = iValue1; iCount <= iValue2; iCount++)
19         {
20             iSum += iCount;
21
22     #ifdef PRINT
23             printf("%d부터 %d까지의 합은 %d입니다.\n", iValue1, iCount, iSum);
24     #endif
25         }
26
27         printf("%d부터 %d까지의 합은 %d입니다.\n", iValue1, iValue2, iSum);
28
29         return 0;
30     }
```

프로그램 실행 결과

```
C:\windows\system32\cmd.exe
두 수를 입력하세요 : 5 10
5부터 10까지의 합은 45입니다.
계속하려면 아무 키나 누르십시오 . . .
```

위의 두 예제는 모든 코드가 동일하지만 9번 라인의 #define PRINT 기호상수 정의 부분만 다르다. #define PRINT 기호상수가 정의되어 있는 첫 번째 예제는 23번 라인이 컴파일되어 반복문을 실행할 때 마다 출력되며, #define PRINT 기호상수에 주석 처리를 하여 정의하지 않은 두 번째 예제는 23번 라인이 컴파일되지 않기 때문에 반복문 내에서 출력되는 문장이 없다. 여기서 주의할 것은 일반적인 if ~ else문의 경우 컴파일은 되지만 프로그램 실행 중에 조건이 맞지 않아서 문장의 실행을 생략하는 것이고, #ifdef ~ #endif 조건부 컴파일의 경우는 컴파일 자체가 아예 되지 않는다는 점이다.

13.4 동적 할당

프로그램을 작성할 때 변수를 선언하면 컴퓨터는 선언된 변수를 사용하기 위하여 메모리에 공간을 만든다. 이때 만일 변수가 함수 내에서 선언되어 있는 내부 변수라면 함수가 종료될 때 변수가 사라지고 메모리에서 공간을 제거한다. 이와 같이 변수의 선언에 의하여 메모리가 할당되는 방식을 정적 할당이라고 한다. 그러나 지금부터 설명할 동적 할당은 변수의 선언 외에 프로그램을 실행하는 과정에서 컴퓨터에게 메모리의 공간을 요구하는 방식이다.

변수를 선언한 후 사용하는 정적 할당 방식은 변수의 이용은 간단하지만 사용하고자 하는 메모리 공간을 모두 확보해야만 한다. 따라서 메모리의 사용 예측이 부정확한 경우 충분한 메모리를 미리 확보해 놓아야 하는 비효율이 따른다. 반면 메모리의 동적 할당은 프로그램의 실행 도중에 메모리의 크기를 결정할 수 있기 때문에 정적 할당 보다는 공간의 사용에 있어서 효율적이다.

프로그램 내에서 메모리를 동적으로 할당하기 위해 사용하는 함수는 malloc 함수와 calloc 함수 두 종류가 있다. 이 두 함수를 사용해서 동적으로 할당받은 메모리는 컴퓨터의 힙(Heap)이라는 영역에 위치하게 된다. 힙 영역은 프로그램 작성자가 원하는 시점에 변수를 할당하고 또 소멸을 할 수 있도록 지원하는 특별한 영역이다. 따라서 malloc 함수 또는 calloc 함수를 사용해서 할당받은 메모리는 반드시 사용 종료 후 해제해야 한다. 이때 할당받은 메모리를 해제하기 위해서 free 함수를 사용한다. 만일 free 함수를 사용해서 할당받은 메모리를 해제하지 않을 때에는 프로그램이 끝날 때까지 메모리의 공간을 차지하게 된다. 예를 들어 함수 내에서 malloc 함수를 이용해서 동적으로 할당받은 메모리는 함수를 종료하더라도 계속 남아있으며, 다시는 해당 메모리 영역에 접근할 수 없는 낭비된 공간이 된다.

메모리의 동적 할당 및 해제를 위하여 사용하는 malloc 함수, calloc 함수, free 함수는 모두 stdlib.h 헤더 파일에 포함되어 있다. 이 중 malloc 함수는 메모리 할당을 위하여 크기를 인수로 하여 함수를 호출하고, 함수가 종료되면 할당받은 메모리의 시작 주소를 반환한다. 다음의 예는 malloc 함수를 사용한 후 int 자료형 데이터 10개를 저장하기 위한 공간을 할당받은 것이다. 따라서 동일한 자료 여러 개를 저장하기 위한 공간을 할당받았기 때문에 요소의 개수가 10인 배열을 선언한 것과 같다.

malloc 함수를 이용한 동적 메모리 할당 예	`int *pInt;` `pInt = (int *)malloc(sizeof(int) * 10);`

동적 메모리를 할당할 경우 메모리에 공간을 마련한다. 그러나 변수를 직접 선언한 것이 아니기 때문에 해당 공간에 접근할 수 있는 변수의 이름이 없다. 따라서 동적 메모리를 이용하여 할당받은 메모리 공간은 포인터를 이용한 주소로만 접근이 가능하다. 위의 예와 같이 pInt 변수에 malloc 함수를 이용하여 할당받은 공간의 주소를 저장한 후 역참조 연산자를 사용하면 할당받은 공간에 자료를 저장할 수 있다.

calloc 함수는 두 개의 인수를 가지며, 첫 번째 인수는 할당된 메모리 요소의 개수이며, 두 번째 인수는 요소 하나의 크기이다. calloc 함수가 malloc 함수와 다른 점은 함수의 수행 시 할당된 메모리 주소 공간을 0으로 초기화한다. 즉 변수를 0으로 초기화하거나 배열의 모든 요소를 0으로 초기화한 것과 같다. 다음의 예는 calloc 함수를 사용하여 int 자료형 10개를 저장하기 위한 공간을 할당한 예이다. 요소가 10개인 배열이 선언된 것과 같고, 모든 요소가 0으로 초기화된다.

calloc 함수를 이용한 동적 메모리 할당 예	int *pInt; pInt = (int *)calloc(10, sizeof(int));

malloc 함수 및 calloc 함수를 사용해서 할당받은 메모리 공간은 사용하고 난 이후에 반드시 free 함수를 이용하여 해제해야 한다. 만약 free 함수를 사용하지 않을 경우 메모리 공간이 프로그램 종료시까지 계속 유지되며, 함수를 종료하더라도 공간이 유지된다.

free 함수를 이용한 동적 메모리 해제 예	free(pInt);

이제 예제를 통하여 동적 메모리 할당에 대한 내용을 확인해 보자. 다음의 예제들은 우선 배열을 이용하여 연속 자료를 정적으로 할당해 보고, 동일한 기능을 수행하는 프로그램을 동적 메모리 할당을 이용하여 만들어 볼 것이다.

```
/*
   Example 13-5
   배열을 이용한 연속 자료의 정적 할당
*/

#include <stdio.h>

int main(void)
{
   int iEngScore[5], iSum = 0, iCount;
   float fAverage;

   iEngScore[0] = 90;
   iEngScore[1] = 95;
```

```c
    iEngScore[2] = 85;
    iEngScore[3] = 80;
    iEngScore[4] = 70;

    for (iCount = 0; iCount < 5; iCount++)
    {
        iSum = iSum + iEngScore[iCount];
    }

    fAverage = (float)iSum / 5;
    printf("Average = %.2f \n", fAverage);

    return 0;
}
```

프로그램 실행 결과

```
C:\windows\system32\cmd.exe
Average = 84.00
계속하려면 아무 키나 누르십시오 . . .
```

```c
/*
    Example 13-6
    malloc 함수를 이용한 연속 자료의 동적 할당
    free 함수를 이용한 할당 자료의 해제
*/

#include <stdio.h>
#include <stdlib.h>

int main(void)
{
    int *piEnglish, iSum = 0, iCount;
    float fAverage;

    piEnglish = (int *)malloc(sizeof(int) * 5);

    *piEnglish = 90;
    *(piEnglish + 1) = 95;
    *(piEnglish +2) = 85;
    *(piEnglish + 3) = 80;
    *(piEnglish + 4) = 70;

    for (iCount = 0; iCount < 5; iCount++)
    {
        iSum = iSum + *(piEnglish + iCount);
    }

```

```
    fAverage = (float)iSum / 5;
    printf("Average = %.2f \n", fAverage);

    free(piEnglish);

    return 0;
}
```

프로그램 실행 결과

```
C:\windows\system32\cmd.exe
Average = 84.00
계속하려면 아무 키나 누르십시오 . . .
```

```
/*
    Example 13-7
    calloc 함수를 이용한 연속 자료의 동적 할당
    free 함수를 이용한 할당 자료의 해제
*/

#include <stdio.h>
#include <stdlib.h>

int main(void)
{
    int *piEnglish, iSum = 0, iCount;
    float fAverage;

    piEnglish = (int *)calloc(5, sizeof(int));

    *piEnglish = 90;
    *(piEnglish + 1) = 95;
    *(piEnglish + 2) = 85;
    *(piEnglish + 3) = 80;
    *(piEnglish + 4) = 70;

    for (iCount = 0; iCount < 5; iCount++)
    {
        iSum = iSum + *(piEnglish + iCount);
    }

    fAverage = (float)iSum / 5;
    printf("Average = %.2f \n", fAverage);

    free(piEnglish);

    return 0;
}
```

프로그램 실행 결과

```
C:\windows\system32\cmd.exe
Average = 84.00
계속하려면 아무 키나 누르십시오 . . .
```

위의 예제들은 모두 배열과 같은 연속된 자료를 이용하여 자료를 저장하고, 평균을 구하는 프로그램이다. 첫 번째 예제는 배열을 이용하여 연속된 자료를 정적 할당 방식으로 사용한다. 두 번째 예제는 malloc 함수를 사용하여 공간을 동적으로 할당받아 사용하고, 세 번째 예제는 calloc 함수를 이용한 방식이다.

동적 할당 방식은 모두 포인터 변수에 동적 할당받은 메모리 공간의 주소를 저장하고, 저장된 공간을 포인터의 역참조 연산을 사용하여 접근한다. 이때 연속된 자료를 동적으로 할당받을 경우 다음의 예제와 같이 포인터의 역참조 연산자를 사용하는 것이 아니라 배열과 같이 첨자를 사용하여 접근할 수도 있다.

```
/*
  Example 13-8
  calloc 함수를 이용한 연속 자료의 동적 할당
  free 함수를 이용한 할당 자료의 해제
  포인터 대신 배열처럼 접근
*/

#include <stdio.h>
#include <stdlib.h>

int main(void)
{
  int *piEnglish, iSum = 0, iCount;
  float fAverage;

  piEnglish = (int *)calloc(5, sizeof(int));

  piEnglish[0] = 90;
  piEnglish[1] = 95;
  piEnglish[2] = 85;
  piEnglish[3] = 80;
  piEnglish[4] = 70;

  for (iCount = 0; iCount < 5; iCount++)
  {
      iSum = iSum + piEnglish[iCount];
  }

```

```c
        fAverage = (float)iSum / 5;
        printf("Average = %.2f \n", fAverage);

        free(piEnglish);

        return 0;
    }
```

프로그램 실행 결과	C:\windows\system32\cmd.exe Average = 84.00 계속하려면 아무 키나 누르십시오 . . .

배열을 사용하여 정적으로 할당받은 공간은 프로그램의 실행 도중 변경이 불가능하다. 그러나 malloc 함수 또는 calloc 함수를 사용하여 동적으로 할당받은 메모리 공간은 프로그램의 실행 도중에 변경할 수 있다. 할당받을 메모리 크기는 늘리거나 줄이는 것이 모두 가능하며, 반환하는 메모리의 주소는 변경될 수 있다. 메모리의 크기를 늘릴 때 기존에 저장했던 자료는 유지하며, 크기를 줄일 때는 변경하는 크기만큼의 자료만 남고 나머지는 사라진다.

realloc 함수를 이용한 동적 메모리 할당 크기 변경 예	int *pInt;
	pInt = (int *)calloc(5, sizeof(int));
	...
	
	pInt = (int *)realloc(10, sizeof(int));

```c
/*
   Example 13-9
   calloc 함수를 이용한 연속 자료의 동적 할당
   realloc 함수를 이용한 연속 자료의 크기 변경
   free 함수를 이용한 할당 자료의 해제
   포인터 대신 배열처럼 접근
*/

#include <stdio.h>
#include <stdlib.h>

int main(void)
{
   int *piEnglish, iSum = 0, iCount;
```

```
    float fAverage;

    piEnglish = (int *)calloc(5, sizeof(int));

    piEnglish[0] = 90;
    piEnglish[1] = 95;
    piEnglish[2] = 85;
    piEnglish[3] = 80;
    piEnglish[4] = 70;

    for (iCount = 0; iCount < 5; iCount++)
    {
        iSum = iSum + piEnglish[iCount];
    }

    fAverage = (float)iSum / 5;
    printf("Average = %.2f \n", fAverage);

    piEnglish = (int *)calloc(10, sizeof(int));

    piEnglish[5] = 100;
    piEnglish[6] = 95;
    piEnglish[7] = 50;
    piEnglish[8] = 90;
    piEnglish[9] = 75;

    for (iCount = 0; iCount < 10; iCount++)
    {
        iSum = iSum + piEnglish[iCount];
    }

    fAverage = (float)iSum / 10;
    printf("Average = %.2f \n", fAverage);

    free(piEnglish);

    return 0;
}
```

프로그램 실행 결과

```
C:\windows\system32\cmd.exe
Average = 84.00
Average = 83.00
계속하려면 아무 키나 누르십시오 . . .
```

연습문제

1. 다음 괄호 부분을 채우시오.

① (   ) 지시자는 전처리기에 의하여 기호상수를 정의한 문자열로 변경한다.

② (   )는 이미 정의된 기호상수를 해지하는 지시자이다.

③ (   ) 지시자는 특정 기호상수가 정의되었을 때 특정 문장을 수행하도록 하는 상황에서 유용하게 사용된다.

④ 정적 할당은 변수의 선언에 의하여 메모리가 할당되는 방식이며, (   ) 할당은 변수의 선언 이외에 프로그램에 의한 메모리 요청에 의하여 메모리가 할당되는 방식이다.

2. 아래의 형식을 설명하시오.

```
#ifdef 기호상수
    문장1
#else
    문장2
#endif
```

3. 동적으로 할당된 메모리를 해제하기 위하여 사용하는 함수는?

① malloc

② calloc

③ free

④ return

4. 다음 프로그램을 컴파일하면 문제가 발생한다. 그 이유는?

```
/*
  Problem 13-4
*/

#define _CRT_SECURE_NO_WARNINGS
#include <stdio.h>

int main(void)
{
  float fArea, fRadius;

  printf(" 반지름을 입력하세요 : ");
  scanf("%f", &fRadius);

  fArea = PI * fRadius * fRadius;

  printf(" 원의 면적은 %f입니다.\n", fArea);

  return 0;
}
```

5. 다음 프로그램을 컴파일하면 문제가 발생한다. 그 이유는?

```
/*
  Problem 13-5
*/

#include <stdio.h>
#define DEBUG

int main(void)
{
  int iValue1, iValue2, iCount, iSum;

  printf(" 두 수를 입력하세요?");
  scanf("%d %d", &iValue1, &iValue2);
  for (iSum = 0, iCount = iValue1; iCount <= iValue2; iCount++) {
      iSum = iSum + iCount;
#ifdef DEBUG
      printf(" %d부터 %d까지의 합은 %d입니다. \n", iValue1, iCount, iSum);
  }
```

```
    printf(" %d부터 %d까지의 합은 %d입니다. \n", iValue1, iValue2, iSum);

    return 0;
}
```

6. 동적으로 할당될 정수형의 자료의 수를 입력받은 후, 그 크기만큼 동적 할당하시오. 그리고 할당받은 공간만큼 정수를 입력받은 후 입력받은 숫자의 평균을 구하는 프로그램을 작성하시오.

```
C:\windows\system32\cmd.exe
동적으로 할당될 정수형 자료의 수를 입력하세요 : 5
1번째 숫자를 입력하세요 : 20
2번째 숫자를 입력하세요 : 10
3번째 숫자를 입력하세요 : 30
4번째 숫자를 입력하세요 : 50
5번째 숫자를 입력하세요 : 40
평균 = 30.00
계속하려면 아무 키나 누르십시오 . . .
```

제 14 장

파일 입출력

제 14장 파일 입출력

지금까지 작성했던 모든 프로그램들은 자료를 입력받을 때 scanf 함수를 사용하여 키보드로부터 입력받고, 자료를 출력할 때 printf 함수를 사용하여 모니터의 콘솔 화면에 출력하였다. 그러나 종종 영구적인 저장을 이유로 파일에서 자료를 읽은 후 그 결과를 다시 파일에 저장하는 형태의 프로그램이 사용된다. 또한 실제 대부분의 응용프로그램은 파일에서 자료를 읽고 파일 형태로 저장한다.

키보드로부터 자료를 읽고 화면에 출력하는 프로그램은 프로그램의 실행 도중에 그 결과를 바로 확인할 수 있다는 장점이 있지만, 프로그램이 종료되면 그 결과를 더 이상 확인할 수 없다. 따라서 데이터를 영구적으로 보존하기 위하여 하드 디스크 등의 보조 기억 장치를 사용하며, C언어에서는 이를 위하여 다양한 파일 처리 방법을 제공한다. 참고로 지금부터 배우게 될 파일 입출력 관련 함수들을 Visual Studio에서 사용하기 위해서는 scanf 함수와 같이 전처리기를 사용하여 #define _CRT_SECURE_NO_WARNINGS 정의를 지정해야 한다.

14.1 파일 열기와 닫기

C언어에서 파일을 사용하는 방법은 파일에서 자료를 읽거나 또는 파일에 자료를 저장할 때 모두 [파일 열기] - [파일 사용] - [파일 닫기]의 과정을 통하여 이루어진다.

14.1.1 파일 열기

파일을 열기 위한 함수는 fopen 함수를 사용하며, stdio.h 헤더 파일에 포함되어 있다.

fopen 함수의 형식	FILE * fopen(char *name, char *mode);

fopen 함수를 실행하면 파일의 포인터를 가져올 수 있다. 반환 자료형인 FILE은 stdio.h 헤더 파일에 정의되어 있는 것으로 구조체 자료형이다. typedef struct _iobuf FILE;로 정의도어 있으며 _iobuf 구조체와 FILE 구조체는 동일하다. 다만 _iobuf 구조체는 복잡한 멤버로 구성되어 있기 때문에 내부 멤버를 모두 이해한다는 것은 힘들다. 단지 구조체 FILE이 파일을 표현하는 C언어의 자료형인 것만 기억하자.

<table>
<tr>
<td>_iobuf 구조체의 구성</td>
<td>
<pre>
struct _iobuf
{
   char   *ptr;
   int   _cnt;
   char *_base;
   int   _flag;
   int   _file;
   int   _charbuf;
   int   _bufsiz;
   char   *_tmpfname;
};
</pre>
</td>
</tr>
</table>

fopen 함수를 실행하기 위하여 전달해야 하는 첫 번째 인수는 파일의 이름이며, 두 번째 인수는 파일을 어떠한 방법으로 사용하는지를 결정하는 사용 형태이다. fopen 함수를 사용하여 파일 열기를 성공하면 구조체 _iobuf의 자료형을 갖는 변수의 주소를 반환한다. 읽고자 하는 파일 이름과 일치하는 파일이 없는 경우와 같이 함수 실행 후 파일 열기에 실패하면 널(NULL) 값을 반환한다.

fopen 함수의 두 번째 인수인 파일 처리 형태는 일반적으로 모드라고 하며, 크게 파일 읽기와 파일 쓰기로 구분할 수 있다. 읽기와 쓰기 역시 세부 사용 방법에 따라 다음과 같이 총 6가지의 모드가 사용될 수 있으며, 두 가지 이상의 모드를 결합하여 사용할 수도 있다.

<table>
<tr><th colspan="2">파일 열기 모드</th></tr>
<tr><th>모드</th><th>의미</th></tr>
<tr><td>r</td><td>읽기 모드로 파일을 연다.
파일이 없으면 파일 열기에 실패하고 널(NULL) 값을 반환한다.
읽기 모드에서는 파일에 쓰기를 할 수 없다.</td></tr>
<tr><td>w</td><td>쓰기 모드로 파일을 연다.
파일이 없으면 새로 파일을 만들고, 파일이 있으면 파일의 내용을 지운다.
파일에 쓰기를 하면 파일의 처음부터 쓴다.
쓰기 모드에서는 파일로부터 읽기를 할 수 없다.</td></tr>
</table>

a	쓰기 추가 모드로 파일을 연다. 파일이 없으면 새로 파일을 만들고, 파일에 쓰기를 파면 파일의 처음부터 쓴다. 파일이 존재할 경우 파일에 쓰기를 하면 파일의 끝에 이어서 쓴다. 쓰기 추가 모드에서는 파일로부터 읽기를 할 수 없다.
r+	읽기와 쓰기 모드로 파일을 연다. 파일이 없으면 파일 열기에 실패하고 널(NULL) 값을 반환한다.
w+	읽기와 쓰기 모드로 파일을 연다. 파일이 없으면 새로 파일을 만들고, 파일이 있으면 파일의 내용을 지운다. 파일에 쓰기를 하면 파일의 처음부터 쓴다.
a+	읽기와 쓰기 추가 모드로 파일을 연다. 파일이 없으면 새로 파일을 만들고, 파일에 쓰기를 하면 파일의 처음부터 쓴다. 파일이 존재할 경우 파일에 쓰기를 하면 파일의 끝에 이어서 쓴다.

다음의 예는 inputFile.txt 읽기 모드로 열고, outputFile.txt 파일을 쓰기 모드로 여는 예이다. 읽기 모드로 파일을 여는 것은 책장에서 읽을 책을 선택하는 것과 동일하며, 쓰기 모드로 파일을 여는 것은 빈 노트를 선택하고 노트에 제목을 정하는 것과 유사하다.

파일 열기의 예

```
#define _CRT_SECURE_NO_WARNINGS
#include <stdio.h>
#include <stdlib.h>        // exit(1) 함수 사용을 위한 헤더 파일

int main(void)
{
    char *strInFileName, *strOutFileName;
    FILE *inFile, *outFile;
    strInFileName = "inputFile.txt";
    strOutFileName = "outFile.txt";

    inFile = fopen(strInFileName, "r");
    if (inFile == NULL)
    {
        printf("입력 파일 열기 실패\n");
        exit(1);        // 프로그램 강제 종료, 인수가 1이면 문제 발생을 의미
    }

    outFile = fopen(strOutFileName, "w");
    if (outFile == NULL)
    {
        printf("출력 파일 열기 실패\n");
        exit(1);        // 프로그램 강제 종료, 인자가 1이면 문제 발생을 의미
```

```
        }

        .........

        return 0;
}
```

inFile = fopen(strInFileName, "r");과 같이 fopen 함수를 사용하여 읽기 모드로 파일을 열면 inFile에 해당 파일의 주소가 저장된다. 위의 예에서는 strInFileName에 "inputFile.txt"라고 파일의 이름만 지정되었다. fopen 함수에 위와 같이 파일의 이름만을 지정하면 현재 작업 폴더에서 파일을 찾아서 열기를 시도한다. Visual Studio에서는 Ctrl + F5를 이용해서 프로그램을 실행하면 현재 프로젝트의 작업 폴더에서 파일을 찾는다. 보통 .c 파일과 .vcxproj 파일이 위치하고 있는 폴더이며, 솔루션 탐색기에서 프로젝트 이름에 마우스 오른쪽 버튼을 누르고 [파일 탐색기에서 폴더 열기] 항목을 선택하면 바로 이동할 수 있다. 또한 소스 코드를 컴파일한 후 실행 파일이 생성된 상태에서, 탐색기를 통하여 프로그램을 실행했을 때는 실행 파일이 있는 폴더에 열고자 하는 파일이 함께 위치해야 한다.

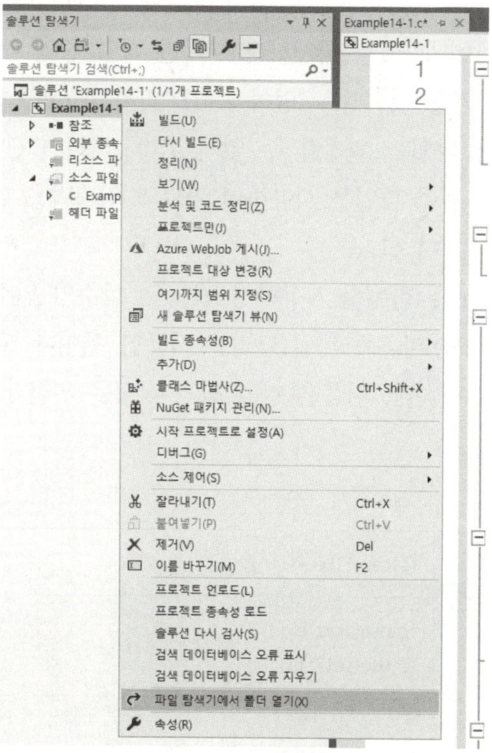

fopen 함수를 이용하여 파일 이름을 전달할 때 파일이 있는 경로까지 함께 지정하여 전달할 수 있다. 이때는 절대 경로와 상대 경로 모두 사용 가능하며 경로 지정 방법은 다음과 같다.

절대 경로를 이용한 파일 열기	`fopen("C:\\data\\inputFile.txt", "r");`
상대 경로를 이용한 파일 열기	`fopen(".\\sub\\inputFile.txt", "r");`

경로에 폴더를 표시하기 위해서 \를 입력할 때는 \\와 같이 두 개를 사용해서 입력해야 한다는 것에 주의(2.3.1 탈출 문자를 참고)한다. 절대 경로는 말 그대로 탐색기에서 접근 가능한 절대 위치를 나타낸다. 반면 상대 경로는 현재 작업 폴더를 기준으로 이동할 수 있는 폴더를 의미한다. ".\\"와 같이 사용할 때는 현재의 작업 폴더를 나타내며, "..\\"와 같이 사용할 때는 현재 폴더보다 한 단계 상위 폴더를 나타낸다. 또한 ".\\sub\\"로 표현하면 현재 폴더에 있는 하위 sub 폴더에 있는 파일을 의미한다.

14.1.2 파일 닫기

우리가 워드 프로세서 등을 이용하여 문서 편집을 할 때, 파일을 열고 편집 중인 상태에서 탐색기를 이용하여 파일을 삭제하려고 하면 작업 중인 파일은 삭제할 수 없다는 오류 메시지를 볼 수 있을 것이다. C언어에서도 역시 fopen 함수를 이용하여 파일을 열면 다른 곳에서 해당 파일을 변경할 수 없게 된다. 따라서 C언어에서 파일을 이용할 때에도 입력 파일 또는 출력 파일을 사용하여 자료의 입출력을 한 후, 작업이 끝나면 반드시 파일 닫기 작업을 해야 한다.

파일 닫기 작업은 fclose 함수를 사용하며, fclose 함수의 인수는 fopen 함수에서 반환받은 파일의 포인터 값이다. 즉 파일 닫기는 사용한 책이나 노트를 사용 후에 제자리에 다시 두는 과정과 유사하다. 다음은 파일 닫기 작업을 위한 fclose 함수의 형식과 사용 예이다.

fclose 함수의 사용 형식	`fclose(FILE *file);`
fclose 함수의 사용 예	`fclose(inFile);` `fclose(outFile);`

14.2 텍스트 파일의 읽기와 쓰기

파일을 fopen 함수를 사용하여 파일 열기를 하면, 파일에 데이터를 저장하거나 파일로부터 데이터를 읽을 수 있다. 파일에 데이터를 저장하기 위한 함수는 fprintf 함수와 fputs 함수를 사용하며, 파일로부터 데이터를 읽을 때는 fscanf 함수와 fgets 함수를 사용한다.

14.2.1 파일에 데이터 쓰기

파일에 데이터를 저장하는 것은 선택한 노트에 펜을 이용하여 글을 쓰는 것과 유사하다. 파일에 데이터를 저장하기 위하여 사용하는 fprintf 함수는 printf 함수와 그 사용법이 거의 동일하다. printf 함수가 변환 문자를 사용하여 화면에 원하는 데이터를 변환하여 출력하는 것과 비교하여 fprintf 함수는 단지 파일에 출력한다는 점만 다르다. 따라서 fprintf 함수는 출력을 원하는 파일을 지정하기 위하여 첫 번째 인수로 fopen 함수를 사용하여 반환받은 파일의 포인터를 이용한다. 다음은 printf 함수와 fprintf 함수의 형식을 비교하고 fprintf 함수를 사용하는 예이다.

printf 함수와 fprintf 함수의 사용 형식	`printf("변환 문자", 인수들);` `fprintf(파일포인터, "변환 문자", 인수들);`
fprintf 함수의 사용 예	`fprintf(outFile, "이름은 %s입니다.\n", strName);`

fputs 함수는 puts 함수와 비교하여 화면 출력 대신 파일에 출력한다는 점만 제외하면 기능이 동일하다. fputs 함수는 출력을 원하는 파일을 지정하기 위하여 두 번째 인수로 fopen 함수를 사용해서 반환받은 파일의 포인터를 이용한다. 즉 fputs 함수의 첫 번째 인수는 파일에 저장하기 위한 문자열이며, 두 번째 인수는 파일의 포인터이다. 다음은 puts 함수와 fputs 함수의 사용 예이다.

puts 함수와 fputs 함수의 사용 예	`puts("KOREA");` `fputs("KOREA", outFile);`

C언어에서는 파일에 문자열을 출력하는 fputs 함수 대신에 문자 하나를 출력하는 putc 함수와 fputc 함수도 지원한다. 이 두 함수는 화면에 하나의 문자를 출력하는 putchar 함수의 파일용 함수이다.

putc 함수와 fputc 함수
putchar 함수의 사용 예
	putchar('a');
	putc('a', outFile);
	fputc('a', outFile);

14.2.2 파일에서 데이터 읽기

파일에서 데이터를 읽는 것은 선택한 책을 읽는 것과 유사하며, C언어에서는 파일 열기를 한 다음 fscanf 함수와 fgets 함수를 사용해서 파일로부터 데이터를 가져올 수 있다. scanf 함수가 키보드로부터 가져온 데이터를 변수에 저장하는 것과 마찬가지로 fscanf 함수는 파일로부터 데이터를 가져와서 변수에 저장한다. fscanf 함수는 입력을 원하는 파일을 지정하기 위하여 첫 번째 인수로 fopen 함수를 이용하여 반환받은 파일의 포인터를 사용한다. 다음은 scanf 함수와 fscanf 함수의 형식과 사용 예이다.

scanf 함수와 fscanf 함수의 사용 형식	scanf("변환 문자", 인수들); fscanf(파일포인터, "변환 문자", 인수들);
fscanf 함수의 사용 예	fscanf(inFile, "%s", strName);

fgets 함수는 gets 함수와 마찬가지로 한 줄의 문자열을 읽은 후 변수에 저장한다. gets 함수가 키보드에서 엔터를 입력하기 전까지의 문자열을 변수에 저장하는 반면에, fgets 함수는 파일에서 몇 바이트의 문자열을 저장할 것인지를 지정할 수 있다. 즉 파일에서 문자열을 읽는 도중 지정된 크기 이전에 줄바꿈이 있으면 줄바꿈까지 문자열을 읽으며, 줄바꿈이 중간에 없을 경우 지정된 크기까지(널 문자 포함 지정된 크기까지)만 문자열을 읽는다. fgets 함수의 첫 번째 인수는 문자열이 저장될 파일의 포인터이며, 두 번째 인수는 입력받을 문자열의 최대 크기이고, 세 번째 인수로 fopen 함수의 반환값인 파일 포인터를 사용한다. 다음은 gets 함수와 fgets 함수의 사용 예이다.

gets 함수와 fgets 함수의 사용 예	gets(strName); fgets(strName, 20, inFile);

getc 함수 또는 fgetc 함수는 파일로부터 하나의 문자만을 입력받기 위한 함수이다. 반면 getchar 함수는 키보드로부터 하나의 문자를 입력받는다.

fgetc, getc, getchar 함수의 사용 예	int iValue;
	
	iValue = fgetc(inFile);
	iValue = getc(inFile);
	iValue = getchar();

14.3 파일 내부 검사

우리가 책을 읽을 때 한 줄, 한 페이지 단위로 읽는 위치가 변화하듯이 파일 읽기 함수를 수행하면 파일의 내부 포인터가 증가한다. 만약 파일의 내부 포인터가 파일의 끝을 가리키면 파일의 읽기를 끝내야 한다. 이때 파일의 끝을 확인하기 위한 함수가 feof 함수이다. feof 함수는 파일의 끝에 도달할 경우 참인 값인 1을 반환하며, 파일의 끝이 아니면 거짓의 값 0을 반환한다. 다음의 예는 feof 함수를 이용하여 파일의 끝을 검사하는 예이다.

feof 함수의 사용 예	while(feof(inFile) == 0) // while(!feof(inFile))로 표현 가능
	{
	    fscanf(inFile, "%s %d %d %d", strName, &iEng, &iMath, %iKor);
	    ...
	}

이제 실제 프로그램을 통하여 파일을 처리하는 방법을 확인해 보자. 프로그램을 만들기 전에 입력을 위한 inputFile.txt 파일을 먼저 작성한다. inputFile.txt 파일은 프로젝트의 소스 파일(.c 확장자)있는 폴더와 같은 위치에 저장해야 한다. Visual Studio를 이용하여 프로젝트를 만든 후 앞에서 설명한 것과 같이 솔루션 탐색기에서 프로젝트 이름

에 마우스 오른쪽 버튼을 누르고 [파일 탐색기에서 폴더 열기] 항목을 이용하여 작업할 폴더로 이동한다. 그리고 다음의 그림과 같이 메모장을 이용하여 텍스트 파일을 만든다.

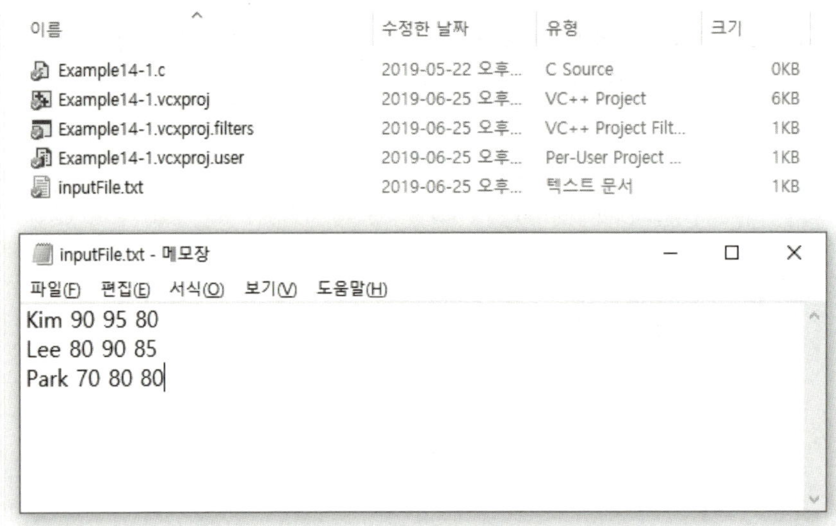


```
/*
Example 14-1
inputFile.txt 파일로부터 국어, 수학, 영어 성적을 읽어
총점과 평균을 계산하고 outputFile.txt에 저장하는 프로그램
*/

#define _CRT_SECURE_NO_WARNINGS
#include <stdio.h>
#include <stdlib.h>

int main(void)
{
   char strName[20];
   int intKor, intMath, intEng, intTotal, intAverage;

   char *strInFileName, *strOutFileName;
   FILE *inFile, *outFile;

   strInFileName = "inputFile.txt";
   strOutFileName = "outputFile.txt";

   if ((inFile = fopen(strInFileName, "r")) == NULL) {
       printf("입력 파일 열기 실패\n");
       exit(1);
   }
```

```c
    if ((outFile = fopen(strOutFileName, "w")) == NULL) {
        printf("출력 파일 열기 실패\n");
        exit(1);
    }

    while (!feof(inFile)) {
        fscanf(inFile, "%s %d %d %d", strName, &intEng, &intMath, &intKor);

        printf("[이름 = %s] : [국어 = %d] : [수학 = %d] : [영어 = %d]\n",
            strName, intEng, intMath, intKor);

        intTotal = intKor + intMath + intEng;
        intAverage = intTotal / 3;

        printf("[총점 = %d] : [평균 = %d]\n\n", intTotal, intAverage);

        fprintf(outFile, "[이름 = %s] : [총점 = %d] : [평균 = %d]\n", strName, intTotal, intAverage);
    }

    fclose(inFile);
    fclose(outFile);

    return 0;
}
```

프로그램 실행 결과

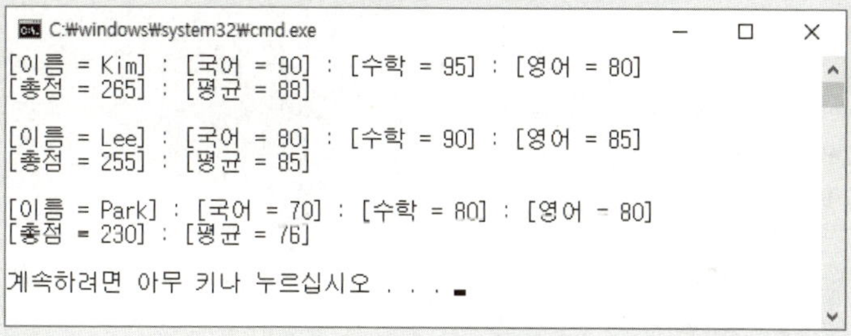

프로그램을 실행하면 위의 결과를 볼 수 있다. 그러나 중요한 것은 결과 화면이 아니라 계산을 수행 후 작업 결과가 파일로 저장이 되었는지를 확인하는 것이다. 프로그램 작업 폴더로 다시 가 보면 outputFile.txt 파일이 만들어 진 것을 확인할 수 있다. 그리고 해당 파일에 저장된 내용은 다음과 같다.

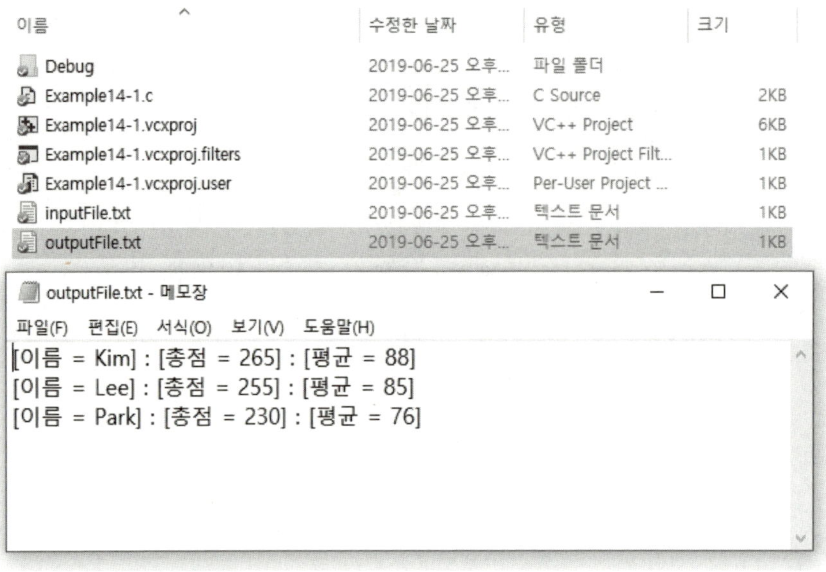

파일에서 데이터를 읽고, 다시 파일로 저장하는 것뿐만 아니라 키보드를 이용해서 데이터를 입력하고 이를 파일로 저장하는 것도 가능하다. 다음의 예제를 살펴보자.

```
/*
Example 14-2
키보드로부터의 입력을 파일에 저장하는 프로그램
*/

#define _CRT_SECURE_NO_WARNINGS
#include <stdio.h>
#include <stdlib.h>

int main(void)
{
    char strOutFileName[20];
    FILE *outFile;
    int iValue;

    printf("파일명을 입력하세요 : ");
    scanf("%s", strOutFileName);

    if ((outFile = fopen(strOutFileName, "w")) == NULL) {
        printf("출력 파일 열기 실패 \n");
        exit(1);
    }

    printf("[ 파일의 내용을 입력하세요 ] \n");
```

```c

    while ((iValue = getchar()) != EOF) {
        putc(iValue, outFile);
    }

    fclose(outFile);

    return 0;
}
```

프로그램 실행 결과

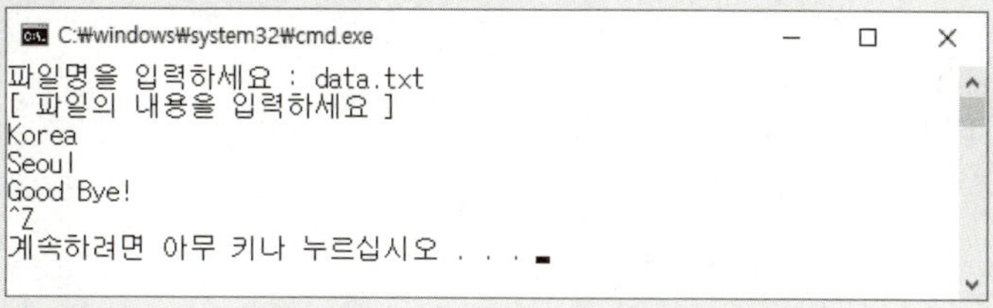

위의 프로그램을 실행하면 파일 이름을 입력한 후 해당 파일에 입력할 내용을 적을 수 있다. 입력할 내용을 끝내기 위해서는 Ctrl + Z 키를 누르면 입력이 종료된다. 입력을 종료하고 나면 프로젝트의 작업 폴더에 지정한 파일명으로 파일이 생성되고, 해당 파일에 입력한 내용이 저장된 것을 확인할 수 있다.

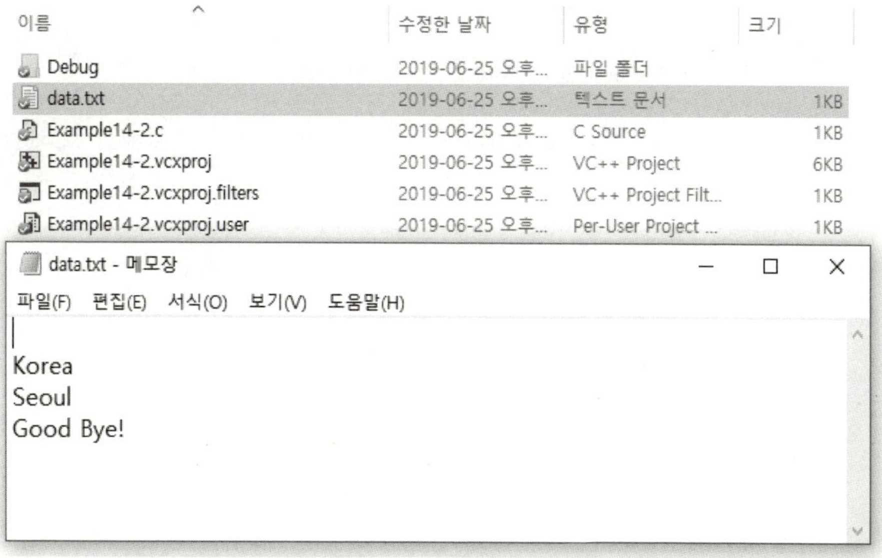

마지막으로 저장된 파일을 콘솔 화면에 출력해 보자. 앞의 예제를 이용해서 만든 파일을 임의의 폴더에 복사한다. 여기서는 c:\temp 폴더를 만들어서 복사하겠다.

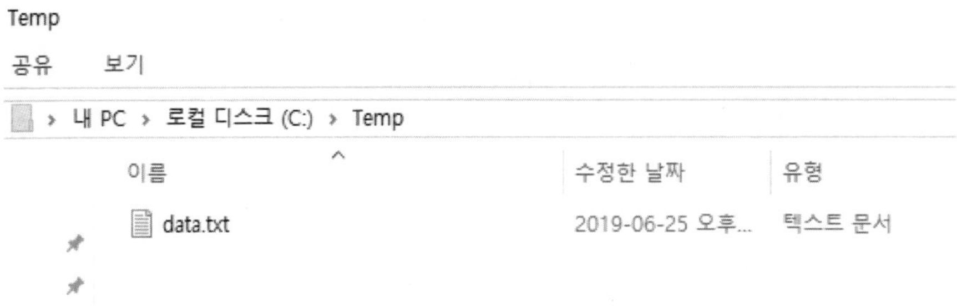


```
/*
Example 14-3
파일의 내용을 화면에 출력하는 프로그램
*/

#define _CRT_SECURE_NO_WARNINGS
#include <stdio.h>
#include <stdlib.h>

int main(void)
{
    char strInFileName[20];
    FILE *inFile;
    int iValue;

    printf("파일명을 입력하세요 : ");
    scanf("%s", strInFileName);

    if ((inFile = fopen(strInFileName, "r")) == NULL) {
        printf("입력 파일 열기 실패 \n");
        exit(1);
    }

    printf("[ 파일 %s의 내용 ]\n", strInFileName);

    while (!feof(inFile)) {
        iValue = fgetc(inFile);
        putchar(iValue);
    }

    fclose(inFile);

    return 0;
}
```

프로그램 실행 결과

```
C:₩windows₩system32₩cmd.exe
파일명을 입력하세요 : c:₩temp₩data.txt
[ 파일 c:₩temp₩data.txt의 내용 ]

Korea
Seoul
Good Bye!
 계속하려면 아무 키나 누르십시오 . . .
```

파일명을 입력할 때 폴더를 지정하기 위하여 c:\temp\data.txt라고 지정하였다. 우리가 C언어 코드에서는 탈출 문자 때문에 \를 표기하기 위하여 큰따옴표 안에 "C:\\temp\\..." 와 같은 형식으로 표현하지만, 실제 콘솔에서 입력할 때는 \를 한 번만 사용하면 C언어 내부에서 자동을 \\로 변경되서 입력된다.

14.4 이진 파일의 읽기와 쓰기

텍스트 파일은 모든 데이터가 문자열로 변환되어 기록된다. 따라서 저장되는 기본 단위는 문자이며, 문자 이외의 값은 저장할 수 없다. 텍스트 파일에서는 정숫값도 문자열로 변환된 후 파일에 저장된다. 그러나 컴퓨터에서 사용하는 데이터가 문자만 있는 것은 아니다. 예를 들어 이미지 파일이나 음악 파일 등은 문자 형태로 표현되지 않는 바이트 정보가 있다. 이러한 파일들을 이진 파일이라고 하며, 이진 파일은 바이트 단위로 데이터를 저장한다. 컴퓨터에서 사용하는 바이트는 8비트가 하나로 묶인 단위이며, 비트는 0 또는 1의 값만을 저장할 수 있다. 그리고 이러한 바이트 단위가 컴퓨터 공학에서 정보를 저장하는 기본 단위가 된다.

컴퓨터에서 사용하는 모든 데이터는 2진수 0과 1로 저장되며, 이를 파일로 저장하는 것을 이진 파일이라고 한다. 따라서 이진 파일은 텍스트 파일보다 넓은 범위의 파일이며, 문자를 포함하여 다양한 데이터를 표현할 수 있다. 넓은 의미에서 보면 텍스트 파일도 이진 파일의 일부에 해당하지만, 이진 파일 중에는 텍스트 파일이 아닌 것이 더 많다. 예를 들어 그림 파일을 문서 편집기로 보면 이상한 문자들이 보이며, 문자 자료형을 제외한 모든 형태가 이진 형태라고 이해하면 된다. C언어에서는 이러한 이진 파일을 이용하여 데이터를 관리하는 방법을 별도로 제공하고 있으며, 그 중 이진 파일에 데이터를 저장하기 위한 함수는 fwrite 함수를 사용한다.

fwrite 함수의 사용 예	`struct score student;` `fwrite(&student, sizeof(struct score), 1, outFile);`

fwrite 함수는 총 네 개의 인수를 가지고 있으며 각각을 설명하면 다음과 같다.

fwrite 함수의 인수	
인수	의미
첫 번째 인수	출력하고자 하는 자료의 주소
두 번째 인수	출력하고자 하는 자료의 단위 크기 (바이트 단위)
세 번째 인수	출력하고자 하는 자료의 개수
네 번째 인수	이진 파일의 파일 포인터

이진 파일에 저장된 정보를 가져오기 위해서는 fread 함수를 사용한다. fread 함수의 사용 예는 다음과 같다.

fread 함수의 사용 예	`fread(&student, sizeof(struct score), 1, inFile);`

fread 함수 역시 fwrite 함수와 마찬가지로 총 네 개의 인수를 갖고 있으며, 다음의 표는 fread 함수의 인수에 대한 설명이다.

fread 함수의 인수	
인수	의미
첫 번째 인수	데이터가 입력되는 자료(변수)의 주소
두 번째 인수	입력하고자 하는 자료의 단위 크기 (바이트 단위)
세 번째 인수	입력하고자 하는 자료의 개수
네 번째 인수	이진 파일의 파일 포인터

다음의 예제들은 fwrite 함수를 사용해서 이진 파일에 구조체 자료를 저장하고, 저장한 구조체 자료를 다시 fread 함수로 읽은 후 구조체로 복원하여 처리하는 것들이다. 구조체 자료형도 이진 정보이기 때문에 구조체 자료 형태로 저장된 내용을 메모장 등을 이용해서 보면 이상하게 보인다. 이진 파일은 다양한 형태로 이용될 수 있으며, 구조체

정보를 구조체 단위로 저장하거나 읽어올 때 사용할 수 있다. 저장되는 파일 자료는 편의상 c:\temp 폴더에 저장한다.

```
/*
Example 14-4
fwrite 함수를 이용하여 이진 파일에 구조체 자료의 저장
*/

#define _CRT_SECURE_NO_WARNINGS
#include <stdio.h>
#include <stdlib.h>
#include <string.h>

typedef struct {
   char name[20];
   int iMath;
   int iEng;
   int iAverage;
}Score;

int main(void)
{
   Score student[3];
   int iCount;

   char *strOutFileName;
   FILE *outFile;

   strOutFileName = "C:\\temp\\inputFile.bin";
   if ((outFile = fopen(strOutFileName, "w")) == NULL) {
         printf("출력 파일 열기 실패 \n");
         exit(1);
   }

   strcpy(student[0].name, "Kim");
   student[0].iMath = 90;
   student[0].iEng = 90;

   strcpy(student[1].name, "Lee");
   student[1].iMath = 95;
   student[1].iEng = 90;

   strcpy(student[2].name, "Park");
   student[2].iMath = 80;
   student[2].iEng = 90;

```

```c
        for (iCount = 0; iCount < 3; iCount++) {
            fwrite(&student[iCount], sizeof(Score), 1, outFile);
            printf("구조체 student[%d]의 내용 저장 \n", iCount);
        }

        fclose(outFile);

        return 0;
    }
```

프로그램 실행 결과

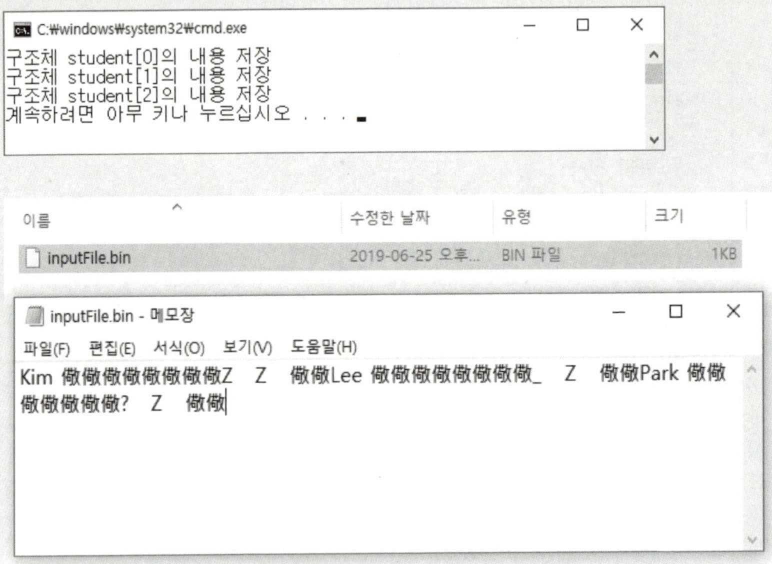


```c
/*
Example 14-5
fwrite 함수를 이용하여 이진 파일에 구조체 자료의 저장
*/

#define _CRT_SECURE_NO_WARNINGS
#include <stdio.h>
#include <stdlib.h>
#include <string.h>

typedef struct {
    char name[20];
    int iMath;
    int iEng;
    int iAverage;
}Score;

```

```
int main(void)
{
    Score student[3];
    int iCount;

    char *strInFileName, *strOutFileName;
    FILE *inFile, *outFile;

    strInFileName = "C:\\temp\\inputFile.bin";
    if ((inFile = fopen(strInFileName, "r")) == NULL) {
        printf("입력 파일 열기 실패 \n");
        exit(1);
    }

    strOutFileName = "C:\\temp\\outputFile.bin";
    if ((outFile = fopen(strOutFileName, "w")) == NULL) {
        printf("출력 파일 열기 실패 \n");
        exit(1);
    }

    for (iCount = 0; iCount < 3; iCount++) {
        fread(&student[iCount], sizeof(Score), 1, inFile);
    }

    for (iCount = 0; iCount < 3; iCount++) {
        printf("[이름] : %s \n", student[iCount].name);
        printf("[수학 점수] : %d \n", student[iCount].iMath);
        printf("[영어 점수] : %d \n", student[iCount].iEng);
        student[iCount].iAverage = (student[iCount].iMath + student[iCount].iEng) / 2;
        printf("[평균 점수] : %d \n\n", student[iCount].iAverage);
    }

    for (iCount = 0; iCount < 3; iCount++) {
        fwrite(&student[iCount], sizeof(Score), 1, outFile);
    }

    fclose(inFile);
    fclose(outFile);

    return 0;
}
```

프로그램 실행 결과

```
C:\windows\system32\cmd.exe
[이름] : Kim
[수학 점수] : 90
[영어 점수] : 90
[평균 점수] : 90

[이름] : Lee
[수학 점수] : 95
[영어 점수] : 90
[평균 점수] : 92

[이름] : Park
[수학 점수] : 80
[영어 점수] : 90
[평균 점수] : 85

계속하려면 아무 키나 누르십시오 . . .
```

14.5 임의 접근 읽기

파일에서 데이터를 읽을 때 일반적으로 파일의 처음부터 끝까지 순차적으로 데이터를 읽는다. 그러나 fseek 함수를 사용하면 파일의 내부 포인터를 임의의 위치로 변경할 수 있으며, 파일 내부의 임의 접근 읽기가 가능하다. 우리가 책을 읽을 때 일반적으로 책의 앞에서부터 순차적으로 읽지만, 필요에 따라서는 책의 중간 부분을 바로 찾아갈 수도 있다. 즉 책을 처음부터 읽는 경우 읽을 곳의 위치는 순차적으로 증가한다. 그러나 읽을 위치를 임의로 변경하면 변경된 위치부터 책을 다시 순차적으로 읽을 수 있다.

처음 파일을 읽을 때 파일의 내부 포인터는 일반적으로 파일의 가장 처음이며, 이 위치에서부터 데이터를 가져오게 된다. 데이터를 가져오면 가져온 양에 따라 파일의 내부 포인터는 변화한다. 데이터를 계속 가져오면 파일의 내부 포인터는 파일의 끝을 가리키게 되고, 더 이상 파일을 읽을 수 없다. 그러나 fseek 함수를 이용하면 파일의 내부 포인터를 변경할 수 있으며, 다시 파일 읽기가 가능해 진다. fseek 함수는 총 3개의 인수를 가지며 다음의 표와 같다.

fseek 함수의 인수	
인수	의미
첫 번째 인수	파일 포인터
두 번째 인수	오프셋(offset)값 기준값으로부터 떨어진 값이며, 바이트 단위 인수의 자료형이 long 자료형이기 때문에 값 뒤에 L을 추가하여 사용 양수의 경우 파일의 내부 포인터가 기준값보다 증가 음수의 경우 파일의 내부 포인터가 기준값보다 감소

세 번째 인수	기준값의 상태 SEEK_SET : 파일의 시작 위치 SEEK_CUR : 파일의 현재 위치 SEEK_END : 파일의 끝 위치

다음의 예는 fseek 함수를 사용하여 파일의 내부 포인터를 변경하는 방법을 보인다.

fseek 함수의 사용 예 1	fseek(fp, 200L, SEEK_SET); 파일의 처음 위치에서 200바이트 떨어진 위치로 파일의 내부 포인터를 이동
fseek 함수의 사용 예 2	fseek(fp, 200L, SEEK_CUR); 파일의 현재 위치에서 200바이트 떨어진 위치로 파일의 내부 포인터를 이동
fseek 함수의 사용 예 3	fseek(fp, -200L, SEEK_END); 파일의 끝 위치에서 -200바이트 떨어진 위치로 파일의 내부 포인터를 이동

다음의 예제는 fseek 함수를 사용해서 파일에 저장되어 있는 구조체 자료의 일부만을 출력하는 예이다. fseek 함수와 함께 ftell 함수, rewind 함수가 함께 사용되었다. ftell 함수는 현재 파일의 내부 포인터의 위치를 알려주는 함수이며, rewind 함수는 파일의 내부 포인터를 0으로 초기화시킨다. 그리고 자료에 사용된 파일은 앞의 예제에서 작성한 outputFile.bin을 사용하였다.

```
/*
Example 14-6
fseek 함수의 사용
*/

#define _CRT_SECURE_NO_WARNINGS
#include <stdio.h>
#include <stdlib.h>
#include <string.h>

typedef struct {
    char name[20];
    int iMath;
    int iEng;
```

```c
    int iAverage;
}Score;

int main(void)
{
    Score student[3];
    int iCount;

    char *strInFileName;
    FILE *inFile;

    strInFileName = "C:\\temp\\outputFile.bin";
    if ((inFile = fopen(strInFileName, "r")) == NULL) {
        printf("입력 파일 열기 실패 \n");
        exit(1);
    }

    for (iCount = 0; iCount < 2; iCount++) {
        fread(&student[iCount], sizeof(Score), 1, inFile);
        printf("[이름] : %s \n", student[iCount].name);
        printf("[수학 점수] : %d \n", student[iCount].iMath);
        printf("[영어 점수] : %d \n", student[iCount].iEng);
        printf("[평균 점수] : %d \n\n", student[iCount].iAverage);
        fseek(inFile, sizeof(Score), SEEK_CUR);
    }

    fclose(inFile);

    return 0;
}
```

프로그램 실행 결과

```
C:\windows\system32\cmd.exe
[이름] : Kim
[수학 점수] : 90
[영어 점수] : 90
[평균 점수] : 90

[이름] : Park
[수학 점수] : 80
[영어 점수] : 90
[평균 점수] : 85

계속하려면 아무 키나 누르십시오 . . .
```

연습문제

1. 다음 괄호 부분을 채우시오.

① fprintf 함수는 출력을 원하는 파일을 지정하기 위하여 첫 번째 인수로 (   ) 함수의 반환값인 파일 포인터를 사용한다.

② fgetc 함수는 원하는 파일로부터 하나의 문자를 입력받는 함수이다. (   ) 함수는 키보드로부터 하나의 문자를 입력받는 함수이다.

③ (   ) 함수는 파일의 내부 포인터의 위치가 파일의 끝인가를 검사하는 함수이다.

④ 이진 파일로부터 정보를 읽는 함수는 (   )이다.

⑤ (   ) 함수를 이용하여 파일의 내부 포인터를 변경할 수 있다.

2. 해당되는 명령어를 아래의 박스에서 연결하시오.

ⓐ fopen
ⓑ fscanf, fgets, fread
ⓒ fclose
ⓓ printf, puts, fwrite

① 파일 입출력을 위하여 해당 파일을 열어야 하며 이를 위하여 사용하는 함수
- (   )

② 더 이상 파일을 사용할 필요가 없을 때 파일을 닫아야 하며, 이 때 사용하는 함수
- (   )

③ 파일에 정보를 저장하기 위하여 사용하는 함수 - (   )

④ 파일로부터 정보를 입력받기 위하여 사용하는 함수 - (   )

3. 다음 프로그램을 컴파일하면 문제가 발생한다. 그 이유는?

```
/*
  Problem 14-3
*/

#define _CRT_SECURE_NO_WARNINGS
#include <stdio.h>
#include <stdlib.h>

int main()
{
  char strInFileName[20];
  File *inFile;
  int iValue;

  printf(" 파일명을 입력하세요 : ");
  scanf("%s", strInFileName);

  if ((inFile = fopen(strInFileName, "r")) == NULL) {
      printf("입력 파일 열기 실패 \n");
      exit(1);
  }

  printf(" [ 파일 %s의 내용 ]  \n", strInFileName);

  while (!feof(inFile)) {
      iValue = fgetc(inFile);
      putchar(iValue);
  }

  fclose(inFile);

  return 0;
}
```

4. 다음 프로그램을 컴파일하면 문제가 발생한다. 그 이유는?

```
/*
  Problem 14-4
*/

#define _CRT_SECURE_NO_WARNINGS
#include <stdio.h>
```

```c
#include <stdlib.h>

int main(void)
{
    char strOutFileName[20];
    FILE *outFile;
    int iValue;

    printf(" 파일명을 입력하세요 : ");
    scanf("%s", strOutFileName);

    if ((outFile = fopen(strOutFileName, "w")) == NULL) {
        printf("출력 파일 열기 실패 \n");
        exit(1);
    }

    printf(" [ 파일의 내용을 입력하세요 ] \n");

    while ((iValue = getchar()) != '.') {
        putc(iValue);
    }

    fclose(outFile);

    return 0;
}
```

5. intputFile.txt로부터 n명의 학생들의 신장과 체중을 입력받아 BMI를 계산하고 outputFile.txt에 저장하는 프로그램을 작성하시오.

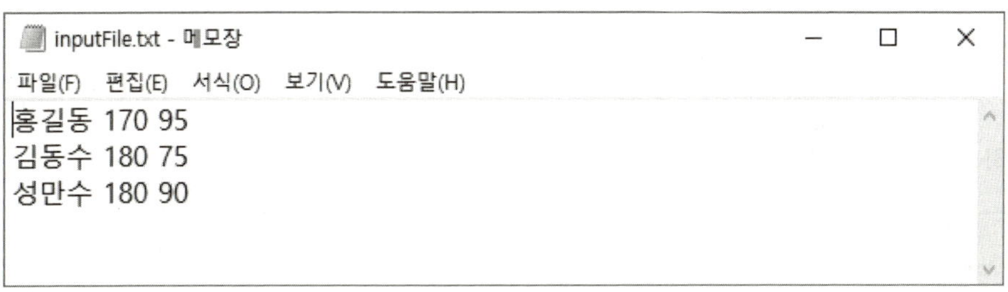

```
C:\windows\system32\cmd.exe

 비만 상태

   BMI 20미만 (저체중)
   BMI 20 - 25미만 (정상)
   BMI 25 - 30미만 (과체중)
   BMI 30이상 (비만)

[이름 = 홍길동] : [키 = 170.000] : [몸무게 = 95.000] :
                [BMI = 32.872] : [상태 = 비만]
[이름 = 김동수] : [키 = 180.000] : [몸무게 = 75.000] :
                [BMI = 23.148] : [상태 = 정상]
[이름 = 성만수] : [키 = 180.000] : [몸무게 = 90.000] :
                [BMI = 27.778] : [상태 = 과체중]
계속하려면 아무 키나 누르십시오 . . .
```

```
outputFile.txt - 메모장
파일(F) 편집(E) 서식(O) 보기(V) 도움말(H)

 비만 상태

   BMI 20미만 (저체중)
   BMI 20 - 25미만 (정상)
   BMI 25 - 30미만 (과체중)
   BMI 30이상 (비만)

[이름 = 홍길동] : [키 = 170.000] : [몸무게 = 95.000] : [BMI = 32.872] : [상태 = 비만]
[이름 = 김동수] : [키 = 180.000] : [몸무게 = 75.000] : [BMI = 23.148] : [상태 = 정상]
[이름 = 성만수] : [키 = 180.000] : [몸무게 = 90.000] : [BMI = 27.778] : [상태 = 과체중]
```

6. 로또 번호를 자동으로 만들어 화면 및 outputFile.txt에 저장하는 프로그램을 작성하시오.

```
C:\windows\system32\cmd.exe

   Lotto 번호

 38  31  30  15  40  28
계속하려면 아무 키나 누르십시오 . . .
```

```
outputfile.txt - 메모장
파일(F) 편집(E) 서식(O) 보기(V) 도움말(H)

   Lotto 번호

 38  31  30  15  40  28
```

저/자/소/개

◈ **김기용**

경기대학교 공과대학 전자공학과 졸업
현재 경기대학교 창의공과대학 전자공학부 조교수
E-mail : eye4eye@kyonggi.ac.kr

◈ **성동수**

한국과학기술원 전기 및 전자공학과 졸업
현재 경기대학교 창의공과대학 전자공학부 교수
E-mail : dssung@kyonggi.ac.kr

도서출판 **그린**

C언어 이해 개정판

저자와의 협의하에 인지생략

1판1쇄 발행 ▶	2019년 8월 29일
개정판 발행 ▶	2023년 8월 25일
저 자 ▶	김 기 용, 성 동 수
발행처 ▶	도서출판 **그린**
발행인 ▶	윤 덕 우
출판등록 ▶	제8-161호(1995. 5. 3.)
주소 ▶	경기 파주시 가람로116번길 107 운정한강듀클래스 411호 (우) 10896
전화 ▶	02) 333-2574, 2575
Fax ▶	02) 333-2561
E-mail ▶	greenpress@greenpress.co.kr
Homepage	http://www.greenpress.co.kr

정가 : 23,000원

ISBN 978-89-5727-358-6